云南文库

当代云南社会科学百人百部优秀学术著作丛书

生存范式：理性与传统

——元明清时期南方民族法律变迁研究

胡兴东/著

云南大学出版社
云南人民出版社

作者小传

　　胡兴东，男，1975年1月生，云南临沧人。曲靖师范学院政法学院副教授，法学博士。先后毕业于云南师范大学（本科、硕士），云南大学（博士），华东政法大学（博士后）。主要研究方向为中国法律史与法律社会学。著作有《生存范式：理性与传统——元明清时期南方民族法律变迁研究》（中国社科出版社2005年原版）、《元朝民事法律制度研究》（中国社会科学出版社2007年版）、《中国古代死刑制度史》（法律出版社2008年版）和《中国古代判例法运作机制研究》（北京大学出版社2010年版）。在《民族研究》、《现代法学》、《世界宗教研究》等学术期刊上发表论文五十篇，参与完成著作四部。获2004年云南省第九届哲学社会科学优秀成果一等奖，2007年第三届郭沫若历史学三等奖、2008年中国第一届法律文化优秀成果青年奖等、2011年获中国青年法学论坛第五期、第六期征文一等奖等。

图书在版编目（CIP）数据

生存范式：理性与传统：元明清时期南方民族法律
变迁研究/胡兴东著. —昆明：云南大学出版社，
2012
（当代云南社会科学百人百部优秀学术著作丛书）
ISBN 978 - 7 - 5482 - 0957 - 7

Ⅰ.①生… Ⅱ.①胡… Ⅲ.①少数民族—法律—研究
—中国—元代 ②少数民族—法律—研究—中国—明清时代
Ⅳ.①D922.154

中国版本图书馆 CIP 数据核字（2012）第 094351 号

责任编辑： 周元晖　柴　伟
装帧设计： 刘　雨　王睿韬
责任印制： 张爱成

书　名	**生存范式：理性与传统** ——元明清时期南方民族法律变迁研究
作　者	胡兴东　著
出　版	云南大学出版社 云南人民出版社
发　行	云南大学出版社 云南人民出版社
社　址	昆明市翠湖北路 2 号云南大学英华园内（650091） 昆明市环城西路 609 号（650034）
电　话	0871 - 5031071　5033244 0871 - 4113185
网　址	http://www.ynup.com www.ynpph.com.cn
E - mail	market@ynup.com rmszbs@public.km.yn.cn
开　本	787mm×1092mm　1/16
印　张	27
字　数	425 千
版　次	2012 年 6 月第 1 版第 1 次印刷
印　刷	昆明卓林包装印刷有限公司
书　号	ISBN 978 - 7 - 5482 - 0957 - 7
定　价	70.00 元

《云南文库》编辑说明

　　《云南文库》是云南省哲学社会科学"十二五"规划的重大项目。编辑出版《云南文库》是落实云南省委、省政府建设民族文化强省的重要举措，是繁荣发展云南哲学社会科学的重要途径，是树立云南文化形象、提升云南文化软实力的基础性工程。

　　中国学术文化的发展不仅有共性，还有很强的地域性。一国有一国之学术，一方有一方之学术。学术研究是社会发展的动力，是社会智慧的结晶，是文化建设的重要构成部分。云南虽地处边疆，仍不乏丰厚的学术研究传统。尤其明清以来，云南与中原的文化交流日臻密切，省外名宿大儒进入云南的代不乏人，而云南的文人学士也多有游宦中原者。在中原文化的熏陶下，云南的文化学术遂结出累累硕果，文化名人辈出，如杨慎、李贽、李元阳、师范、王崧、方玉润、许印芳等，其总体集中性的代表成果是《滇系》和《云南备征志》。至清末，云南学子开始走出国门到海外留学，成为云南与世界沟通的桥梁，也成为改造社会和推进云南文化学术发展的中坚。但由于交通不便，信息闭塞，云南的学术成果并未为内地所认知。更有甚者，清乾隆年间，四库全书馆在全国征集历代遗书，云南巡抚李右江得到云南先贤的著述，但害怕其中有什么不恰当的内容，竟私藏起来不上报，使得《四库全书》仅从它处收录了3种云南人著述，成为云南文化史上的一大缺憾。辛亥革命后，云南学人痛感地方文化学术之不彰，在地方政府的支持下，赵藩、陈荣昌、袁嘉谷、由云龙、周钟岳、李根源、方树梅、秦光玉等一批当时最负盛名的云南学者倾力收集整理云南文献，于1914年至1923年编成刻印《云南丛书》初编，共152种1064卷，及不分卷者47册；1923年至1940年编成刻印《云南丛书》二编，共69种133卷。另编定31种待刻，后由于抗日战争爆发，整个《云南丛书》的编辑刻印工作中止。历时26年编刻的《云南丛书》把保存下来的历代云南重要地方文献网罗殆尽，是云南有史以来地方文化的一次最系统的总结，对云南的文化建设发挥了不可估量的作用。

　　学术创新的根基是学术积淀和传承。从编辑刻印《云南丛书》之时算起至今，其间经历了抗日战争、新民主主义革命、社会主义革命和建设、改革开放的新的历史时期。在这近一百年的历史中，云南的学者为抗击日本侵略者和新中国的解放事业，为社会主义新文化的建设贡献了自己的聪明才智，也为云南地方经济、社会、文化的发展创造了一大批研究成果，并形成了自己的风格和特色。今天，文化建设又站在一个新的历史起点上。整理和出版云南学术史和文化史上的优秀成果，是继承优秀的地方历史文化遗产，建设有中国特色的社会主义新文化和民族文化强省的基础性工作。只有站在前人的肩上，我们才看得更远，走得更实。这也是我们编辑出版《云南文库》的初衷。

比之编刻《云南丛书》的时代，云南的经济政治社会文化已经发生了翻天覆地的变化，云南不再是一个封闭落后的边疆省份，而是成为了我国面向南亚、东南亚开放的桥头堡，其战略地位日益突出。云南的文化创造力也大大发展了，学者力量的壮大、学术成果的丰富早已不可同日而语。今天的《云南文库》不可能像当年《云南丛书》一样收录所有的文献资料，只可能是好中选优、优中选精，尽可能地把最能体现云南学术文化水平和云南学术特色的成果收录进来，以达到整理、总结、展示、交流和传承文化，弘扬学术，促进今日云南文化学术的建设与繁荣之目的。功在当代，利在千秋。

《云南文库》分为三个系列。

一是《云南文库·学术大家文丛》，收录云南学术大家的作品。

二是《云南文库·学术名家文丛》，收录中华人民共和国建立以前出生的云南学术名家的作品。

三是《云南文库·当代云南社会科学百人百部优秀学术著作丛书》，收录中华人民共和国建立以后出生的一代学者的优秀作品。

我们将使《云南文库》成为一个开放的体系，随着云南民族文化强省建设的推进而不断丰富它的内涵，不断发挥其在社会主义精神文明建设和云南文化建设中的积极作用。

《云南文库》编辑委员会
2011 年 6 月

目 录

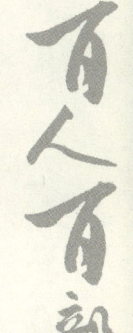

绪　　论

一、问题的提出

"人是生而自由的，但却无所不在枷锁之中。"①

当卢梭用充满反进步主义的激情写下这个让人类深思的论断时，他说出了人类社会永远无法摆脱的一个现实：人类为了各群体间个体"更好的有机的活着"，摆脱纯粹生物意义上的"人"时，人类创制出各种各样的制度②。但这些制度在满足人类社会中各个群体、民族、国家社会存在的基本要求——有序、正义或理性时，也让这些社会中不同主体付出必要的代价。若把卢梭的"枷锁"理解为人类为了更好地活着而创设的各种制度时，这一论断就揭示了人类社会发展中的一个基本真理（如果人类社会中真有真理的话）：人类社会的存在必须付出成本，也就是说任何群体为生存而创制的制度对于该群体中的个体来说都是一种成本。这是不能消除和避免的，因为任何制度对"纯粹生物意义上的个体——人"来讲都是对"个人本能"的一种约束，对个体来说都是一种付出。在一定程度上讲，人类社会的发展就是对制度成本的一种计算（借用经济学上的观点和方法）。这种计算的目的就是让各种制度对于当时的"人"来说成本最小化，或说制度安排更加"合理、正义、有效"。这种追求构成了人类社会制度发生变化的基本动力，也就是为什么在中国历史上往往出现"故北蛮虽强于兵，而败于法"③的现实原因。于是，制

---

① ［法］卢梭著：《社会契约论》，何兆武译，商务印书馆 2002 年版，第 8 页。

② 这里所说的制度是广义上的，与马林诺夫斯基的文化定义相似。马林诺夫斯基在《文化论》中提出文化有物资设备、精神方面之文化、语言、社会组织四个方面。这里笔者认为人类的制度包括有人与人之间、人与自然界之间的制度文化安排。当然，本书中笔者重点讨论的是法律制度，而不是人类所有的制度文化。

③ ［日］穗积陈重著：《法律进化论》，黄尊三等译，中国政法大学出版社 1997 年版，第 133 页。

度成本成为人们在"理性"制度创制中偏好的驱动力。

人类社会在发展初期，各族群①是在相对独立的情势下创制出自己的各种制度文化，也就是说这时创制制度文化的资源是单一的。但当人类社会发展到一定程度后，各族群开始交往，这时人类制度发展中的资源出现多元化，不再单纯依靠本体系内的资源，而是利用多元资源来促成一个社会的发展。群体间互相借用对方的制度资源，导致人类社会发展中不再是线性化发展，而是非线性化的发展。这一变化显著地表现在地理大发现（公元1500年）以后，人类社会在全球范围内进行交往，于是不同制度在群体间展开生存竞争下的相互借鉴。这就是近代学者对人类社会发展进行理想发展模型分析时，每种理想发展模型常常难以作为人类社会每个群体都适用的原因。这种现象在法律制度的发展上表现尤为突出，因为人类社会的法律制度既是过去经验的产物，同时也是当时人们对自身制度一种理性设计的产物。法律既是制度事实（在社会实证中），又是超越制度事实的，是社会实证和人的价值目标的统一体。

在近代社会中，由于西方社会在全球范围内进行扩张，导致人类社会进入全球范围的交往。非西方社会为了在竞争中生存下去，不管内心感受上如何，都得对自身的法律制度进行变革。由于这种法律变革是在殖民与被殖民的社会前提下进行的，于是在世界各民族间及内部产生了各种各样的争论。这些争论的后面往往是一种"尊严"和实利，而不是问题的本质。

中国自20世纪70年代末改革开放以来，在法律建设上进行了新的构建，这种构建自清末以来就一直进行着，只是没有现在这样有利的条件罢了。中国现在的法律构建同样面对着一个重要的、不可绕过的问题，那就是如何面对（面子上）和应用（实用上）外来资源和内部资源。这不仅是一个学理上的问题，更为重要的还是一个实践上的问题。近几年对法律移植与法律本土

---

① 笔者在这里采用"族群"这一概念是因为在人类社会发展的初始时期很难用民族、国家等现代"主权—民族国家"下产生的政治术语来指代，并且现在所归为同一民族的群体中，不同地区的不同群体在认同上也有很大的不同。如云南彝族中不同支系在很多方面是不同的。对此概念，可以参看纳日碧力戈著的《现代背景下的族群建构》一书（云南教育出版社2000年版）。

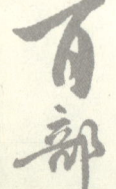

化之争或者说讨论热点就是此问题在学术界的表现①。其实质是中国应在本土资源②上构建新的法律制度还是在外来资源上（实质是西方现代法律制度上）构建新的法律制度，或者说是要在比较中进行法律构建，还是在保持自我的尊严下在内部资源中探索发展的模式。对此，也许进行比较是最佳的选择。对于比较法的作用，我们应该牢记格罗斯菲尔德的忠告："人们不仅必须对比较法的局限性始终保持清醒的认识，而且也必须始终把比较法与对国内法律的研究密切结合起来。比较法永远不能成为研究外国法律的那些专家们的独占领地，它理应掌握在那些对本国国内法律文化负责的人们手中。"③ 这是一种忠告，同时也为研究者指明了新的研究方向。

在这里，笔者计划从中国古代南方民族法律制度发展变迁的历史中进行考察，以便从历史角度思考现在中国法制构建中所面临着的问题。同时，对中国南方民族法律制度的考察还有利于今天这些民族地区的法律建设。当然，要指明的是，由于中国历史上南方民族和中原地区汉族的关系与今天中国和外来文明的关系有着本质的差异，所以这里讨论的更多是一种启示性，而不是共用性的思考。但历史上中央政府对南方民族地区的法律建设上所采用的方式和南方民族本身所作出的反应和适应，对于我们来说是具有重要启示性价值的。

由于上述原因，在对中国南方民族法律制度变迁的考察上，笔者把研究中心放在元明清三朝，共六百多年的长时段中。这个时期中央政府对南方民族的制度建设上发生了与以往王朝不同的变化。所以说本书在选题上具有双重目的：首先，当每个社会在发展过程中，出现内部制度与外部制度不同时，社会主体在自己的制度创建上是如何面对这两种不同的资源，进而讨论人类社会发展中有不同制度的群体在交往过程中是如何面对制度建设上的选择问题。其次，通过讨论说明元明清时期南方民族如何对"先进"的外来制度作

---

① 自20世纪90年代以来，特别是近几年，此问题成为法理学的热点，自1997年至2003年以此为题的文章有64篇之多，在相关文章中的讨论就更多。

② 语见朱苏力《变法，法治建设及其本土资源》，《中外法学》1995年第5期。

③ ［德］伯恩哈德·格罗斯菲尔德著：《比较法的力量与弱点》，孙世彦、姚建宗译，清华大学出版社2002年版，第67页。

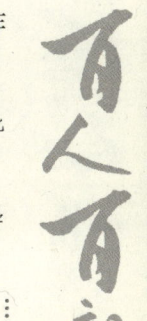

出适应和反应，进而分析这一时期南方民族社会制度变迁的情况。由于选题的多样性，可能导致分析上完整性的不足，乃至出现偏差。但正如镌刻在圣胡安的波多黎各大学校园内一处喷泉旁石碑上的南美著名诗人胡安·雷蒙·西蒙内思的诗句："立足于祖国土地，思想和心灵翱翔于世界的天空！"

二、分析对象的说明

选择元明清时期南方民族作为分析的对象是基于多方面考虑的结果，其中主要有以下几个方面的缘由：

第一，长时段性。元明清时期在时间上是指元朝对南宋的统一（1279年）到清朝的灭亡（1911年），共632年。在这段时期内南方民族在政治上已经进入了中央政府强有力的控制和建设之中，中央政府对这一地区在制度建设上是要把其纳入传统中国儒家政治价值取向的官僚体系①下，或者说是"引进了封建官僚制度的机制"②，就是说要在法律制度上把南方民族的固有法律制度改建成中原法律制度，而不仅是在政治上对这一地区的统一。在法制上具体表现为对这一地区各民族固有法律制度的重新构建，如在社会组织上推行土官土司制度、改土归流、乡里制、社制、里老制、保甲制等；在法律适用上从有条件适用中原汉法到有限制地保留适用各民族固有法等。这些变化在这个时期南方各民族群体中都具有相对的一致性和延续性，和以往各朝相比有很大的不同。如从秦代到宋代，中央王朝对这些地区的控制更多是一种政治上的象征性统治，对其内部社会秩序并没有多少控制，在法律适用上很多时候根本没有把中原儒家传统下的法律适用于各民族的现实生活中，也就是说在法律适用上各民族适用的是各自固有的法律。如云南地区秦汉有

---

① "传统中国儒家政治价值取向下的官僚体系"是有具体内涵的，它指在行政设置上以州、县为基本单位，以儒家经典为政治指导，以科举制为选拔机制，以科层结构为行政构建的俸禄文官官僚制度。中国官僚体系是指从秦代以来形成的有完善的铨选、考核制度，到隋唐以后形成了固定的科举官员资格认证制度。马克斯·韦伯在《儒教与道教》中认为"儒教"是"受过传统经典教育的世俗理性主义的食俸禄阶层的等级伦理"。这里韦伯认为儒教是世俗理性主义的食俸禄阶层主要是从儒者在中国古代官僚体系中的地位来讲。在这点上韦伯对儒家知识分子在中国古代政治中的地位和作用的把握是正确的。参见〔德〕马克斯·韦伯著《儒教与道教》，王容芬译，商务印书馆1999年版，第6页。

② 方铁主编：《西南通史》，中州古籍出版社2003年版，第477页。

滇国，唐宋有南诏、大理国，在这些地方政权下，中原汉法并不能直接适用于南方各民族的日常社会中。所以，从法律适用的角度上本书选择了这个时期作为分析的时间段。

第二，资料的丰富性。南方民族在这个时期有大量的各种各样的文献存留下来，使对其进行长时间段的分析成为可能。这可以说是这一时期中国南方民族成为现代各类学者关注的主要动因。对后进民族研究的最大困难在于资料的不全，无法进行长时段的考察。这在西方对各民族的人类学研究中表现十分明显。学者利用几个月或几年的人类学田野调查来撰写民族志及运用这些民族志来研究人类一些文化制度的变迁往往有很大的缺陷。而这种缺陷在中国南方民族的研究中可以说是不存在的。元朝以来对南方民族有各类不同的记录，有官方的正史、档案等，如《元史》、《明史》、《清史稿》上的"本纪"、各类志、土司传和各种人物传记中的相关记载；官方各类政书、法律文书上也有不少记载，如《大明会典》、《大明会典事例》、《大清会典》、《大清会典事例》等；皇家的档案记录："实录"、"起居注"等，如《明实录》和《清实录》中相关的记载；各地修的省、府、州、县等地方方志；各类官员、文人的从政政书、笔记、游记、相关碑刻材料等。此外，还有清末以来各类人等的调查报告，如：颜复礼、商承祖《广西凌云瑶人调查报告》（1929 年），杨成志《云南民族调查报告》（1930 年），林惠祥《台湾番族之原始文化》（1930 年），王同惠、费孝通《花蓝瑶社会组织》（1935 年），林耀华《凉山彝家》（1945 年），田汝康《芒市边民的摆》（1946 年）等。当然最有成效的当推新中国成立后五六十年代的民族大调查。这次民族大调查对南方各民族有比较深入的民族志描述，成为研究中国南方民族最为珍贵的原始资料。在 20 世纪 80 年代后陆续出版的调查资料中与南方民族有关的达近百册，仅五种丛书中南方民族的资料就出版了 80 多册，加上各省自己编辑出版的就更多了。如贵州省就出版了多册《贵州民族调查》资料。这批资料的珍贵是因为这个时期中国南方各民族群体的社会中还保留着很多其自身固有的制度文化，同时也收集了各民族的很多原始历史文献资料。如各种碑刻、文契、文书等。这类资料出版的有：《广西少数民族地区碑文、契约资料集》（1987 年）、《瑶族石刻录》（1993 年）、《清代武定彝族那氏土司档案史料校

编》（1993 年）、《贵州苗族林业契约文书汇编（第一卷史料编）》（2001 年）、
《瑶族〈过山榜〉选编》（1984 年）、《大理市古碑存文录》（1996 年）等。
这次参与调查者多是有深厚学识的学者，同时得到官方的支持，让他们在资
金、时间、权力上都有保证去得到，见到相关材料。缺点是受到一些政治思
潮的过度影响。但总的看来，这些资料可以让研究者从中得到很多其他地方
无法得到的东西。

第三，延续性。南方民族在这个时期社会变化上具有相当的延续性，其
社会的变化在六百多年中很多民族并没有完全消融在汉文化中，其制度也没
有完全被中原地区传统中国儒家官僚文官体制所代替。虽然在这段时期，南
方各民族社会发生了很大的变化，但是这种变化是一种既有变化又有保留的
变迁。这为学者研究外来制度与内部制度的相互作用提供了难得的个案分析。
此外，在这段时间内，中央政府对南方民族地区的治理措施上也相当有延续
性，虽然王朝有更迭，但治理政策上却未受到其影响。如元朝所采用的政策，
明初得到了全面的继承，清初又继承了明朝中期以来的政策。所以南方民族
这种文化制度的延续构成了本书选择其作为分析对象的原因之一。

第四，可观察性。元明清时期的南方各民族现在很多还存在，所以在研
究时可以通过适当的田野调查来进一步加深对研究对象的把握。虽然 1950 年
以后，南方民族的社会发生了本质的变化，但很多民族还是在相对固定的生
态、社会环境中发展，各民族在很多地方还具有有别于其他民族的社会特质。
此外，有中华人民共和国成立后五六十年代大规模的民族调查资料，这些资
料成为对中国南方民族全面了解的最重要和根本性的参考资料，同时研究者
可以根据自己的需要对现在的南方民族进行田野调查，并对其进行比较。这
对研究者来说又是一个难得的条件。

第五，相对封闭性。南方各民族在历史发展中，各自间虽有相互交往，
但又有相对封闭性。这种相对封闭性导致南方不同民族、群体发展中各有不
同。如西双版纳的傣族在中华人民共和国成立以前在法律制度和文化上有相
对的独立性。南方地区不同民族的法律制度为学者了解人类法律发展提供了

广阔的视野①。

第六，南方民族在与中原文化制度的交往中表现出了自己的特征，外来文化无法在很短的时间内把其完全消融。从元明清时期中央政府对其控制上看出，经历了从设置土官土司到改土归流的过程；在法律上从认可各民族固有法律的有效性到有条件地承认各民族固有的法律制度等。这些政策既证明了南方民族有自己固有的文化制度，同时也让南方民族得以保持自己的文化特质。

第七，元明清时期统治者在治理上把南方各民族当成一个整体来对待。自元朝以来，政府、官员和学者往往把南方民族当成一个整体看待。如元朝《招捕总录》一书中就把现在的云南、贵州、两广、两湖、四川、福建等地的民族纳入相同民族问题来治理，并认为其社会具有同质性，那就是"风气不淑，习俗异华"②，明清两朝也如此。明朝弘治十六年（1503年）二月贵州巡抚刘洪在奏折中有："通行贵州、云南、广西、四川、湖广各长官司正副长官、随司办事长官并土官、巡检、土舍应袭者，俱免纳粟。"③ 这里"通行"二字说明明代把这些地区的土官纳入同一类别对待。清朝雍正五年（1727年）十月对云南镇沅土知府刁瀚案的处理中，当时中央制定对南方民族土官土司犯法处罚法律时规定适用于"云南、贵州、四川、广西、湖广五省改土为流之土司"④，也认为南方民族是有相同性质的。

总之，南方民族所具有的丰富资料，相对独立的文化制度等因素构成了笔者选择南方民族作为研究、分析对象的原因。

三、主要概念的说明

对本书中主要概念进行讨论是有必要的，因为不同的人在自己的研究中，对同一概念常有不同的理解，并且同一概念在不同含义下，会导致研究者得

---

① 在国内有一些学者以南方各民族的法律发展状况作为分析对象，对法律的发生、发展进行研究。如王学辉所著的《从禁忌、习惯到法起源运动》（1998年），张冠梓所著的《论法的成长》（2000年）。
② 《招捕总录》，宛委别藏本，台湾商务印书馆影印，第4页。
③ 《明孝宗实录》卷196。
④ 《清世宗实录》卷62。

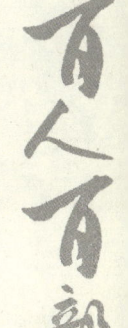
百人百部

出不同的结论，所以对概念的必要解释在研究中是很重要的。费孝通在《乡土中国》一书《重刊序言》中认为概念"是我们认识事物的工具"①。毛泽东在《实践论》中认为："概念这种东西已经不是事物的现象，不是事物的各个片面，不是它的外部联系，而是抓着了事物的本质，事物的全体，事物的内部联系了，概念同感觉，不但是数量上的差别，而且有了性质上的差别。"②这些都说明概念在研究中的重要性。

第一，南方民族。南方民族在本书中有以下多重含义：1. 地理范围上主要指川东南和川西南、贵州、云南、广西、海南、广东部分、台湾、湘西、鄂西等各民族聚居区。本书在地理范围上的选择标准，时间上是元明清时期，地域上是具有相对稳定性的民族居住区。自元朝以后，南方一些少数民族原居住地区到明清时期已经没有少数民族存在了，这种地区不列为考察的对象。"南方"在中国历史上是一个动态概念，不同时期所指的地理范围有很大的不同。如先秦时期淮河以南地区为南方，秦汉则指长江以南。明朝认为南方是"凡夷僚蛮獠瑶僮之地，西起巴东、牂牁，抵湘楚，包络湖岭，东折而南，南尽海上，又东跨百粤、三江。大者兼据连城，细者保持深箐，虽稍奉约束，要在羁縻而已"③。现在，对于南方，不同学者也有不同的看法，有人认为以长江为界，以南即为南方；有人认为南方除了长江中下游地区外，还包括四川部分地区、云南、贵州；有人认为是秦岭—长江以南地区。对南方，现在学术界有一种观点是不把四川、云南、贵州归入其中，而单独把这三省列为西南地区，这仅是一种学术利益的划分，笔者不采用此种观点。吕名中在《南方民族古史书录》一书中认为：南方指岷山—大巴山—汉水—长江一线以南地区，东包台湾，西尽川滇④。这里就包括四川的西南地区。不同学者对南方的看法有很大的差异。在本书中，对南方不仅有地理上的考虑，还与所分析的民族群体社会特征和本书选择的时期有关。在这些多重因素下，本书所

① 费孝通著：《乡土中国》，生活·读书·新知三联书店1985年版，第3页。
② 毛泽东著：《实践论》，《毛泽东选集》第1卷，人民出版社1951年版，第274页。
③《国朝名公经济文钞》卷5，北京图书馆古籍珍本丛刊影印本，集部·总集类，第120册，第141页。
④ 吕名中主编：《南方民族古史书录·前言》，四川民族出版社1989年版，第2页。

指的南方具有相对特殊的选择，于是也有相对特定的含义。2. 在文化制度上，南方民族是指南方那些有自己生存范式的民族、族群，即在中国历史上常被视为"化外"的民族群体。这个时期的文献中常有"久沾王化"之语。"化外"在中国古代有自己特殊的含义，具体是指没有受传统中国儒家文化影响，或说有自己独立生存范式的民族群体。自唐朝以后在法律适用上规定，对"化外人"在法律适用时，同类人自相犯适用本民族的法律，与汉人及其他民族相犯时适用汉族的法律。"诸化外人，同类自相犯，各依本俗法；异类相犯，以法律论。【疏】议曰：'化外人'，谓蕃夷之国，别立君长者，各有风俗，制法不同。其有同类自相犯者，须问本国之制，依其俗法断之。异类相犯者，若高丽之与百济相犯之类，皆以国家法律，论定刑名。"① 从"疏议"中可以看出，所谓的"俗"是指其他民族的固有法律，因为疏议中对"本俗法"的解释是用"制法"、"本国之制度"及"俗法"，说明唐朝已经认识到并承认不同民族各自拥有不同法律制度的现实。但当生存范式改变时，如较多吸收了汉人文化后就会被当做汉人。例如，元朝渤海人在法律适用上就多适用中原汉法②。3. 在本书中，南方民族是有固定含义的，指在本书所指定的地域范围内世居的，不管过去是否发生过迁移但在这个时期形成了自己固有社会控制制度的各民族群体，即有各自生存范式的民族群体。如大小凉山地区的彝族在自身发展中形成了以"家支"为核心的社会法律制度。但不包括自元朝以后来到南方的回族、满族等，因为这些民族没有在南方形成自己固有的法律制度。4. 此外，南方民族还是一个特定概念，包括上面所说的几个方面的内容，在没有特别说明下，它指南方地区所分析的各民族群体的整体，而不是指南方地区单个民族或群体。虽然南方民族在具体的民族中，各自的发展情况不同，但本书主要分析的是其对外来法律制度的反应和适应，不是对各个民族群体本身法律制度的描述。所以在使用中它是一个统称。南方民族具有地理上、民族对象上和制度文化上的内容。在本书中南方民族是

---

① 《唐律疏议》卷6《名例·化外人》。

② 至元七年（1270年）元朝中央颁布禁止服内成婚时有："渤海、汉儿人等，拟自至元八年正月一日始，已前有居父母丧内嫁娶者，准，已婚为定。格后犯者，依法断罪，听离。"这里把渤海人与汉人同样对待，不准服内成亲。见《元典章》卷18《户部四·婚姻·服内婚》。

一个融合了地理性、民族性和文化性的统一体。

第二，生存范式。现在人类学已经证明在一个没有阶级、没有公共权力机构的族群中，社会主体在日常生活中并不是没有秩序，它们有维持其社会正常存在的一系列制度化的安排。这里，范式是指一种社会结构，或说是一系列的制度安排，且这种制度性结构在产生它的社会中能够提供其社会所需的一个有序社会所必要的制度功能。如彝族社会中纠纷的解决是由其社会中自然形成的德古①及相关的一系列制度化的设置来完成的。彝族社会中有"汉区的官府，彝区的德古"②的谚语，反映出德古在彝族传统社会中司法上的作用和地位。在彝族社会中德古的产生是不受等级限制的，黑彝、白彝以及家奴都可能成为德古，他们产生的条件是对彝族习惯法、案例十分熟悉，并且为人公正、能言善辩。对于德古调解好的纠纷结果是任何人都得遵守的，彝族社会中的一些法律格言说到这种调解结果的法律效力，如"穿草衣的不怕

①　从凉山彝族社会中形成的总体来看，学者们的意见是一致的，都认为"德古"来源于自然形成。"'德古'不是一种职务，也不是一种职业，它是一种在群众中自然形成，为人们所公认，有一定威信的人物的统称。他们必须是公正、知识渊博、熟悉古往今来许许多多的典故，有口才、善辩，能熟练地掌握、运用习惯法，并在处理重大事件中，显露过才能，为众人所信服的人。"（白芝、尔姑阿呷：《凉山彝族习惯法》，《彝族文化》1989 年年刊，第 121 页）胡庆钧在《凉山彝族奴隶制社会形态》一书中有："在彝族社会里，人机灵，勇于作战，熟悉习惯法与判例，兼通历法和吉凶占卜，见多识广，擅长辞令，办事合于维护习惯法的'公道'，善于调解纠纷，在家支内外有较高'威信'的人称为德古。"（胡庆钧著：《凉山彝族奴隶制社会形态》，中国社会科学出版社 1985 年版，第 259 - 260 页。）但对德古的阶级成分，则有不同的观点，大体看，可以分为两类，一类认为德古不受阶级和等级的限制，只要有上面所讲的特质者都可以成为德古。代表是白芝和尔姑阿呷，他们在《凉山彝族习惯法》一文中写道："'德古'不能世袭，也不意味着权势或财富，不论是黑彝、白彝或安家奴隶，一经被公认为'德古'以后，在调解纠纷时，都具有同等的权威。"海乃拉莫等在《凉山彝族习惯法案例集成》一书中认为："无论地位、年龄、男女，只要是知晓习惯法并能以之公正明智地调解过一两件或两三件纠纷，令人信服的人，便自然成为德古。"（海乃拉莫等著：《凉山彝族习惯法案例集成》，云南人民出版社 1998 年版，第 8 页。）这与上面是一致的。胡庆钧在所著《凉山彝族奴隶制社会形态》（中国社会科学出版社 1985 年版）一书中认为德古主要来源于黑彝，有少数来自白彝曲伙阶层，是不可能来自安家阶层的。因为他认为彝族社会中的"公道"、"威信""主要是从统治等级亦即黑彝贵族的立场来说"（第 260 页），"出现了极少数曲伙德古苏易"（第 265 页）。《凉山彝族奴隶社会》一书认为德古是"诺合家支的头面人物，是诺合奴隶主专政的执行者"（《凉山彝族奴隶社会》编写组：《凉山彝族奴隶社会》，人民出版社 1982 年版，第 134 页），认为德古来源于黑彝阶层。这里笔者采用白芝和尔姑阿呷的观点，因为在不同的研究和调查报告中都认为德古可以超出家支，成为地区性的司法人员。

②　白芝、尔姑阿呷：《凉山彝族习惯法》，《彝族文化》1989 年年刊，第 121 页。

披毛披毡的";"三岁孩子说好的纠纷,六十岁老人也不能改"①;"用金子做腰带的人,推翻不了用麻绳做腰带的人调解成功的纠纷";"最没有名望的人调解成功的纠纷,即使是最有名望的人也不能重新进行调解"②。从这些法律格言中可以看出在彝族社会中为了使社会有序化,给予纠纷解决者强有力的权力,打破其社会等级森严的结构。这是任何社会为了有序化必须付出的成本。同时,彝族社会又让德古在拥有绝对司法权威时受到社会价值的约束,因为德古不是由血缘、身份决定,而是由其后天的才智取得,并且由社会成员自发认可。当德古在司法实践中出现不公正时,就会自动失去其权威,并且德古的权威仅在其作为纠纷解决者时才能体现出来,其在现实生活中不会因为成为德古而改变他的等级身份。这些看似不合情理的社会构建,却让彝族社会有了一个完全能胜任其社会纠纷解决需要的机制。这样彝族社会通过此种制度上的安排,让社会有了强有力的纠纷解决机制,保证其社会的有序化。

对于生存范式,笔者是站在这样的立场来定义的③。其中有这样几个前提:首先,假设各民族在最初的制度构建中没有外来资源可以利用。因为在人类发展中,最初各民族、各族群是在相对独立的状态下发展的。其次,各民族、各族群在各自的发展中都形成了一整套处理本群体内部个体与个体之间、群体与自然之间的行为规范体系。这种行为规范体系在其制度中有保证其运行的力量,这种力量有的是来自外在神灵之惩罚力,有的是来自本群体内的群体压力。历史上,中国南方各民族群体形成了不同的制度性行为规范。如壮族的寨老制、苗族的议榔制、瑶族的瑶老制和石牌制、侗族的会款制、佤族的窝朗制、景颇族的山官制、基诺族的长老制、黎族的合亩制、彝族的家支制、高山族的部落制、贵州水西的则溪制、布依族的亭目制等。此外,美国著名法律人类学家霍贝尔在《原始人的法》中通过个案分析,证明了处

---

① 海乃拉莫等著:《凉山彝族习惯法案例集成》,云南人民出版社1998年版,第13页。
② 白芝、尔姑阿呷:《凉山彝族习惯法》,《彝族文化》1989年年刊,第121页。
③ 主要是对各民族、各族群的文化制度持多元观点和相对主义的看法。

于不同发展形态下的各民族都有自己的法律制度①。所以本书中的生存范式是指各民族、各族群在各自发展历史中形成的调整人与人、人与自然关系中的一系列行为模式的制度安排。人类历史中不同群体在各自的生存范式中都可以自由发展。

第三，生存成本效益选择。生存范式是在没有比较和对比之下进行论述的，其价值在于承认各民族本身固有的文化制度在其社会发展中的有效性。如承认山官制度在景颇族社会中对其社会有序化的目标上所提供的有效功能。但有一点必须承认的是，各种不同的生存范式对各群体来说都必须付出一定的代价。如南方民族中普遍存在的舅权婚制度，其在保证此类婚姻的有效性时，对于姑姑家就失去了通过女儿与其他家族结亲，进而扩大亲属范围的机会，在财产上造成了聘礼的损失。任何制度对于生活在其下的"个体"来说都是一种约束，这种约束对个体来说也就是一种成本。任何一种生存范式都有其合理性，或说是价值性，这在对象的认可上是不言自明的。但当出现对比或生存范式竞争时，不同成本构成了新的价值判断，进而出现了选择上的动因。假若各种生存范式没有成本的存在，在交往中各民族的文化制度就不会出现比较，没有比较就不会有吸收和学习，具体到法律发展上就不会有移植。所以说，不同生存范式间的比较，不是它们自身的"自存"价值，而是它们所含有的对其下存在的社会群体及个体所带来的社会成本中的有效性上的对比。有效性是可以对比的，特别是在竞争的多元制度选择中。所以说，在形形色色的对比中，表现出来的永远仅是形式，驱动力却是成本效益的选择。如在南方民族中广泛存在的椎牛祭鬼习俗（对这些民族来说是一种制度），对其下的民族群体具有通过此制度可以为其提供各种各样的需要，并且有其内在的一系列作用。但此制度却付出耕牛不断减少的代价。这种行为最常用于生病时祭鬼，当它与汉族用药治病对比之后，其制度成本与制度效益就呈现出来。隋朝辛公义为岷州刺史时，当地民族存在"土俗畏病，若一人

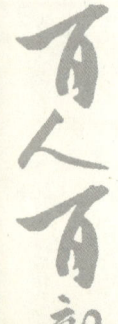

---

① 霍贝尔在此书中分析了处于北极地区的爱斯基摩人（因纽特人），北吕宋岛上的伊富高人，北美平原地区的科曼奇人、凯欧瓦人、晒延人，特罗布里恩德群岛上的美拉尼西亚人和西非黄金海岸地区的阿散蒂人，从中得出这些发展不一的民族群体都有各自的法律制度的结论。参见霍贝尔著《原始人的法》，贵州人民出版社1992年版。

有疾，即合家避之，父子夫妻不相看养，孝义道绝，由是病者多死"的习俗。为此他采取医药治疗，"公义患之，欲变其俗。因分遣官人巡检部内，凡有疾病，皆以床舆来，安置厅事。暑月疫时，病人或至数百，厅廊悉满。公义亲设一榻，独坐其间，终日连夕，对之理事。所得秩俸，尽用市药，为迎医疗之，躬劝其饮食，于是悉差，方召其亲戚而谕之曰：'死生由命，不关相着。前汝弃之，所以死耳。今我聚病者，坐卧其间，若言相染，那得不死？病儿复差！汝等勿复信之。"通过自己的示范，说明过去的方式并没有产生好的效果，于是各民族在比较后出现"诸病家子孙惭谢而去。后人有遇病者，争就使君，其家无亲属，因留养之"① 的情况。由此可以看出制度成本对人们行为选择的作用。还可以从云南少数民族中一些在 1949 年前信仰基督教的动因上来看，滇西北碧江县的怒族人拉多在 1949 年后调查中解释其信教的动因时说："信了教不祭鬼、不喝酒、不吸烟，可以节省很多钱，生活可以过得更好些。不信教时生病多宰鸡、不好再打猪、打牛，而且要招待亲戚邻舍来吃肉、喝酒。不信教时包谷稀饭都吃不起，现在信教日子是比以前好多了。"② 这里真实地说明了不同生存范式给社会主体带来效益上的差异。生存成本效益选择是指具有不同生存范式的群体在交往中所产生的对成本进行比较之后的选择行为。成本在人类社会中，不仅是一种有形的制度成本，还包含这种制度给社会主体——人所带来的心理上的效用。在一些社会和事件中，心理效用上的成本甚至重于有形制度成本。

第四，理性。理性是一个近代社会中最具权威同时又最含混不清的学术用语。很多人都在使用理性这个词，但对什么是理性却没有统一的定义。韩震在《重建理性主义信念》一书中总结了各种各样的理性概念，总体上可以分为四类。本体论意义上的理性。这是相对于物质性、动物性的一种特殊实体。如笛卡尔所说："严格来说我只是一个在思维的东西，也就是说，一个精

---

① 《隋书》卷 73《列传第 38·循吏》。关于南方民族存在祭鬼传统的记载很多，据《周书·异域上》记载："俗畏鬼神，尤尚淫祀巫祝，至有卖其昆季妻孥尽者，仍自卖以祭祀焉。"《周书》卷 49《列传 41·异域上僚》。

② 《中央访问团第二分团云南民族情况汇集》（上册），云南民族出版社 1986 年版，第 44 页。

神、一个理智，或者一个理性。"① 这里笛卡尔把个体——人当成精神的东西。价值论意义上的理性，这种理论认为人的价值源于理性。认识论意义上的理性，认为理性是人所特有的认识与适应外部环境的能力。② 在这里笔者所认可的理性不是纯粹理性，而是实践理性，同时在实践理性上不是"理性的实践"③，而是"个人在理性地追求他们的实践利益的过程中的'现实'活动和经验中营造出来的"④，就是说在这里，理性是在实践过程中人在经验意义上所进行的能动选择，即实践理性是"实践着的人的一种选择和从事正当行为的机能与能力。实践着的理性的最终根据在于作为实践者的具有历史性的人的现实交往和沟通行为之中，它不仅描述了人们选择和从事现实行为中的缜密思考以及对自己行为的控制，而且，它还表示，人们对自己行为的选择与对自己未来的期待是联系在一起的"⑤。所以本书中的实践理性是指人在社会生活经验中慢慢在效益比较中产生的一种计算的能动行为的选择。理性则是这种效益比较中所产生的计算的制度设计的自觉行为，而不是先验的法则或客观存在。因为笔者对实践的理解是生产、生活行为意义上的。从这点出发，笔者认为法律是人类对过去知识理解后的理性设计的产物，在我们现在看来也是充满经验或迷信的法律制度。如神判使纠纷在一种制度设计下解决，可以消除纠纷者个体间的暴力冲突，同时也可以让双方进入一个可以预知的纠纷解决机制中，对同一生存范式下的群体成员来说，它使纠纷者脱离了原初以武力解决冲突的方式。总之，神判可以让纠纷的解决有序化和制度化。对人类社会的秩序维持提供了更有效的途径和效果，纠纷双方当事人不必从肉体的消除或伤害上来解决纠纷，更为重要的是，"人"在这种制度中，个体往往生

---

① ［英］笛卡尔著：《第一哲学深思集》，商务印书馆1986年版，第26页。

② 参见韩震《重建理性主义信念》，北京出版社1998年版。

③ 如康德，他说"理性不用借助于快乐感情或痛苦感情作为媒介，甚至也不需要借助于对法则自身的快乐作为媒介，就可以凭一条实践法则直接决定了意志，而且只因为它作为纯粹理性是有实践力量的，所以它才能有立法能力"。这说明理性不以表象存在，它源于超验而存在。康德著：《实践理性批判》，关文运译，广西师范大学出版社2002年版，第10页。

④ ［美］马歇尔·萨林斯著：《文化与实践理性》，赵丙祥译，上海人民出版社2002年版，第284页。

⑤ 葛洪义著：《法与实践理性》，中国政法大学出版社2002年版，第101页。

存在某个家庭或团体中，纠纷的产生常使整体加入，造成更高的成本，而神判让纠纷解决成本大为减少。在理性上，我们不能站在现代社会的立场上去评价过去人类的某项法律制度。法律是人类在不断地对过去制度理性总结下的产物。当然，法律在发展中，当某个群体在没有与其他群体交往时，其资源仅是本身文化，到出现对外交往后，此时资源就会扩大。人类在法律创制上天生是比较者，如在中国宋代，当时辽、金两朝在法律创制时，就把宋朝的法律进行移植；希腊雅典政治家梭伦在立法时是在考察了其他城邦的法律后进行的；罗马人在创制《十二铜表法》时，就派代表团到希腊考察。泰格和利维就指出："（《十二铜表法》）在公元前450年左右的罗马共和国时期起草编订，伪托来源于种种不言而喻的原则，但实际是在研究了若干希腊城邦宪法以后编定出来的。"① 所以，笔者认为法律发展是在"人"的实践理性指导下的一种有能动性的选择结果。这是法律发展的动力，也是为什么有不同法律制度的国家、民族、群体在交往后会产生法律移植的原因。

第五，传统。关于什么是传统，现在学术界可谓观点众多，如希尔斯在《论传统》中认为："传统意味着许多事物。就其最明显、最基本的意义来看，它的涵义仅只是世代相传的东西，即任何从过去延传至今或相传至今的东西……决定性的标准是，它是人类行为、思想和想象的产物，并且被代代相传。""传统——代代相传的事物——包括物质实体，包括人们对各种事物的信仰，关于人和事物的形象，也包括惯例和制度。"② 希尔斯认为传统是"代代相传的东西"。对于传统，总的来说有精神和物质两个方面。张文显在《法律文化的释义》中认为："所谓传统，是指由历史上传下来的，具有一定特色的社会态度、信仰、习俗、制度等。传统是历史上形成的东西……实际上，传统不只是过去的东西，而且是对现在和未来都能够产生定向性和规定性影响的东西。"③ 这里是从传统对社会的功用进行说明。叶启政认为："所谓

---

① ［英］M. E. 泰格、M. R. 利维著：《法律与资本主义的兴起》，纪琨译，上海学林出版社1996年版，第10页。

② ［美］J. E 希尔斯著：《论传统》，傅铿、吕乐译，上海人民出版社1991年版，第15－16页、254页。

③ 张文显：《法律文化的释义》，《法学研究》1992年第5期。

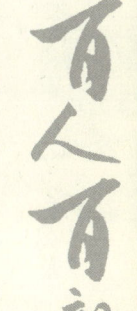

‘传统’，就是指一个特定社会中，经过长期延续而形成的一套特定的文化和行为模式。”① 这里笔者认为传统是具有不同生存范式的群体过去所创造和形成的所有能给其带来功用（包括显性、隐性两个方面）的东西，包含有价值、态度、制度等。很多学者认为法律，特别是法律中作为态度和观念的那部分东西（多称为法律文化），是一个民族群体传统的组成部分。"传统，虽然人类学家和历史学家已经大量指出，作为一种假定过去和现在的连续性所产生的法律化的形式，表现出了不可变化性。传统的矛盾常常在过去和固定规范的连续性中发现和再发现。”② 由于法律在现实中成为一个民族、群体传统的一部分，这使一个民族、群体在移植外来法律时常常要通过自身法律传统的再解释才能产生效用，正如弗里德曼所说：“结构本身来自历史、文化和传统，即来自过去和现在的社会力量。”③ 并且在过去民族传统中形成的法律拥有对其社会主体来说“方便”、“可靠”和“可预测”的社会效用。"许多继承来的法律是‘有道理的’；它们使人类生活得以继续，这可作为一种标准，而过去的法律证明了自己能够达到这个标准。”④ 传统是一个社会中让其有延续性的保证力，社会主体在对外来事物接受时，必然会对其进行再阐释，以使外来的事物适应自己的“口味”，进而达到“方便”。所以说传统是一个社会发展中的内在资源。这个资源往往对外来的事物进行改造。这就是为什么在法律发展中，具有不同生存范式的群体在吸收外来法律时还有一个本土化过程的根源。过去的生存范式能供给生活在其下的社会主体一种有效的“心理安全效用”，不管这种法律在他者看来是如何不合理。传统及传统的法律能给拥有者带来“方便、安全、信心”三大效用，这是传统在现实中最大的功能和优势。而在竞争的社会中，个体和群体一般需要这三种功能来维持自己存在的合理性和合法性，加之一个民族或群体所固有的传统在其产生中都有一定的实在效用，能为其主体提供有序的社会生活。所以传统在本质上既是

---

① 叶启政：《“传统”概念的社会学分析》，《社会、文化和知识分子》，台湾东大图书公司1984年版，第60页。

② Harris, Olivia: *Inside and Outside The Law: Anthropological Studies of Authority and Ambiguity.* London: Rout Ledge, 1996, p. 1.

③ ［美］弗里德曼著：《法律制度》，李琼英、林欣译，中国政法大学出版社1994年版，第183页。

④ ［美］J. E 希尔斯著：《论传统》，傅铿、吕乐译，上海人民出版社1991年版，第254页。

一种制度安排，也是一种心理偏好。对传统在法律中的作用，德国学者格罗斯菲尔德在《比较法的力量和弱点》中说过："传统是一种民主，在其中，过去的人们可以投上一票。在这一意义上，法律是文化经验，是超越了某一时代的理解的一种表达方式。"①　这就是传统在法律发展中的作用形式。

第六，法律移植（Legaltransplant）。在这个概念的理解上存在着很大的差异，具体可以分为两类。一类学者认为移植就是复制（Copy）的同义词。这种观点的代表者是著名法律史学家阿兰·沃森。他认为法律移植"即一条法规，或者一种法律制度自一国向另一国，或自一族向另一族的迁移"。因而，他对法律移植的结果是这样表述的："一次成功的法律移植——正如人体器官的移植——应该在新的机体内成长，并成为这个新机体的有机组成部分，如同那些在其母体内继续发展的规范与制度一样。移植法律在新的环境中不应由于原有文化的抗拒而萎缩。"②　所以这类学者对法律移植的看法可以归为硬性移植。而我国学者大多数认为法律移植是可行的，但对移植多持有软性理解。这以著名法学家沈宗灵为代表，他认为法律移植是"特定国家（或地区）的某种法律规则或制度移植到其他国家（或地区）。相当于中国国内所讲的对其他国家或地区法律的借鉴或吸收等。但有时，移植的含义似乎又比借鉴等词有稍多的意义。但也没有太大的差别"。接着他还解释说："与'移植'相当的词还有'借鉴'、'吸收'、'模仿'和'转移'、'传播'、'引进'等，但较普遍的还是'移植'。与'法律移植'对应的词是法律的'接受'等。"③　从定义到解释都可以看出他对法律移植持有相对软性的看法，也就是法律移植不是复制，而是一个再创造的过程。在吴玉章的文章中有更为明确的说明："所谓法律移植，就是一国（或一个地区）接受外国（或另一地区）的法律并使之发挥作用的过程。"④　在本书里，笔者坚持法律移植的软性立场，

①　［德］伯恩哈德·格罗斯菲尔德著：《比较法的力量与弱点》，孙世彦、姚建宗译，清华大学出版社 2002 年版，第 74 页。

②　参见阿兰·沃森著《法律移植论》，贺卫方译，载《比较法研究》1989 年第 1 辑，第 61、63 页。

③　沈宗灵：《论法律移植与比较法学》，见江平主编《比较法在中国》（第 1 卷），法律出版社 2000 年版，第 67 - 68 页。

④　吴玉章：《对法律移植问题的初步思考》，见江平主编《比较法在中国》（第 1 卷），法律出版社 2000 年版，第 85 页。

并且从法律人类学的立场出发，认为法律移植是具有不同生存范式的社会群体在交往中比较后所产生的法律制度的吸收或转移。"比较后的法律制度的转移"包括主动、被动两种方式，相同点是两种移植方式都是由人们在比较中对某一方的优势或说是先进①法律制度进行认可和接受。

第七，法律本土化。法律本土化是在有法律移植的事实下所产生的接受体用自己固有法律传统对外来法律再阐释的过程。本土化不是一个结果，而是一个过程。除非一个有生存范式的社会被另一个社会完全同化，否则，另一个社会对其吸收的东西一定会有再阐释的过程。法律本土化在现实中是存在的，而且当一个社会对外来法律进行本土化的过程中还会创制出新的不同于自己过去的，也不同于移植体的新法律体系。对于法律本土化，现在有不同的定义，如有人认为"本土化，意指在法律移植时应让受移植法律经过合理的处理与嫁接使其能渗入到移植国国民的血液当中，进而得到有机的整合，本土化就是法律移植本土运动的过程"②；也有人认为"法的本土化，则指任何国家的法律要发挥其内在的价值、功能和社会作用，必须与其本国（本地区、本民族）的政治、经济、文化、历史传统以及风俗习惯等密切结合，成为该国文化的一个组成部分，为人们所接受并自觉遵守"③；还有人认为"本土化即外来法文化内化为本国化的过程，描述了外与内之间的关系"④。可以说法律移植与法律本土化是具有不同法律制度的民族群体在发生交往过程中借用时一个问题的两个不同进程。法律本土化在现代"主权—民族国家"出现后更为有力，因为这种方式在把外来的东西改变成"实用、方便"的同时，还满足了接受者"荣誉感"的需要。

此外，在本书中，由于南方民族在这个时期，政治上已经成为中央统一

---

① 在笔者看来，"优势"或"先进"是对某一法律制度成本选择的结果，因为不存在成本比较就不会出现先进与落后的区别。任何法律制度都能提供其社会所需的某一有序化的需要，如收继婚姻可以让寡妇有生活上和婚姻上的制度安排，以适应妇女在社会生产生活中不独立的需要。

② 肖光辉：《法律移植及其本土化现象的关联考察》，见何勤华主编《法的移植与法的本土化》，法律出版社 2001 年版，第 115 页。

③ 何勤华：《法的国际化和本土化》，《长白论丛》1996 年第 5 期。

④ 曲阳：《比较法学与日本民法典制定》，见何勤华主编《法的移植与法的本土化》，法律出版社 2001 年版，第 147 页。

政权下的一个部分，所以这些民族的固有法律在政治上成为区域法。而现在往往把阶级国家中国家制定的"法律"称为法律，而常常把那些没有阶级国家的社会的"法律"称为习惯或习惯法。但在本书中讨论时又涉及这些民族群体的"法律"与以儒家传统为价值取向的中央法律的相互关系。这就使书中在对南方民族的法律使用上出现两组对称的概念：一是习惯法，它相对于国家法使用；二是固有法，它相对于中原地区的法律制度——汉法而使用。因为在本书中笔者承认这些民族群体在历史上形成的"法律制度"与中原地区汉法制度具有同等效用，所以固有法与习惯法在对象上往往会一致，但在使用含义上有所不同。同时，对中原传统法律制度，在与南方各民族固有法对称时用外来法或称为移植法指代。因为它相对于各民族固有的法律制度是一种外来法律（或称移植法）。这里的外来法不是外国法律，而是指不同生存范式下的法律制度。在人类历史上，同一政治国家中存在不同法律制度的现象很多。如历史上的大帝国马其顿、罗马、阿拉伯、蒙古等等，在它们的帝国下都有不同法律制度的民族群体并存。在现代主权—民族国家下也有不同生存范式的民族群体共存于同一国家中，如美国印第安人的法律制度与白人的法律制度是完全不同的。于是在本书中有以下两组概念：

（一）国家法或官方法↔民间法或非官方法

（二）外来法或移植法↔固有法或习惯法

以上两组法律概念是根据书中情势相对使用的。如在论述作为一个政治国家下的南方民族与中央政府的法律时就用第一组，在论述作为不同生存范式下的法律相互作用时就用第二组。这就可能出现同一法律源在使用情势不同时有不同的称谓。对官方法与非官方法、固有法与移植法，日本著名法学家千叶正士有过论述："'官方法'是一种其组成部分由国家立法机关认可的法律体系，在现代世界，它以'国家法'为典型代表。'非官方法律'是一种其组成部分非由任何合法机关官方认可的法律体系，但在实际上它会由于某个圈子的人们的一般共识而被适用，无论这些人是在一国的领土之内还是在领土之外，这时它们对官方法的有效性具有明确的影响，或部分或全部地补充、反对、修正甚至破坏了官方法。""'固有法'产生于一个民族的本土文化的法律。'移植法'是从其他一种或多种文化中移植过来的法律，不论移

植是通过自愿接受还是非自愿强加的方式。"① 千叶正士对这两组对称的法律术语进行了界定，从中可以看出他更多是站在"国家"的立场上来界定的。

四、研究方法的说明

在学术研究中，若过分拘泥于方法，那就是本末倒置的学术进路，因为所有的学术方法都只是为了更好地达到研究者学术目标的手段，而不是学术的目的。在学科研究方法论上，德国著名法学家拉德布鲁赫就警告道："有理由去为本身的方法论费心忙碌的科学，也常常成为病态的科学。"② 对那些在研究中要固守所谓学科方法的论断，笔者深不以为然。现在学术研究中往往存在为了明确自己所在的学科、方法而牺牲不必要的学术研究立场和进路，现已成为学术界一大通病。这是现代学科发达后精细分科的可悲结果。在笔者看来，学术研究上不必过多地去讲什么学科、方法，只要对自己的研究有用的学科和方法都可以用，因为学术研究是为了认识世界、改造世界（马克思语）。这是笔者对学术上学科和方法的立场。

但在这里还得对自己在本书中运用的主要方法进行一些说明，因为一些方法和学科的运用可以提供某些立场和研究进路。同时，笔者研究的课题又不仅是一个历史学问题，还是一个民族学问题，同时更是一个法律问题。课题的多维度性，决定了在其研究中必须使用多种方法。

作为一个历史学问题，本书在研究中运用到历史学的描述、考证等方法。如对元明清时期南方民族的一些社会事实的描述。同时对一些问题也得作出考证，如在清代，对苗疆适用的法律原则——苗人与苗人自相争讼之事，俱照苗例归结。这一法律原则是仅适用于黔渝鄂湘交界一带的苗疆地区，还是适用于整个南方民族？"苗例"是指实体法还是准据法，或两者皆有之？改土归流后各民族的法律适用中就完全是国家法吗？对这些问题的研究必然得用历史学的方法。

---

① ［日］千叶正士著：《法律多元》，中国政法大学出版社 1997 年版，第 162–163 页。
② ［德］古斯塔夫·拉德布鲁赫著：《法学导论》，米健、朱林译，中国大百科全书出版社 1997 年版，第 169 页。

　　作为民族史，不仅得使用历史学的一些方法，还得使用人类学的一些方法。虽然这段历史时期有很多文献资料，但民族史作为"研究各个民族的族属渊源、民族形成、文化、各民族间的关系及一切制度的发生、发展、消亡的历史"，这些也是文化人类学研究的对象，所以江应樑先生指出，"民族学与民族史研究内容，有很多交错关联，很难严格划分"，同时江先生指出中国民族史研究上虽然有丰富的文献资料，但仍有不足之处。江先生 1983 年在《论人类学与民族史研究的结合》一文中提出文献资料在研究民族史上有以下六个方面的缺陷：1. 内容简略，记录不完备；2. 分散残缺；3. 古人记录中存在民族偏见，往往导致记录失真；4. 异文异词，难以取得真实的看法；5. 文献史料的真实性存在问题；6. 文字史料受时间的局限性很大，对没有文字的社会不能进行了解，对研究无文字记载的民族不利。所以他提出民族史的研究可以用人类学来弥补文献资料的不全，同时历史文献资料可以作为人类学研究上的重要资料①。接着 1984 年中山大学著名人类学家容观夐发表了《人类学在民族史研究中的作用》一文，提出把人类学与民族学结合起来研究中国南方民族问题的倡议。1997 年容先生又发表了《论南方民族史研究的人类学取向》，再次阐述了把民族史与人类学相结合，对南方民族进行综合研究的必要性。此外，何耀华和宋蜀华分别提出了"历史民族学"② 和"历史人类学"③ 等学科建构的思想，他们的共同点是呼吁把民族史与人类学研究相结合。宋蜀华认为：历史人类学以历史上不同时期的族群及其文化作为研究对象，是一门以人类学视野和方法检讨审视民族史素材的学科。它主要以民族史志资料作为依据，而又往往和考古学、语言学的方法、材料相结合，尤其注重田野调查材料、民族史志材料与考古研究成果的互相结合应用。所以，由于研究对象所决定，本书得采用民族学和文化人类学的一些研究方法和立场。

　　作为法律史，本书得采用一些法学研究的方法，如对法律分类的方法和

① 参见江应樑《论人类学与民族史研究的结合》，《思想战线》1983 年第 2 期。
② 何耀华：《中国云南历史民族学论集》，云南人民出版社 1988 年版。
③ 宋蜀华：《论历史人类学与西南民族文化研究——方法论的探索》，《思想战线》1997 年第 3 期。

术语的运用等。在对这个时期法律文本进行分析时，笔者保持一种相当的警惕态度，因为在实践中法律文本与社会中法律运作存在很大差距。对此笔者在研究中保留台湾学者张伟仁在《清代法律研究》一书中提出的态度，那就是"法典只是一个法律制度的设计大纲，就此所作的研究只能见到这时法制静态的架构。审判记录则是一个法制的运作痕迹，就此所作的研究可以见到这时法律动静两态的种种细节，相形之下，审判记录的研究价值更高"①。此外，笔者还相信，"法规范的发现并不等于法律适用"，因为"大部分的法律都是经过不断的司法裁判过程才具体化，才获得最后清晰的形象，然后才能适用于个案，许多法条事实上是借裁判才成为现行法的一部分"②。所以在本书研究中，笔者更愿对各类案例进行分析，而不是对法律文本进行单纯的考察。但由于本书所研究的法律史是民族法律史，所以在法律方法上主要是使用法律社会学。使用法律社会学包括立场与方法，立场主要是对法律的理解、对人类社会历史不同发展时期的法律态度及法律多元主义与相对主义等，方法有个案分析与田野调查。

在这里，首先得弄清楚的是，在中国大陆地区民族法学与法律人类学是有区别的，因为大陆地区民族法学研究的对象是中央政府对民族地区民族问题的法律上的解决和民族地区的法制建设，民族法学"探索少数民族地区的法治之路和国家解决民族问题的法律途径"。张晓辉教授认为中国大陆地区民族法学与法律人类学有如下的区别：1. 研究领域的不同。民族法学研究的领域有国家对民族地区的法律调整、少数民族权利的保护、民族地区法律的实施、少数民族法律传统的变迁和民族地区的社会控制。而法律人类学研究的是人类法律制度的变迁、不发达人群和社区的社会控制及法律文化。2. 研究目标的不同。民族法学是为了国家的民族立法及民族地区的法律实施。法律人类学是研究人类社会中法律的产生及不同社会中法律的运行机制及文化对法律的影响等。3. 研究方法的不同。民族法学运用的是法学的方法和观点来研究和认识民族问题，而法律人类学是运用田野调查为主的实证分析的比较

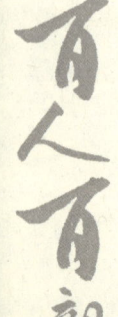

---

① 张伟仁著：《清代法制研究》，台湾商务印书馆 1983 年版。

② ［德］卡尔·拉伦茨著：《法学方法论·引论》，陈爱娥译，商务印书馆 2004 年版。

方法研究各民族社会中的法律问题，就是用人类学的方法研究法律①。由于本书的特殊性，民族法学与法律人类学两者都会使用，但更多的是应用法律人类学的立场与观点。

此外，作为民族法律史在研究对象上与中国法律史的研究对象也有所不同。具体是什么呢？它仅仅是对各民族习惯法的描述，还是也包括中央政府对民族地区的法律制度的分析呢？对此方慧教授提出应是二者的结合，即是对中央政府对边疆民族治理中的法律制度问题与各民族群体固有法律制度变迁的综合性研究②。这也决定了本书分析的范围。

对没有国家和阶级的民族群体的法律研究往往会产生很大的问题，因为在西方近代成长起来的法律话语体系中是以国家，即公共权力机构或者说暴力机构，阶级的出现为法律产生的前提。法律实证主义者认为法律仅是主权者的命令（奥斯丁语），而主权者就是国家，所以没有国家就没有法律。这样人类历史上所存在的那些没有国家、没有阶级的社会就成为没有法律的社会。但现实是这些社会对自身社会秩序的维持和纠纷的解决并没有比这些有法律的社会差。而法律（指有国家、阶级的社会中的法律）不管形式上如何不同，其功能不外乎提供给社会主体社会生活中秩序的安排和纠纷解决的制度保障。问题是对这类社会的秩序安排上可以用习俗、习惯乃至习惯法进行说明，但对制度化的纠纷解决机制应如何解释呢？

为了说明法律的起源、效用等问题，人类学家开始对那些没有"国家"的民族群体进行研究。那些没有国家等公共暴力机构的社会没有法律的观点在法律人类学的研究中早已被打破。法律不完全是阶级统治的工具，起码在法律产生的初期，因为"法律是动态的文化现象，它既非独立于其他部门的次级体系，亦非单纯只是后者的衍生现象"③。这里可以看看那些没有学者、政治家的中国南方民族中一些民族群体是如何解释法律产生的原因。苗族在

---

① 参见张晓辉《大陆民族法学研究的现状与前瞻》，林超民主编《民族学通报》第 1 辑，云南大学出版社 2001 年版。

② 参见方慧编著《中国历代民族法律典籍》（民族出版社 2004 年版），此书在结构上就是对这一立场的运用。

③ 林端著：《法律人类学简介》，见《儒家伦理与法律文化》，中国政法大学出版社 2002 年版，第 23－24 页。

议榔①中这样说明他们创制法律的原因和目的："不是为东南西北而议榔，而是为粮食人仓而议榔，是为酒肉满缸而议榔。这样仓里才有粮，缸中才有肉。在牲口践踏庄稼的地方议榔。在猴子损坏庄稼的地方议榔。勤快的不能做给懒汉吃，聪明的不要做给那些不听话、爱忘事情的人穿。议榔地方才平安，议榔地方才宁静，议榔地方做的庄稼才有收成，议榔的地方才有饭吃。地方才没有盗，地方才没有贼。"② 从上面可以看出其社会规范与我们的法律十分相似。议榔后一般都进行杀牛盟誓，这个仪式与我们现在在法律制定后要由特定的机构和个人颁布，在特定的日子生效在本质上是一致的。在广西茶山瑶族中有更为明确的说明："自家种来自家吃，立地乡村立庙堂，大地方官要差粮，小地方请神立规，立了乡村各自管，不得外人胡来犯，立了石碑定规矩，再立社庙敬神灵，各样各做各生产，后又编出乡里来，一代传一代。"③广西花蓝瑶（瑶族的一个支系）在《开石牌歌》中讲道："到今岁我边在地翻，到今岁我边有天乱。我边有地翻住不落，我边有天乱坐不甜。住不落，我寄信；坐不甜，我寄钱。我寄信过瑶山顶，我寄钱过瑶山根。过瑶山顶石牌起，过瑶山根石牌成。石牌是起到我巷，石牌是成通我村。来到我巷齐抽弓，来到我村齐放箭。齐齐抽弓守我巷，齐齐放箭守我村。守我巷，不使翻；守我村，不使乱。不使翻，住才落；不使乱，坐才甜。"④ 从这些可以看出法律产生不是什么主权或禁忌，而是在对社会有秩序的追求下所产生的。同时法律维持的力量来自群体中个体的认可，因为上面提到的都是群体行为。此外，在一些民族制定法规时就有人人得在规约之下的原则和理念。如同治六年（1867 年）册亨县秧坝区布依族在所立的《秧佑乡规碑》中规定："倘有不遵本禁，违条过犯者不拘寨头花户，理应照条实罚，依犯重究，而将资以为赏罚之用。"⑤ 这里"寨头"是村寨的权威人物和当权者；"花户"是平民百姓。这一法规用现在流行术语说就是确立了"法律面前人人平等"的原则。

---

① 在苗语中"议榔"有立法与法规的意思。议榔音译为"构榔"，"构"即议，"榔"即规约。
② 贵州《民间文学资料》（第 14 集），中国作家协会贵阳分会筹委会 1959 年印行，第 143 页。
③ 《广西瑶族社会历史调查》第 2 册，广西民族出版社 1983 年版，第 178 页。
④ 同上书，第 196 页。
⑤ 《黔西南布依族清代乡规民约碑文选》，黔西南布依族苗族自治州史志办公室编印，第 79 页。

最早从人类学的立场研究法律，并对其下定义的是马林诺夫斯基。他在《原始社会的犯罪与习俗》一书中通过对特罗布里安德群岛上美拉尼西人的研究后认为，法律制度的主要特征是互惠性、制度化的程度、公开性，并认为"法律最基本的作用就在于约束人类某些自然的癖好，限制和制约人类的本能，强化一种非出自于本能的义务性行为——换句话说，就是保证人类为了共同的目的而建立一个互相让步和互相奉献的合作基础"①。这样马林诺夫斯基从功能主义的角度出发，认为法律是一个社会中文化的一部分，把法律视为实在的、动态的文化现象。这样大大推进了对无公共暴力机构社会的法律研究。到现代法律人类学先驱之一——霍贝尔那里，认为法律由三个要素构成，即特殊的强力、官吏的权力和规律性，并在此基础上定义法律："这样的社会规范就是法律规范，即如果对它置之不理或违反时，照例就会受到有社会承认的、可以这样行为的特权人物或集团，以运用物质力量相威胁或事实上加以运用。"② 于是，他认为人类社会的所有发展类型都有法律。另一个法律人类学家波斯比西则用四个特性来确认法律，这四个特性是：1. 权威，指的是特定的人或人群，它们负责审判或裁决。2. 普遍应用的意图，即法律裁绝不是为解决单个案件而存在，它有适用于所有相同案件的理想与现实。3. 义务（obligation），具体指争议双方的权利与义务关系。4. 制裁。这样得出法律存在于任何社会中。这两人对法律的定义都受西方近代法律定义的影响。在对初民社会法律的研究中，博汉南提出了新的方法，认为不应以西方的法律观念来分析其他社会的法律制度。他在对阿尔及利亚的提甫族人的纠纷解决机制研究后发表了《提甫族人的正义与审判》一书，在书中他不再用西方法律术语，而是用该族人的术语进行研究。通过分析，他认为："法律只是一种折衷的机制，通过这种机制人们可以把他们的实际活动和行动与他们所接受的理想原则协调起来。依此而为，人们不会有太多的痛苦，也不会与他们的情感有太大的抵触，并且让有秩序的（就是说可预测的）社会得以继续。"

---

① ［英］马林诺夫斯基著：《原始社会的犯罪与习俗》，原江译，云南人民出版社 2002 年版，第 41 页。

② ［美］E. 霍贝尔著：《原始人的法》，严存生等译，贵州人民出版社 1992 年版，第 25 页。

在此定义之下，他认为，"我们可能理清法律制度和非法律性制度的区别。社会中的人们可以凭着法律制度解决彼此间的争端，抵抗社会中其他制度的规则的不公和公然滥用"，于是在此之上，"任何发展中的社会都有此意义下的法律制度，以及各种非法律性制度"。那么什么是法律制度，它与非法律制度有什么区别，或者说法律制度有什么最低标准呢？他认为法律制度与其他社会制度相比，至少在两个方面是自身所特有的：首先，法律制度拥有一些合理的方法，能矫正非法律制度的不良运作。其次，法律制度有两类规则，一类是对自身制度规范的规则，即现代的程序法；另一类是能取代、修正或重述非法律性制度已有的规则，即实体法。并且在现实中法律制度中的"法律"大部分是融于其他社会制度中的，如家庭、经济、宗教和政治等方面①。可以说博汉南对法律与法律制度的研究大大扩张了对法律及初民社会法律的研究进程和视野。

以上这些研究，都是设法对法律进行严格定义，这样的学术进路常导致对法律定义的争论不休。于是有学者认为不必去争论法律的定义，如英国学者罗勃士认为在法律人类学中对法律不应当是这样问：他们有法律吗？他们的法律制度与我们符合的程度如何？而是应问：（他们的）秩序如何维持？通过什么方式来排难解纷②？更有一些学者对法律定义争论不休进行质问，科赫（Koch）说："没有人会争论我们称作经济的东西的普遍存在。不知有金属或陶器，仅以掠夺式狩猎和采集所得食物为生的澳大利亚原始居民，尽管有关技术的记载是原始的，货物运输和服务系统是简单的，但还是有经济。如果经济只是处理'人们怎样谋生'，那么法律——在我看来——只是处理'一个相对有秩序的社会存在中如何谋生'。如果一个社会能有经济而无须十进数字计算系统、货币及银行，那么我想，一个社会就可能有或者甚至必须有法律而无须法典及法院。当我们一开始渴望了解人们试图解决争端、消除冲突及控制暴力的方式时，我们自己的法律系统（法院、法典）的这些特点就成为

---

① Bohannan, Paul: "*The Differing Realms of the Law.*" *American Anthropologist* 67, No. 6 (1965): pp. 33 –42。

② 林端著：《法律人类学简介》，见《儒家伦理与法律文化》，中国政法大学出版社 2002 年版，第 33 页。

法律领域文化实验的例子，而不是标准。"① 这样对法律的理解已经不再是概念的分析和抽象，而是社会实证分析。

上述法律人类学家对法律定义的争论和理解，说明相关学者对各种发展类型社会的法律研究的进一步加深和扩张。不管是对法律进行定义式的探讨还是对法律进行描述式的研究，甚至是"放弃对法律人类学在有关小型社会的'法律'或类似法律的机构的考察，取而代之以'社会控制'机制的考察"，② 即对社会纠纷的解决机制的研究。如维克多·特纳在《一个非洲社会的连续与分裂》一书中对"社会戏剧性事件"（Social Drama）的纠纷解决机制的研究。这一切说明人类社会中法律存在于任何发展类型的社会，因为人类社会的秩序维持与纠纷解决不可能完全由个体直接进行。对此，斯洛文尼亚著名刑法学者卜思天·M. 儒攀基奇在他的《刑法——刑法理念批判》一书中文版序言中就说："从起源上讲，法律仅是一种冲突解决的替代措施，它对于任何一个已明令禁止其成员以直接诉诸武力作为冲突解决之自然方式的社会而言，都是必不可少的。"③ 这里他说明了法律产生的目的，同时也说明了法律存在于人类社会不同阶段的事实。因为在人类社会中，成为"社会"的基本标志之一是对本群体间冲突时解决手段进行规范。在人类发展的历史中，不同阶段这个目的是不变的，但是所表现出来的形式却有很大的不同。可以说，如果一个社会中有一套维持公共利益秩序的规则，且有一个外在力量对社会主体间的纠纷进行制度式解决机制的安排，那么这个社会就有法律。一个社会中法律规则的最大特征是对公共利益的秩序设计，因为其他制度设计往往表现出不同群体的利益。如禁忌往往是为了个人的幸福，而不是为了社会群体的共有利益。同时一个社会中仅有制度秩序的设计，没有对破坏者进行制裁的纠正机制，那么这种规则也不能成为法律，如道德。所以说公共纠纷解决机制对法律来说是十分重要的。在没有国家形式的公共暴力机构的社

---

① Krygier, M："*Arzthropological Approaches.*" A, E, Tay: *In Law and Social Control*, London：Edward Arnold, 1980, pp. 36 – 37。

② Krygier, M："*Arzthropological Approaches.*" A, E, Tay: *In Law and Social Control*, London：Edward Arnold, 1980, pp. 47。

③ ［斯洛文尼亚］卜思天·M. 儒攀基奇著：《刑法——刑法理念批判》，中国政法大学出版社2002年版。

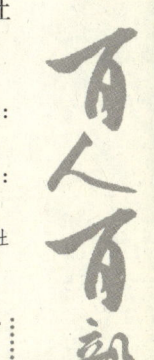

会中，法律维持的外在力量来源于三个方面：首先，把个人间的互犯转化成群体间的纠纷，这在没有国家等公共权力机构以前是主要的形式，如凉山地区彝族常把个人间的纠纷转化成家支间的纠纷。南方一些其他民族中也常这样，如转化成家族及民族间的纠纷。在1946年贵州省清江县南加区翁座乡乌拢村就发生房宝生（汉族）强奸翁座村一位苗族妇女的事件。该案发生后，其妇女亲族闻讯后群情激愤，聚集前往乌拢村与房姓论理。房姓家族自知理亏，迫于压力，用80多斤重的石头缚于房宝生背上，由五人各持叉杆将其沉入水底，在气绝之后又将其尸体捞上来焚化①。这里当房宝生的强奸案转化成两个家族及民族间的纠纷时，就出现由房姓家族处死犯罪者的行为。其次，把对个体的侵害当成对群体的侵害，由群体中各种组织来强制执行，如军事委员会等。最后，使用神灵正义报应观。这有两种，一种是通过神明来处罚，最有表现性的是神判；另一种是诅咒，让神处罚有罪者。对此，孟罗·斯密在《欧陆法律发达史》中写道："古代社会中处死刑或放逐法律保护以外常常所根据之观念，乃以犯罪系一种足使神迁怒于全社会之行为，因此，除非将该犯人牺牲祭神或驱逐于部落之外，实无以免于神之迁怒社会也。"② 在广西就有此类书牒，如光绪十一年（1885年）就有一份《神控书牒》：

上　　告

天地神明，日月三光，二十四位诸天洪由教主，三界圣帝。

　　本庙圣王案前　呈进

　　具告凡民阴人廖金全等，为朋比为奸，设谋捏害，乞愿情电鉴，以分泾渭事，无处伸冤。事窃有堂兄廖□□

　　今据

大清国广西省道桂林府义宁县分防龙胜理苗分防防府脊乡廖家寨，广福莫一庙王祠下社王土地居住，奉

---

① 《贵州民族调查》（之四），贵州省民族研究学会、贵州省民族研究所编，贵州民族出版社1986年版，第203页。

② ［美］孟罗·斯密著：《欧陆法律发达史》，姚梅镇译，中国政法大学出版社1999年版，第30－31页。

圣修因，即至告状人廖金全，年八十五寿，设谋控害，恃势欺弟，于抢夺地名爱界翁田、平段牛厂等。具控龙胜安府主案下衔规钱三十二千二百文。阳间孤独守分忠良，囊内无钱不敢告，于阳宪冤深如海，气怒如山，无处伸冤，因此无奈。是以谨发狠心，取虔具雄鸡一只，洪油一碗，状纸一张，于孰虚空具告

天地神明，日月三光，二十四位诸天，三界洪由教主，三界圣帝，本境广福大王部下：

即迅速差下检察灵官，统领雄兵猛将，包龙处提拿廖□□真命到案，务要自愿自倒，自私颠枉，上山蛇伤虎咬，下河浪打水推，天雷霹雳，即遭瘟疫，火焚栋宇，宅舍化灰，即行即报。剿斥奉打报应有功之后，不忘大道鸿恩，谢恩谢圣，须至状者。右状上告

天地神明，日月三光，二十四位诸天，三界洪由教主，三界圣帝，本庙圣王，检察灵官案前，投进证盟，莫一大王，星火奉行，急行急报。

皇上光绪十一年（1885 年）岁次丙戌□月□日具状上禀告。①

三种力量交织在一起构成了前国家社会中法律得以实施的外在力。规范成为法律必须是这两个特质的统一。

元明清时期中国南方民族在被中央政府纳入直接控制以后，在法律上往往是国家法与本民族群体固有法共存，在很多时候国家法律并不直接适用于各民族群体社会内部法律秩序中，国家是采用区际冲突法形式认可各民族的固有法律在各民族内部法律适用上的准据法地位。所以说，这里应用法律多元的立场，承认这些民族地区的法律是国家法、民族固有法同时有效。相对主义是在各民族本身固有法律的认识上而不是站在"汉族中心主义"和"国家中心主义"来看待各民族固有法律制度，而认可它们对本民族在国家法没有进入时的价值和效用。如承认瑶人中石牌律、大小凉山彝人的法律、傣族的法律与中原地区形成的以儒家价值为取向、以文官官僚体系为结构的法律

---

① 《广西少数民族地区碑文、契约资料集》，广西民族出版社 1987 年版，第 188 页。

制度的同等有效性。

在法律人类学的研究进路的认可和运用上，具体表现在分析南方民族中某族群的法律制度时可以通过案例或田野调查中的民族志进行。对于人类学在法律研究中的运用方式，卢埃林与霍贝尔在《晒延人的方式》一书中总结为三种：第一，在观念中构成能正确引导和控制人们行为的准则；第二，对实际进行描述，并依据实际存在的行为探究其模型；第三，研究事故、争端、冤情和纠纷的实例，考察它们的性质及其发生的原因和过程，如果可能的话，还要考察动机和结果。第一种方法是用自己所拥有的法律观念来分析研究一些民族群体的社会是否存在着这些"法律事实"，如对一个社会进行调查是否有刑法、程序法等。第二种方法是先对研究对象进行观察，不是先用自己拥有的观念来找需要的东西。这类方法的代表是马林诺夫斯基关于特罗布里群岛的美西拉尼亚人的研究。第三种方法是疑难案件的个案分析法[①]。这里由于分析对象的特殊性，本书中不分哪种方法，而采用"人类学对法律的研究方法完全是行为主义和经验主义的，因为我们认为所有人类的法律都蕴涵在人类的行为中，这样只有通过客观的、准确的观察人们相互间的关系及自然力对人类的侵害才能发现其所在"[②]。这种实证式的描述与本书的研究是相符的，因为历史考察是对对象的事实进行描述。

总之，笔者坚持在研究中方法是为研究目的需要而采用的，方法对于研究者来说是手段而不是目的，所以不会固守所谓的方法界限和学科领域。

---

① Llewellyn, K. N., and E. Adamson Hoebel: *The Cheyenne Way, Conflict and Case Law in Primitive Jurisprudence.* Oklahoma: University of Oklahoma Press, 1941, pp. 20 – 21.

② Hoebel, E. Adamson: *The Law of Primitive Man, a Study of Comparative Legal Dynamics.* New York: Harvard University Press, 1979, p. 5.

背景篇

第一章　元明清时期南方民族法律移植与本土化的政治背景

元朝在古代中国发展史上是一个具有重要意义的王朝，在蒙古人的铁骑之下，中华大地又一次被完全纳入中央政府强有力的控制之中。同时，由于蒙古贵族属少数民族，他们在统一中华大地之后，在制度设置上进行了大胆的改革，不再严格区分中心区与边缘区。于是，在把南方民族纳入中央控制以后，在这一地区设立了全国划一的行省制度，同时，根据南方地区民族群体众多、社会发展不一的特点，在统一的国家行政建制设置之下，大量让各民族群体的"头人"进入国家行政机构，成为中央政府任命的地方官员，即创制了土官土司制。这一政策和制度为明清两朝开创了先河，促使南方民族在政治上纳入中央政府的控制之中。明朝中央政府在对中华大地的控制上，虽然对漠北未见强势，但在南方却取得了巨大成功，不仅沿袭了元朝的做法，还进一步加强了对南方民族的控制。清朝通过大规模的改土归流，对南方民族地区的控制进一步深入。元、明、清三朝对南方民族的强有力控制，为这个时期南方民族法律移植与本土化提供了政治上的条件。

第一节　元明清时期南方民族行政制度上的革新

一、南方民族地区行政官僚体系的全面设置——土司制的创制

南方民族地区在元朝以后与中央政府的关系和历代相比发生了本质的转变，国家在这一地区从过去的羁縻统治转向了国家政权直接控制，表现为从以前的羁縻式的州县制转向了土官土司制。这不仅是一种官制上的变化，其本质在于导致了南方各民族社会组织发生结构性的转变。为此，先弄清过去

羁縻制下的边郡制和州县制与土官土司制的区别是很有必要的。在下面具体讨论这两种制度的特质之前，首先要对中国古代处理不同民族群体间的原则进行讨论。

（一）中国古代中央与周边民族的关系原则

中国古代社会形成了一种特有的"中原—华夏文化观"下的中央政府与其他周边民族的特有社会结构：首先是天下皆"我"的大一统观，表现为"溥天之下，莫非王土；率土之滨，莫非王臣"。这种思想让中国古代社会形成了一种对任何民族群体只要向中原王朝臣服都能成为其臣民或说被接受的社会结构。其次是中国古代社会一直存在着根据周边民族与华夏文化核心区的异同程度和距离区分与它们在政治、经济、文化上的关系原则——"五服制"。五服制是中国古代处理华夏核心区与周边区的准则，同时也是国家处理周边民族关系的原则。五服制在《史记·夏本纪》上有具体记载，加上后人的注疏，可以了解到这一制度的具体内容。为了说明，笔者把它全文录下：

> 令天子之国以外五百里甸服：【集解】孔安国曰："为天子之服治田，去王城面五百里内。"百里赋纳总，【集解】孔安国曰："甸内近王城者。禾蒙曰总，饲供国马也。"【索隐】《说文》云："总，聚束草也。"二百里纳铚，【集解】孔安国曰："所铚刈谓禾穗。"【索隐】《说文》云："铚，穫禾短镰也。"三百里纳秸服，【集解】孔安国曰："秸，稿也。服稿役。"【索隐】《礼·郊特牲》云："'蒲越稿秸之美'，则秸是稿之类也。"四百里粟，五百里米。【集解】孔安国曰："所纳精者少，粗者多。"甸服外五百里侯服。【集解】孔安国曰："侯，候也。斥候而服事也。"百里采，【集解】马融曰："采，事也。各受王事者。"二百里任国，【集解】孔安国曰："任王事者。"三百里诸侯，【集解】孔安国曰："三百里同为王者斥候，故合三为一名。"侯服外五百里绥服，【集解】孔安国曰："绥，安也。服王者政教。"三百里揆文教，【集解】孔安国曰："揆，度也。度王者文教而行之，三百里皆同。"二百里奋武卫，【集解】孔安国曰："文教外之二百里奋武卫，天子所以安。"绥服外五百里要服，

【集解】孔安国曰："要束以文教也。"三百里夷，【集解】孔安国
曰："守平常之教，事王者而已。"二百里蔡，【集解】马融曰：
"蔡，法也。受王者刑法而已。"要服外五百里荒服，【集解】马融
曰："政教荒忽，因其故俗而治之。"三百里蛮，【集解】马融曰：
"蛮，慢也。礼简怠慢，来不距，去不禁。"二百里流，【集解】马
融曰："流行无城郭常居。"①

从这里解释的五服制可以看出，这一制度对华夏文化区周边民族的分类
标准是一种"文化分类"。在这种制度下不同地区文化形态的"人"对"天
子"有不同的义务，同时"天子"对他们在法律适用、制度安排上有不同的
内容。这里重点看对"夷"和"蛮"的解释及政策，其说"夷"是"守平常
之教，事王者而已"，而"蛮"则是"蛮，慢也。礼简怠慢，来不距，去不
禁"，对这两类文化区的民族群体，只让它们认可中原王朝的中心地位，不对
其社会内部进行干预。中国南方民族地区在古代多称之为"蛮夷之地"，按五
服制当是"要服"与"荒服"，在统治上采用的方式是"要束以文教也"，
"荒，政教荒忽，因其故俗而治之"，认可这些民族群体的社会制度在其民族
群体内的有效性。所以说中国古代南方民族在历代治理上都没有摆脱以上这
些原则。当然，要指出的是中国古代社会是在第一原则下来划分五服制的，
第一原则是本质性的，它让历朝统治者把周边各民族群体当成自己的臣民来
治理。纵观中国古代历史，直到近代西方"主权国家"思想传入以前，都受
这两个原则支配。这两个原则构成了一个体系，一个软性的对外政治、文化
制度体系安排。

元朝以前，中央政府对南方民族一直都采用对待"要服"与"荒服"的
原则来控制这些民族群体。这在具体实践中表现为：一方面是要求这些民族
服从、认可中央王朝的地位；另一方面又是对这些民族群体采取"因其故俗
而治之"的做法，不愿太多干预其内部社会结构。在具体政策上表现为对这
些民族群体，中央政府在有条件的前提下，积极把其纳入"王化"之中，但

①《史记》卷2《夏本纪第2》。中国历史上是否存在过如此理想的五服制是存在争议的，但这
种制度所含有的精神确实为古代中国民族制度设置所体现。

对那些"不遵王事者"的民族群体，也无太多的干预，只要它们的行为不威胁到整个核心文化区的安全就行。

（二）秦汉至宋的羁縻统治

秦汉至宋朝的羁縻统治不仅是一种政策，也是一种制度。自秦汉以来形成了具体的政策和制度，政策是羁縻政策，制度在不同时期名称上有所不同，具体是秦汉时称为边郡制，南北朝时称为左郡、左县、僚郡、俚郡制及唐宋时称为羁縻州县制。以上这些不同的称谓仅是不同时代中央地区对地方行政区划上的不同称呼而已，在本质上没有什么差别。为什么这么说呢？下面来看这个时期这一政策与制度的情况。

首先，来看"羁縻"一词在史书上出现的时间和情况。它出现在《史记·司马相如列传》上，具体是在关于是否开发西南夷的争论中。"耆老大夫荐绅先生之徒二十有七人，俨然造焉。辞毕，因进曰：'盖闻天子之于夷狄也，其义羁縻，勿绝而已。今罢三郡之士，通夜郎之途，三年于兹，而功不竟，士卒劳倦，万民不赡，今又接以西夷，百姓力屈，恐不能卒业，此亦使者之累也，窃为左右患之。'"这里说得很明确，是关于如何处理西南夷问题。在文中对"羁縻"二字进行了解释。【索隐】案："羁，马络头也。縻，牛缰也。《汉官仪》云：'马云羁，牛云縻。'言制四夷如牛马之受羁縻也。"① 就是说对各族群体的控制应是不让其在中央控制之外，不让它们对中央王化之地构成威胁，同时对这些民族群体的具体社会事务不要直接干预。

那么，这一政策和制度在秦汉至宋人中的具体认识和作用上是什么呢？西汉宣帝时太子太傅萧望之以为"单于非正朔所加，故称敌国，宜待以不臣之礼，位在诸侯王上。外夷稽首称藩，中国让而不臣，此则羁縻之谊，谦亨之福也。《书》曰'戎狄荒服'，言其来服，荒忽亡常。如使匈奴后嗣卒有鸟窜鼠伏，阙于朝享，不为畔臣。信让行乎蛮貊，福祚流于亡穷，万世之长策也"②。这里认为中央对羁縻者与国家分封的诸侯不必等同，在礼仪上，地位可以高于诸侯，对羁縻者在其不臣属时不必进行征伐。这是汉朝人对羁縻制

---

① 《史记》卷117《列传57·司马相如列传》。
② 《汉书》卷78《列传48·萧望之传》。

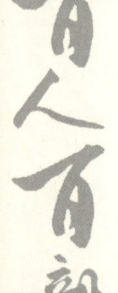

的具体操作中的理解。唐朝时人们对羁縻制的具体理解是："往者，诸葛亮破南中，使其渠率自相统领，不置汉官，亦不留兵镇守。人问其故，亮言置官留兵有三不易。大意以置官夷汉杂居，猜嫌必起；留兵运粮，为患更重；忽若反叛，劳费更多。但粗设纪纲，自然安定。臣窃以亮之此策，妙得羁縻蛮夷之术。"① 这里张柬之认为羁縻之道的精髓是不设流官、不置汉兵，仅授予臣服部落首领一定名号，让他们约束部众，不对中央政权进行侵扰就行。宋朝时则认为羁縻制是："自南讨损伤，岭南人希，贼之所处，洞垒荒僻。假如尽杀其人，得其地，在国计不为有益。容贷羁縻，比之禽兽，来则捍御，去则不追，未有亏损朝廷。"② "昔所入贡者，今必城为郡县；昔所羁縻者，今尽纳其土疆。"③ 就是说对羁縻之地，国家不必设正式行政区制，对不到中央朝贡者，不必进行追究。"先是，南州蛮酋莫公晟归朝，岁久，用为本路钤辖羁縻之，后遁去，旁结诸峒蛮，岁出为边患。晦选老将罗统戍边，招诱诸酋，喻以威信，皆诣府请降，晦犒遗之，结誓而去。自是公晟孤立，不复犯边。"④ 这里强调的是通过羁縻达到防止边地民族群体对"王化之地"进行侵犯。上面关于羁縻制的论述和实践上关注的都是通过此政策把羁縻对象纳入国家的友好关系下，目的是不让它们对"王化"地区构成威胁。

从以上可以看出羁縻之制有以下几个方面的内容：首先，这些地区不是"国家"的真正"王化之地"，国家在行政管理上不把它们纳入正式的行政区管理之中。如唐朝时"开元二十八年（740 年）户部计账，凡郡府三百二十有八，县千五百七十有三。羁縻州郡，不在此数"⑤。这里就不把"羁縻州郡"算入全国的行政区数内。在《旧唐书·地理志》中雅州都督和泸州都督下就有特别说明，雅州都督之下 19 州都是"生羌、生僚羁縻州，无州县"，泸州都督之下 10 州"皆招抚夷僚置，无户口、道里，羁縻州"⑥。这里说这些"州"不是州县或说是无户口、道里，说明羁縻州县在性质上不是国家的正式

① 《旧唐书》卷 91《列传 41·张柬之传》。
② 《新唐书》卷 222 下《列传 147 下·南蛮下》。
③ 《宋史》卷 348《列传 107·毛注传》。
④ 《宋史》卷 378《列传 137·沈晦传》。
⑤ 《旧唐书》卷 38《志第 18·地理志一》。
⑥ 《旧唐书》卷 41《志第 21·地理志四》，"雅州都督"、"泸州都督"。

州县。羁縻州县没有正式州县的里制其实质说明它们在设置上没有形成中原地区那样以地域为标准，兼顾人口等其他因素的州县里制的行政组织。其次，羁縻地区在不臣服时，国家一般不会出兵征伐，除非它进行扩张，特点是对"王化之地"进行侵扰，国家才会干预。羁縻制度的本质是国家对这些地区仅要求它们在政治上象征性地臣服，国家对它们不臣服时，一般不做强制性干预。它们有相对自由的选择，只要它们不威胁到中原的安全。其目的也许是像《宋史·蛮夷一》中所说："古者帝王之勤远略，耀兵四裔，不过欲安内而捍外尔，非所以求逞也。"① 或者像方铁教授在《西南通史》中所说羁縻之制"主要为控制边疆少数民族而设，设置的出发点并非是为了征收贡赋和征集丁壮"②。因为这些民族群体在没有进行羁縻之前往往是"出则冲突州县，入则负固山林，致烦兴师讨捕，虽能殄除，而斯民之荼毒深矣"③。从上述这些来看，可以得出羁縻之制与五服制下的要服、荒服的要求是一致的。这就是家天下的大一统观下不应让任何地区、部落成为不是"王者"关心的对象，同时现实中这些不同的部落又有相对的独立性，同时中央政府也不可能完全把它们置于自己的控制之下。其实从五服制上可以看出中国古代中原王朝对周边民族群体有双重思想：承认它们在文化上的相对独立性，同时又想要把它们纳入"王化之地"。

羁縻制下的郡、州、县是如何设置的呢？《新唐书·地理志》中有："唐兴，初未暇于四夷，自太宗平突厥，西北诸蕃及蛮夷稍内属，即其部落列置州县。其大者为都督府，以其首领为都督、刺史，皆得世袭。虽贡赋版籍，多不上户部，然声教所暨，皆边州都督、都护所领，著于令式。今录招降开置之目，以见其盛。其后或臣或叛，经制不一，不能详见。"④ 这里明确说是按各"内属"部落设州县，不是按地域。《宋史·蛮夷传》上有："树其酋长，使自镇抚。"⑤ 宋人范成大在说到广西地区左右两江侬氏、莫氏的羁縻州

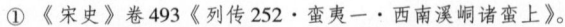

① 《宋史》卷493《列传252·蛮夷一·西南溪峒诸蛮上》。
② 方铁主编：《西南通史》，中州古籍出版社2003年版，第427－428页。
③ 《宋史》卷493《列传252·蛮夷一·西南溪峒诸蛮上》。
④ 《新唐书》卷43下《志第33下·地理志七下·羁縻州》。
⑤ 《宋史》卷493《列传252·蛮夷一·西南溪峒诸蛮上》。

县时有："自唐以来内附，分析其种落，大者为州，小者为县，又小者为洞。国朝开拓浸广，州、县、洞五十余所，推其雄长者为首领。"① 这些说明唐宋时期的羁縻州县都以各归服部落为对象设置州县。这种以归属部落为郡、州、县的设置单位是自秦以来就存在的。在《秦云梦竹简》中有"臣邦君长"、"臣邦君公"，这说明各民族是以当地部落君长的身份臣服于秦中央。所以清人钱大昕在《潜研堂文集·三十六郡考》上说："闽中与南海三郡，皆置于王翦定百越之时，但其初虽有郡名，仍令其君长治之，如后世羁縻州之类。"② 汉代设边郡时，也以各部落为单位来设置，如滇国，当汉朝军队兵临滇境时，滇王降汉，"于是以为益州郡，赐滇王王印，复长其民"③。《后汉书·百官志》上说得更明确，"四夷国王，率众王，归义侯，邑君，邑长，皆有丞，比郡县"，各王、侯、君、长皆比于郡县，也就是相当于郡县之长。汉朝在南方民族地区所置的王、侯、君、长有记载的有夜郎王、滇王、哀牢王、白狼王、句町王、漏卧侯、奉通邑君等，且有出土文物佐证，如滇王之印、汉叟君长印、汉夷邑长印、蛮夷邑侯印、哀牢王章等。这些说明当时边郡制实质上多由各部落首领治理其部，国家对这些民族群体并没有在行政、经济、文化、司法上进行多少控制。在唐代，当时唐王朝的"王化地区"仅有315个州、府，而有856个羁縻州，其中南方民族地区就设有400多个羁縻州，使中央王化地区的州数不及南方地区的羁縻州数④。如天宝十二年（753年）记载，松州都督府下有104个羁縻州，但有额户的仅有25州，且还有逃散，其他79州是没有户口数额的。"据天宝十二载（753年）簿，松州都督府，一百四州，其二十五州有额户口，但多羁縻逃散，余七十九州皆生羌部落，或臣或

———————

① （宋）范成大著：《桂海虞衡志·志蛮》，胡起望、覃光广校注，四川民族出版社1986年版，第179页。

② （清）钱大昕著：《潜研堂文集》卷16，《秦四十郡辨》，《嘉兴钱大昕全集》（第9册），江苏古籍出版社1997年版，第247页。

③ 《汉书》卷95《列传第65·西南夷两粤朝鲜列传》。

④ "凡天下之州府，三百一十有五，而羁縻之州，迨八百焉。"（《旧唐书》卷43《志第23·职官二》）"羌、蛮隶剑南者，为州二百六十一。蛮隶江南者，为州五十一，隶岭南者，为州九十三。又有党项州二十四，不知其隶属。大凡府州八百五十六，号为羁縻云。"（《新唐书》卷43下《志第33下·地理志七下·羁縻州》）

否，无州县户口，但羁縻统之。"① 这就是按部落设置羁縻州县的结果。此外，还有一个例子是唐太宗贞观二十二年（648年），当时大理西洱河地区降唐，"其地有杨、李、赵、董等数十姓，各据一州，大者六百，小者二三百户，无大君长，不相统一"②。这种州县大者仅有六百户，小者才二三百户，在设置上根本不是按地域来设置的。这些说明了羁縻州县的设置情形。宋朝同样如此。通过以上分析，可以得出秦汉到唐宋的各种形式下的羁縻制，在设置上是一致的，都是以各个臣服部落为单位，不是以地域为设置的单位，且国家对这些地区内部社会的治理是不进行任何干预的。

这种以各自部落为单位设置的羁縻州县③，与羁縻的精神相符，就是通过控制各部落首领，达到控制各部落群体的目的。所以在现实中中央对这些地区的内部控制是很弱的，往往当它们不入侵时，国家不问它们的归去来否。《宋会要辑稿》上有宋真宗大中祥符二年（1009年）"诏曰：'朕常戒边臣，无得侵扰，外夷若自相杀伤，有本土之法，苟以国法绳之，则必致生事。羁縻之道，正在于此。'"④ 这里宋真宗认为对羁縻州县各部落社会主体间的纠纷不应适用中央政府的法律，即汉法，也就是在司法上不必去干预各羁縻州县，明确说出国家对羁縻之地不进行司法上的干预。当然，在现实中若羁縻州县与"王化郡县"相邻，国家就会控制得严一些。因为这些羁縻州县往往在缺乏控制时会入侵内地王化郡县。当然，即使在这类羁縻州县上，国家关注得更多的也是政治上、有时是军事上的情况，而对于经济、司法、行政方面并不是国家关注的重点。于是在现实中，对羁縻州县"始终蛮夷遇之"⑤或"其法制尤疏，几似化外"⑥。所以这个时期国家对羁縻地区在制度建设上不是要把其纳入"王化地区"。虽在现实中这些民族有朝贡、出兵等义务，但那仅是"臣属"的表现。这就是为什么在这段时期中，中国南方民族地区往

---

① 《旧唐书》卷41《志第21·地理四·剑南道》。
② 《资治通鉴》卷199《唐纪十五》，浙江古籍出版社1956年版。
③ 为了行文上的方便，下面用"羁縻州县"通称宋代以前各种表达形式下的羁縻之制，如秦汉的边郡制、南北朝的左郡、左州制及唐宋的羁縻州县制。
④ 《宋会要辑稿》卷1566《番夷五之四三》，中华书局1957年版。
⑤ 《宋史》卷493《列传252·蛮夷一·西南溪峒诸蛮上》。
⑥ （宋）范成大著：《桂海虞衡志·志蛮》，四川民族出版社1986年版，第179页。

往往出现地方部落，首先是羁縻州县在发展壮大后，成为独立的地方政权，而中央政府在这些部落政权强大后，在不出现对王化地区侵犯时是不轻易出兵干预的。这就造成这个时期南方各民族地方政权迭出的原因。如秦末汉初的南越国，南北朝时期爨氏在滇的坐大，唐宋时云南过去羁縻地区成为南诏、大理国的天下，宋时在现在的贵州地区出现了罗殿鬼国、自杞国等独立地方政权。这些说明对羁縻地区是来去自由，国家不以武力制之，可是在土司制下是不可能的。

当然，羁縻制有以下好处：首先，它可以通过这种制度把王化地区周边民族控制住，又不必让国家出兵、费粮；其次，它可以让很多民族群体在很短的时间内从政治——主权上纳入中原王朝的控制之下，使中央王朝对各民族群体在政治吸纳上有很大的弹性；最后，通过这种方式，可以慢慢地把各民族群体"王化"，同时又不会对中央和各民族群体产生太大的压力和冲突。

（三）元明清时期南方民族地区土司制度的全面设置

在中国历史上，对南方民族治理从元朝发生了本质性的变化，这是不争的事实。其表现为南方民族地区从过去以羁縻控制转向了土官土司制控制。那么土司制度与羁縻制相比有哪些特质呢？其对南方民族进入中原传统政治文化有什么影响呢？这个问题对本书来说是有重要意义的。因为自元代以后，在政治上土司制度为传统中国以儒家思想为指导的法律制度在南方民族地区的移植提供了决定性的前提。

什么是土司制度，不同学者有不同的观点，并且在学术界对土司制度研究的学者不少，产生了很多重要的成果。其中主要成果有：佘贻泽的《明代土司制度》、江应樑的《明代云南境内的土官与土司》、龚荫的《中国土司制度》、吴永章的《中国土司制度渊源与发展史》。此外，还有不少人在研究中国南方民族史、地方史时论述过此制度。对于土司制度，有人认为即利用世居少数民族中的贵族分子沿袭充任地方政权机构中的长官，以便依据地方经济情况"额以赋役"，政治上则听从封建中央的"驱调"①；有人认为是我国封建王朝在统一的领土内的某些地区，即主要是南方少数民族聚居和杂居处，

---

① 尤中著：《云南民族史》，云南大学出版社1994年版，第349页。

采取一些有别于汉族地区的措施进行统治的一种制度。其主要内容可以归结为两个方面：一方面是中央王朝对归附的各少数民族或部落首领假以爵禄，宠以名号，使之仍按旧俗管理其原辖地区，即通过世居首领对民族地区实行间接统治；另一方面是各民族或部落首领须服从中央王朝的领导和听从驱调，并须按期上交数量不等的贡纳，即承担一定的政治、经济、军事等义务①。有人把此制度与以前的羁縻府州制相比较后认为，土官土司制度的基本特点是封建王朝对边疆少数民族控制的程度大为加强，并将协助统治的当地少数民族首领全面纳入封建国家官吏管理的系统，授予代表封建王朝进行统治的权力，许予其与流官大体相同的政治及生活待遇，在管理制度方面也趋于完善和严密②。从以上定义来看，土司制度有很多难以明确的地方，其中往往与羁縻州县制相同。假若如此，为什么又一致认为此制度是中国古代南方民族地区制度建设上的一大创举呢？上面已讨论过羁縻州县制度的各种特质、内容等。为了比较，下面来讨论土司制度的特质及内容。

土司制度实质上应称为土官土司制才较为全面和准确，因为在元朝时仅有土官之称，到明朝中期才有土司一词出现③，到后来土司与土官开始互用，于是土司成为通称。土官土司制度有以下几个方面的特质：

首先，南方设有土官土司制度的地区在行政区划和属性上都是当时中央政府的一个行政区，如元代设有 11 个行省，南方民族地区的土官土司主要设在四川、云南、湖广、江西行省，而这些行省是元代行省的组成部分，与其他行省一样同是元王朝管辖下的地方行政区域，而不像以前那样仅是"臣属"或是"藩属"地区。对此《元史·地理志一》上说："盖岭北、辽阳与甘肃、四川、云南、湖广之边，唐所谓羁縻之州，往往是，今皆赋役之，比于内地。""比于内地"十分关键，它说明这些地区是国家正式行政地区。从云南建制上来看，在元代以前，云南也设过郡、州、县，但都是特别的。到了元朝设置云南行省时，行省在制度设置上与其他行省一样，设有相关机构，如

---

① 吴永章著：《中国土司制渊源与发展史·导言》，四川民族出版社 1988 年版。
② 方铁主编：《西南通史》，中州古籍出版社 2003 年版，第 647 页。
③ 土司一词出现在明朝嘉靖中期。方铁主编的《西南通史》称："土司之称最早出现于明嘉靖中期的有关史籍文献中，此后陆续增多。"中州古籍出版社 2003 年版，第 648 页。

提刑按察司和肃政廉访司、儒学提举司、规措所、广教总管府、惠民药局、屯田管理机构等。在行省下设有与当时中原地区相同的行政机构：路、府、州、县、道等。《元史·地理志一》也说："元则有路、府、州、县四等。大率以路领州、领县，而腹里或有以路领府、府领州、州领县者，其府与州又有不隶路而直隶省者。"① 元朝当时在云南行省下建立起了"路三十七、府二、属府三、属州五十四，属县五十七，其余甸寨军民等府不在此数"。这说明元代在云南这个过去没有正式设置中原地区行政制度的地方建立了一套相对完整的制度。在现在的两广、两湖、贵州等地也建立了相对完整的地方制度。在明代，国家首先把这些地区纳入 13 个布政使司的民政管辖区之下，到永乐十一年（1413 年）进一步把过去由云南、四川、湖广行省管辖的相邻民族集中地区单独划出建立了贵州布政使司。南方民族地区出现了"分别司郡州县，额以赋役"的社会结构，建立起与中原地区一致的行政体制。这样导致在政治上南方民族地区首先是国家的一般行政区，其次才是国家的特殊行政区。《明史·地理志一》明确说："置十三布政使司，分领天下府州县及羁縻诸司。"② 于是，南方民族由过去的羁縻地区成为了国家行政辖区，各民族群体对于中央不再可以来去自由。清朝就更不用说了。

其次，从元朝以来在对南方民族中下层行政机构的设置上不再以"部落大小"为准，而是以地域为基本条件后才兼顾行政区划内的部落问题。元朝至元二十年（1283 年）有："四川行省讨平九溪十八洞，以其酋长赴阙，定其地之可以设官者，与其人之可以入官者，大处为州，小处为县。"③ 这说明元朝在南方民族地区设置行政上开始以区域为基准。前面讨论羁縻州县设置时知道那时是以部落为准设立州县，而中原地区的郡县行政体制建制则是以地域为基准的。由于土司地区的各种府州县以区域为准，各土司就不能出现兼并其他土司领地的行为，否则国家就要出兵干预。这在元代《招捕总录》上可以看到很多土司为争夺土地而相互仇杀时，国家都要干预，轻则遣使诏

---

① 《元史》卷 58 《志第 10·地理志一》。
② 《明史》卷 40 《志第 16·地理一》。
③ 《元史》卷 63 《志第 15·地理志六》。

谕，重则出兵讨伐。后来明代几次对南方土司的征伐都是因为出现某土司兼并其他土司领地而引起的。如明朝前期的麓川问题，就是麓川土司思可法家族进行兼并扩张，为此明政府不惜动用大军征伐。此外对贵州播州杨氏、水西安氏的征伐也如此。所以说这时南方民族地区各土司已经是中央政府下的一个行政区，不能再随便兼并其他行政区域。

再次，由于南方民族地区是国家行政区域，土官土司首先要是国家的正式官僚，后才能成为本辖区内的首领，国家才让他们管理这个地区的部落和政权，这一点非常重要。《明史》上有："使之（土司）附辑诸蛮，谨守疆土，修职贡，供征调，无相携贰。"[①] 这里用"使之"二字十分准确地说明了国家授予各民族首领各种官职的目的和功用，就是让他们成为帮助国家管理各民族群体和守卫疆土的官员。从现象上看，好像这些土官土司与过去一样，且其本来就是其管辖地区内的首领。但在元朝以后，国家可以不承认你，用武力让你失去本地区的首领地位。对此，具体可以从以下几个方面来说明：第一，元朝以后，土官土司的职衔是国家设置的一般行政官职，如元代设置的宣慰、宣抚、安抚、招讨、长官诸司，土府、土州、土县等行政级别上的官职都是国家职衔。第二，土官土司在管理上分别隶属国家专设的管理部门，如明代以后有明确的规定，有军权的武职土官隶属兵部，无军权的文职土官隶属吏部。第三，土官土司要得到这些职衔必须履行相关的手续，并得到国家颁发的印信，才能在法律上成为本地区的官员。这使南方各民族土官在权力来源上发生了本质的转变，具体是土官的权力从过去由本民族内部中以各种方式取得，转向了由中央政府授予和认可。第四，土官土司要对自己辖区内的各种行政、治安问题向国家或是其上一级流官和地方机构负责，如征纳赋役、处理本辖区内的司法、行政问题，在有军事时服从征调等。这可以从元代以后土官土司的管理上来证明。第五，土官土司要向国家政权的最高代表——皇帝进行定期朝见，其形式是进贡，实质是各土司成为国家官吏的象征性体现。总之，土司制度下土官土司已经成为国家官僚中的一个部分，但它只是特殊的官员群体而已。所以在《明史》上才有"军民府、土州、土县，

---

① 《明史》卷76《志第52·职官志五·土官》。

设官如府州县"①。在《续通志》上就更为明确地说："明置军民府、土州、土县，设官同府州县。"② 这些说明土司制下的土官土司都是国家的正式官员。

最后，在土司制度下，由于土官土司是国家的地方官员，国家对各土司间的纠纷拥有司法管辖权。这个时期国家对各土司间的纠纷不再完全以调解者的被动身份出现，国家已经成为法定的纠纷解决者。这和羁縻制是有本质区别的，《明史》上说："（土官）有相仇者，疏上，听命于天子。"③ 也就是说，这个时候皇帝对各土司间的纠纷案件有法定的审判权。国家在土司制下往往对土司间严重刑事案件进行管辖，让这些地区在司法上进入国家的管辖之中。

（四）羁縻制与土司制的区别

通过以上分析可以看出两者的区别如下：第一，羁縻制下，各民族地区首先是一个独立的政治经济实体，其次才是中央政府的特殊地区或说是"臣属"地区；土司制下，各民族地区首先是中央政府下的一个行政区域，其次才是一个特殊的政治经济实体。在现实中羁縻制下各民族往往表现为"附则受而不逆，叛则弃而不追"④，这在土司制下是不允许的。第二，羁縻制下，各部落首领首先是本部落的首领，如君长、王、侯等，其次才是中央王朝册封的官员；土司制下，各民族首领首先是国家的地方职官，其次才是各部落的首领。第三，羁縻制下，各部落固有的法律制度是本民族群体法律制度的主体，对汉法的适用属于特别适用；土司制下，各部落固有的法律制度是中央对地方法律的特别认可。土司制度是中国历史上元明清时期中央把各民族地区纳入统一行政体制后，国家在移植传统中原官僚体制到这些地区时特别建立起来的一种政治法律制度，也就是其移植后本土化的产物。

（五）元明清时期南方民族地区土官土司的设置情况

在土司制度下，元、明、清三个王朝把南方民族慢慢地纳入中国传统文

---

① 《明史》卷76《志第52·职官志五·土官》。
② 《续通志》卷136《职官略7·明官制下》，浙江古籍出版社1988年版。
③ 《明史》卷76《志第52·职官志五·土官》。
④ 《后汉书》卷86《列传第70·南蛮西南夷列传》。

化制度中。据龚荫先生统计，元明清三朝全国前后共设过 2569 家大大小小的土司，若除去甘肃、青海、西藏三地还有 2142 家，若再除去四川西北的土司，本书所指的南方民族地区的土司还有近 2000 家①。土司制度使南方民族在 600 多年的发展中社会组织结构发生了根本性变化，在社会制度上让南方各民族与汉族形成了高度的一体化。

　　元王朝由于其建立者本身就是少数民族，没有明显的华夷观，所以在南方征服地区设置各种行政机构中，在中、上层上大多由国家直接控制，如在路、府、州、县中往往实行"蒙夷参治"，或说是"蒙土并治"（这里的"蒙"不仅是蒙古人，还有色目人等）。当时蒙古人作为少数群体控制庞大帝国的手段，具体是在各级机构中，采用蒙古人任第一把手、其他民族任第二把手的共治方式控制所征服的地区。元世祖至元二年（1265 年）二月下诏："以蒙古人充各路达鲁花赤，汉人充总管，回回人充同知，永为定制。"② 这里说的是在路一级上用汉人充任总管，回回人充任同知，但在实际上一般是用各征服地区的部族头人充任各级机构中的佐贰官。这在南方民族地区十分普遍。元人周致中《异域志卷下·洞蛮》中有"有土官掌之，其人皆与广西同之说"③。这里讲的是湖广地区。明人李思聪在《百夷传》中有元世祖忽必烈在平定云南后，对招降各地"皆设土官管辖"④ 的记载。在南方民族地区，蒙古人通过任用征服地区的酋长建立起一种"蒙土共治"的统治方式，具体是让蒙古人或色目人来任第一把手，用本地各民族的首领作为佐贰官。这样导致南方民族地区地方官员中多有本地头人，加之这些地方头人往往在本地拥有固有的势力，一些官职就成为世袭，其中特别是与军权有关的职位，这就是土官土司制的来源。笔者发现，在元代，政府不是像明清两朝那样一开始就有意识地用各民族头领来做土官，进而设置各种土府、州、县等。在《大光明寺住持瑞岩长老智照灵塔铭并序》上说瑞岩本是怯薛官兀鲁氏，是北

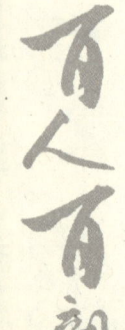

————————————

① 参见龚荫著《中国土司制度·总表》，云南民族出版社 1992 年版。
② 《元史》卷 6《本纪 6·世祖本纪三》。
③ （元）周致中著：《异域录卷下·洞蛮》，丛书集成初编本。
④ （明）李思聪著：《百夷传》，江应樑校注本，第 146 页。

庭察哈脑儿人，在来到云南后世守此地，他的父亲完者"袭嵩盟州达鲁花赤"①，说明元代在云南各府、州、县中达鲁花赤多由蒙古人任，而大理国时的段氏、高氏、董氏等地方势族多出任同知、判官、知府、总管等佐贰官。从现存元朝大理白族地区的碑刻中出现的各种职官上可以证明这一事实。广西元代碑刻中也同样如此。在《杨子春修城碑阴记》中有当时这一地区设置的各种职官名称，从名字上看，在各类吏职上各民族都可以出任，如在府判下有王惟让、申野仙溥化；在州判下有郅德山。在灵川县和阳朔县两个达鲁花赤是海答儿、明安溥化，而阳朔县主簿却是莫俊。从名字上推之前者当是蒙古人，后者当是壮族②。所以说元代在南方民族地区设立的各种行政制度中，在官员安排上并没有明代那样有意识地区分土府、州、县等。但元代有土官之称，在《大光明寺住持瑞岩长老智照灵塔铭并序》上有"资善大夫云南诸路行中书省左丞大理顺宁等处宣慰司土官宣慰使玉山段信苴宝篆额"，同时有"至正癸卯（1363 年），本镇大理路，升为大理宣慰司。嗣男段信苴宝，字惟贤，长为宣慰司世袭宣慰使，兼云南省左丞"。这说明元代南方民族地区中民族头人在出任元代政府官员后被称为土官，其中有些民族首领成为某一行政地区中某一官职的世袭者。当然，从这个方面讲是元朝开辟了土司制的先河。可要强调的是元代的土官一般可以升任本地区的路、府、州、县的某官，但不能任达鲁花赤。另一方面，元代在南方民族中常在一些地区设长官司，特别是蛮夷长官司，都以各部落为单位来设置，与羁縻州县的设置相似，有很浓的羁縻州县味道。隶属于湖广行省下的贵州地区的新添葛蛮安抚司辖下有 8 州、1 县、120 蛮夷长官司，而在具体开出的蛮夷长官司中往往是以某某寨为单位，如思楼寨、甘长寨等。从中可以看出这些蛮夷长官司多是以各民族群体所居住的"寨"为单位设置。由于元代土司制的这些特点，导致元代土官出现品级较高的现象，如宣慰使是从二品。当时在南方就有一些重要的地方首领出任过此职，如大理段氏、思州田氏、播州杨氏等，甚至出任行省官员，但同时整个元朝所有中上层地方行政机构都由蒙古人和色目人来主

① 《白族社会历史调查》（四），云南人民出版社 1991 年版，第 130 页。
② 参见《杨子春修城碑阴记》，《广西少数民族地区石刻碑文集》，广西民族出版社 1982 年版。

政。从这个角度看元朝的土司制，可以说它实质上已经把土司地区真正纳入了国家行政体制中，其本质是让各地方土官与蒙古人为首的流官共治这些政治、经济、文化都差异很大的地区。元代这种官制设置在成吉思汗十八年（1222年）就确立了。"十八年……皇子术赤、察合台、窝阔台及八剌之兵来会，遂定西域诸城，置达鲁花赤监治之。"①

为了说明明清两朝土司情况，先来看下表土司的数字、分布（表中原始数据来源于龚荫著《中国土司制度》中所列明清两朝的土司统计。此表数据仅用四川、云南、贵州、湖南、湖北、广西、广东及海南的土司数字）。

明清两朝南方土司职级分布统计表

朝代	品级	从五品以上（上层）	正六品至从七品（中层）	正八品以下及未入流者（下层）
明	武职	234	292	77
	文职	113	45	673
清	武职	158	615	120
	文职	68	278	378

从这个表中可以看出明清两朝南方民族地区土司的分布情况：

第一，在这里，笔者把从五品以上的土官土司作为上层，正六品至从七品作为中层，正八品以下作为下层来进行分类。因为从文职上看，从五品是知州，从四品是土知府，这些在地方行政上都有较大的管辖范围，有些还有自己的属州、属县。

第二，明清两朝南方民族地区所设置的土官，武职品级偏高，其中土百户就是正六品，而土知县才是正七品。以致武职土官主要分布在上、中两级，在品级上主要分布在正三品至从七品间，特别是以五、六品之间为最多，如明朝土长官司一职（正六品）就有231家。

第三，从表中看，清代土司中的下层文职没有明代多，但文武土司的总

———————
① 《元史》卷1《本纪1·太祖纪》。

数却比明代多，这是因为清代新设土司往往是武职且在中层，这就是表中清代土司中中层武职比明代多的原因。

第四，从表中可以看出清朝与明朝相比，不管是武职还是文职，上层土司数都有所减少。如明代上层武职土司有 234 家，清代才有 158 家；文职的明代有 113 家，而清代才有 68 家。两者都减少了近 40% 左右。

第五，虽然清代在南方民族大部分地区实行改土归流，但清朝中下层土司其数目仍比明朝有所增加。这说明清代改土归流在废除大土司时，地方基层仍让各民族"自治"。如明代中下层文职土司有 718 家，清代中下层文职土司也有 656 家，两者相差仅有 72 家。此外，清代在改土归流后，在南方民族地区设立的未入流土官一般都没有纳入国家土司计算之中，导致清代下层土司在数据上明显少于明代，但实际则是相反。如清代在台湾、海南地区就设了大量的下层土官。台湾常把各归附番社中头人设为社总、通事、土官等。清代在台湾地区设土官、土目是在乾隆年间林文爽起事后，"各屯复另设土官，犹哨官之义；兼设土目，犹什长之义。而四社番无设外委专管，则设社总一人、土官四人、通事四名、土目不计人数……社总，系由四社番民及通事、土官公选有才能公正之人以充其任；通事，则由社总及土官、土目既各社、各庄耆老番民选举堪专其任之人，禀官批准充当；土官乃约束屯兵之官，在各屯则由外委禀官补拨，在四社则由通事、社总禀官补授；土目由土官自行选补，以专其责。此定章也。因土目可升土官，土官可升外委，外委升把总，把总升千总"①。从上面可以看出清代在台湾"番民"中设有很多土司，但由于其多是未入流的土官，不算入国家土官之内。海南黎人中设有各类黎人土目负责本民族地方事务。清末两广总督张之洞等会奏的《会奏黎匪剿抚事宜疏》中有"将来开通生黎大路后，选择要地，设官抚治，安营弹压，各屯黎长助剿开路有功者，授为土目，就中酌设局总土目数人，散目给顶戴，总目授土职，自为约束，仍听地方官选黜，略仿黔滇各省土司之例"②。所以

① 《台湾采访册·安平县杂记、台湾兵备手抄》（合订本），台湾文献史料丛刊第二辑，台湾大通书局本，第 69 页。

② 《皇清经世文续编》卷 79《兵政 18·会奏黎匪剿抚事宜疏》。

说清代南方地区的土司数目在下层土司中应是增加的。

第六，总体上看，明清两朝在南方民族地区土司设置上，不管是文职还是武职，上层土司在总数上所占的比例都小且在下降。如明朝上层土司占总数的24.28%，清朝却下降到13.98%，而中下层的比例却在增加。但由于武职衔偏高，所以好像中层土官比例在清代有所增加，实际上并非如此。因为清朝南方民族土官中很多是没有品级的，"蛮夷官、苗民官、千夫长、副千夫长，土官中土舍头目无专职品级"①，说明这些土官在上表中很难反映出来。当然，清代小土司增加并不说明中央政府对南方民族地区控制减弱，相反，它是国家对南方民族控制加强的表现。

土司制与羁縻制是有区别的，上面已经讨论论过，但也有相同之处，那就是两者在对各民族的具体治理上都是由各民族头人按各自的"旧俗"或者说固有法律来治理，国家在对这些民族的治理上都是间接地或说是与各民族头人共治的方式来进行的。但如上所分析，两者在制度设置上有很多实质性的差别，这就是为什么明清以来中央政府往往进行改土归流的原因。其目的就是要把土司统治下的各民族制度设置完全纳入国家的控制之中，使之在政治上、行政上、司法上、财税上、基层社会设置上及社会控制上都纳入传统中国的文化制度体系中。

二、南方民族地区传统行政官僚体制的确立——改土归流

明朝中后期，中央政府对南方民族地区的制度建设上开始实行改土归流，虽然在此后也有增设土司的现象，但国家工作中心是对土司制下的行政体制进行改革，目的是把南方民族地区在行政建制、管理、司法管辖、法律适用、经济制度等方面纳入传统中国行政官僚体制中。这时对南方民族地区的政策是以改土归流为中心，这一进程到清代雍正年间达到高潮，但一直持续到1949年，以后中国内部才在行政、司法上划一。

改土归流不仅是明清以来国家对土司职权的剥夺，更重要的是国家把各民族地区全面纳入传统中国的行政体制中。但要说明的是，自明朝以来虽然

①《皇明政典类纂》卷252《职官15·官品·土官品级》。

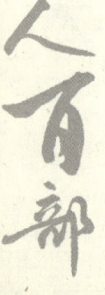

有改土归流，但在现实中却有层次之别。有的改土归流仅是废除大土官，国家对其下的社会并不能直接控制。如明朝永乐十一年（1413 年）在设贵州布政使司对思州和思南州两宣慰司改土归流时，他们的领地虽改设八流府，实质上在八流府下仍由各长官司治理各民族群体，国家并没有改变其下的社会结构。此外，明初废除大理段氏总管府时，其管辖下的很多地区仍由各土司治理。明中后期对茫部土府改土归流时，仅废除土府，府下仍由四个长官司控制各个地区，"改为镇雄府设流官，而所辖四长官司，皆土官，法宜朝贡如程番府例，上从之，令三年一入朝，贡马一十二匹"①。这次改土虽然最后失败，但可以看出，其实质仅是废除府级土官，其治下仍由其部落四长官司控制。在广西，对田州府改土归流后，其下各州仍是由土官治理。"切照田州府虽改流，政宜从俗。查得本所旧有城头土人，以村落所聚名之也，共六州，除附郭人民编为二甲，每甲八城头，共十六城头，在外六州：一曰兼州，二为上隆州，三为恩城州，四为武隆州，五为安德州，六为旧田州……科征一切停免，疏节阔目仍用其土俗治之。"② 这样明代在对田州府改土归流时，其辖下各地仍由各州土官依"本俗"治之。所以说明清两朝的改土归流在这个层次上仅是去掉了大土司，改土归流下的各地区并没有发生质的改变。另一类改土归流是废除土司制，在此辖区内改置乡里制，国家让本地区从行政治理、司法管辖、赋税征收、财产所有制等方方面面都改由流官治理，这是真正意义上的改土归流。如在大理洱海地区，明代改设流官后，其基层社会组织移植了里制，设有里老等。成化十三年（1477 年）《故善人里长段公墓铭》上有"五峰弘圭赤土江里长段公逳是名家九隆之旺族……为人恭直好善，和睦乡里，统一百十户纪纲…一祖代生兮苍洱前，赋里老兮守法廉"③ 的记载。这说明明朝大理洱海地区的基层社会已经改置里甲制。此类改土归流到清代成为主流，改土归流地区的司法、财政、行政都改设中原地区的制度，流官成为本地亲理民事之官。在清代雍正年间改流镇雄府时，对其地测划土地，

① 《明世宗实录》卷65。
② 刘颖：《请处置田州事宜疏》，乾隆《广西通志》卷99。
③ 杨世钰主编：《大理丛书·金石篇》（十），中国社会科学出版社1993年版，第61页。

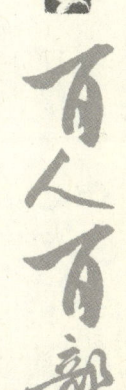

改置赋税，各民族的司法管辖权收归流官，"因计镇雄四至八到分为十里：议有致和、永丰、向化、乐善、靖远、同丰、归仁、佛平、迎恩、长庆十里"①。这里把先前以村寨为单位的土司制改设为以里制为单位的流官行政体制。

通过以上分析可以发现，元明清三朝对南方民族地区在设置土官土司的同时，也是在改土置流，其过程是一个并进历程。只是元朝至明初，国家对南方民族地区主要是设土司，以把各民族纳入国家行政管辖之中。明朝中后期以来，国家开始废除各大土司，让中央政府的权力向各民族内部推进。如明代在南方地区设有土知府 31 家、土知州 76 家，到清代土知府仅有 13 家、土知州有 42 家。且明代土府存在于四川、云南、贵州、广西，到清代仅云南、广西两省存在，其中云南多在边境一线。清代土府比明代减少了一半多，土知州也减少近半。

从国家对南方民族司法权、行政权、财政权、基层社会控制上来看，土官土司制与改土归流是同一个目标的不同进程。因为元朝在南方民族地区设路、府、州、县时就把南方从过去以部落为中心的社会结构纳入了以地域为中心的社会结构。当然，明朝中后期以来的改土归流与清朝前期的改土归流对南方民族社会的组织结构转变产生了根本性的影响，其结果是导致南方民族进入传统中国的政治文化制度中，或者说是导致这些民族"汉化"，成为"王化"地区。

元明清以来的土司制度及改土归流对南方民族地区来说是从政府层面上推动南方民族在司法上进入传统中国的法律制度中，成为南方民族移植汉法的政治前提。

第二节　元明清时期基层社会组织的变迁

元明清时期不管是土司制度在南方民族地区的设置还是改土归流中的行政改革，其重点都是在南方民族的上层社会结构上。中国古代，在没有属县的州、府、郡直辖的地区，在其下社会中都不设置国家的职官，也就是这些

_____

① 徐德裕：《条议镇雄事宜裏折》，《镇雄县志》，云南人民出版社 1987 年版，第 648 页。

乡里的首领往往不是由国家官吏管理体系进行管理，出任方式与县以上官吏不一样。在中国古代社会中，对基层社会实行的是相对自治社会，县以下的社会控制，往往由各处乡民自己进行。所以考察元明清时期中国乡里制度①的设置变化对研究这个时期南方民族法律变迁有着十分重要的意义。基层社会组织往往能够对国家权力产生重要的作用和影响，它可以强化国家法律在这一层面上的作用，也可以消融国家法律在这个层面上的作用。对此，学者过去在对南方民族社会文化制度变迁方面的研究中，很少注意到这个时期南方民族地区基层社会组织的变化对其社会文化制度的作用和影响。同时，学者虽有对中原地区基层社会组织的研究②，但把元明清时期当做整体进行研究的并不多见。但在这个时期中国基层社会结构发生了实质性的变化。这种变化导致了这个时期各个王朝在基层社会组织建设上出现不停的发展和变化。

中国乡里制度的变化源于宋朝中后期，表现在这个时候出现了中国古代乡里制度中乡官从乡里自治领袖变成县级差役，也就是出现"乡里制度由乡官制转向职役制"③，或说是"役政分离"④。这一现象的出现导致中国古代基层社会中社会秩序维持上出现了真空。此后，国家一直在寻找对基层社会控制的替代者，在国家和民间的共同努力下，宋朝以后出现了保甲制、乡约制、社制、里老制、族正制等，国家想通过这些地方自治组织来完成乡里制成为职役制后基层社会的权力失衡。这里有一个现实，国家基层官员——县令不可能对其辖区内的所有社会事务进行全面控制，因为知县本人同时兼任司法、行政、教化等方面的职能。如对民间很多轻微民事纠纷，若全部由县令来解决，不管从其工作强度上还是从时间上来看都是不可能的。所以得让新的社会组织代替原有乡里制来完成劝农、兴教、纠察、自卫、防火盗、解决民众间大量轻微纠纷及户政等事务。于是，元明清时期在基层社会组织上出现了

---

① 为了行文上的方便，这里把中国古代社会中县以下的基层社会组织统称为乡里制，这是习惯上也是古代中国基层社会的现实。因为中国古代传说中的黄帝时基层社会组织是里，西周时是乡，此后常在乡、里二者之间转换和演变。

② 代表研究著作有闻钧天的《中国保甲制度》、江士杰的《里甲制度考略》、赵秀玲的《中国乡里制度》等。

③ 赵秀玲著：《中国乡里制度》，社会科学文献出版社 1998 年版，第 25 页。

④ 江士杰著：《里甲制度考略》，民国丛书第四编，第 23 册，上海书店影印本，第 36 页。

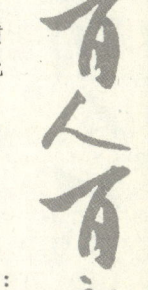

元朝的里社制，其职责是里正为赋役，社为基层社会自治组织；明朝的里甲和里老制，其中里甲是赋役，里老是社会自治组织，到明中后期，一些地区出现保甲制与乡约代替里老制；清朝是乡里为赋役，保甲、族正和乡约为自治社会组织。这是基本特征，具体到不同时期、地区会有一些轻微的差别。从以上可以看出，元朝以来，乡里社会中赋役制的单位没有发生变化。下面从以赋役为己职的乡里制和自治社会组织两个方面来讨论元明清时期基层社会结构的变迁。

一、乡里：元明清时期赋税与差役的基层社会制度

宋代以前，里作为社会基层组织，具有赋役行政单位与乡村自治组织的双重功能。《汉书·百官志》上有："大率十里一亭，亭有长；十亭一乡，乡有三老、有秩、啬夫、游徼。三老掌教化；啬夫职听讼，收赋税；游徼掌循禁贼盗。县大率方百里，其民稠则减，稀则旷，乡、亭亦如之。皆秦制也……有蛮夷曰道。凡县、道、国、邑千五百八十七，乡六千六百二十二，亭二万九千六百三十五。"[①] 从这里可以看出秦和西汉两朝的基层社会组织是乡亭，因为国家对乡和亭进行了统一管理、统计，其中乡是基本单位。乡中设有三老、有秩、啬夫、游徼四职，它们负有乡内的各方面职能，对乡实行"自治式"的控制，其中对乡中的治安、纠纷等都有一定的处分权，但这些都不是国家职官。东汉时，基层社会组织发生了变化，《后汉书》说："乡置有秩、三老、游徼。本注曰：'有秩，郡所署，秩百石，掌一乡人；其乡小者，县置啬夫一人。皆主知民善恶，为役先后，知民贫富，为赋多少，平其差品。三老掌教化。凡有孝子顺孙，贞女义妇，让财救患，及学士为民法式者，皆扁表其门，以兴善行。游徼掌徼循，禁司奸盗。又有乡佐，属乡，主民收赋税。'亭有亭长，以禁盗贼。本注曰：'亭长，主求捕盗贼，承望都尉。'里有里魁，民有什伍，善恶以告。本注曰：'里魁掌一里百家。什主十家，伍主五家，以相检察。民有善事恶事，以告监官。'"[②] 可以看出"里"一级权力得

---

① 《汉书》卷19上《百官公卿表第七上》。
② 《后汉书·志第28·百官志五·县乡》。

到了加强，国家基层组织——"里"有在本里内的半自治权。从以上分析可以看出，秦汉时期，中国基层社会组织中，国家设有专门不同职能的乡官，其中有专门负责赋役的乡官。唐代出现仅以里、乡为基层社会组织，"百户为里，五里为乡。两京及州县之郭内，分为坊，郊外为村。里及坊村皆有正，以司督察。四家为邻，五邻为保。保有长，以相禁约"①。这里乡正、里正的责任是督察，也就是说仅有对本辖区内自治之权，对赋役的征收没有专门乡官负责，这是导致里正转化为征收赋役差发的原因。在现实中出现里正"掌按比户口，课植农桑，检察非违、催驱赋役"②的现象。宋朝就产生"国初里正、户长掌课输，乡书手隶里正"③的社会转化。由于不注意乡村一级治安、教化等方面制度上的设置，国家仅对赋役感兴趣，所以导致乡村社会秩序在制度上出现缺失。王安石推行保甲法后，乡村社会的自治出现了新的代替制度。这个新的代替制度对国家来说比过去其他方式更为有效，于是宋以后乡村社会自治制度从此发生了变化。这样中国古代乡村社会组织出现了两套体制：一是国家的赋役乡村组织体制，二是乡村自治体制。这两套体制在以后的发展中互为表里，但难以统一。

（一）元朝赋役单位——里、都

元朝在赋役征收上主要是设有里、都两种乡村组织。至元二十八年（1291年）《至元新格》中《理民》上有"诸村主首，使佐里正催督差税，禁止违法"，"今后凡催差办集，自有里正、主首"④。在《通制条格》中，《赋役》上大德五年（1301年）有"即与其余富户一例轮当里正、主首，催办钱粮，应当杂泛差役，永为定例"⑤。此外，在《元典章·户部·赋役·户役》下大德七年（1303年）的法规《编排里正主首例》中规定："拟合遍行各路，令亲民州县提调正官首领官吏将本处既管见科税粮簿籍，从实挨照每乡、都诸色户……每一乡拟设里正十名。每都主首，以上等都分拟设四名，

---

① 《旧唐书》卷43《志第23·职官二》。
② 《文献通考》卷12《职役一·历代乡党版籍职役》。
③ （宋）赵彦卫著：《云麓漫钞》卷12，中华书局1996年版。
④ 《通制条格校注》卷16《田令·理民》，第451页。
⑤ 《通制条格校注》卷17《赋役·主首里正》，第497页。

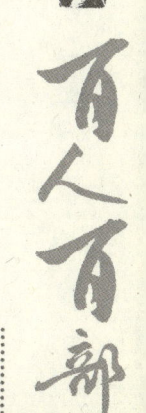

中等都分拟设三名，下等都分拟设二名。"① 从上可以看出，元代基层社会中赋役组织单位是乡、都，且国家设有专司其职的乡官，也就是国家赋役征收的代理者。它没有对其所在乡、都社会自治负责的职能。《永乐大典》收入的《吴兴续志》有"役法：元各都设里正、主首，后止设里正，惟田及顷者充，催办税粮"②，这与《元史》中的记载是相同的。"泰定之初，又有所谓助役粮者。其法命江南民户有田一顷之上者，于所输税外，每顷量出助役之田，具书于册，里正以次掌之，岁收其入，以助充役之费。"③ 由于国家设置的基层社会组织成为国家赋役的征纳单位，出任乡官成为人们的一大忌，因为这个职役要受州县中差役的压迫、掠夺，常导致充任者因完不成赋役而破家倾财。"赵琏，字伯器，宏伟之孙也。至治元年（1335 年）……浙右病于徭役，民充坊里正者，皆破其家。"④ 同时乡民对其也深恶痛绝，因为他们往往成为差役的打手。

（二）明朝赋役单位——里甲

明朝在基层社会中设有主赋役征纳的里甲制，这里的"甲"与保甲制的"甲"有区别。《明史》上有"洪武十四年（1381 年）诏天下编赋役黄册，以一百十户为一里，推丁粮多者十户为长，余百户为十甲，甲凡十人。岁役里长一人，甲首一人，董一里一甲之事。先后以丁粮多寡为序，凡十年一周，曰排年。在城曰坊，近城曰厢，乡都曰里。里编为册，册首总为一图。鳏寡孤独不任役者，附十甲后为畸零"⑤ 的记载。这段记载说明明代基层社会中赋税制度的特征，也说明明代基层社会组织以"里"为基本单位，同时城里有坊，城附近有厢。里长、甲首的职责都是赋役。明初里制既是赋役编制单位，同时也成为明代黄册的基本单元，所以明代里长有"黄册里长"之称，很形象地说明了明代里甲制的社会功能。明代对全国的里数是有统计的，"终明之

---

① 《元典章》卷 26《户部卷 12·赋役·户役·编排里正主首例》。
② 《永乐大典》所录《吴兴续志·役法》。
③ 《元史》卷 93《志第 42·食货志一》。
④ 《元史》卷 194《列传 81·忠义二·赵琏》。
⑤ 《明史》卷 77《志第 53·食货志一》。

世……编里六万九千五百五十有六"①，说明"里"在明朝是基本社会组织单位，否则国家不会进行统计。当然明代对里制的称谓在不同地区有所不同，如有都、图、隅、乡等之称，但从上面统计数字来看，明朝的基本单位仍是"里"。此外，从明代基层社会自治制度——里老制上，也证明明代里制在基层社会组织中的基本性。如云南巍山《蒙化左土官记事抄本》中有天顺五年（1461 年）"坐委五世伯祖左琳督属征收本府各里本年分税粮……自天顺六年以来，省谕各该里老、通把徐马周等招抚起取"②，说明蒙化土府在明朝天顺五年以前就开始编里，且从这里可以看出明代的里是税赋的征收单位。广西养利州在成化年间改土归流时就设有里制，"自成化年间改流，置上中下三甲，分为二图二十里，四至接壤土司，故每里设立里长（下有缺）花户册籍，名为黄册（里）长。凡丘段之别，田亩之赋税，悉伊综理"③。这既说明明朝里甲制的性质，也说明明朝里甲制的广泛性。总之，从以上可以得出明代里制是其基层社会组织中的基础组织，其基本功能是征纳赋税。

（三）清朝赋役单位——里制

清朝基层社会中赋役单位仍是里制。但在现实中往往有各种各样的自治单位，所以很多人认为清朝基层社会组织很乱。《清史稿》中说："曰役法。初沿明旧制，计丁授役，三年一编审，嗣改为五年。凡里百有十户，推丁多者十人为长，余百户为十甲，甲十人。岁除里长一，管摄一里事。城中曰坊，近城曰厢，乡里曰里。里长十人，轮流应征，催办钱粮，勾摄公事，十年一周，以丁数多寡为次，令催纳各户钱粮，不以差徭累之。编审之法，核实天下丁口，具载版籍。""其法将均徭均费等银，不分银力二差，俱以一条鞭从事。凡十甲丁粮，总于一里，各里丁粮，总于一州县，而府，而布政司。通计一省丁粮，均派一省徭役，里甲与两税为一。"④ 两段史料说明清代在实行摊丁入亩以前的赋役征纳单位与实行摊丁入亩后的赋税征纳单位都是"里"，由此可知清代的基层社会组织在国家层面上仍是里制。清朝雍正七年（1729

① 《明史》卷 40《志第 16·地理志一》。
② 《蒙化左土官记事抄本》，《云南少数民族社会历史调查资料汇编》（五），第 437 页。
③ 《养利州革除催粮黄册里长碑》，《广西少数民族地区石刻碑文集》，第 13 页。
④ 《清史稿》卷 121《志第 96·食货志二》。

年）改土归流后镇雄府基层社会的划分也可以证明这一点。当时知府徐德裕说："卑职谬议，用坐里完粮之法，庶日后民间转移交易，里分既有额征之数，催收过户承粮，自属厘然。因计镇雄四至八到分为十里：议有致和、永丰、向化、乐善、靖远、同丰、归仁、平、迎恩、长庆十里……粮赋势难均匀，而各里各自催纳，责成输将，原归划一。"此外，清初昆明地区的一份卖契中有"坐落嵩明州邵甸里前所街子路下"①。清代在对云南彝族地区碍嘉改土归流后就设有八里，因为当时州判罗仰锜在《请建城垣通禀》中提到："卑职寻当劝谕八里有力之家，各于城内盖造房舍，广如客民，开设铺店，兴立街期，建置义学，培养教诲，比及三年，当有起色。"② 清朝在贵州改土归流地区广设里制，如水西安氏土司大本营，其下有自为一体的基层社会组织，"旧统四十八部，部长曰火目，其设四十八目"，康熙四年（1665 年）改土归流时，把其地划设为里，大定府下"辖乐贡、悦服、大有、嘉禾、义渐、仁育六里。雍正十一年（1733 年），将府属之永顺、常平二里拨归水城管辖"③。此外水西旧地改土归流后设有的平远州、黔西州下都辖里制行政区。如平远州为向化、慕恩、怀忠、兴文、敦仁、太平六里；黔西州辖黔兴、西城、安德、崇善、敦义、永丰、新化、新民、平定九里。由此可见，清代虽有各种不同的基层社会组织名称，但在赋税征纳上仍以"里"为基本单位，这就可以解释《湘潭县志·赋役》上称"县境十八里二厢"，而在其附注中则称为"十八都"的原因。因为十八里是国家正式的赋税征纳单位，十八都是当时湘潭人对此区域的称谓。

元明清时期中国社会中"里"或说"里甲"，实质上是国家基层赋役区。但由于在当时征纳赋役是国家对基层社会管理的中心，于是，社会中基层社会的行政区是为赋役目的而设，而不是为治理基层社会而设的里制或里甲制。

二、元明清时期基层社会控制制度的演变

元明清时期在基层社会制度设置上是把役、政分离，国家对基层社会的

---

① 笔者在昆明市档案馆查到的清代相关文契。
② 罗仰锜、王丰修著：乾隆《碍嘉志》，第 86 页。
③ （清）爱必达修：《黔南识略》卷 24《大定府》，杜文铎等点校，贵州人民出版社 1992 年版。

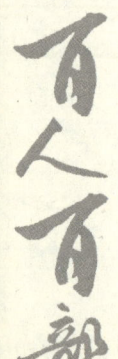

管理不能没有相应的制度来保证，且因为任何一个社会对基层社会的管理上又不可能让地方行政官员事必躬亲，这从制度设置到社会稳定上都不可能。国家把基层社会中役、政分离是国家对地方控制强化后的一种结果。基层社会中总的来说有几个方面的功能是必须通过组织制度来完成的。闻钧天在《中国保甲制度》一书中认为有三类：赋役、户政、警卫，具体又可细分为兵制、赋役、警政、户口、火盗、农政、兴教、荒政、乡政及政府其他政令的推行等。① 从前面所引《汉书》、《后汉书》中关于基层乡官的职能来看，中国古代乡政中基本事务有几个方面：大量轻微的违法、违纪及各种纠纷的解决，这是很重要的部分；赋役的征收，这关系到每个政权的存亡，所以也是非常重要的民间事务；农政，因为中国古代是农业社会，农业生产关系到国计民生，所以在乡政中也是很重要的职能；兴教，中国古代认为，教化是王政的标志，所以每个王朝都注重加强儒家伦理的教化；户籍管理，这与赋役的征收有关；此外，还有乡村警政等。这些功能需求仅由县令是难以完成的，最佳方式是通过民间的相对自治，由国家承认一些民间制度的合法性，进而达到对地方基层社会不治而治的效果。中国古代基层社会组织自宋代里制成为赋税制后，其功能仅有协助县级官吏征派赋役，由于赋役的征派与土地有关，同时也有管理本辖区内田产交易与纠纷的功能，这在明代就是所谓的"黄册里长"。由此出现用其他制度来补充基层社会中所产生的制度缺失的需要。下面来看元明清三朝对基层社会自治制度的安排。

（一）元朝基层社会自治制度——社制

元朝在把过去乡里制中的里长作为赋役的差职后，把基层社会中剩下的其他权力交由社制来完成。下面先考察元代社制的组织、功能。笔者综合元代主要史料《元史·食货志》（一）、《通制条格·田令·理民》、元刻《元典章·户部·农桑·立社》中相关记载、法律及其他有关资料，认为元代社制有以下几个方面的内容：

第一，在组织上，基本是以 50 户为一社，每社设社长一名。任社长的条件是年高、晓农事、有兼丁、有威望者。当一个村中户数增到 100 户时则另

---

① 参见闻钧天著《中国保甲制度》，民国丛书第四编，第 23 册，上海书店影印本，第 27－28 页。

立一社，也就是说正常情况下一社最少应有 50 户，最多 99 户。此外，在一个自然村中不足 50 户时可以与邻村合立一社。若村与村距离太远，不足 50 户也可以立一社，或者村与村邻近，但户不足 50 户或超过 100 户也可设为一社。从这里可以看出元代的社制是以自然村为设置前提，因为这样社众间才能相互知晓，社长才能有效地处理社内各种事务。

第二，社是一个基层自治单位，其目的不是为征派赋役。元代法律上是明确规定社长不能当差役的。至元二十八年（1291 年）《至元新格》规定："诸社长本为劝农而设，近年以来，多以差科干扰，大失元立社长之意。今后凡催差办集，自有里正、主首。其社长使专劝课。"到大德年间乃至元末都有强调。元顺帝至正八年（1348 年）四月"诏：'守令选立社长，专一劝课农桑'"①。从元朝当时的法律看，社制似乎是为劝课农桑而设，且在其他元代法律中也有相同的规定，但实质上其功能远不止于此。

第三，元代社制在农政上的功能。按国家最初的目的，社制的设立是为了农政，也就是为了促进农业生产，这与元代统治者的认识分不开。元世祖认为："国以民为本，民以衣食为本，衣食以农桑为本。"② 为此，国家在基层制度设置上把此项任务交给社长来完成。在《元典章·社长不管余事》上有"故孟子凡言王政必以农桑、庠序为先"。这里说明元代设社的理论依据，《通制条格》载《至元新格》规定："其社长使专劝课。凡农事未喻者，教之；人力不勤者，督之。必使农尽其功，地尽其利。"《元典章》中，至元二十八年（1291 年）《劝农立社事理》上就再次强调至元二十三年（1286 年）关于"社"的职能法规，其法规共有十二条，其中二、三、四、五条就是关于农政的具体事务。第二条是关于社长督促社众按时耕种，并考察社众的庄稼，推广"区田种植法"的规定。第三条是关于社长督促社众广种各种有经济价值的作物，如桑、枣、榆、柳、苜蓿、杂果等。第四条是关于社长督促社众兴修水利，广造水磨、水车等事务。第五条是允许近水之家凿池养鱼、鹅、鸭，种植莲藕、蒲苇等。延祐三年（1316 年）有按社种桑养蚕的记载。

---

① 《元史》卷 41《本纪 41·元顺帝纪》。
② 《元史》卷 93《志第 42·食货志一》。

"是年十一月，令各社出地，共蒔桑苗，以社长领之，分给各社。四年，又以社桑分给不便，令民各畦种之。"①

第四，元代社制有互助功能。第六条规定，若社内有社众生病、凶丧不能按时耕种和收割庄稼的，社长应督率社众出力帮助耕种和收割。养蚕时也一样。对一社中出现灾病，附近他社要出力帮助，其中特别规定当耕牛短缺时，他社有余牛要租给缺牛的社。

第五，元代社制有荒政功能。第七、八条规定了社中的荒政功能。因为当时连年战乱，大量农田抛荒。所以要求给予无田者开垦荒地、荒田。社长有证明、督率社众开荒的责任，其中一个重要措施就是要求每社设立一个义仓，由社长管理。《元史》中有记载："其法：社置一仓，以社长主之，丰年每亲丁纳粟五斗，驱丁二斗，无粟听纳杂色，歉年就给社民。"② 这样社长通过督垦和设立义仓，为元代民间创立了一个抗荒救灾的自治机构。

第六，元代社制的教化治警功能。第九、十条及《至元新格》中规定社长的教化功能，具体表现为对社众不务本业，游手好闲，不遵守父母、兄长教令，凶徒恶党之人，社长有劝谕教训之权，对不改者有报官提审之权责，并于其家门墙上粉书其劣行以示惩戒。若再不改，可以罚他替本社出夫役。这与现代西方一些国家中对违警者罚其到社区中为社区服务一定时期相似。"累劝不改者，社长须得对众举明、量行惩戒"，相反，对那些勤务农桑、增置家产及孝友之人，社长有申官给奖的权力。社长有谕诚社众不从事国家禁止的各种不法活动的职权，如假托灵异、妄造妖言、佯修善事、夜聚明散等非法活动。

第七，元代社制有兴教功能。第十一条规定每社设立社学一所，于农闲时对农家子弟进行启蒙教育。如学习《孝经》、《小学》、《大学》、《论语》、《孟子》及经史，其目的是让百姓子弟知晓"孝、悌、忠、信，敦本抑末"。元朝这种官方正式在民间支持办学的方式在以后两朝中得以继承。其中明代社学分离出来，成为民间制度建设中的一个部分，到清代演变成义学。

---

① 《元史》卷93《志第42·食货志一》。
② 《元史》卷96《志第45上·食货志四》。

第八，元代社制有防盗功能。至大元年（1308 年）七月，中书省颁行了刑部法令："议得：为盗之人，须有居处。若在编立社内，社长力能觉察。或不务本业，或出入不时，或服用非常，或饮食过分，或费用无节，或元贫暴富，或安下生人，或交结游惰，此皆生盗之由。合令亲民官司，照依累降圣旨条书，宣明教导，选举社长，常令训导各安本业，觉察凶恶游惰。"大德七年（1303 年）十月，山东道廉访司为了防盗，提出"令所在官司每社长立保甲"，以此进行防盗。此提案到朝廷后，刑部认为若在已有的社制上再编保甲，将导致混乱。"随处已有设置社长。若编排保甲，诚恐动摇。拟合钦依圣旨事意，令社长不管余事，专一劝课农桑，照管社内之人，务勤本业。若有游荡之徒，常切觉察，毋令别作非违。"① 最后中书省同意下发为法令。这个法令十分重要，它不仅说明元代社制有防盗功能，还说明元代基层社会中防盗是由社制来代替宋朝中后期的保甲制。

第九，元代社制有司法调解功能。对于元代社制中的司法功能，笔者在《元代"社"的职能考辨》一文中有详细的论述②。但这里要说明的是元代社会中这种司法功能是中国基层社会结构的一个必然结果。对社长的司法职能，元朝的《至元新格》中有明文规定："诸论诉婚姻、家财、田宅、债负，若不系违法重事，并听社长以理谕解，免使妨废农务，烦扰官司。"现在还可以从元代存留下来的法律文书《通制条格·田令·理民》和《元典章·刑部·诉论·听讼》中见到所引的上述法规。这也说明此种功能在元代不仅是民政，同时也是司法诉讼制度的一个组成部分。这样可以看出这种功能在元代基层社会中的重要性。

通过以上分析，可以看出元代基层社会组织中，乡治制度设置上国家已经有了新的制度来补充基层社会中的制度缺失，同时这也是宋朝以后役政分离使中国基层结构变迁的必然。社制在元代成为基层社会"自治制度"后，广泛存在于全国很多地区，但对于南方民族地区，社制设置上由于史料缺失，

---

① 以上参见《通制条格校注》卷 16《田令·理民》，第 455 – 456 页。

② 胡兴东：《元代"社"的职能考辨》，《云南师范大学学报》2001 年第 4 期。文中重点讨论了元朝"社"制在元代基层社会组织中的法定司法功能及对元代司法、社会的影响。

难以说明具体情况。从上面分析可以得出，元朝基层社会中主要的社会控制是通过社制来完成的。元朝社制是国家把赋役制与乡政制分开后而出现的新乡治制度。

（二）明朝基层社会自治制度——里老制

前面讨论过明代的里甲制及在其制度下里甲长是以赋役征派为其职能的。那么明代是如何来解决基层社会中乡治制度上的缺失呢？明代在处理乡治制度缺失上不完全沿用元代的社制，而是采用老人制，也称里老制。通过里老制，明政府想把乡治制度在基层社会中重新建立起来。对于明代的里老制度，有不同学者进行过研究。但过去主要是日本学者①，国内近年有人主要从《教民榜文》与明代基层老人理讼上进行研究，但仅对《教民榜文》内容进行了描述式的分析，对明代里老制在明代基层社会中的作用等问题没有进行深入的阐述②。下面从明朝洪武三十一年（1398年）颁布的《教民榜文》来分析明代里老制度中国家赋予此制度在基层社会控制中的职能。明代里老制作为一种基层社会组织，有以下几个特点：

第一，明代乡治制度在基层社会设置上与赋役一样以里制为单位。但里老制和里甲制相比有很多区别。首先里老制是一种老人委员会，每里的里老通常在三名以上，十名以下。出任里老的条件是：年龄五十岁以上，平日在乡有德行，有见识，公正且为众人所敬服。这是因为里老有审理本辖区内法定范围内的纠纷之权。所以在《教民榜文》中规定对于那些没有见识、不能办事的虽属老人之列，也不能参与诉讼纠纷的审理。此外，对于那些有犯罪经历及行事不正、倚法为奸的老人，就是有才能也不能入里老之列，更不能出任诉讼及纠纷解决委员会的成员。里甲制中设里长一人，出任条件是一里中丁粮税最多的十户民户家长，没有年龄和道德品质上的过多要求。这十户家长每人任职一年，以十年为一周期，周而复始。里老在审理诉讼、解决纠纷时，里甲长可以参加里老委员会，在座次上，里老坐上座，次为里长，再

① 如小畑龙雄的《明代早期的老人制》，（《山口大学文学会志》卷1，第1期，1950年），栗林宣夫的《明代老人考》（《东洋史学论集》第3期，1954年），细野浩二的《里老人和众老人——对〈教民榜文〉的理解》（《史学杂志》第78卷，第7期，1968年）。

② 参见韩秀桃《〈教民榜文〉所见明初基层里老人理讼制度》，《法学研究》2000年第3期。

次为甲长。同类人中以年龄长幼为序。若里长的年龄长于老人时，可以坐于老人之上。从这些可以看出明代里甲制与里老制是不同的制度。因为两者在出任条件、方式、职责、职权、组织方式、工作方式等方面都不同，两种制度的目的也不一样。在现实中也有里长同时出任里老的，因为里老是以年长并有才、有德之乡绅出任，而社会中往往是富户人家在乡村中拥有更高的威望，而里长是富户人家的家长。在中国古代，一个家庭中家长往往是家中年纪最长的男性，这样也导致里长大量地成为里老。

第二，明代里老制下的司法功能。明朝也许是中国古代社会中最完整地对基层社会组织在法律上详细规定其司法范围的王朝。明太祖为什么要把民间大多数纠纷交给里老自理呢？这与朱元璋的自身经历有关。他生于贫穷农家，亲身体验过官吏在司法诉讼中的种种不公。这在《教民榜文》前言中就很明确，虽以户部名义说出，其实是朱元璋的心声。其说："奈何所任之官多出民间，一时贤否难知。儒非真儒，吏皆猾吏，往往贪赃坏法，倒持仁义，殃害良善，致令民间词讼皆赴京来，如是连年不已。"这里说百姓往往上京控诉，其原因是对地方官吏的不信任。后面接着说里老制的好处。"老人里甲与乡里人民住居相接，田土相邻，平日是非善恶无不周知"，让这些人来处理民间一部分纠纷，既省时省力又能避免官吏的不公和掠夺。在《教民榜文》中授予里老处理民间纠纷的范围是：户婚、田土、斗殴、争占、失火、窃盗、骂詈、钱债、赌博、擅食田园瓜果等，私宰耕牛、弃毁器物、不事稼穑等，牲畜咬杀人、卑幼擅用财、亵渎神明、子孙违犯教令、师巫邪术、六畜践食禾稼等，均分水利等。此外，还对过去国家不让民间自理的重罪中的一部分也有条件地让里老处理，这就是"今后民间除犯十恶、强盗及杀人，老人不许理外，其有犯奸、盗、诈伪，人命非十恶、强盗杀人者，本乡本里内自能含忍省事、不愿告官系累受苦，被告伏罪，亦免致身遭刑祸，止于老人处决断者，听其所以，老人不许推调不理"。从上面可以看出，明代国家让民间里老处理的纠纷多是民事纠纷和一些轻微的违纪、违法行为。所以在处罚权限上授予"用竹篦荆条，量情决打"之权。在授予里老以上职权后，在其行使职权时也负有相应的责任。具体是：不能设置牢狱；不论男女不能拘禁；白天不能解决时晚上必须放回，第二天接着进行。若有监禁，里老要受重罚；

里老在处理纠纷时必须以当事人提出为前提，否则要杖罚六十；若有贪赃的，要以贪赃罪论。此外，处理难决之事或处理与里老子弟亲戚有关的纠纷时，必须与相邻里老组成更大的纠纷解决委员会，找其他的里老应在三里至五里间。从以上可以看出明代里老的司法权限比元代的社长大得多，权限更为具体，责任也更为严格。洪熙元年（1425 年）七月四川巡按何文渊上奏说："太祖高皇帝令天下州县设立老人，必选年高有德，众所信服者，使劝民为善，乡间争讼，亦使理断。"后来明宣宗谕户部："必申明洪武旧制，选年高有德者充，违者并有司皆置诸法。"①

第三，明代里老制中的教化功能。规定里老对于本里、本乡出现的孝子、贤孙、义夫、节妇及有善行可称之人，要报知官府，给予一定的嘉奖；对于本里内无籍、泼皮、平日刁顽、为非作歹、不受教训之人，里老要严加罚诫，不改者送官府处罚。并要求每里内选一位老人或者身有残疾者负责一月六次宣讲勤农、为善、孝敬亲长、和睦乡里等内容，即宣讲"圣谕六条"。对于两浙、江西等处要求里老加强对民众的息诉教育，同时让民众在里老审理纠纷时参与，以受教育。要求加强对民众敬神除恶的教育。明代要求民间进行乡饮酒礼，以宣讲礼仪、法令。"洪武五年，诏礼部奏定乡饮礼仪，命有司与学官率士大夫之老者，行于学校，民间里社亦行之。十六年，诏班《乡饮酒礼图式》于天下，每岁正月十五日、十月初一日，于儒学行之"。在乡饮时乡约要带百姓唱颂："恭惟朝廷，率由旧章。敦崇礼教，举行乡饮，非为饮食。凡我长幼，各相劝勉。为臣竭忠，为子尽孝，长幼有序，兄友弟恭。内睦宗族，外和乡里，无或废坠，以忝所生。"完后再"赞礼唱读律令，执事举律令案于堂之中。读律令者诣案前，北向立读，皆如扬觯仪"②。对此，城乡要求是相同的。从中可以看出明代通过里老制及乡饮活动，加强了对民众礼仪及法律教育，以达到教化之目的，通过里老把儒家礼仪向民间推进。所以明代里老制有教化的功能。

第四，明代里老制中的防盗功能。此功能主要有三个方面：1. 规定对本

① 《明宣宗实录》卷4。
② 《明史》卷56《志第32·礼十·乡饮酒礼》。

里内发生偷盗事件，一人不能捕时，里老有组织全里民众进行追捕的责任。这样使里众有联合防盗、制盗的义务。2. 规定里老要监督、防止外地罪犯逃到本里或本里人犯被处罚充军、工役后逃回家。若有此等事情时，里老要到相关民家劝说，交出犯者。3. 本里内民户中有外出者，里老要知道外出者到何处，做何事。通过这些措施加强对本里社会治安的控制，同时防止偷盗事件出现。

第五，明代里老制中的互助功能。规定乡里对百姓中有因家贫不能婚嫁、死不能葬者，本里有相互帮助的义务。"乡里人民贫富不等，婚姻死丧吉凶等事，谁家无之。今后本里人户，凡遇此等，互相调给。"明太祖在编制里甲圣谕中有："朕置民百户为里，一里之间，有贫有富。凡遇婚姻死丧，疾病患难，富者助财，贫者出力，民岂有贫苦急迫之忧？又如春秋耕种之时，一家无力，百家代之，推此以往，宁有不亲睦者乎？"① 这说明朱元璋本人对设里甲制达到民间互助充满了"理想社会"的希望，这种互助的组织者，自然得是各里中有德行、有威望之老人。所以说明代里老制有互助功能。

第六，明代里老制中的劝督农课功能。《教民榜文》中规定里老督促里众按时耕种，广种各种经济作物、养蚕等。"每户务要照依号令，如法栽种桑株、枣、柿、棉花，每岁养蚕。""里甲老人如常提督点视，敢有违者，家迁化外。"此外还规定里老有组织里众兴修水利的职责，其中特别规定河南、山东等地的里老必须督劝里众进行农业生产，对那些不听老人劝督，仍不勤耕作之人，老人有决责权。"该管老人点卯，若有懒惰不下田者，许老人责决。"从这些看，明代里老有劝督农事的功能。

第七，明代里老制中的兴教功能。明代继承元代社学制。洪武初就要求各乡村设立社学。但明代社学开始从乡间自办变成国家推行的一种启蒙教育，表现在社学的设置与里甲制、里老制分离。社学一般以自然村为单位，因为孩童上学不可能离家太远。明朝社学也存在问题，其中主要是社学虽是国家启蒙教育的组织，但国家对社学并没有投入，不像后来义学那样有自己的固定收入。

---

① 《明太祖实录》卷236。

第八，明代里老制中授予里老监督地方官员的权力。明太祖还在此法规中规定里老可以奏保、举发所在地方官员的品能。如规定："朝廷设官分职，本为安民，除授之际不知贤否，到任行事，方见善恶。果能公勤廉洁，为民造福者，或被人诬陷。许里老人等遵依《大诰》内多人奏保，以凭办理；如有赃贪害民者，亦许照依先降牌内事例再三劝陈。如果不从，指陈实迹，绑缚赴京，以除民害。"这样朱元璋想通过授予民间里老一种对地方官员的监督权，以牵制地方官员的行为，达到对其行为加以约束的目的。这一规范在永乐十九年（1421年）四月得到重申："自今官吏敢有不遵旧制，指以催办为由，辄自下乡科敛害民者，许里老具实赴京面奏，处以重罪。"[①]

明初朱元璋所推行的里老制度在中国历史上确为一大创举，但从分析中可以看出，其中有很多理想的部分。在《教民榜文》第三十九条中有"榜文内坐去事理，皆系教民孝弟忠信礼义廉耻等事"，这就是想让基层社会自治，以达到对地方官员滥用权力的约束，同时国家又要对基层社会进行强有力的干预，这本身就存在矛盾。此外，在设置上，与元代社制相比，明代里老制其区划过大，不以自然村为前提，而那时中国很多地区一个自然村往往难达百户人家，于是出现一个里常常要跨村，这样里老对他村的事务很难了解，其权威也难被承认。但是这种制度在明代前期乃至中后期都是国家承认且建设的基层社会组织，因为在明代中后期出现的保甲制多设在特殊地区，如民族地区，且多由地方官员根据需要而自发推行，不构成国家的主要基层社会制度。在榜文第三十九、四十条上强调民间或地方官要加强对此法律的宣传。"在外布政司、府州县从各道按察司常加申明，务要依榜文内事理永远遵守。"这一法规是很有效的，在云南大理地区《故老人段公墓志铭》的碑上就明确说到里老制："永乐戊子（1408年），阖境里老、金举郡守、阿公遣把事尹铭等，礼聘为耆宿，时会乡饮，尊以为宾。其为人也，不娇娇以为异，不翕翕以为同，由是乡人之诉讼得以平，冤抑□（得）以伸，远迩颂扬，咸目其为长者。"这里说此人被选为里老后，常常审理诉讼，且深为百姓认可。景泰八年（1457年）另有碑文说："继承父兄之业为里长。遵依《教民□（榜）

---

① 《明太宗实录》卷236。

文》，劝善第恶，□（乡）邦称为善人。"① 这里不仅说明明代里老制度在这一地区得以实行，同时碑文中提到《教民榜文》，说明此法规成为当地民间主要行为规范。这是大理白族地区，进而说明在明朝这种制度已推行到边疆民族中，因为前一碑中还有"考讳举为都里长"，就说他父亲时大理白族地区里制已建立，可以推定里老制也建立了。这样大理白族地区里老制当于明初统一云南后就建立起来了。此外，在《蒙化左土官记事抄本》上提到天顺五年（1461 年）"本府各里本年分税粮"，天顺六年（1462 年）"省谕各该里老、通把"，弘治三年（1490 年）在土官承袭的担保中有"里老、通把、亲邻人等"，嘉靖十二年（1533 年）也有"取具宗族耆民、目把、里老、火头、邻佑、收生人等供结"，到了万历十四年（1586 年）土官承袭担保人中就没有里老。② 这说明云南这一地区里老制度可能在明朝万历前后开始废弛。这种制度在广西也实行，宣德年间山云在广西任官时有："由是土官畏服，调发无敢后者。云所至，询问里老，抚善良，察诬枉，土人皆爱之。"③ 在明宪宗成化年间韩雍征大藤峡时有："遂长驱至峡口。儒生、里老数十人伏道左，愿为向导。雍见即骂曰：'贼敢绐我！'叱左右缚斩之，左右皆愕，既缚，而袄中利刃出。推问，果贼也。"④ 这里说有人冒充里老，也就说明在这一地区设有里老制，否则不可能出现此种情况。从以上可以看出明代里老制度在万历朝以前是国家建设的民间组织，其存在于全国各地，包括一些改流的民族地区及社会发展程度较高的没有改流的民族地区。所以说明代里老制至少在万历朝以前是广泛有效的。但嘉靖八年（1529 年）朝廷发文令"每州县村落为会，每月朔日，社首社正率一会之人，捧读圣祖《教民榜文》，申致警戒"⑤，这个法令对于里老制是一个打击，因为它以自然村为单位，而里老制是以里为单位。此外明朝后期保甲制的兴起，对里老制来说也是一种破坏，因为保甲

---

①　以上参见《白族社会历史调查》（四），第 180 页《故老人段公墓志铭》，第 192 页《故善人张公墓志铭》。

②　参见《蒙化左土官记事抄本》，《云南少数民族社会历史调查资料汇编》（五）。

③　《明史》卷 166《列传 54·山云传》。

④　《明史》卷 178《列传 66·韩雍传》。

⑤　《大明会典》卷 20《读法》，第 368 页。

制于官员对地方基层社会的控制更为有效，它相对拥有更少的自治权力①。

（三）清朝基层社会自治制度——保甲制、族正制、乡约制

清代在基层社会制度建设上，国家一方面承继元明两朝以来把地方划为赋役制的里制，这在上面已讨论过，此不再重复。另一方面国家认为民间自治制度——元代社制、明代里老制都是失败的，主要是不利于国家对基层社会的控制，为此清朝大力推行保甲制。可以说清代把保甲制变成了一种基层社会组织，而不仅仅是"弥盗"的制度。这可以从整个清王朝自中央到地方官员对保甲制度都不遗余力地全面讨论和推行上看出，代表成果为徐栋于道光年间编辑、丁日昌于同治年间校出的《保甲书辑要》一书。此书分四卷，分别是定例、成规、广存、原始。对此徐栋说明"卷首定例，尊今也；次成规，备式也；次广存，充类也；终原始，监古也"，并认为："保甲法甚约，而治甚广。"还说对保甲制，"议者往往专以为弥盗设，盖亦未之思矣"②。清代保甲制作为一种地方基层制度，无法超越本身固有的局限，所以清代为了完善基层制度，同时用族正制来弥补保甲制之不足。清代户部关于编保甲的法律中规定："凡聚族而居，丁口众多者，准择族中有品望者一人，立为族正。该族良莠，责令察举。"③ 这样清代民间家族的族正、族长成为基层社会中国家承认的社会控制的一个组织部分。清代著名官员陈宏谋在《谕议每族各设约正》时就对江西地区族正的权力进行承认："如族中某房有不孝不弟习匪打降等事，房长当即化导，化导不遵，告知族长，于祠中当众劝戒，如有逞强不率，许其报官惩处。不许擅自处死。至于口角争斗、买卖田坟，由族房长秉公处断，即为劝释。如与外姓争斗者，两造族长、户长秉公会议，应劝释者劝释。如经官司，两族长房长当堂公言，偏袒者分别罚戒。族中有孝弟节义之善事，亦许报官请奖。族长、房长身故，公举报官承替……至于地方承缉逃盗，拘拏案犯，承应官府原乡地保甲之事，概不责之族长。"④ 从中可以看出清代在地方基层社会治理上让家族中首领合法化，并授予他们相当

① 以上《教民榜文》引自《皇明政书》卷8。
② 《保甲书辑要·原编自序》，中国方略丛书第一辑，第19号，台湾成文出版社影印本。
③ 《保甲书辑要》卷1《定例·户部则例》，第18页。
④ 《保甲书辑要》卷3《广存·谕议每族各设约正》，第216－217页。

于元代"社长"一样的司法、教化等方面的权力。这在清代很普遍，如在《福建省例》中有《议设族正副》法规，这个由总督和巡抚批准的法规中规定："如族内遇有雀角争论一应细微事故，即令族正随事诚谕处释，毋使架词涉讼。"① 这种族正在基层社会中的作用在清代南方各民族中也开始出现。道光二十三年（1843年）思陵州土官族规中有"族长以宣列祖之训，弟男子侄悉听其裁成，礼义耻廉咸遵其教导"的规定，并规定若有"倚势凌人，经鸣族长者，重责十五板"②。清代以族正为代表的家族首领在法律上取得了对民间基层社会中解决纠纷的相关权力后，负有元明二朝中社长、里老的相当部分职责。清代地方基层制度上还把启蒙教育分立出来，先前主要是社学，乾隆朝起，开始用义学代替社学。同时在教化上，主要用乡饮来完成，"设乡约义塾，教养兼施，以弭匪僻"③。乡饮在清代主要是教读《圣谕十六条》和相关法律法规。"鹏年尝就南市楼故址建乡约讲堂，月朔宣讲圣谕"④。于成龙在《慎选乡约谕》中规定："朝廷设立乡约，慎选年高有德，给以冠带，待以礼貌。每乡置乡约所亭屋，朔望讲解上谕十六条，所以劝人为善去恶也。"⑤清朝法律规定："凡各处人民合设耆老，须于本乡年高有德、众所推服人内选充，不许罢闲吏卒及有过之人充应。违者，杖六十革退，当该管吏笞四十。"下面并说明其职责"耆老责在化民善俗，即古乡三老之遗意"⑥。此外，从王凤生所制定的《约正劝惩条约》和《公举约正条规》上看，乡约与保甲长、里长是有区别的。这样清代把过去由民间自治管理体制分成几个部分，其中最重要的是治安防盗的保甲制。这说明清代国家想加强对民间的控制，但在现实中却是国家越想控制住基层社会，基层社会的问题越多。

作为清代基层社会制度的核心——保甲制，下面进行简略的讨论。

保甲制度作为一种新的基层社会制度，出现在宋代，前面已经讨论过其出现的社会原因。最初王安石在推行此制度时是为了强兵，但一开始就在实

----

① 《福建省例》（上册），台湾文献史料丛刊第七辑，台湾大通书局本，第409页。
② 谷口房男、白耀天编著：《壮族土官族谱集成》，广西民族出版社1998年版，第523页。
③ 《清史稿》卷381《列传168·朱桂桢》。
④ 《清史稿》卷277《列传64·陈鹏年》。
⑤ 《保甲书辑要》卷3《广存·慎选乡约谕》，第174页。
⑥ 《保甲书辑要》卷1《定例·户部则例》，第36页。

践中改变了目的，成为防盗警察的组织。《宋史·志145·保甲》中有：

> 保甲：熙宁初，王安石变募兵而行保甲，帝从其议。三年，始联比其民以相保任。及诏畿内之民，十家为一保，选主户有干力者一人为保长。五十家为一大保，选一人为大保长。十大保为一都保，选为众所服者为都保正，又以一人为之副。应主客户两丁以上，选一人为保丁。附保，两丁以上有余丁而壮勇者亦附之。内家赀最厚、才勇过人者亦充保丁，兵器非禁者听习。每一大保夜轮五人警盗。凡告捕所获，以赏格从事。同保犯强盗、杀人、放火、强奸、略人、传习妖教、造畜蛊毒，知而不告，依律伍保法。余事非干己，又非敕律所听纠，皆毋得告，虽知情亦不坐。若于法邻保合坐罪者乃坐之。其居停强盗三人，经三日，保邻虽不知情，科失觉罪。逃移、死绝，同保不及五家，并他保。有自外入保者，收为同保，户数足则附之，俟及十家，则别为保，置牌以书其户数姓名。既行之畿甸，遂推之五路，以达于天下。时则以捕盗贼相保任，而未肄以武事也……

> 都副保正武艺虽不及等，而能整齐保户无扰，劝诱丁壮习艺及等，捕盗比他保最多，弭盗比他保最少，所隶官以闻，其恩视第一等焉。都副保正有阙，选大保长充。都副保正虽劝诱丁壮习艺，而辄强率妨务者，禁之。[①]

上面史料所载，说明宋代保甲制一开始就从强兵制转变成"弥盗"制，成为民间社会中一种维持秩序的制度。由于它对官方控制民间社会非常有利，才导致在宋代很多反对王安石变法的人，都不反对保甲法。同时可以看出保甲之法在防盗的同时也有户籍管理等方面的功能，让民间过去很多自治的东西成为国家可以控制的东西。陆九渊在知荆门军时实行保甲后达到"奸无所蔽，群盗屏迹"[②]。明朝王守仁在江西实行保甲法也是为了防盗。所以宋朝以

---

① 《宋史》卷192《志第145·兵六·乡兵三·保甲》。
② 《保甲书辑要》卷4《原始·陆九渊》，第236页。

后，保甲制成为防盗警察的同义词。

清朝设立保甲制是从入关后开始的，顺治元年（1644年）颁布编置户口保甲法。"世祖入关，有编置户口牌甲之令。其法，州县城乡十户立一牌长，十牌立一甲长，十甲立一保长。户给印牌，书其姓名丁口。出则注所往，入则稽所来。其寺观亦一律颁给，以稽僧道之出入。其客店令各立一簿，书寓客姓名行李，以便稽察。"① 这里主要作为人口控制和稽查来用。康熙四十七年（1708年）重申行保甲之法，认为"弥盗良法，无如保甲"②。这成为整个清代设立保甲的目的。乾隆二十二年（1757年）更定保甲法十五条，对保甲的编制、功能进行了较为详细的规范。按《保甲书辑要》，清代《户部则例》有规定保甲内容的法规达三十三条之多，对不同阶层的人及不同地区在编保甲上都有详细规范；《刑部则例》上有八条，外加一条乡约则例，主要对保甲制度中相关人员的职权和职责进行规范，同时对违法者规定处罚方法。清代编保甲的对象包括了清代所有阶层：上自王公贵族，下至边疆各民族及寺观僧道等，可以说是无所不包。同时对保甲制有非常全面的立法。这些说明清代保甲不仅是防盗，否则国家不会花这么大的力气来立法。若说清代保甲制首先和基本功能是防盗，那是对的，但此制度的其他功能在清代就一直没有明确规定过。

对清代保甲制度的功能，从乾隆二十二年（1757年）的条例中可以看到的有：凡甲内有盗窃、邪教、赌博、窝逃、奸拐、私铸、私销、私盐、踩缫、贩卖硝磺，并私立名色敛钱、聚会等事，及面生可疑、形迹诡秘之徒，责令专司查报。户口迁移、登记，并责随时报明，于门牌内，改增换给牌③。从中可以看出保甲制内容中不仅有防偷盗内容，而且几乎包括了民间整个自治，同时还有户籍管理内容。清人彭鹏在《保甲示》中说："保甲行而弥盗贼，缉逃人，查赌博，诘奸宄，均力役，息武断，睦乡里，课耕桑，寓旌别。"④ 从这里看，保甲制度已经成为元代社制、明代里老制那样的民间主要自治制度，

---

① 《清史稿》卷120《志第95·食货志一》。
② 《皇朝政典类纂》卷30《户役一·户口丁中·编查保甲》，第26页。
③ 同上书，第30页。
④ 《保甲书辑要》卷3《广存·保甲示》，第179页。

也许这就是清代建设这一民间基层社会制度的原因。清人何士祁在分析保甲制度好处时说："保甲不但可弥盗也，稽田赋，则钱粮不能欠，田土之案无虚假矣。稽人口，则男女不能淆，婚姻之案无支饰矣。推之命案之邻佑有确凭，不致择肥拖累。服制之案有支派，不至平空捏造。而于办灾一事，稽查户口，尤有把持。"① 清代在法律上不许保甲长处理民间一般民事纠纷和轻微违法事件和卷入诉讼，《刑部则例》中规定："其一切户婚田土不得问及保甲，惟人命重情，取问地邻保甲。"② 这与元明两朝对地方民间纠纷和违警行为的制度安排上是不一样的。在地方官颁布的保甲法规范中也有"里长、甲长专查本里、本甲容留奸匪，其一切催征钱粮、命盗词讼等事，仍归地保办理，于甲里长概不责成"③，这也说明清代基层社会制度设置上是役、政分离。不管从清代官方的注意程度，还是清代制度，特别是从基层组织制度的建设上看，清代基层社会组织中保甲制度处于基础地位。这可以从清代在南方民族地区几乎都设了保甲制，以致出现一些民族群体在立乡约法规时把保甲制写进去等事例中反映出来。如在 1939 年大夏大学社会历史研究部在苗族村寨摆金区中发现的 19 世纪 30 年代前古约上有"自古养民要术，莫甚农桑，卫民良规，莫如保甲"之说。在具体条文中，有各种纠纷由保甲先处理的规定，如"议处世持身，安本分。须微口角要忍耐为佳。忍住能消去无理之事，亦见甘棠之爱。如甲内有不平之事，当凭甲长理明说息。万一不了，再将众人及总甲公断，以免悬主动瞰芳心"④。此外，清代在边疆地区也设立保甲，如在中缅边境上，在光绪年间开始编保甲，"仰干崖土司遵照：一俟委员到时，专派能事族目一人，随伺前往沿边一带查办保甲边防事务"⑤。这些都说明清代保甲制度的广泛性。

清代在基层社会制度的建设上反映出中国古代社会到后期出现国家想加强民间控制的趋势，但结果是越来越乱，国家目标一直难以实现的历史现实。

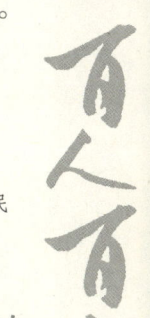

---

① 《保甲书辑要》卷 3《广存·保甲实在可行》，第 202 页。

② 《保甲书辑要》卷 1《定例·刑部则例》，第 32 页。

③ 《保甲书辑要》卷 2《成规上·保甲事宜》，第 77 页。

④ 参见《惠水县摆金区苗族村寨今昔乡规民约状况调查》，《贵州民族调查》（之四），贵州省民族研究学会、贵州省民族研究所 1986 年编印，第 201－203 页。

⑤ 《德宏傣族社会历史调查》（三），云南人民出版社 1987 年版，第 153 页。

在清代基层社会制度上表现为不仅有专门司赋役的制度——里制；在乡治上，国家让其分化为教化制度——乡约制，治安防盗户籍制度——保甲制，民间启蒙教育——社学制及后来义学制，民间荒政互助制度——社仓制。此外清代国家由于无法把民间所有纠纷解决都纳入国家司法管辖中，于是国家承认民间家族组织的合法性，并把大部分民间纠纷的解决权交给族正即族长、房长解决。这些制度把民间乡政分得支离破碎，结果当然是有利于国家权力向民间渗透，但同时也导致民间社会制度上的混乱。清代保甲制度与乡约制还有一个特点，就是国家想把赋役差遣之役政与民治之乡政分开，使国家能更好地控制民间社会。但在现实中保甲制度最大的弊病来自于官吏常把其当做差役来用。彭鹏就列出保甲长在清代的问题有："朔望乡保赴县点卯守候，一累也；刑房按月两次取结索钱，二累也；四季委员下乡查点，供应胥役，三累也；领牌给牌纸张悉取诸民，四累也；遣役夜巡，遇梆锣不响，即以误更恐嚇，馈钱乃免，五累也；又保甲长托情更换，攸张攸李，六累也；甚而无名杂派，差役问诸庄长，庄长问诸甲长，甲长问诸人户，籍为收头，七累也。"① 这说明清代保甲长在现实中往往成为地方官吏差役的对象，成为累己累民的制度。此外，于成龙在《慎选乡约谕》中规定不能让乡约从事差役事务，具体是："一、不许票仰协拘人犯；二、不许差役到家饭食；三、不许原被告指为佐证；四、不许朔望点卯；五、不许请立印簿；六、不许差督编查烟甲；七、不许买办军需；八、不许人命盗案牵连姓名；九、不许投递报呈；十、不许绅衿把持。"② 从上面可以看出于成龙所列的十种不许中有九项是差役之事，仅有第十项不是。从两个现象来看清代基层社会制度的问题是国家想加大对民间的控制，反而导致官吏进入民间机会增多，于是民间乡官成为官吏役使的对象，进而使这些制度没有人才上的保证，因为很多有德有才的人不愿从事这些职事，就是怕受官吏的役使③。因此，出任的人往往是一些劣徒，其目的是借官府之权势祸害乡里。乾隆五十八年（1793 年）云南广西直

---

① 《保甲书辑要》卷 3《广存·保甲示》，第 178－179 页。
② 同上书，第 177 页。
③ 清代一些士绅之家往往在族规中明确规定，家族成员不能出任乡里中任何职役事务，否则要受处罚。

隶州（今师宗县）的《黑尔禁革陋规碑记》上有："七槽乡约征差头目，只许慎选本槽老成，稍知文义夷民充当，现有汉奸当役一概饬革驱逐。"① 说明当时这里已经有乡里制，同时说明官吏是把乡约当成差役用，在这种现实下，当乡约的人往往是乡霸。这也是清代只好承认家族中首领作为民间自治首领的原因。

上面通过对元明清三朝基层社会制度演变的分析，可以得出中国古代社会到宋朝以后由于在乡治制度设置上把役制与乡政分离，导致基层社会内部控制上出现制度缺失，为此不同时期找出不同制度来对乡治进行制度上的保证。这就是出现元代社制，明代里老制，清代保甲制、乡约制、族正制等不同制度的原因。同时这种基层社会制度的变化还与国家想把民间基层社会纳入强有力的控制有关。为什么国家要把赋役制度从乡政中分离出来？就是因为在中国古代社会中国家与民间关系上最重要的是向民间征收赋税和工役，这是任何一个王朝存在的前提，国家把赋役和乡政分离，可以让国家在赋役正常征收时，不会受乡政的影响。于是国家对民间行政区的划分上出现了以赋役征收为单位的区划和以乡治为单位的区划。民间教育与民间其他政事分离，到把乡治中治安警卫与其他乡政分开，再到把教化与轻微纠纷调解权的分离等。这一切都是国家想把社会控制深入到基层的产物，同时这些制度的失灵也与此目的相关。元明清时期在基层社会制度设置上的变化对国家法律制度的建设有重要的影响，因为不同的制度安排对于国家司法在民间社会中的作用是有相当重要的影响的。这些制度上的变化对于元明清时期南方民族地区社会制度的建设上有着重要的作用和影响。过去由于对中国古代社会中基层社会制度的研究不够，从而导致对研究中国古代社会的运行机制和法律制度在社会中的作用及基层社会对法律运作有多大抑制作用的研究明显不足。

元明清三朝最稳定的基层社会组织是为了赋役专设的制度——里制或称为里甲制。对里甲制与保甲制的不同职能，清人是有明确区分的，如戈涛就说："保甲与里甲相似而实不同，里甲主于役，保甲主于卫。"② 若把基层社

---

① 《师宗县文物志》，云南大学出版社1994年版，第68页。
② 《保甲书辑要》卷3《广存·献县志保甲序》，第173页。

会事务分为教育、农政、教化、警政、户政、荒政、役政等几个方面的内容，那么元明清时期表现出来的就是这些过去合为一体的政事逐步由不同的制度取代。这些不同政事制度的设置对国家与民间社会的关系有着重要的互动作用。保甲制度作为一种特殊的警察制度，它以约束人民行为为目标，以连坐为效力，但同时作为一种基层社会组织为基层社会有效地提供各种所需的功能。

第二章　元明清时期南方民族法律
移植与本土化的经济条件

　　元朝以后，国家为了加强对南方民族的控制，于是在南方民族地区实行了军屯镇守。在政治目的和寻求生存空间下的大量移民到达南方民族地区后，在经济生活上促进了南方民族与汉族的文化经济交流，这种交流对南方民族社会发展产生了重大影响。经济社会的发展，导致南方民族需要新的法律制度来适应它。于是这些成为南方民族在这个时期法律移植与本土化的经济条件。

第一节　移民垦殖：元明清时期南方民族地区
开发中的军事、经济、文化据点

　　元明清时期在南方民族地区开发中，一个对当地社会有重大作用的行为是在南方民族地区广设屯田据点。这种屯田不管是军屯还是民屯或商屯，往往成为南方民族地区开发中的军事、经济、文化据点。当一个地区一经成为开垦屯田的据点，这个地区的社会经济文化将不可逆转地走向中原地区的生存范式中。因为屯田垦殖者有自己相对独立的生活体系，它有抵抗外来文化的力量。所以说对南方民族社会内在影响最大的是屯田垦殖活动，因为它不仅是一种经济和军事行为，还是一种深层的文化制度的完全转移，其转移的主体是原文化的载体，仅是地区发生改变而已。这是南方民族地区在这个时候慢慢成为"王化"地区强有力的推动力。这三个王朝在南方民族地区屯田垦殖上各有自己的特点。元朝的屯田垦殖仅仅是一种开始，主要是为了军事控制和资助军饷，屯田者多是外来军人和南方各民族群体的军人。明朝的屯田垦殖虽仍然为军事控制，但更多的是一种政府有目的的开发和人口迁移。

清朝南方民族地区屯田垦殖中，军事控制仅是其中一小部分，主要是南方民族地区那些称为"苗疆"的新开发区，其他屯垦主体是各民族群体，主要是汉人，自发的人口迁移，动力是内地人口压力下为寻求生存空间，而不是其他原因。这可以从清朝中期以后多次南方民族起事与土地有关得以说明。需要指出的是，元明清三朝南方民族屯田中屯田主体不仅有汉人移民，还有很多南方各民族群体在国家组织下进行屯垦。

一、元朝军事遏制下的屯垦

元朝在南方民族地区统治时间不长，不可能对南方民族社会经济产生内在结构上的影响。元代出于军事控制上的需要，在南方民族地区设有不少屯田。《元史》中有"至于云南八番，海南、海北，虽非屯田之所，而以为蛮夷腹心之地，则又因制兵屯旅以控扼之"①。这里明确说出元代在南方民族地区屯田的目的和原因，是因为这些地区居"蛮夷腹心之地"，为了军事上的控制必须设屯予以遏制。元代南方民族地区屯田数在整个国家的屯垦中占有重要份额。《元史·武宗本纪一》中有至大元年（1308年）十一月中书省臣上奏说全国有120多处屯所。"中书省臣言：'……天下屯田百二十余所，由所用者多非其人，以致废弛，除四川、甘州、应昌府、云南为地绝远，余当选习农务者往，与行省、宣慰司亲履其地，可兴者兴，可废者废，各具籍以闻。'并从之。"② 在这120多处屯田中，四川行省下有29处，云南行省下有12处，湖广行省下有3处，三省共有44处，占元代屯田数的33%以上。这三省的屯田之所多集中在民族地区。上面《元史·屯田》中说南方民族地区多是在"蛮夷腹心之地"，于是才设屯田加以遏制，反过来说明南方民族地区屯田多在民族聚居地，即便如海南岛，元代也设屯田。至元三十年（1293年）八月"丁未，湖广行省臣言海南、海北多旷土，可立屯田，诏设镇守黎蛮海北海南屯田万户府以董之"③。此外广西地区也设有屯田，"黎兵万户府。元统二年

---

① 《元史》卷100《志第48·兵三·屯田》。
② 《元史》卷22《本纪22·武宗一》。
③ 《元史》卷17《本纪17·世祖十四》。

（1334 年）十月，湖广行省咨：'海南僻在极边，南接占城，西邻交趾，环海四千余里，中盘百洞，黎、僚杂居，宜立万户府以镇之。'中书省奏准，依广西屯田万户府例，置黎兵万户府"①。这里言依广西屯田例在海南屯田，不仅说明广西地区设有屯田，同时也证明海南岛在元代设有屯田垦殖的历史事实。

元代在南方民族地区中的云南、湖广、四川三个行省下都设有屯田。四川行省下有 29 处，分别是：广元路民屯、叙州宣抚司民屯、绍庆路民屯、嘉定路民屯、顺庆路民屯、夔路总管府民屯、潼州府民屯、重庆路民屯、成都路民屯、保宁万户府军屯、叙州等处万户府军屯、重庆五路守镇万户府军屯、夔路万户府军屯、河东陕西等路万户府军屯、成都等路万户府军屯、广安等处万户府军屯、保宁万户府军屯、五路万户府军屯、兴元金州等处万户府军屯、随路八都万户府军屯、旧附等军万户府军屯等。云南行省有 12 处，分别是：威楚提举司屯田、大理金齿等处宣慰司都元帅府军民屯、鹤庆路军民屯田、武定路总管府军屯、威楚路军民屯田、中庆路军民屯、曲靖等处宣慰司兼管军万户府军民屯田、乌撒宣慰司军民屯田、临安宣慰司兼管军万户府军民屯田、梁千户翼军屯、罗罗斯宣慰司兼管军万户府军民屯田、乌蒙等处屯田总管府军屯。湖广行省 3 处，分别是：海北海南道宣慰司都元帅府民屯、广西两江道宣慰司都元帅府僮兵屯田、湖南道宣慰司衡州等处屯田②。云南行省下 12 处屯田有"民户屯田者一万五千二百一十七户。军户三千二百九十二户并六千人，军民两屯共垦地，凡六万八千八百五十七双并一千二百五十顷，每双以四亩计算，共计二十七万六千六百七十八顷亩"③。

元代屯田人户来源有两类：军户和民户。军户具体分两种：一类是外来军人，如蒙古军人、色目人、北方汉人和新附军人（即原南宋汉人）。"嘉定万户府军屯：世祖至元二十一年，摘蒙古、汉军及嘉定新附军三百六十人，于崇庆州、青城等处屯田"；"广安等处万户府军屯：世祖至元二十七年

① 《元史》卷 92《志第 41 下·百官八》。
② 以上参见《元史》卷 100《志第 48·兵三·屯田》。
③ 辛法春著：《明沐氏与中国云南之开发》，文史哲学集成（115），台湾文史哲出版社本，第 32 页。对云南行省在元代的屯田，不同人的著作中有不同的估计数字。方铁主编的《西南通史》第 480 页中元代云南屯田户数为 19149 户及 6000 人，垦田 71667 双及 1250 顷，每双 5 亩，计 483335 亩。

（1290年），拨广安旧附汉军一百一十八名，于新明等处立屯开耕"；"乌蒙等处屯田总管府军屯：仁宗延祐三年（1316年），立乌蒙军屯。先是云南行省言：'乌蒙乃云南咽喉之地，别无屯戍军马，其地广阔，土脉膏腴，皆有古昔屯田之迹，乞发畏吾儿及新附汉军屯田镇遏。'至是从之"。另一类是土军，即南方各民族军人民户，在云南主要是爨僰军。"武定路总管府军屯：世祖至元二十七年，以云南戍军粮饷不足，于和曲、禄劝二州爨僰军内，签一百八十七户，立屯耕种。"民户具体分为两类：一类是本地少数民族人户。"广西两江道宣慰司都元帅僮兵屯田：成宗大德二年，黄圣许叛，逃之交趾，遗弃水田五百四十五顷七亩。部民有吕瑛者言募牧兰等处及融庆溪洞徭、僮民丁，于上浪、忠州诸处开屯耕种"；元统二年（1334年）十月"丁卯，立湖广黎兵屯田万户府，统千户一十三所，每所兵千人，屯户五百，皆土人为之，官给田土、牛、种、农器，免其差徭"①。另一种是本地汉族百姓人户与外来汉族百姓人户。"嘉定路民屯：世祖至元十九年（1282年），签亡宋编民四户，置立屯田的。成宗元贞元年（1295年），拨成都义士军八户增入。为户一十二。"这些应该是本地汉族百姓人户。"中庆路军民屯田：世祖至元十二年（1275年），置立中庆民屯，于所属州县内拘刷漏籍人户，得四千一百九十七户，官给田一万七千二十二双，自备己业田二千六百二双"。这里拘刷出的人户当是本地汉族百姓人户，同时也可能有本地各民族人户。"海北海南道宣慰司都元帅府民屯：世祖至元三十年（1293年），召募民户并发新附士卒，于海南、海北等处置立屯田"②。这里就有外来的汉族百姓人户。

以上说明元代屯田民户来源很广，不一定都是外来者，其中有不少是本地各少数民族通过国家组织起来进行屯田的。这对改变这些民族的社会结构十分有效。同时可以看出元朝在南方民族地区屯田还处在开始阶段，十分不成熟。

二、明朝有组织的移民屯垦

明代的屯田与卫所设置分不开，这是一种把军事控制与移民垦殖统一起

---

① 《元史》卷38《本纪38·元顺帝一》。
② 以上引文无特别注明者皆引自《元史》卷100《志第48·兵三·屯田》。

来的方式，其目的不仅是为了军事控制，还有移民垦殖的功能。明代屯田不仅有军屯，还有民屯和商屯，其中民屯与军事控制相关不大，主要是对边区进行开垦，但在实际中也有军事的功用。明代由于北方军事压力和难以垦殖，国家主要把力量放在经营开发南方。于是明代成为在南方民族地区开发史上最有效的王朝。当然，明代屯田还是兴农政策的一部分，屯田遍及全国各地，《明史》中评说道："于时，东自辽左，北抵宣、大，西至甘肃，南尽滇、蜀，极于交趾，中原则大河南北，在在兴屯矣。"① 明代最大种类的屯田是军屯，它与军事驻守相关。洪武二十五年（1392 年）"诏天下卫所军以十之七屯田"②，也就是说所有卫所都有十分之七的人或时间用来进行屯垦。明代很多卫所设在南方民族地区的战略要地或平坝地区，所以后来卫所所在地往往成为南方民族地区重要的城镇和经济中心。

明代的屯田分为两大体系：军事性质的卫所军屯和民事性质的民屯。两者的管理机构不一样，卫所军屯由兵部管理，地方具体由都指挥使司管理；民屯由各省布政使司管理。"其制，移民就宽乡，或召募或罪徒者为民屯，皆领之有司；而军屯则领之卫所。边地：三分守城，七分屯种。内地，二分守城，八分屯种。每军受田五十亩为一分，给耕牛、农具，教树植，复租赋，遣官劝输，诛侵暴之吏。"这说明明朝屯田的种类，不同种类屯田者的来源，不同地区军屯的具体情况。军屯边区三分守城，七分垦殖；内地二分守城，八分垦殖。这是垦守相结合的战略方式。垦殖在明代不管军屯还是民屯、商屯的田地都是国有的，即官田。"明土田之制，凡二等：曰官田，曰民田。初，官田皆宋元时入官田地。厥后有还官田，没官田，断入官田，学田，皇庄，牧马草场，城壖苜蓿地，牲地，园陵坟地，公占隙地，诸王、公主、勋戚、大臣、内监、寺观赐乞庄田，百官职田，边臣养廉田，军、民、商屯田，通谓之官田。其余为民田。"③ 从上可以知道明代南方很多土地实质上是国家所有，在屯垦时，仅把这些土地的使用权出让给军、民屯户使用。

① 《明史》卷 77《志第 53·食货志一·屯田》。
② 《明史》卷 32《本纪 3·太祖本纪三》。
③ 以上参见《明史》卷 77《志第 53·食货志一》。

明朝最大的屯田是军屯，所以要研究南方民族地区明代屯田的情况可以先看明代在南方诸省设置的卫所情况。明代卫所设置情况和士卒配置如下："核其所部兵五千人为指挥，千人为千户，百人为百户，五十人为总旗，十人为小旗。天下既定，度要害地，系一郡者设所，连郡者设卫。大率五千六百人为卫，千一百二十人为千户所，百十有二人为百户所。所设总旗二，小旗十，大小联比以成军。其取兵，有从征，有归附，有谪发。从征者，诸将所部兵，既定其地，因以留戍。归附，则胜国及僭伪诸降卒。谪发，以罪迁隶为兵者。其军皆世籍。"① 明代卫所制度的内容和特点，尤中先生在《云南民族史》中有总结：①军皆世籍，父死子继，不得辄改。②驻地固定，不得改变，除非朝廷调防。③军队在驻地屯田戍守，安家落户，不能任意迁移，不能逃走，军户绝户，必由其原籍家族中另调人来代替。④凡为军者须结婚，携同妻室前往驻地。"军士应起解者，比金妻卫"，"卫军无妻者，辄罢归"②。明代卫所士卒的来源有三类，其中后二类相对来说是"有罪之人"，即"归附"者和有罪者。这真可谓让有不忠之罪的人远在他乡，既能守垦边区又能净化内地社会道德的良法了。从明代卫所制的内容与特点上看，明代卫所制度是一种军事移民垦殖，大量人口随之而迁徙的社会运动。史载明初卫所的数字为："初，洪武二十六年定天下都司卫所，共计都司十有七，留守司一，内外卫三百二十九，守御千户所六十五。及成祖在位二十余年，多所增改。"从《明史·卫所》中看，明代在南方民族地区都设有卫所，云南卫所数字按天启《滇志》中设有 20 个卫，8 个守御千户所，11 个分隶于卫的守御千户所；贵州在明代前后共设置过 29 卫；四川设 17 卫，23 守御千户所，其中很多卫所都设在民族地区，如宁川卫、茂州卫、建昌卫所、泸州卫等。广西设有 10 卫，22 守御千户所。湖广设有 27 卫，31 守御千户所，其中很多设在民族地区，如镇远卫、平溪卫、清浪卫、偏桥卫、五开卫、九溪卫、宁远千户所、城步千户所、大田千户所、黎平千户所等。广东都司辖下的卫所中很多也是设在民族地区，如雷州卫、海南卫、清远卫、惠州卫、肇庆卫、崖州千

① 《明史》卷90《志第66·兵二·卫所》。
② 参见尤中著《云南民族史》，云南大学出版社 1994 年版，第 353 页。

户所、连州千户所。所以说明代南方民族地区由于卫所错布，导致大量汉人通过军屯进入南方。在南方民族地区形成了"今诸卫错布于州县，千屯遍列于原野"的情势①，在社会生活中出现"土司与卫所相搀，军伍并苗僚杂处"的社会结构。这使南方民族地区各民族群体与汉人移民有相互交往的机会，为南方民族了解外来生存范式提供了方便。

明代除军屯外还有民屯。"屯田之制：曰军屯，曰民屯。太祖初，立民兵万户府，寓兵于农，其法最善……天下卫所州县军民皆事垦辟矣。""其制，移民就宽乡，或召募或罪徙者为民屯，皆领之有司。"② 这说明明朝民屯的存在，但史书所载民屯的情况不多，即使有也多不详。但可以肯定在明代有不少民屯，其中云南地方史志中有一些不完全、不太准确的记载。《滇系·事略》中有"洪武十七年（1384年），移中土大姓以实云南"③，《滇略》中有"高皇帝既定滇中，尽迁江左良家闾左以实之，及有罪窜戍者，咸尽室以行"④。这说明云南民屯中有三类人：一是平民，为生存而迁移到云南地区；二是江南大姓，被政府强制迁移；三是有罪之人。在南方民族地区民屯中人户来源上大体一致。云南地方志中记有最大的一次民间迁移是在《滇粹·云南世守黔宁王沐英传附后嗣略》中："英还镇，携江南、江西人民二百五十万入滇，给予籽种、资金，区别地亩，分于临安、曲靖……各郡县。春镇滇七年，再移南京人民三十余万。"⑤ 这些数字与史实很难相符，但可以相信的是明代很多内地贫民自动移向南方民族地区进行垦殖是有可能的，这可以从现在南方很多汉人家族在寻根时都指向应天府得以证明。明代还存在商屯。所谓商屯就是用盐引换商人的屯粮。"明初，募盐商于各边开中，谓之商屯。迨弘治中，叶淇变法，而开中始坏。诸淮商悉撤业归，西北商亦多徙家于淮，边地为墟，米石直银五两，而边储枵然矣。"⑥ 从中可以看出商屯的原因是明初边地军资不足。"初，太祖时，以边军屯田不足，召商输边粟而与之盐。富

① （明）周季凤纂修：正德《云南志》卷2《志二·云南府》。
② 《明史》卷77《志第53·食货一》。
③ （清）师范撰：《滇系·事略》，云南省图书馆藏本。
④ （明）谢肇淛撰：《滇略》卷4《俗略》。
⑤ 《滇粹·云南世守黔宁王沐英传附后嗣略》。
⑥ 《明史》卷77《志第53·食货一》。

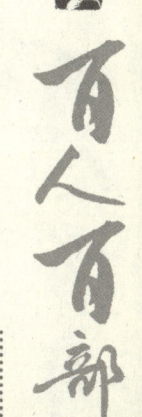

商大贾悉自出财力，募民垦田塞下，故边储不匮。"① 具体就是通过出让盐引给商人，让商人到指定地区购粮充军资。大商人为了得到盐引，往往出钱让贫民到指定边地开荒垦殖纳粟以换盐引。对商屯明代史料中也有记载："有明盐法，莫善于开中。洪武三年，山西行省言：'大同粮储，自陵县运至太和岭，路远费烦。请令商人于大同仓入米一石，太原仓入米一石三斗，给淮盐一小引。商人鬻毕，即以原给引目赴所在官司缴之。如此则转运费省而边储充。'帝从之。召商输粮而与之盐，谓之开中。其后各行省边境，多召商中盐以为军储。"这就是明代商屯的具体情况。明成祖即位后，以北京诸卫粮乏，悉停天下中盐，仅于北京地区各卫所开中，"惟云南金齿卫、楚雄府，四川盐井卫，陕西甘州卫，开中如故"。这说明明代在南方民族地区开中不少。按《贵州古代民族关系史》中所考，明朝先后在普定、普安、毕节、赤水、层台、乌撒、平越、兴隆、都匀、偏桥、镇远、清浪、铜鼓、五开等卫开中过②。这样促使大批汉人移入南方民族地区。对于明朝商屯的作用，《明史》有评价："明初，各边开中商人，招民垦种，筑台堡自相保聚，边方菽粟无甚贵之时。"③ 这说明当时移民垦殖是以台堡方式进行的。由于开中出现了"盐引者，召商入粟开中，商屯出粮，与军屯相表里"④ 的情形。《明太祖实录》中有洪武十五年（1382 年）明军刚入云南，大军缺粮，于是开中的具体法规。"上于大军往南，兵食不继。命户部令商人往云南中纳盐粮以给之，于是户部奏定商人纳米给盐之例"，具体是：凡商人到云南纳米六斗，给淮盐二百斤。米五斗，给浙盐二百斤；米一石，给川盐二百斤。到普安的，纳米六斗，给淮、浙盐二百斤；米二石五斗，给川盐二百斤。到普定纳米五斗，给淮盐二百斤；米四斗，给浙盐二百斤。乌撒纳米二斗者给淮、浙盐二百斤；川盐如普安之例⑤。同年十二月规定凡商人到云南临安府纳米三石，乌撒、乌蒙二府纳米二石八斗，沾益州、东川府纳米三石五斗，曲靖府纳米二石八斗，普

---

① 《明史》卷 91《志第 67·兵三·边防》。
② 侯绍庄、史继忠、翁家烈著：《贵州古代民族关系史》，贵州民族出版社 1991 年版，第 349 页。
③ 以上参见《明史》卷 80《志第 56·食货志四·盐法》。
④ 《明史》卷 82《志第 58·食货志六》。
⑤ 《明太祖实录》卷 142。

安府纳米一石八斗，给云南安宁盐二百斤①。这不仅说明明朝存在开中，而且还介绍了明初南方各民族地区开中的不同情况。洪武二十年（1387 年）规定商人到云南毕节卫纳中盐，每二斗米给浙盐一引，三斗给川盐一引②。洪武二十四年（1391 年）在云南毕节、赤水、层台三卫纳中盐。洪武二十六年（1393 年）十二月有"以盐井、建昌、苏州、越嶲、会川五卫土地硗瘠，军食不敷，故令商人输米中盐。到是，以越嶲稍近成都，粮饷可给，故罢之"③。洪武三十一年（1398 年）三月在铜鼓、五开、靖州纳中盐。这说明了明初南方地区具体的开中情况。按《明实录》记载，明代招商人纳米给盐开中很多，在南方民族地区相当普遍。永乐十一年（1413 年）四月贵州都司要求在所属卫所开中。永乐十七年（1419 年）九月在普安卫开中。正统十四年（1449年）六月在湖广清浪、贵州兴隆二卫开中。景泰三年（1452 年）十月在贵州平越、都匀、普定、毕节四卫开中。成化朝也进行过开中。明朝开中纳米到弘治十六年（1503 年）三月在云南、四川还有记载④。

三、清朝人口过剩下的民间自发移垦

清代对南方民族地区的开发不像明代那样多由政府组织。清朝自康熙中期以后，中原汉族的人口增加太快，南方民族地区成为内地过剩人口移垦的首选。于是清代对南方民族地区的开发出现民间自己迁移，政府加以管理的局面。清代政府组织屯田在南方民族地区主要是新改土归流的苗疆，如湖南六厅县，贵州的古州、台拱、清江、凯里一带及云、贵、川交界的彝族地区。总之，清代对南方的屯垦是以民间为主，官方为辅。但清代的屯垦政策不一致，上述政策仅适用于南方民族地区，对东北、北方、西北地区则由国家重点投入开垦。《清史稿》中有总结性的评述："今考历朝屯垦之政，首直省屯田，次新疆屯田，次东三省开垦，次蒙古开垦，及青海、热河等处垦务，悉

---

① 《明太祖实录》卷150。
② 《明太祖实录》卷187。
③ 《明太祖实录》卷230。
④ 《明孝宗实录》卷197。

具于篇。"① 这里对清代垦殖的评价没提及南方民族地区，仅提及北方、东北、西北地区。这一评价恰当地反映了清代在边区屯垦上的现实。关于清代移民垦殖情况笔者赞同方铁教授的看法，那就是清代把"向边疆的移民与经济开发以及人口合理分布联系起来"②，进行对全国边区的开发和屯殖。虽然南方民族地区在地理生态上不是平原，但比较适合农耕，所以成为中原过剩人口迁徙的首选地。对清代人口过剩带来的压力，自雍正朝起皇帝就感受到了，但认为解决的方式就是让百姓自由开垦，以寻生资。雍正帝在登基的第一年就下诏说："国家承平日久，生齿殷繁，地土所出，仅可赡给，倘遇荒歉，民食维难。将来户口日滋，何以为业？惟开垦一事，于民人最有裨益……嗣后各省，凡有可垦之处，听民相度地宜，自垦自报，地方官不得勒索，胥吏亦不得阻挠。"③ 从中可以看到雍正帝对由于人口增加产生的生存问题是很担心的，但在当时的认识水平上，他认为放手让百姓自由垦殖是解决此问题的出路。在清代中国人地关系已经出现了紧张局面。这个问题在清代不止一个皇帝感受到，后来乾隆帝在其即位五十八年（1793 年）时也说："承平日久，版籍益增，天下户口之数，视昔多至十余倍，以一人耕种而供十数人之食，盖藏已不能如前充裕……犹幸朕临御以来，辟土开疆，幅员日廓，小民皆得开垦边外地土，藉以暂谋口食。"④ 在这个诏书中，乾隆帝对人口的压力是十分清楚和担忧的，于是他用"犹幸"二字来表达这种解决方法，后用"暂谋口食"来说明效果。从这些言词中看不到激情，只有反思，也许是这位在位近六十年的老人的一种总结吧！从某个角度上看，也许是乾隆帝想对其在位期间不停地四处征伐作个说明，从这个角度来说，他也许是真心的。人口已成为中国社会发展的基本问题，这也是中国自汉朝以来一直以"天下三众"之"人众"为自豪的时代的终结吧⑤！

清代南方民族地区几乎都有移民垦殖。雍正五年（1727 年）当时粤督阿

① 《清史稿》卷 120《志第 95·食货志一》。
② 方铁主编：《西南通史》，第 672 页。
③ 《清世宗实录》卷 6。
④ 《清高宗实录》卷 1441。
⑤ 《史记》卷 123《大宛列传》"索隐"引康泰《外国传》云："外国称天下有三众：中国人众，大秦宝众，月氏马众。"

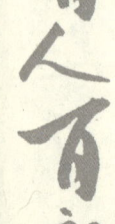

克敦陈近年粤东开垦有四弊：一、豪强占夺；二、胥吏婪索；三、资本不充；四、土瘠惧为课累。提出解决方法有五：定疆界、杜苛取、贷籽种、轻科额、广招徕。其实就是确认开垦者对所垦土地的所有权，不要敛重赋。此后惠州、潮州贫民纷纷到肇庆等地开垦，高州、廉州、雷州等地区的荒山境，皆给资招垦，并免升科。后来扩张到琼州。接着又扩张到滇、黔等省。"顾云南永北、大姚等处，汉典夷地，积隙数十年。道光建元，措理稍定。十三年，四川复有汉耕夷地之衅，乃析界址，令汉、夷不得互占。又用滇督阮元议，禁流民私佃苗田，并近苗客户典售苗产。十六年，以开化、广南、普洱地多旷闲，流民覆棚启种。"这个时期国家对南方民族地区开垦者的管理仅是限制每户占垦的土地数额，"乌蒙兵民并承，户勿逾二顷。其各省入蜀百姓，户给水田亩三十，旱田亩五十"①。这说明人口迁入过多，国家仅能让移民有"谋口食"的条件。提到的开垦地区有两广、海南、滇、黔、蜀等省。清代对台湾加大力度垦殖，同时福建省的移民也大量涌入台湾，使台湾的人口中绝大多数成为福建沿海一带的移民。如清代嘉庆十五年（1810年）设噶玛兰厅时对其地进行调查，得出其地人户结构中"漳人四万二千五百余丁、泉人二百五十余丁、粤人一百四十余丁，又有生熟各番杂处其中"②。此外清代对台湾的人口组成分析后也得出："计台之丁口，在二百万左右，生熟土番不过二十分之一。隶漳、泉籍者，十分七八，是曰闽籍；隶嘉应、潮州籍者，十分之二，是曰粤籍；其余隶福建各府及外省籍者，百分中仅一分焉。"③ 从这里可以看出清朝中后期台湾人口结构中本土人反而成为少数。清代台湾移民主要是福建一带的外来汉族。"然台湾自历任镇臣创庄招佃，往往侵据民、番地。乾隆时，谕禁武弁垦荒。旋禁土民私购番田。五十三年（1788年），福康安请拨余地界番、民自种，遴壮健作屯丁。内山未垦及入官荒废埔地八千八百余甲，每甲准民田十一亩零，共屯丁四千，分地任耕，免赋而不给饷，从之。嘉庆

---

① 以上参见《清史稿》卷120《志第95·食货志一》。

② 《噶玛兰志略》卷13《艺文志·双衔会奏稿》，台湾文献史料丛刊第二辑，台湾大通书局本，第131页。

③ 《平安县杂记》，台湾文献史料丛刊第二辑，台湾大通书局本，第23页。

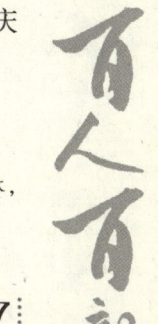

中，噶玛兰开辟田园七千五十甲有奇。道光初，定番社未垦荒埔分给百姓征租。"① 此外，清代在南方民族地区也招各民族百姓在本地开垦。在广西招设土兵、"俍兵"，分给军田屯垦。广东有俍田、瑶田，按所授田数充兵，给各民族百姓垦殖，并禁止汉民与之典买。台湾番地亦然，招各地番社进行集中开垦。据连横所著的《台湾通史》统计，清代在凤山、彰化、淡水等地都设有番屯。在云南、贵州、湘西、鄂西、四川等地区都组织过少数民族进行屯垦。

清朝到南方民族地区开垦的人数特别多。嘉庆十九年（1814 年）四川总督常明在疏报上说四川宁远府彝族聚居区自康熙朝以来，"招有汉佃之土司、土目五十四处，夷地内共有汉民八万七千六百八十九户，男女四十二万五千二百四十七丁口"②。这个数字在这一地区人口比例上绝对超过当时本地各少数民族的人口总数。清代汉族移民对南方民族地区的开发，在民国《广南县志稿》上说得最详尽、最生动。这不仅反映了此地区的情况，也可见证整个南方民族地区清代开垦的历程。

> 在二三百年前，汉族人至广南者甚稀，其时分布于四境者，附郭及西乡多侬人，南乡多保保，北乡多沙人。其人滨河流而居，沿河垦为农田，山岭间无水之地，尽弃不顾。清康、雍以后，川、楚、粤、赣之汉人，则散于山岭间，新垦地以自殖，伐木开径，渐成村落。汉人垦山为地，初只选择肥沃之区，日久人口繁滋，由沃以及于瘠，入山愈深，开辟愈广。山间略为平广之地，可以引山水以灌田者，则垦之为田，随山屈曲，垄峻如梯，田小如瓦。迨至嘉、道以降，黔省农民，大量移入，于是垦殖之地，数以渐增，所遗者只地瘠水枯之区，尚可容纳多数人口。黔农无安身之所，分向干瘠之山，辟草莱以立村落，斩荆棘以垦新地，自成系统，不相错杂。直

---

① 《清史稿》卷 120《志第 95·食货志一》。
② 同治《会理州志》卷 9《户口·题易等处改土归流疏》，《中国地方志集成·四川府县志辑》第 70 册，第 226 页。

至今日，贵州人占山头，尚为一般人所常道。①

这就是移民垦殖在南方的现实。从这当中，没有什么可歌可颂的，有的仅是人们为生存艰苦奋争的历程，同时也说明滇南地区的梯田，特别是少数民族地区的梯田不是什么浪漫的产物，而是弱势者求生存的产物。这是清代在人口压力下，各民族为生存而进行的一幕幕奋争剧。这些在当时我们祖先遇到的问题，现在成了人类的共同问题。当说到"楚、蜀、黔、粤之民，携挈妻孥，风餐露宿而来，既视瘴乡如乐土"② 时，不知当时作者是以什么心态写下此语。

元明清时期对南方移民垦殖的历程，不管是为扩大王朝的声威还是为解决百姓的生存之路，都充满了南方各少数民族及汉族的悲歌。从元代军事战略点上的控制到明代军事、经济线上的垦殖，最后到清代的全面垦殖，这个历程成为中华民族在南方地区的开发史和各民族的"王化"历程。

第二节 元明清时期南方民族地区自然资源的开发：矿藏和木材

南方民族地区虽然山多，但有丰富的自然资源，其中最主要的有两类：矿藏资源和木材。这两种资源在元明清时期往往在某些地区构成了本地经济开发的主要对象。随着对这些资源的开发，大量外来者的到来，导致本地人的社会经济生活发生转变。因为这两者的开发不是单一的经济行为，如矿业的开采常常导致相关行业的出现，如运输业、各种商业，由于冶炼需要大量的木炭，又促使当地的林地所有权和林木所有权发生变化，同时也出现林业经济化等现象。下面来分析这两类资源开发对南方民族社会变迁中的作用。

一、元明清时期南方民族地区矿藏资源的开发

元代以来对南方民族地区资源的开发中一个重要方面是各种矿产资源。

①　民国《广南县志稿》。
②　道光《广南府志》卷2《民户·村寨附》。

这种对各种矿产资源的开发，不仅提高了开采地区对各种矿物的冶炼技术水平，更为重要的是开矿往往导致汉族移民的迁入和本地民族生活方式上的改变。如云南黑盐井的煮盐，导致周围森林所有权和使用方式发生变化，以致出现专门种植林木，以烧炭为生的人。南方民族地区自古以来就以有各种稀缺物资出名，如贵州的水银、朱砂、铅，云南的铜、锡、金、银，两广的各种珍珠等。

云南在元代就是各种金属的主要生产地，这可以从税课上看出，其中金课数额在全国十大行省中占三分之一强，银占二分之一弱，铜课为云南独有，铁课占全国的七分之一弱①。这些数据说明云南在元代就是各种金属矿物的主要开采地区之一。此外，元代云南的盐业也有很大发展，其中有名的有白盐井、安宁井、黑盐井等。当时在湖广行省下的贵州思州以产朱砂、水银出名，且湖广行省一年铁课数额多达 28 万斤以上，在全国居首位。到明代，南方民族地区的矿业开采得到了很大发展。其中银在云南的开发中更为显著。明人宋应星在其著《天工开物》上说，当时全国产银的地区有：浙江、福建、江西、湖广、贵州、河南、四川、甘肃、云南九省，但"凡银，中国所产，合浙江等八省所生，不敌云南之半"②。这说明明代云南产银之多。明代云南银课税最多的一年（天顺四年，即 1460 年）就达 10 万余两③。《滇略·产略》中说明代云南产铜之地达 19 处，银 23 处，铅矿 4 处。在四川南部，明代在会川卫开采银、铜等矿，在东川开采铜矿。明代广西地区矿冶业方面得到了发展，锡、金、银、铁等都有开采。其中清代记载说南丹州矿场"自明季至今，约有十万人"④。明朝万历初梧州府矿工反抗时一日就有上万人会集，反映了明代广西地区矿业开采的发达。明代贵州的水银、朱砂、铅成为主要开采对象。当时贵州产铅量很大，何乔新在《勘处播州事宜疏》中说土司杨爱擅开银场，"递年煎银万千余两，黑铅数万余担"，其中一次就私卖给孙全五千担

---

① 木芹、木霁弘著：《儒学与云南政治经济的发展及文化转型》，云南大学出版社 1999 年版，第86 页。

② （明）宋应星著：《天工开物》卷 15《五金》，广东人民出版社 1976 年版。

③ 《明史》卷 81《志第 57·食货志五》。

④ 嘉庆《广西通志》卷 251《宦绩录十一》。

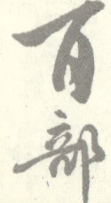

黑铅①。大规模的矿业开采需要大量人力、物力的投入，而各少数民族在技术上往往欠缺，多由外来移民开采。

清代南方民族地区矿业开采达到了中国古代的鼎盛时期，其中最有代表性的是云南的铜、贵州的铅，两者在最多时年产量都在1000万斤以上。如乾隆年间贵州全省铅的最高年产量达1400万斤，云南在乾隆二十八年（1763年）和二十九年中产铜数额多达1400万斤。在清代贵州传统矿业水银、朱砂都得到进一步的开采，全省开采水银、朱砂厂矿见诸文献的有33处之多，其中务川的木悠、板场、岩头，铜仁的万山，开州的白马洞都是著名的矿产区。清代这两种矿的开采地从原来的三府、州扩张到至少十个府、州、县以上。矿业的兴盛可以从乾隆五十九年（1794年）遵义平水里开水银官厂，一开始就招雇矿工600至700人，政府只好派兵300人守卫②。这说明当时水银和朱砂的开采量之大。在铅的开采上，乾隆时每年产量在100万斤以上的矿厂有丁头山、达磨山、榨子厂、大鸡、小洪关等，其中产量最高的是莲花厂，每年产铅在500万至600万斤。在产铅的府州县中，产量最高的是威宁州，年产量在1000万斤以上。贵州铅在乾隆四十年（1775年）输京师及湖广的就达700万斤以上。全国各地商贩纷纷到贵州转卖铅。因为政府规定100斤中有20斤是税课，50斤由官收，30斤由民间自由买卖，这样就促进了民间大力开采。铜在贵州也有一定生产，但最多时仅能供本省消费，最大的铜厂是致化里铜厂，乾隆六年（1741年）厂民达2000人以上，开凿槽洞72口，其中14口出铜在100万斤以上，炼铜炉达20座③。从上面可以看出清代在贵州对铅、水银、朱砂等矿的开采吸引了大量外来移民，同时本地各民族也积极参与，对当地社会产生了深远的影响。

云南在清代最主要的矿业开采是铜矿。铜在乾隆年间年外销量达700万至800万斤，每年中央户、工两局都要征买云南的铜，此外江西、福建、浙江、陕西、湖北、两广、贵州都会到云南采购铜，最高时年外运量达900万

① 《贵州通史》卷2，第251页。
② 《续遵义府志·矿产》。
③ 以上贵州省相关数据来源于《贵州通史》卷3第二篇第二章第一节《矿业的扩大》之"汞"、"铅"、"铜"条目。

斤以上。铜厂中的矿工大厂有六七万人、小厂有一万人左右。矿业的发达吸收了大量的汉族移民。此外，云南的锡矿也得到进一步的开采，个旧成为锡矿开采的中心。乾隆二十二年（1757 年）通海县令余庆长在《个旧厂记》中有："商贾辐辏，烟火繁稠，视摸黑过胜。地产银、锡、铅，白锡质良，甲于天下。"① 乾隆《蒙自县志·厂务》上有："个旧为蒙自一乡，户皆编甲，居皆瓦舍，商贾贸易者十有八九，世居无几。""四方来采者不下数万人，楚人居其七，江右居其三，山、陕次之，别省又次之。"② 这说明个旧在康熙年间就是一个重要的矿产开发区，居民虽有数万，但本地人几乎没有，这些居民都是外来移民。此外，清代在云南地区采银最有名的地方是地处边地的波龙、茂隆、募乃三大银厂。波龙银厂在德宏中缅边境上，矿工主要是江西、湖广及云南大理、永昌人，总数不下数万人。"又有波龙者，产银，江西、湖广及云南大理、永昌人出边商贩者甚众，且屯聚波龙以开银矿为生，常不下数万人"③。阿佤山区的茂隆银厂，矿工常达两三万人，在《张允随奏稿》中说"俱系内地各省人民"。募乃银厂盛时有 360 座银炉，每炉日产银 80 两，矿工达 10 余万人，兴旺 30 多年。④《滇云历年传》卷 12 上说："募乃银厂，旺盛三十余年，故汉人络绎而往焉。"⑤ 开矿对南方民族地区的影响，可以借用张允随对滇南的评说："查滇南田少山多，民鲜恒产，又舟车不通，末利罕有。惟地产五金，不但本省百姓多赖开矿谋生，即江西、湖广、川、陕、贵州各省民人，亦俱来滇开采。"⑥

关于南方民族地区矿业开发对当地社会的影响，可以清代云南矿业为例来分析。17 世纪后期至 19 世纪中期云南各种矿厂分布的府、州、厅数如下：铜厂分布于 14 个府、州、厅，共有 37 个；银厂分布于 10 府、州，共有 19

① （清）余庆长著：《金厂行记》，小方壶斋舆地丛钞，第八帙。
② 乾隆《蒙自县志》卷 3 上《厂务》。
③ 《清史稿》卷 528《列传 315·属国三·缅甸传》。
④ 方铁主编：《西南通史》，第 700 页。
⑤ （清）倪蜕撰：《滇云历年传》卷 12，李埏校注，云南大学出版社 1992 年版。
⑥ 《张允随奏稿》。

个；铁厂分布于 8 府，共有 14 个；金厂分布于 5 府、州，共 9 个①。这些大量的、普遍的矿业开发，需要大批资金、技术、劳力及相关行业的保障，而这些仅由云南本地各民族是无法提供的，于是出现"大抵商厂聚楚、吴、蜀、秦、滇、黔各民，五方杂聚"的情形②。在《清高宗实录》上有"云贵铜、铅、银、锡等厂甚多，近者广东亦复开矿，而各省矿厂大半皆江西人"③，这说明南方民族地区的矿业发展，吸收了大量内地过剩劳动力。在云南，由于矿业的开发，有近百万人直接或间接从事与矿业相关的工作，檀萃在《厂记》中说："今合顺宁诸厂，其人之多，不可算数，况总全滇诸厂而计之，则其数岂止七十万哉！"④ 这个估计大体反映了当时直接开矿的人数，因为檀萃在当时直接从事过云南矿业开采中的管理工作，如押运京铜的工作。清末唐炯在《筹议矿务拟招集商股延聘东洋矿师疏》中说："（云南）开凿背运，悉赖人工。从前大厂，率七八万人，小厂亦万余人，合计通省厂丁，无虑数百十万。"⑤ 这里认为直接从事生产者有数十万，乃至上百万人。其实在云南，对矿业的从业人员，应注意直接从业人员与间接从业人员的区别。此外由于云南很多矿产品都是外销，所以从事运输的人不少。还有，由于在运输中主要是通过驮运，所以导致云南畜牧业的迅速发展。王崧就指出："厂之所需，自米、粟、薪、炭、油、盐而外，凡身之所被服，口之所饮啖，室宇之所陈设，攻采煎炼之器械，祭祀宴飨之仪品，引重致远之畜产，均毕具。"⑥ 王崧说出了矿业开采对当地相关行业的需求。所以说，清代矿业开采对云南的社会影响是非常深远的。云南各民族虽然不能直接从事开采冶炼等技术行业，但可以提供相关行业的工作。张允随说过："外夷地方，亦皆产有矿硐，夷人不谙架、罩、煎、炼，惟能烧炭及种植菜蔬，豢养牲畜，乐与厂民交易，以享其

---

① 参见赵文红硕士学位论文《17 世纪后期至 19 世纪中期云南矿冶业的发展及其影响》（未刊稿），第 11－12 页。

② 乾隆《东川府志》卷 20《纪事》。

③ 《清高宗实录》卷 418。

④ （清）檀萃著：《厂记》，《清经世文编·户政 27·钱币》卷 52。

⑤ 唐炯：《筹议矿务拟招集商股延聘东洋矿师疏》，《清经世文续编》卷 26。

⑥ （清）王崧：《云南志钞》卷 3《矿产志·采炼》，刘景毛点校，云南省社会科学院文献研究所 1995 年印行。

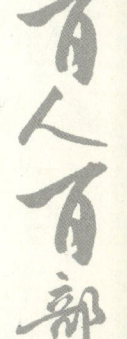

利。"① 将王崧所言与此相结合，就可以看到清代矿业对云南各民族社会生活的影响。在贵州也如此，大量铅矿的开采，也少不了相关行业的需要。

二、明朝中期以后中央对南方民族地区木材征收及民间贸易

明代中期开始向南方民族地区，主要是湖广、四川、贵州等民族地区征收木材，从而导致这些地区林业及相关行业出现新的变化。过去南方民族地区林木只有用做薪炭时才能成为经济林木。明清时期出现只要皇家修建宫殿，就向贵州、四川、湖南等省民族地区征派杉、楠、樟等木材，称为"皇木"，特别是杉木成为湘黔交界地区的名木。清末徐家干所著的《苗疆闻见录》中就有"苗疆木"，"苗疆木植，杉木为最，产于清江南山者更佳，质坚色紫，呼之曰油杉。木商出入，彼此呼为同年"②。由于木质优良，明清以来皇家对杉木的采办成为大事。"采木之役，自成祖缮治北京宫殿始。永乐四年遣尚书宋礼如四川……礼言有数大木，一夕自浮大谷达于江。天子以为神，名其山曰神木山，遣官祠祭。十年复命礼采木四川……宣德元年修南京天地山川坛殿宇，复命侍郎黄宗载、吴廷用采木湖广……弘治时，发内帑修清宁宫，停四川采木。正德时，采木湖广、川、贵，命侍郎刘丙督运。（嘉靖）二十年，宗庙灾，遣工部侍郎潘鉴、副都御史戴金于湖广、四川采办大木。二十六年复遣工部侍郎刘伯跃采于川、湖、贵州……万历中，三殿工兴，采楠、杉诸木于湖广、四川、贵州。"③ 这是明代在南方民族地区采木的大略过程。正德九年（1514 年）因修建乾清、坤宁二宫，派人到当时四川的播州、贵州的黔东南思州、思南八府采大木，经过五年多时间才完成。这是贵州地区皇家征采林木的开始。嘉靖四年（1525 年）又开始采木，当时派员到四川、湖广、贵州采木。派往贵州的是工部营膳司郎中牟泰，他到贵州的石阡、镇远等处采办。嘉靖朝采木持续了近四十年，南方很多土官都卷入这次采木运动中。土司为了各自的名利，纷纷向皇帝献木、捐木款，同时皇帝也给予各种奖赏。

---

① 《张允随奏稿》。
② （清）徐家干著：《苗疆闻见录》卷下《苗疆木》。
③ 《明史》卷82《志第58·食货志六·采木》。

如贵州土官汪誉献楠、樟大木，得到奖赏。万历朝时也征收湖广、四川、贵州的大木。万历三十六年（1608 年）时贵州巡抚郭子章奏说："派采办楠、杉、大柏枋一万二千二百九十八根。"① 清代政府向南方民族地区征收木材已有定额，乾隆十二年（1747 年）湖南巡抚奏疏说："湖南每年额办解京桅木二十根，断木三百八十根，架木一千四百根，桐皮槁木二百根。"这是清代湖南省每年征纳给皇家的林木额数。对这四种皇木都有具体要求，清代流传于民间的《皇木案稿》中有说明：桅木二十根，长六丈，头径四尺五寸，尾径一尺八寸；断木三百八十根，长三丈二尺，头径三尺五寸，尾径一尺七寸；架木一千四百根，长四丈八尺，围圆一尺六七寸；槁木二百根，围圆八九寸不等。这说明清代国家征收湖广、四川、贵州等地区的木材已经规范化。此书还说："桅断二木，近地难觅，须上辰川府以上沅州、靖州及黔省苗境内采取。其架槁二木，则须在常德聚木处购买……辰州以上各苗地方采桅断二木，现行示布政使司查议转饬，如果聚木行市之处不足数，须在苗境购觅，务必委员知会地方官询问苗民情愿，然后照依时值砍买，仍会地方官通报查考其木运至辰州，承办之员将改办木数，辰、永、沅、靖道亲临查照。"② 这里说明各种类型的木材来源，其中多来自湘西、黔东南民族地区。在开采中，政府承认各民族有对本地木材的所有权。由于这一带的木材质好，明清皇家都积极征采，长江中下游地区民间也向这一地区采买木材。明末开始有商人到这些地区贩运木材，其中主要是杉木。康熙六年（1667 年）四川巡抚张德地在奏折中说："臣查故明初年，专官采办（皇木），事克有济。及至末年，信用木商，领银采办，一经人手，任意花销，且于采木地方，动以皇商为名，索取人夫种种扰害。"③ 清代采买林木慢慢地开始集中在清水江、赤水河、榕江三大流域地区。按相关记载，清水江的木材产量占贵州木材的十分之五以上，赤水河占十分之二强，榕江占十分之二，其他不足十分之一。主要出产林木的县是麻江、三穗、台拱、剑河、锦屏、天柱及省溪、江口等八县④。明

---

① 《明神宗实录》卷 443。
② 以上参见《侗族社会历史调查》，贵州民族出版社 1998 年版，第 7－11 页。
③ （清）常明等撰：嘉庆《四川通志》卷 71《食货十·木政》，巴蜀书社 1984 年版。
④ 以上参见《侗族社会历史调查》，贵州民族出版社 1998 年版，第 29 页。

清两朝大量木材贸易出现后，相关商业行为也随之产生。其中主要有两类人在进行林业商贸，一类是山客，把山中的林木收集并交给行户。另一类是水客，就是外地到此购木的商人。清代山客中出现了称为"姚百万"的姚玉魁及姜志远、姜仕朝等大商人、大地主。水客，在清代主要有三帮、五勷等。三帮商人由安徽、江西和陕西商人组成。五勷一说是贵州天柱及湖南木商合称，另一说是湖南常德、德山、河佛、洪江、托口五地木商。明清在这一地区的采木，彻底改变了清水江流域各民族人民的生活方式。如清水江出口的三寨（卦治、王寨、茅坪）苗民，因为长期和外来木商交往，能讲各地汉语方言，成为外来商人与本地各民族人民的中间商。他们沿江开店接客，同时从事买卖双方洽谈等代理业务，称为行户。三寨人以此为生。这一地区商客十分多，史称这三寨有"商旅几数十万"①。这在清代三寨为争夺代理权的一次诉讼中可以看出："蚁等各处苗民，素有语相通，三处能识徽州、临江、陕西汉语，公平议价银色，俱照章程，设立已久，合蚁等苗心，历年无异。"②由于木材商业的发达，导致这一地区社会生活发生了质的转变。如在林地与林木上出现了各种各样的所有权形式、所有权转让方式及相关契约。从这一地区存留下来的大量各种买卖、租佃契约可以看出当时社会的变化。此外，由于木材的大量出销，当地人对杉木的栽培也产生了很大的变化，从栽培技术角度来说十分精湛，在《黔南识略》卷21《黎平府》下有：

> 土人云，种杉之地必预种麦及包谷一二年，以松土性，欲其易植也。杉阅十五六年始有子，择其枝叶向上者撷其子，子为良；裂口坠地者，弃之。慎木以其选也。春至则先粪土，覆以乱草，既干而后焚之，然后撒子于土，面护以杉枝，厚其气以御其芽也。秧初出谓之杉秧，既出而复移之，分行列界，相距以尺，沃之以土膏，欲其茂也。稍壮，见有拳曲者去之，补以他栽，欲其亭亭而上达也。树三五年即成林，二十年便供斧柯矣。郡内自清江以下至茅坪二百里，两岸翼云，承日无隙，土无漏阴，栋梁亲楠之材，靡不备具。

---

① （清）爱必达修：《黔南识略》卷21《黎平府》，第178页。
② 以上参见《侗族社会历史调查》，贵州民族出版社1988年版，第51页。

坎坎之声，铿訇空谷，商贾络绎于道，编巨筏放之大江，转运于江淮间者产于此也。①

从以上对杉木栽培的详细描述中，可以看出栽培技术的成熟程度，同时也可看出此地木材主要销往的地区。

总之，清水江流域从明朝中后期以来的木材贸易对当地各民族生活产生了重要的影响。为此在这一地区各民族中开始出现立法调整与木材相关的约规。清朝嘉庆二十五年（1820 年）黎平且罗溪所立的《永照碑禁》中有三条是关于木材的：

一禁木排下河，不许包与伏子。须一伏一排，每排各具伏名，至江口客商照顾伏役，条排各开铜元，不开者，罚银三两。

二禁伏子领排放水，只许一名一排，不许包单。一不许半江丢放；二不许挡阻溶口，出河交清。违者罚银二两。

三查薪杉木等树，不许偷盗乱修枒子。违者罚银三两二钱。

咸丰四年（1854 年）黎平尚所重立的《永远遵照》碑中也有"村居溪首，山多地僻，栽蓄木植为资。因屡奸徒入境，勒木客买卖，定价不兑，后主事阻兴讼者多。为此公议：事后木客估买，定价有限，三天过期，凭别买卖，不容阻止。如违，公同送官责究"② 之说。这些说明木材贸易在当地成为主要的商业，对人们的生活产生了重大的影响。

此外，明代贵州的经济作物还有漆树。由于贵州的漆质好，明政府在贵州大量订制马鞍、甲胄、漆器等，造成对生漆的大量需求，于是出现人工种植漆树的热潮，有"家有百株漆树，利可埒十亩田"③ 之说。这促使贵州地区的漆树种植遍及贵州宣慰司、乌撒军民府、播州宣慰司及安顺、镇宁、永宁、普安等州。由于对木材和漆的需要，导致明代贵州地区林地和林木出现各种所有权，在流转上各种买卖、租佃关系也随之开始出现。

---

① （清）爱必达修：《黔南识略》卷 21《黎平府》。

② 《永照碑禁》、《永远遵照》，见吴江编录《侗族部分地区碑文选辑》，第 1 页、第 7 页。

③ 《贵州通史》卷 2《明代贵州》，当代中国出版社 2003 年版，第 217 页。

第三节　元明清时期南方民族地区道路
修建和商业集市的发展

　　元明清时期中央政府在把南方民族从行政上纳入一统的同时，为了控制和开发这一地区，首先要解决南方民族地区的交通问题。因为出现战争时国家需要调兵运粮，平时要传递各种公文、运送各种物资。到明清以后，特别是清代还要转运南方民族地区出产的各种物产，如云南的铜，贵州的铅、木材等，要求有相关的道路交通。为此自元朝驿道修建以来，就成为国家对南方民族地区控制的主要手段。明初贵州宣慰司奢香修通的龙场九驿之所以出名就在于它把水西内部与外界连接起来。随着交通的方便，大量内地平民也开始沿交通线发展，同时在交通要道上出现各种商业城镇。如广西的梧州就是连接粤西与粤东的交通要冲；云南的普洱，因为转运茶叶成为重镇；贵州的贵阳，在元代以后一直是云南入中原的要冲，于是很快成为军事、经济重镇。另一方面可以发现，元明清时期人口流动往往是先在交通干线两侧，再向内地发展。从这些来看，元明清时期交通干线的修建，对南方民族地区的开发及商业的发展有极大的推动作用。

一、道路的修建

　　元朝以前云南进入内地，往往通过滇东北入四川，或通过广西转上中原。这两条道路造成长期以来贵州大部分地区是死角区，再加之这个地区民族众多，地理上群山重叠，以致出现云南开发得比贵州还快的现象。元朝在统一南方民族地区后，由于帝国庞大，中央政府十分注重地方驿站的修建。其中以站赤为中心建立起全国性的交通信息网。《经世大典·站赤》中说元朝"疆理之大，东渐西被，暨于朔南，凡在属国，皆置驿传，星罗棋布，脉络通达，朝令夕至，声闻毕达"①。这里既说出元朝疆域之广，同时也说明元代驿站之发达。元代把驿站称之为站赤，《元史》中记载有："元制站赤者，驿传之译

---

　　① 《经世大典·站赤》，《永乐大典》卷 19416，九州图书出版社 1998 年版。

名也。盖以通达边情，布宣号令，古人所谓置邮而传命，未有重于此者焉。凡站，陆则以马以牛，或以驴，或以车，而水则以舟。其给驿传玺书，谓之铺马圣旨。遇军务之急，则又以金字圆符为信，银字者次之；内则掌之天府，外则国人之为长官者主之。其官有驿令，有提领，又置脱脱禾孙于关会之地，以司辨诘，皆总之于通政院及中书兵部。"这说明站赤是驿传的译名，同时说明元代站赤有陆、水二类。元代驿站由通政院和兵部管理。元朝在南方三个行省中设有的驿站如下：湖广等处行中书省下有 173 处：陆站 100 处，水站 73 处；四川行中书省下有 132 处：陆站 48 处，水站 84 处；云南诸路行中书省下有 78 处：陆站 74 处，水站 4 处①。大量驿站在南方民族地区的建立，对这一地区的交通产生了非常重要的影响。元代在南方民族地区修建的驿站中最重要的就是修建了由云南昆明经贵阳达湖南即中庆经普安达镇远的驿路，此路的修通彻底改变了滇黔、湘黔的社会和交通情况。该路具体由中庆（昆明）出发，经过杨林、马龙、曲靖、塔剌迷、普安、普定（今贵州安顺）、贵州（贵阳）、葛龙（今贵定）、麻峡、黄平达镇远，与湖南辰州（沅陵）相接，进入"常行站道"②。元代开通此道以后，云南很多公务都通过此路上大都（北京）。元代在云南地区用兵也走此路，如大德五年（1301 年）刘深征八百媳妇就走此路，后来发生天历兵变时运兵也是走此路。可以说此路修通后，让现在的贵州地区全部进入了中央政府的控制区，因为有此路后，当贵州各地出现叛乱时中央可以调集大军进行征讨。同时为了让此路通畅，保证对云南的控制，国家也加强了对此路沿线的控制。明代对此路进行了扩修，其中洪武二十四年（1391 年）遣人修治此路。明代在贵州设的卫所多数都在此路沿线，如平溪卫、偏桥卫、镇远卫、清浪卫、平越卫、兴隆卫、新添卫、龙里卫、贵州卫、威清卫、平坝卫、普定卫、安庄卫、安南卫、普安卫等。这些卫都设在此路的重要控制据点上，同时此路的很多驿站都由这些卫所管理、保卫。大量卫所设在此路上，一方面保证了驿道的通畅，另一方面很多卫所成为社会经济的新中心和移民据点，通过此改变了此路沿边的滇黔、湘

① 以上参见《元史》卷 101《志第 49·兵四·站赤》。
② 方铁主编：《西南通史》，第 549 页。

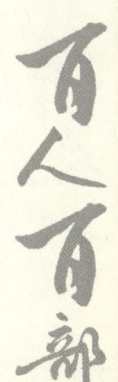

黔民族地区的人口分布。清代对此路进行了一些改进，主要是把过去一些特别难走的路段拓宽相关路面或改道。这条路由此称为"官马大路"，是通贵州和云南的主要官方通道。雍正七年（1729 年）鄂尔泰在上报中央批准后，在滇黔道上改修了从镇宁州黄果树到盘州厅蒿子卡间的旧路段，此次共修 120 公里。改修路段一经开通，就可以成为大路。此路段修成后，比原路短了两驿，每年节省马草料银 1800 两、米 130 余石、谷约 1300 石，而修路及设驿站营房的费用仅花了 11587 两。雍正九年（1731 年）对湘黔道上杨老驿至黄丝驿一段进行改修，改修后的道路比原来缩短了 15 公里，更重要的是避开了武胜关、陡箐营、葛镜桥等险路。乾隆十八年（1753 年）在滇黔道上开老鹰岩新路，并对一些路段拓宽，使之能四车并行①。经过几次改造，自元代以来开通的滇黔湘官道成为西南地区最重要的战略通道和经济线路。此路的开通对云南、贵州、湖南各地民族社会的影响相当大。

元代开的道路中还有从中庆经乌蒙至叙州的道路也最为重要，因为此路打通和控制着滇东北、黔西北、川西南三省以彝族为首的各民族群体聚居地，且是中原向云南或云南向中原地区运输货物的要道之一。明代为了保证此道路，在贵州段线路上设四个卫和一个千户所，即乌撒卫、毕节卫、赤水卫、永宁卫和普市千户所。这些卫所都设在此路沿线重要的战略要地上。到清代此路成为云南铜等金属运往北京的主要路线。此外元代云南还有过大理、丽江上雪山进四川或拉萨之路——此路在元代统一云南前期是主要的通道——及中庆过建昌到成都，中庆过滇南进广西等路。这些跨地区道路的开通不仅让云南与中原地区的联系加强，更重要的是这些路往往经过各少数民族地区。道路的开通对整个西南地区都产生了重要作用。在广西地区，从中原到广西邕州再到安南的路也开通。在两粤地区还开通了从琼州（海南）经广西宾州至内地的路线。这两地区间的交通在元代已经十分发达。明代贵州主要还开通了贵阳到重庆的驿道、贵阳经都匀到广西的黔桂路。整个明代贵州拓修驿道多达 30 条，共设陆站 69 处和水站 28 处②。其中最重要的有 6 条：湖广至

---

① 《贵州通史》卷 3《清代贵州》，第 195－196 页。
② 方铁主编：《西南通史》，第 642 页。

贵阳的湘黔驿道，贵阳到云南的滇黔驿道，四川叙永经贵州毕节、乌撒到云南的川黔滇道，四川重庆到贵州的川黔驿道，贵阳经都匀到广西的黔桂驿道，云南经贵州黄草坝（今兴义市）到广西的滇黔桂驿道。这6条跨省驿道的开通让整个贵州地区分割成几块，这样中央政府再在沿线设置卫所，形成军事和经济据点，导致贵州各民族土司难有太大的作为。同时在6条主要线路下再向相关地区修通省内驿道，把控制力量向地方各大土司控制区延伸。其中最有名的就是龙场九驿，它把水西和贵阳的线路修通，导致国家权力可以通过此路进入水西核心地区。

清朝在南方民族地区修路有了进一步的发展。清朝把不同的路分类命名，跨省的称为"官马大路"，俗称"马路"，省道称为"官马支路"，主要是连接省内重要府州厅县间的大路，县道称为"大路"。国家对这些不同的道路投资管理不一。官马大路是中央政府重点投资的对象，成为中央政府的交通建设网。省内的大路由省内官员负责。清代开始注意到对民族地区的开发中修路的重要性。如在对海南和台湾的开发中，就注重先修道路。嘉庆年间在开设噶玛兰厅的《双衔会奏稿》中有一条"预筹进山备道，以便策应缓急也"，要求在对这一地区进行开发建制前先修道路。"兹据该镇、道、府查明，现由淡水三貂过隆隆岭抵头围，系入山正道，应以此为往来大路，系在漳人分得地界之内。又一路由艋岬之大坪林进山，从内山行走，经大湖隘，可抵东势之溪洲，系在泉人分得地界之内……均已设隘募丁防守。除大路处，应将小路二条一并兴修，以作进山备道，并为三貂大路策应等情。"① 这里提出对噶玛兰要进行修路为先的开发策略。光绪三年（1877年）《酌拟抚番开山善后章程二十一条》中提出具体的修路方案②。明清以来，对海南的开发就一直提出以开路为先的开发策略，明代对海南关注过的人中就有以下多人提出修路。海瑞在《平黎疏》中提出："从而计久长，开通十道路，设县所城池峙其中间，则立犄角之形，成蚕食之势矣。"③ 韩俊在《议黎奏稿略》中提出开辟五

① 《噶玛兰志略》，台湾文献史料丛刊第二辑，台湾大通书局本，第145页。
② 《台湾私法物权》（上册），台湾文献史料丛刊第九辑，台湾大通书局本，第7页。
③ （明）海瑞著：《海忠介公集》。

指山十字路，以通往来。杨理在《上欧阳太守书》和《上户兵备书略》中提出开辟道路，吴会期也有开十字大路的奏议①。唐胄在《传芳集》中《平黎总论》中提出"开路，立县，建屯，置寨"的主张②，王宏海提出"伐山开道"。其中上面所提到的海瑞、唐胄、王宏海、杨理都是海南人。清末张之洞等人在平定海南黎乱后，提出十二条善后章程，其中第一条是"开通十字大路，以期黎汉永相安"，具体提出修建十二条大路，把路修进岛内黎族的大本营。整个善后章程中以开大路一条最为详细。"所开之路如井字形，其余各州县团夫分开小路，以合于大路，纵横贯通，同时并举，分地定限，会合联接，勇团土黎，并力做工，以一丈六尺为率，极险仄处，以八尺为度，人力所不能施者，以炸药轰裂之，所到之处，伐木焚莽，搭桥凿井，经过黎峒，随宜抚定。"③ 这样明朝以来以开路为中心的开发海南计划得到了实施，后来海南的交通路线都以此为基础发展起来。清代对南方民族地区的治理也采用先修路，打通各民族地区与外界的联系，再进行各种具体的开发的策略。

二、商贸和城镇的出现

随着国家对南方民族地区的开发，相伴着出现了各种商业贸易，于是在南方广泛出现各种集市，如街子等。在交易时间上有五日一次，也有十日一次。此外，在交通要道上开始出现了各种城镇，如广西与广东相接的梧州，成为两省商贸转运的中心，此外静江（桂林）、柳州、南宁等成为广西地区重要的经济中心。云南的中庆（昆明）成为云南经济、政治、文化中心，出现了商业繁荣之景象，大理也是重要的商业中心。腾冲、丽江、建昌、乌蒙、乌撒、普定、临安、贵阳等地，在元代以后慢慢地不仅成为南方民族地区的政治中心，同时也是经济文化中心。到明朝，由于汉族人口大量迁入南方民族地区，使南方地区的社会经济发展加快，如贵阳城发展成为隔日一市，各

---

① 韩俊：《议黎奏稿略》，杨理：《上欧阳太守书》、《上户兵备书略》，《古今图书集成·职方典·广东黎人岐人部·艺文》卷1392。

② （明）唐胄著：《传芳集》。

③ 《皇朝经世文续编》卷79《兵政十八·黎防》，近代中国史料丛刊第七十五辑，台湾文海出版社影印本，第2036页。

种商人来往不绝。云南地区不仅有昆明、大理，还有丽江、腾冲、临安等处也成为商业中心。清代广西桂林是粮食和食盐的交易中心，梧州是广西与广东之间的商品集散地，南宁、柳州成为主要的商业城市。贵州除贵阳外，遵义的丝绸交易非常有名，秦晋和闽粤商人都竞相来购买。毕节成为滇黔两省铜运的总汇处，兴义成为棉布、棉花的集散中心，锦屏成为杉木等木材贸易的中心。云南普洱、思茅成为茶叶的集散地。商贸的发展与城镇的出现往往是相辅相成的。这些以南方民族地区的经济、人口的增加为前提，反过来又促进了商业、城镇的发展。云南东川府在清代由于开矿导致府城得以迅速发展，其中商贸也得到快速发展。乾隆三十六年（1771 年）云南驿盐运使廖瑛说东川城的情景与他在乾隆二十三年（1758 年）、二十四年间"分巡迤东，兼摄兹郡"时相比，已是"版宇式廓，商民云集……实滇省上游之望郡，非昔之东川比矣"①。这里可以看到东川府城在矿业、商业的促进下迅速成为一个商业城市的现实。

元明清时期南方民族地区人口结构、分布的变化，各种商业的出现，改变了南方民族地区经济、社会的结构。在经济基础变化的前提下，为南方民族法律制度的变迁提供了物质基础。同时经济的变化也要求作为上层建筑的法律制度作出相应的调整，以适应社会的发展。对于各民族群体来说，汉族移民的进入所带来的经济、文化、制度上的对比，成为导致他们社会内部结构变化的动因和外在制度资源之一。

---

① 乾隆《东川府志·序》。

第三章　元明清时期南方民族法律
移植与本土化的文化原因

　　中国古代在重视"教化"的治国理念下，对教育十分关注。这对改造一个民族群体的社会制度文化具有重要的作用和意义。元明清时期中央政府在南方民族地区的政治控制加强后，对该地区展开了大规模的教育建设。这当中不仅有为培养政治、文化精英的官方儒学教育，还有为提高国民素质的启蒙教育。其中中央政府根据南方民族地区各民族群体的不同特点，在教育政策上进行了相应的变通，如对南方各民族生员在考试、进学、生活补贴上给予特别规定等。这些政策措施，促进了南方各民族群体的教育发展，进而加快了各少数民族在文化心理上的认同，这成为这个时期汉法能够在南方民族地区移植与本土化的文化原因。

第一节　元明清时期南方民族地区官学
教育的发展：儒学与书院

　　元明清时期随着对南方民族地区政治、经济上的开发，教育在这个时期有了长足发展。可以说南方很多民族地区的教育在元代以前都是自发性的，仅仅是某些人为了增加知识而向汉人学习以儒学为中心的传统中原文化。但自元代以后，以儒家文化为中心的传统中原文化在南方民族地区的传播不再是自发的、零星的行为，而是中央为了把这些地区纳入王化、华夏化或说是汉化的文化措施之一，这是从中央政府的角度来讲。从各民族来说，学习以儒家为中心的汉文化是让自己成为文明群体的过程。在这当中，南方民族地区最成功的教育是官学教育，具体表现为元代路、府、州、县学，明清两朝的府、州、县官学及书院的建立。这个时期官学培养的多是文化精英和政治精英，这些人在南方民族中的出现对南方各民族的社会生存范式的转变产生了积极的作用。元明清三朝在南方民族地区的官学教育和民间教育上大体是元朝开创先河，明朝成气候，清朝普及。方国瑜先生在评述云南儒学在元明清时期的发展情况时说："云南自元代建立儒学，明代尤盛，清代继之，各府州县皆然。"① 这个评价大体适用于整个南方民族地区的教育。

一、元朝：儒学教育在南方民族中的起步

元朝由于把南方地区纳入国家行政体制以内，对南方民族地区的儒学教育成为国家行政体制功能中的一部分。《元史·百官志》中对元代的儒学设置有具体的说明。"儒学提举司，秩从五品。各处行省所署之地，皆置一司，统诸路、府、州、县学校祭祀教养钱粮之事，及考校呈进著述文字。每司提举一员，从五品；副提举一员，从七品；吏目一人，司吏二人。"② 这就是说元代在行省之下都设有一个专门管理儒学教育的行政机构。机构上的设置，证明和保证了元代在地方设置儒学的可行性。此外，元代还具体在路府州县中各置儒学教育的负责人，"儒学教授一员，秩九品。诸路各设一员，及学正一员、学录一员。其散府、上中州，亦设教授一员，下州设学正一员"③；"凡师儒之命于朝廷者，曰教授，路府上中州置之。命于礼部及行省及宣慰司者，曰学正、山长、学录、教谕，路、州、县及书院置之。路设教授、学正、学录各一员；散府上中州设教授一员，下州设学正一员；县设教谕一员；书院设山长一员"④。这种设置可以从广西桂林地区所存留下来的两通元代碑刻中得到证明，在《李震孙广西道平蛮记》碑中有："静江路儒学教授莆阳李震孙撰，前全州路儒学教授豫章李时书。""郡庠学正何天与山长苏仙荫、王以仁、罗忠璋。"在《杨子春修城碑阴记》中阳朔县下有： "学正：郑铭、韩宗佑。"⑤ 由此可看出元代儒学在地方一级的设置和实际情况。由于元代把南方

---

① 《云南史料丛刊》第七辑，云南大学出版社 2001 年版，第 250 页。

② 《元史》卷 91《志第 41 上·百官志七》。

③ 同上。

④ 《元史》卷 81《志第 31·选举一·学校》。

⑤ 《李震孙广西道平蛮记》、《杨子春修城碑阴记》，《广西少数民族地区石刻碑文集》，广西民族出版社 1982 年版。

很多民族地区按中原行政体制设置划分，使各民族纳入了国家行政体制中。这样元代在南方建立了正式的儒学教育体制。虽然元朝享国不长，很多制度还没有完善，但为后来的发展奠定了基础。

元代云南行省下的很多地区在此之前多是"化外"，虽设过各种行政体制，但多为羁縻，没有真正地纳入国家行政体制内。元代建立统治后，在这些地区设立了儒学教育体制。元代云南儒学教育的开创者是云南行省第一任长官赛典赤与元初在云南任职较久的北方汉族官员张立道。赛典赤"创建孔子庙，明伦堂，购经史，授学田，由是文风稍兴"①，张立道"至元十五年，除中庆路总管，佩虎符。先是云南未知尊孔子，祀王逸少为先师。立道首建孔子庙，置学舍，劝士人子弟以学，择蜀士之贤者，迎以为弟子师，岁时率诸生行释菜礼，人习礼让，风俗稍变矣"②。两人开创了云南官方办学的先河。他们二人合办及分别创办了昆明、大理、临安等处儒学，为这三个地区后来成为云南教育中心奠定了基础。"中庆、大理两路设提举，令王荣午、赵子元充其职。中庆首建文庙"③。至元二十二年（1285 年）张立道"复创庙学于建水路"④，这成为滇南地区儒学教育的开始。至元十九年（1282 年）四月"命云南诸路皆建学以祀先圣"⑤。这说明元政府从这时起在云南路一级上正式下文设立儒学。元代在现在云南地区设立的儒学数量没有完整的记录，但从《新纂云南通志·学制考》上看，有云南府、安宁州、嵩明州、大理府、邓川州、永昌府、临安府、石屏州、河西县、澄江府、鹤庆州等学宫。贵州地区在顺元路（今贵阳）、普定路（今安顺）、播州路（今遵义）设立了儒学。广西地区设有儒学达 35 所⑥。在四川行省和湖广行省中与王化之地相毗邻的民族地区，儒学教育的发展要比云南等地成熟得多。

总之，元朝在南方民族地区的儒学教育建设上虽然还不完善，但在各民族地区所设的儒学多开创了本地区教育的新河，成为以后教育的起点。

---

① 《元史》卷 125《列传 12·赛典赤传》。
② 《元史》卷 167《列传 54·张立道传》。
③ 赵子元：《赛平章德政碑》，天启《滇志》卷 24《艺文志·第十一之七》。
④ 《元史》卷 167《列传 54·张立道传》。
⑤ 《元史》卷 81《志第 31·选举志》。
⑥ 张声震主编：《壮族通史》（中册），民族出版社 1997 年版，第 780 页。

二、明朝：儒学教育在南方民族中的确立

明朝南方地区的教育已经比较完善，这与明朝在边区开发上主要集中在南方地区有关。明代在边区开发上北方并不算成功，主要集中在南方民族地区，这与南方地区吸引劳动力并适合农业生产有关。所以明代在南方的开发导致南方民族地区社会发生了质的变化，在教育上也非常成功。明代南方民族地区儒学的发达与当时统治者的治国思想有关。朱元璋洪武元年（1368年）下诏说："朕惟武功以定天下，文教以化远人。此古先哲王威德并施，遐迩咸服者也。"① 洪武二年（1369年）他对中书省臣说："朕惟治国以教化为先，教化以学校为本。京师虽有太学，而天下学校未兴。宜令郡县皆立学校，延师儒，授生徒，讲论圣道，使人日渐月化，以复先王之旧。"② 这就是他治国策略上的选择，认为兴学是化民的关键，于是大兴学校。在这种思想下，他认为对各民族的教化更是治理这些地区的重中之重，这在洪武二十八年（1395年）时户部知印张永清的建议及朱元璋的回答中可以明确地看出来。"户部知印张永清言：'云南四川诸处边夷之地，民皆啰啰，朝廷与以世袭土官，于三纲五常之道，懵焉莫知，宜设学校以教其子弟。'上然之。谕礼部曰：'边夷土官，皆世袭其职，鲜知礼仪。治之则激，纵之则玩，不预教之，何由能化，其云南四川边夷土官，皆设儒学，选其子孙弟侄之俊秀者以教之，使之知君臣父子之义，而无悖礼争斗之事，亦安边之道也。'"③ 明王朝君臣在对边区民族教育的功用上取得了共识。明代在教育上不仅有国子监，还在地方设立各种儒学教育。明代教育的具体情况是：

> 郡县之学，与太学相维，创立自唐始。宋置诸路州学官，元颇因之，其法皆未具。迨明，天下府、州、县、卫所，皆建儒学，教官四千二百余员，弟子无算，教养之法备矣……于是大建学校，府设教授，州设学正，县设教谕，各一。俱设训导，府四，州三，县

---

① 《明太祖实录》卷36。
② 《明史》卷69《志第45·选举一》。
③ 《明太祖实录》卷239。

二。生员之数，府学四十人，州、县以次减十。师生月廪食米，人六斗，有司给以鱼肉。学官月俸有差。生员专治一经，以礼、乐、射、御、书、数设科分教，务求实才，顽不率者黜之。十五年，颁学规于国子监，又颁禁例十二条于天下，镌立卧碑，置明伦堂之左。其不遵者，以违制论。盖无地而不设之学，无人而不纳之教。庠声序音，重规叠矩，无间于下邑荒徼，山陬海涯。此明代学校之盛，唐宋以来所不及也。①

从上面可知明代地方教育有府、州、县三级，下各设相关教育人员，有法定的生员数额：府40人、州30人、县20人，对教学内容、生员学规都有专门规定。

分析明代南方民族地区的儒学教育有以下几方面的特点：

第一，南方民族地区的儒学教育有府、州、县三级。这三级教育中在设置上做到了法制化、规范化、普遍化。因为每级应有多少个生员，学习内容，教师、生员的考核等都有相关的法律。在设置上各府、州、县几乎都设有儒学教育机构。明代云南地区所有府一级行政机构上都设有儒学，州、县一级中除一些土司地区未设外，其余都有儒学。明代云南在府、州、县三级行政区上设过72所学宫，其中有20府、州、县学宫是设在土司地区②。明代贵州地区设有3所宣慰司学，1所安抚司学，12所府学，4所州学、10所县学，共有30所儒学③。据新编《广西通志·教育志》广西府、州、县学有69所，其中明代新创立的有20多所。从上面所举三个主要南方民族省份来看，明代的儒学教育已经十分发达，遍及南方各民族地区。永乐十二年（1414年）设乌撒军民府儒学，"乌撒军民府经历钟存礼言：'府故蛮夷地，久沾圣化，语言渐通，请设学校，置教官，教民子弟，变其夷俗。'从之"④。宣德八年（1433年）"设乌蒙儒学教授、训导各一员。以通判黄甫越言：'元时本府向

① 《明史》卷69《志第45·选举一》。
② 木芹、木霁弘著：《儒学与云南政治经济的发展及文化的转型》，云南大学出版社1999年版，第92页。
③ 周元春等编：《贵州古代史》，贵州人民出版社1982年版，第333页。
④ 《明太宗实录》卷148。

有学校，今文庙虽存，师儒未建。乞除教官，选俊秀子弟入学读书，以广文治.' 从之"①。说明在彝族地区也开始设立儒学。

第二，南方民族地区由于广设卫所屯田，于是在各卫中设有相关儒学教育。每卫的法定生员是 40 名，与府级生员额数相同。明代卫在南方民族地区是一个集垦殖、防守、文化教育为一体的据点，对南方民族地区的开发及各民族生活的转变都有不可估量的作用。明代卫学据《明会典·儒学》始于洪武十七年（1384 年）置岷州卫儒学。明代在云南设有 20 个卫及 3 个御夷所，共 133 千户所，明代在这些卫所中几乎都设有儒学。在贵州卫学有 19 所之多②。明代南方民族地区在卫所中广设儒学，不仅让各卫所军人子弟入学，还让没有在府州县入学的土官及土民子弟也入学，成为教育的一大中心。正统九年（1444 年）"命各处土官衙门应继儿男，俱照军生例，遣送官学读书乡试。其相离地远者，有司计议，或二卫、三卫设学一所"③。

第三，让各土司及辖下土民子弟入儒学学习及让土司子弟入太学学习，成为汉文化直接输入南方民族地区的方式。这方面具体表现为：首先南方民族各土司子弟入国子监学习。土司子弟入太学的方式有三类：特恩、岁贡、选贡。"祭酒、司业，掌国学诸生训导之政令。凡举人、贡生、官生、恩生、功生、例生、土官、外国生、幼勋臣及勋戚大臣子弟之入监者，奉监规而训课之，造以明体达用之学，以孝弟、礼义、忠信、廉耻为之本，以六经、诸史为之业，务各期以敦伦善行，敬业乐群，以修举古乐正、成均之师道。"④这里明确说入国子监生员中有一类是土官子弟。特恩是指南方民族各土官的子弟可以不经选考就入国子监就学的方式。明代土官子弟入国子监学习始于洪武十五年（1382 年）十月，当时普定军民府知府者额到京城朝贡，此人平时习读汉书，能说汉话，在入贡返乡时朱元璋对他说："今尔既还，当谕诸酋长：凡有子弟，皆令入国学受业，他日学成而归，可以变其土俗。同于中国，

---

① 《明史》卷 311《列传 199·四川土司传一·乌蒙乌撒东川镇雄四军民府》。
② 周元春等编：《贵州古代史》，贵州人民出版社 1982 年版，第 333 页。
③ 《明英宗实录》卷 119。
④ 《明史》卷 73《志第 49·职官二》。

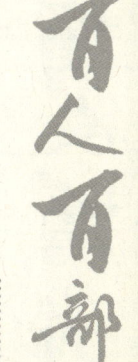

岂不美哉！"① 此后南方民族中各土司纷纷派子弟入太学学习。者额在返乡后第二年就派其子吉隆及其营长之子阿黑等 17 人入太学学习。同年建昌卫指挥使月鲁木儿请遣其子入太学学习。洪武二十三年（1390 年）云南乌蒙、芒部二军民府土官遣其子以作、捕驹等入国子监学习；洪武二十四年（1391 年）四川会川、建昌二府土官遣子王保等 7 人入学。到同年五月，赐给在国子监学习的南方民族土官子弟衣物时，人数达 54 人之多②。明初南方民族土官遣子弟入国子监学习的人不少。岁贡开始于成化四年（1468 年），"土官学，照州学例，三年贡二人"。弘治十三年（1500 年）重申此例。选贡，从南方民族各土司子弟生员中选拔优秀之人入太学学习，不受例选约束。从《明会典》上看始于洪武十八年（1385 年），此后洪武二十六年（1393 年），永乐元年（1403 年）、十八年（1420 年），先后都有令云南、广西、湖广、四川、贵州土司、土官衙门中"生员有成材者，不拘常例，从便选贡"，"免考送监"学习等规定③。明景泰元年（1450 年）云南按察司提学副使姜睿上奏说："云南各府司州县儒学，见生多系僰人、罗罗、摩些、百夷种类……云南地方惟流官衙门学校岁贡生员依例考试，其土衙门止是选贡，所司更不论其贤否，一概挨次贡部入监，以此生员惟图侥幸，愈不读书。"④ 这也证明选贡成为南方民族生员入国子监的重要途径。在对南方各民族生员要求上也适当实行变通。宣德二年（1427 年）时贵州新化蛮夷等六长官司奏请："若比内地府学每岁选贡，实无其人，请比县学三年一贡。"对此明宣宗下谕："边郡立学，欲其从化耳，岂可遽责成材？宜令所司随宜选贡。"⑤ 这里明宣宗不同意地方官的提议，认为对边区各民族的教育是让其"华化"，不能拘于成材。由于南方各民族生员常常家贫，明政府规定在生活上给予南方民族生员一定的资助。洪熙元年（1426 年）十一月时贵州镇远府知府谚泽奏请："本府儒学，自永乐十三年开设于偏桥等处四长官司，夷人之中选取生员入学读书，颇有成效，

---

① 《明太祖实录》卷 150。
② 《明太宗实录》卷 208。
③ 以上所引见《大明会典》卷 77《礼部 35·贡举·岁贡》，第 1222 页。
④ 《明英宗实录》卷 192。
⑤ 《明宣宗实录》卷 32。

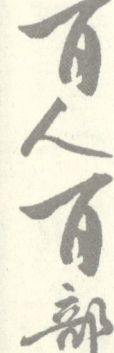

宜给廪膳以养之。"明宣宗对此批谕道:"府官之言是。边郡开学教夷人,欲使自营口腹,彼岂乐于为学?凡贵州各府新设学校,未与廪缮者皆与之。"①这样对贵州所有民族生员在上学时都给予生活上的补助,解决他们的基本生活问题,让他们能安心学习。万历四年(1576年)五月广西督、抚、按合奏对改流的养利州和左州设立儒学,最后礼部同意,并下令"其云南、四川凡改土为流州县及土官地方建学者,一以养利州为例"②。这样中央开始在南方民族地区大规模开设儒学。

其次,在土司地区设立儒学。《明会要·儒学》下有"其后宣慰、安抚等土司,俱设儒学"③。这是明代在没有设府、州、县的土司地区设儒学的法令。在《大明一统志》中也有"诸土司皆立县学"④ 之说,洪武十年(1377年)在播州设长官司学,成为明代在土司地区设儒学的开始。永乐四年(1406年)升其学为播州宣慰司学,"嘉靖元年赐播州儒学《四书集注》,从宣慰杨相奏也"⑤。直到万历二十九年(1601年)播州宣慰司改为遵义府以前,播州儒学都是宣慰司司学。洪武二十二年(1389年)设贵州宣慰司学。洪武三十三年(1401年)二月设立永宁宣抚司九姓长官司儒学。永乐五年(1407年)设思南、思州二宣慰司儒学。永乐十五年(1417年)改贵州普安安抚司儒学为普安州儒学,说明此前设有安抚司儒学。明朝在南方民族地区先后设过司学的土司地区有普安安抚司学,思州、思南州宣慰司学,永宁宣抚司学,平浪长官司学,九姓长官司学,偏桥等四长官司学,湖耳、新化等蛮夷长官司学等⑥。四川布政司下的酉阳土司于永乐六年(1408年)四月设立了宣抚司儒学。"永乐六年四月甲辰,设四川重庆卫酉阳宣抚司儒学"⑦,第二年该土司派头目到京城谢设儒学。民族地区建立儒学后,很多汉族教师不会讲各民

① 《明宣宗实录》卷11。
② 《明神宗实录》卷50。
③ (清)龙文彬撰:《明会要》卷41《职官十三·儒学》,中华书局1956年版。
④ 《大明一统志》卷62。
⑤ 《明史》卷312《列传200·四川土司二·播州宣慰司》。《明世宗实录》卷18"嘉靖元年夏四月乙未"条下有相同记载。
⑥ 《贵州通史》卷2,第353–354页。
⑦ 《明太宗实录》卷78。

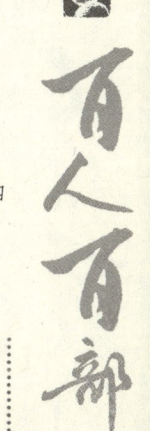

族语言，教学上出现难以进行的问题，为此明代中后期开始让本地民族知识分子教授本地民族生员。宣德九年（1434年）"宣抚奢苏奏：'生儒皆土僚，朝廷所授官言语不通，难以训诲。永宁监生李源资厚学通，乞如云南鹤庆府例，授为儒学训导。'诏从之"①。在《万历野获编补遗·土教官》下也有同样记载："宣德间有选贡李源，为四川永宁宣抚司人，入监。宣抚苏奏，本司生员俱土僚朝家，所授言语不通。乞如云南鹤庆府事例，授源教职，上允之，命源为本司训导。盖是时滇蜀皆有之，然皆夷方也。"② 从这一记载来看，明代中后期，由于南方民族中大量本民族知识分子已经培养出来，可以充任本地的教职。若没有相关民族的知识分子，要由他们来教育本民族生员是不可能的。引文后者说"滇蜀皆有之"，其实南方民族地区也一样。明代广西各县县学中任教的教员十分之九都是本地人，其中多为本地壮族③。同时也有南方民族生员学成后不愿做官，而愿从事教育者。永乐二年（1404年）秋七月时吏部就上奏说云南有进士自陈不娴于吏事，愿做教官从事教育，而不愿为官。当时明成祖听后很高兴地说："云南人能举进士，可嘉，就受云南学官，以劝其乡人。"④ 也就是让他回到云南从事教育工作，鼓励各民族子弟入学。明朝不仅要求土司子弟入学，也鼓励各族百姓子弟入学。如永乐十二年（1414年）有"从云南临安府嶍峨县丞周成请为境内吏民僰人、罗罗、百夷、普蜡、和泥等建学校以教之"⑤，这就是为各民族百姓子弟开设儒学。再就是开科取士，让各民族子弟能进入国家政治权力体系内，进而推动各民族学习儒学文化的积极性。

　　最后，明代在法律中规定各土司应袭子弟必须接受一定时期和程度的儒学和礼仪教育。明英宗正统九年（1444年）闰七月"命各处土官衙门应继儿男俱照军生例，遣送官学读书，乡试"⑥，这其实是规定土官继承者应进行儒

　　① 《明史》卷312《列传200·四川土司二·永宁宣抚司》。《明宣宗实录》卷115"宣德九年十二月甲辰"条下有相同记载。

　　② （明）沈德符撰：《万历野获编补遗》卷4《土教官》，中华书局1959年版。

　　③ 张声震主编：《壮族通史》（中册），民族出版社1997年版，第790页。

　　④ 《明太宗实录》卷30。

　　⑤ 《明太宗实录》卷149。

　　⑥ 《明英宗实录》卷119。

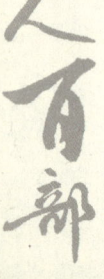

学教育。弘治十六年（1503 年）朝廷规定："以后土官应袭子弟，悉令入学，渐染风化，以格顽冥。如不入学者，不准承袭。"① 这就说明，明朝中后期，土司子弟入学成为其承继土司官位的前提。这种要求促进了南方民族土官融入中国传统官僚体制的进程。

第四，各地广设书院，进行学院式教育，以培养文化精英。明代云南先后设立过 65 所书院，贵州设过 20 多所书院。广西书院在明代设置十分广泛，仅嘉靖年间就增设 20 所，整个明代在广西增设了 64 所书院，据统计，在宋元明三朝，广西先后共设过 202 所书院。②

通过上面的分析可以看出，明代南方民族地区的儒学教育正走向成熟。

三、清朝：儒学教育在南方民族中的完善

清朝南方民族地区的教育可以说是发展到了完善的阶段，主要是清王朝在政治上进行了大规模的改土归流，为南方民族地区儒学教育的推进提供了条件，同时儒学的推进又为南方民族地区的政治改革提供了动力。清代在儒学教育上的推进主要表现在两个方面。

首先是按府、州、县设的官学教育体制得到普及和完善。清代儒学有府、州、县三级。对儒学，《清史稿》中有说明：

> 府、州、县、卫儒学，明制具备，清因之。世祖勘定天下，命赈助贫生，优免在学生员，官给廪饩……初，各省设督学道，以各部郎中进士出身者充之……雍正中，一体改称学院，省设一人。奉天以府丞、台湾以台湾道兼之……各学教官，府设教授，州设学正，县设教谕，各一，皆设训导佐之。员额时有裁并。生员色目，曰廪膳生、增广生、附生。初入学曰附学生员。廪、增有定额，以岁、科两试等第高者补充。生员额初视人文多寡，分大、中、小学，大学四十名，中学三十名，小学二十名。嗣改府视大学，大州、县视

---

① 《明史》卷 310《列传 198·湖广土司传·保靖》。
② 参见覃延欢《明清时代广西文化教育的发展》，《学术论坛》1990 年 3 期。

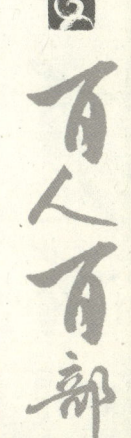

中学减半，小学四名或五名。①

清代在南方民族地区几乎都设有儒学。云南儒学有 90 所左右，贵州儒学有 69 所，广西儒学有 84 所。在台湾地区共设过儒学 13 所，具体在安平县、嘉义县、凤山县、恒春县、台湾府、台湾县、彰化县、云林县、苗栗县、台北府、淡水县、新竹县、宜兰县②。清代在南方地区只要设有府、州、县、厅等行政区之地都设有儒学。

其次，清代儒学教育的发达还表现在书院成为教育的另一中心。清代书院遍及各个府、州、县、厅，往往是书院多于官办儒学。关于清代书院，《清史稿》中说："各省书院之设，辅学校所不及，初于省会设之。世祖颁给帑金，风励天下。厥后府、州、县次第建立，延聘经明行修之士为之长，秀异多出其中。高宗明诏奖劝，比于古者侯国之学。儒学浸衰，教官不举其职，所赖以造士者，独在书院。其裨益育才，非浅鲜也。"③ 这个评价正确地概述了清朝儒学教育的现状和书院在教育中的作用。如在台湾就有书院 23 所④，云南设有书院达 193 所，是儒学的两倍多。贵州设有 133 所，广西有 187 所⑤，湖南苗疆地区设有书院 6 所。

总之，从这些数字中可以看出清代在南方民族地区教育机构的设置正趋于完备，深入到各民族中，成为清代儒学教育的特征。

清代对土司及各民族在教育上有特别的规定。在推行广泛的儒学教育时，根据各民族的不同，对南方民族制定了很多教育方面的特别法律，其中主要集中在两个方面：

第一，加强对土官土司应袭者文化和法律的教育。"应袭之子弟之属苗子弟，更有不同，年及十六岁，必录名该土司儒学，课其诗书，习其礼义，更使讲读法律"，目的是让土司子弟"彼自敬惧，不敢误公玩法，且娴礼义，不

---

① 《清史稿》卷 106《志第 81·选举一·学校》。

② 连横著：《台湾通史》（上册），商务印书馆 1983 年版，第 194 页。

③ 《清史稿》卷 106《志第 81·选举一·学校》。

④ 连横著：《台湾通史》（上册），第 195 页。

⑤ 以上分别参见《儒学与云南政治经济的发展及文化的转型》，第 221 页；《贵州通史》卷 3《清代贵州》，第 714 页；《壮族通史》，第 769 页。

复有强横逆行之事"①。顺治十六年（1659 年）贵州巡抚赵延臣提出："今后土官应袭，年十三以上者，令入学习礼，由儒学起送承袭；其族属子弟原入学者，听补廪、科、贡，与汉民一体仕进，使明知礼义之为利，则儒教日兴，而悍俗渐变矣。"② 后来此提议得到朝廷的同意，成为土司方面的成规。顺治十八年（1661 年）规定："云南省土司应袭子弟，令各该学立课教训，俾知礼仪，俟父兄谢事之日，回籍袭职。其余子弟并令课读。"③ 康熙四十四年（1705 年）规定："令贵州各府州县设立义学，土官承袭子弟送学肄业，以俟袭替。"④ 通过此举，清朝加强了对南方各民族土司的控制，同时也使南方民族土司在文化心理上与中原地区趋于一致，产生了很好的效果。如清代湖广土司中就有多人成为知书者。沙溪安抚使黄楚昌就是知书之人。"康熙四年，黄天奇袭安抚司。天奇子楚昌。初，楚昌入施州卫学为诸生。时诸司争并，民鲜知礼，楚昌折节力学，有时名。及袭职，设官学，公余与多士讲肄，多所成就。"容美土司中有著书立说之人。"甘霖字特云，著《合浦集》。甘霖子舜年，字九峰，受吴逆伪承恩伯敕，后缴。奉檄从征有劳绩，颇招名流习文史，刻有《廿一史纂》。日自课，某日读某经、阅某史至某处，刻于书之空处，用小印志之。有《白鹿堂集》、《容阳世述录》。"⑤

第二，各民族子弟在进学、科考上有特别规定。顺治十五年（1658 年）准予南方各族子弟在进学上不受名额限制并给予特别资助。"其瑶童中有稍通文理者，听土官具申本县，转申提学收试，以示鼓舞，入学名数，提学凭文酌定，其教读每年给饩银八两，灯油纸笔银二十四两，地方官动用钱粮支给。"⑥ 这里规定了给各民族学生在进学及生活上的资助。顺治十六年（1659 年）对湖南辰州五寨的苗瑶子弟照例设学，定额进取，同时规定贵州苗民中能有进学者，送至附近府、州、县、卫学中学习，同时补给生活和学习费。十八年（1661 年）规定贵州省的苗生分为大、中、小学三级，定入学补给廪

---

① 《黎平府志》。
② 《清世祖实录》卷 126。
③ 《钦定学政全书》，近代中国史料丛刊第三十辑，台湾文海出版社影印本，第 1415 页。
④ 《清朝文献通考》卷 59《学校考七·直省乡党之学一》，浙江古籍出版社 1988 年版。
⑤ 《清史稿》卷 512《列传 299·土司一·湖广土司》。
⑥ 《钦定学政全书》，近代中国史料丛刊第三十辑，台湾文海出版社影印本，第 1413 页。

养额数，另立一册，单独管理，不与汉民子弟划一。康熙二十二年（1683年）规定贵州、云南各地土人子弟三年一次应试，贵州归贵阳府，云南归云南府，定额取进，另开一册。土司子弟由于不能通过科举入仕，不想参加科考的可以不考。由于对土民子弟有优惠法规，出现了汉族冒充各民族子弟进学和参加科考的现象。康熙四十年（1701年）对广西地区土官、土目子弟入学进行规范。雍正三年（1725年）对湖南，云南威远、东川，贵州等地在科考中增加各民族生员的名额。

纵观清代《钦定学政全书》，所涉及的南方民族在进学及科考的地区有湖南、湖北、江西、广东、广西、海南、云南、贵州、四川等民族地区，其法律中对南方民族在进学及科考上的特别规定有三方面：一是在科考上与汉族子弟区别，单独列卷，且有法定的录取名额，如苗族、黎族等；二是在进学上给予特定名额和生活补贴；三是对一些比较成熟的民族地区，在科考上取消法定名额制，与汉族一体科考。总之，清朝在这方面既是照顾特殊，又是力求让各民族子弟与汉族子弟在同一水准上竞争。

第二节　元明清时期南方民族的
启蒙教育：社学与义学

自元朝中国古代教育就分为两大部分。一部分是以科举为中心的精英教育体系，具体来说，就是从中央到地方的官学教育。另一部分是以广大民众为对象的启蒙教育。这种大众启蒙教育在中国古代主要是以识字、知道基本的儒家礼仪道德及本朝法律为目的的。如元朝社学教育的内容是《孝经》、《小学》、《大学》、《论语》、《孟子》，经、史及本朝与民间日常生活有关的法律。明朝有识字，读《大诰》、《教民榜文》、《大明律》及"习冠婚丧祭之礼"①。清朝除识字外就是学习《圣谕十六条》、《弟子规》、《字学举隅》、《法戒录》、《蒙童辑要》（附《小儿语》）、《五种遗规》、《四时读书乐》（附《九成宫》）、

---

① 《大明会典》卷78《礼部36·社学》，第1249－1250页。

《仕宦金针》(附《寻常语》、《三圣劝世文》)等①。从上可知，这类教育的启蒙目的是相当明显的。当时的人能把这两类教育的目的区别开来。如光绪《腾越厅志》中说："凡设教之地，所以启迪其聪明，变化其气质，使人材有所成就也。故立书院，以培一郡之英姿，卓荦者得蒙作育；复建义学，以教各乡之子弟、贫苦者共沐熏陶。"② 从这里可以看出二者的功能和目的有所不同。义学是让各族百姓"久而久之，咸切观感上念，陶以文教，消悍顽"③。在一个国家中，基本的启蒙教育对改造一个社会的基本道德风气有十分重要的作用，其作用是精英教育不能相比的。在这个时期，中央往往在南方民族地区大力推行这种基本的启蒙教育，对改变南方民族地区的社会结构有着重要的作用和意义。

元明清时期国家在启蒙教育制度设置上经历了两个阶段：元朝至清朝乾隆以前以社学为主；清朝乾隆以后，义学成为主流，取代社学成为民间教育的主要形式。但不管是社学还是义学，其在办学目的、功能方面是一致的。不同的是社学没有固定的收入，没有教育经费，所以属于民间自办；义学一般有自己的财产，如田产、地产等，每年有固定收入，入学者免费。义学的财产来源有官员及地方乡绅的捐产、捐资。如在腾越厅明朗义学的经费是乾隆三年（1738年）知州吴作哲用公款购买明代沐氏勋田一甲的田租，"吴作哲拨公款四百金买作明朗义学田，年收土银四十两，除完条粮十九两八钱二分二厘外，余银二十两一钱八分八厘作馆金"④。在《明史》中也有"郑沆……设义学，立社仓，以惠族党"⑤，这里的义学就是乡绅出资办立的。清代在湘西与贵州交界处苗疆开设义学时就用改土归流时没收来的反抗者的田产收入做经费。

一、元朝社学

元朝民间启蒙教育出现新变化的表现是社学的产生。在这以前民间也有

---

① 光绪《腾越厅志》卷10《学校志四》之《书院》及《义学》，云南美术出版社2002年版。
② 光绪《腾越厅志》卷10《学校志四·义学》，第242页。
③ 民国《贵州通志·学校志·义学》，1948年铅印本。
④ 光绪《腾越厅志》卷10《学校志四·义学》，第242页。
⑤ 《明史》卷282《列传170·儒林一·吴与弼门人传》。

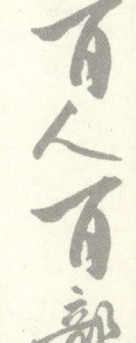

启蒙教育，但多记载不详。而这时出现的社学一开始就与科举考试的官学分离，当然一部分社学的学童也常转入官学，走向科举考试的精英教育。但元朝社学从设置到政府的法规看，都不是精英教育。元朝学校教育法规在《元典章》中归入《礼部·学校》，而社学规定却在《户部·农桑》中，在《通制条格》是在《田令·理民》中。从这些法律归类中就可看出两者的区别所在，也就是说社学是教民的。关于元代社学的法律，《通制条格》与《元典章》中的规定是一致的。在至元二十三年（1286 年）关于立社的法律中有："今后每社设立学校一所，择通晓经书者为学师，于农隙时月，各令子弟入学。先读《孝经》、《小学》，次及《大学》、《论》、《孟》、经、史，务要各知孝悌忠信，敦本抑末。依乡原例，出办束修。如自愿立长学者，听。若积久学问有成者，申覆上司照验。"① 这里明确说明设立社学的目的是使百姓知"孝悌忠信，敦本抑末"，而不是什么精英教育。从中也可以看到元代对社学的经费没有明确规定，仅是说按各乡的具体情况来处理，这也是这种学校难以长久的原因。但是如果用此来否定元代社学的成效，那是不对的，因为在明代朱元璋洪武三十一年（1398 年）颁行的《教民榜文》中有 "元朝天下乡村人家子弟读书者多"②，从这里可以看出元代社学教育在当时还是十分普遍的。由于元代社学在各地办学情况记载几乎见不到，所以对社学在南方民族中设置的情况很难具体说明，但在湖广、云南、四川行省一些地区应设有社学。《黄州通志》中有至元三十年（1293 年）"从省幕乌古孙泽议，立寨学训谕诸峒，奏置屯田府，立安定、会同二县，成全一寨"③。这里的寨学与社学应是相同的，仅是名称不同而已。

二、明朝社学

明朝社学开始于洪武八年（1375 年），这一年朱元璋下诏各省乡村设立

---

① 《通制条格校注》卷16《田令·农桑》，第461页。

② 《皇明制书.教民榜文》，第292页。朱元璋常常说元代教育是完全失败的。"洪武二年，太祖初建国学，谕中书省臣曰：'学校之教，至元其弊极矣。上下之间，颇颓风靡，学校虽设，名存实亡。'"（《明史》卷69《志第45·选举一·学校》）

③ 刘耀荃编：《黎族历史纪年辑要》，广东省民族研究所1982年印行，第27页。

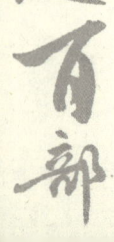

社学，"诏有司立社学，延师儒以教民间子弟"①。所以《明史》中说，明代教育除了儒学，还有宗学、社学和武学，并对社学作了一个总结性的说明："社学，自洪武八年，延师以教民间子弟，兼读《御制大诰》及本朝律令。正统时，许补儒学生员。弘治十七年（1504年）令各府、州、县建立社学，选择明师，民间幼童十五以下者送入读书，讲习冠、婚、丧、祭之礼。然其法久废，浸不举行。"② 这里把明代社学的变化及明代社学的教学对象、内容都说得清清楚楚，但也认为明代社学是久废而不举。此言对中原地区来说可能是对的，但在南方民族中就不能一概而论。下面对此进行讨论。

明代社学的变化在万历时编的《大明会典》中有记载，社学设立于洪武八年（1375年），洪武十六年（1383年）对社学的管理、置师进行规范，规定官方不能干预办学，有过错的人不能为师。洪武二十年（1387年）下令社学讲读《御制大诰》，并鼓励社师及弟子到京师背诵《大诰》，对优者给予奖赏，同时要求讲读律令。正统元年（1436年）下令各处学官及所在有司严督社学的办理，社学中优秀者选入儒学学习。成化元年（1465年）对入社学放宽要求，百姓子弟只要能入学的都可以入社学学习，不能入学的不强制。弘治十七年（1504年）下令各府州县必须建立社学，注意教员的选择，同时规定民间15岁以下的幼童必须入学，主要学习各种礼仪，如婚冠丧祭的礼仪。

明代社学的设置十分广泛，特别是在南方民族中。云南大理地区，在成化、弘治年间就有社学及社师的记载，成化十九年（1483年）在大理的《善士杨公墓志铭》中有"苍山江村社学儒士静轩杨澎撰"，在弘治己酉年（1489年）《故处士杨公墓志铭》有"男五人……曰明，为社学师"③，这些说明当时大理地区已设有社学。光绪《腾越厅志》中有"明时腾有社学三，今无存"④。整个明代在云南设过社学163所，仅云南府就有35所，临安府有

① 《大明会典》卷78《社学》，第1249页。在《明史》卷2《本纪2·太祖本纪二》中也有洪武八年春正月"诏天下立社学"的记载。
② 《明史》卷69《志第45·选举志一·学校》。
③ 《善士杨公墓志铭》、《故处士杨公墓志铭》，《白族社会历史调查》（四），第205页、207页。
④ 光绪《腾越厅志》卷10《学校志四·义学》，云南美术出版社2002年版，第247页。天启《滇志》卷9《庙学》说永昌府地有社学四，俱在府城内；腾越州有社学二；永平县有社学二，城内建于洪武二十六年，打牛坪建于嘉靖十五年。

19 所①。有的民族地区仅有社学，如广南府。在明神宗万历二十七年（1599年）琼山黎人反叛，明军镇压后，就"建乡约以兴教化，立社学以训黎庶，取府学生儒教黎童习读，黎人因此知学"。《琼州府志》有："水会社学，在（琼山）县南三里林湾都，万历二十八年抚黎通判吴俸建，延师专训黎童，并置学田。"② 在广西地区也广设社学。何道临《崇善县论》中言："社学、书院首营建修理，渐及乡落，强令训诲优游数年之后，庶俾谙识文字。"③ 刘颖在《议处置田州事宜疏》中提议："酌量地方开设社学，敦请师儒授以《大诰》、《教民榜》、《孝经》、《小学》等书，训诲各乡村民间子弟庶衣冠辑让之，容民日改，观诗书，弦诵之声民日易听。夷俗之陋可望其变而为华。"④ 郭应聘在《怀远善后疏》中有"选立社师怀之"⑤。从这些记载中可以看出，明代在广西、广东各民族中大力推行社学教育。四川地区，王翰在《便宜五事疏》中提出："四川诸府县社学久废，民不知教，所以争讼多而礼让少，若依洪武中事例，不问土官衙门，俱设社学，使民夷子弟皆知读书，则礼义兴行，民俗归厚。"⑥ 这里提出不分民族皆入社学。《明史·秦纮传》说："明年三月进右都御史，总督两广军务。奏言：'……广、潮、南、韶多盗，当设社学，编保甲，以绝盗源。'帝悉从其请。"⑦ 这是在广东瑶人地区设立社学。"洪钟……广东程乡皆流移错杂，习斗争，易乱，宜及平时令有司立乡社学，教之《诗》、《书》、礼让"⑧，"张弼……迁南安知府，地当两广冲，奸人聚山谷为恶，悉捕灭之。毁淫祠百数十区，建为社学"⑨。正统四年（1439年）广西土官莫祯上奏提出在自己辖区内"择有名望者立为头目，加意抚恤，督励

---

① 古永继著：《明代滇、黔、桂的文化教育及其影响》，《史学论丛》第八辑，云南大学出版社2000年版。

② 刘耀荃编：《黎族历史纪年辑要》，第63－64页。

③ 乾隆《广西通志》卷110，四库全书文渊阁本影印，第332页。

④ 乾隆《广西通志》卷99，四库全书文渊阁本影印，第61页。

⑤ 《粤西文载》卷8，四库全书文渊阁本影印，第584页。

⑥ 《皇明经世文编》卷22《四川事宜》。《明宣宗实录》卷79中"宣德六年（1431年）五月辛未"下有同样记载："于是命复四川所属府、州、县、乡、里社学，设土官衙门社学。"

⑦ 《明史》卷178《列传66·秦纮传》。《明孝宗实录》卷38中有同样记载。弘治三年（1490年）五月总督两广秦纮奏："广、潮、南、韶四府多盗……请设社学，以训诲其子弟。"

⑧ 《明史》卷187《列传75·洪钟》。

⑨ 《明史》卷286《列传174·文苑二·张弼》。

生理。各村寨皆置社学，使渐风化"。奏折送到皇帝那里后，皇帝给总兵官柳薄谕旨道："以蛮攻蛮，古有成说。今莫祯所奏，意甚可嘉，彼果能效力，省我边费，朝廷岂惜一官，尔其酌之。"① 万历二年（1574 年）八月诏立广西怀远县社师三名②，说明怀远县这时设立了社学。从这些记载中可以看出明代社学多设在南方各民族中。

贵州社学有设在卫所和土官地区两类。设在卫所的有：普定卫 5 所，威清卫所属的 5 个千户所社学各 1 所，平坝卫共设 6 所，都匀卫 2 所，安南卫 3 所，新添卫 2 所，平越卫 1 所。仅遵义一府在万历年间知府孙敏时就设立社学 87 所。思州府黄道溪司、都素司，思南府印江县、安化县、朗溪司、蛮夷司、沿可司都设有社学，普安州有社学 10 所，至少有 7 所是在民族地区，水西安国享在大方设立社学。③ 从以上可以看出明代中后期贵州设立的社学达上百所。湖南郴州有延寿峒社学，龙虎峒社学，溪峒社学④。嘉靖年间，广东金事高大节在肇庆府西岭民族中认为："瑶、僮为梗，大节开谕大义，选其子弟聚城，令社师教之。"⑤ 在明后期邝露游广西各民族地区时曾感慨地写道："予游诸夷中，有摛文而宗淮南者，有称诗而簿少陵者，有黜元白而诮长吉者，有谈古今而凿凿者。於戏！礼失而求诸野矣。"⑥ 他在广西曾做过女瑶目的掌书记，所记当是事实。明代在广西设立的社学达 232 所，其中壮族地区有 95 所⑦。明代嘉靖中张慎在英德县瑶人地区"毁淫祠以崇教化，创书院以淑诸生；设社学以训蒙童"⑧，吕天恩嘉靖三年（1524 年）在韶州也是"抵任毁淫祠，兴社学"⑨。上面所考察的这些民族地区都设有社学，这说明明朝社学在南方民族中设置是相当广泛的。

---

① 《明史》卷 317《列传 205·广西土司一》。
② 《明神宗实录》卷 28。
③ 《贵州通史》卷 2《明代贵州》，第 361 页。
④ 万历《郴州志·儒学》卷 13。
⑤ 道光《肇庆府志》。
⑥ （明）邝露著：《赤雅》卷下《诸夷有学》，知不足斋丛书，中华书局 1999 年版。
⑦ 张声震主编：《壮族通史》（中册），民族出版社 1997 年版，第 801 页。
⑧ 道光《英德县志》卷 10。
⑨ （清）阮元修：道光《广东通志》卷 248。

三、清朝义学

清朝民间启蒙教育有社学、义学。《清史稿》中有："又有义学、社学。社学，乡置一区，择文行优者充社师，免其差徭，量给廪饩。凡近乡子弟十二岁以上令入学。义学，初由京师五城各立一所，后各省府、州、县多设立，教孤寒生童，或苗、蛮、黎、瑶子弟秀异者。"① 这里明确说出义学多为南方民族创办。那么清代的社学与义学有什么关系呢？清代社学是在清前期，具体是康熙四十四年（1705 年）以前重点建设的启蒙教育制度，这一年以后，开始转向建社义学。但在南方民族地区到乾隆初年还以社学为主。乾隆十六年（1751 年）当时贵州布政使温福提出："苗地遍立社学，并择内地社师训教，无知愚苗，开其智巧，将必奸诈百出。"要求把办在贵州苗疆地区的社学"渐次停撤"，最后乾隆"从之"，同意他的提议②。但这件事并不说明清朝把启蒙教育撤出这些地区，而是政府开始转向大力开展义学教育。之后清代民间教育中社学还是存在的，但不是重点。

清代社学开始于顺治九年（1652 年），当时下令每乡置一所社学，教育幼童，到顺治十五年（1658 年）要求土司地区开设社学性质的学校，教育各土司子弟，并规定教员的薪金待遇，每人每年银八两，膏火费每年二十两。十八年（1660 年）要求土官子弟就近入学。康熙九年（1670 年）要求各省置社学，选社师，大规模推行社学教育。康熙十四年（1675 年）"设广东雷连各瑶峒社学一所，教读一名"。这时社学主要办在各民族中。康熙二十五年（1686 年）还规定社学教师由各省提学进行考核。康熙四十一年（1702 年）开始在北京城外设立义学，每年教师的廪饩由府县按月支给。这是清代义学被国家纳入正式规范的开始。此后义学迅速发展，代替社学成为民间启蒙教育的主流，到清末学制改革方止。康熙四十四年（1705 年）议准贵州各府州县设立义学，将土司应承袭子弟送入学校，同时规定土司族属人等及苗民子弟一律入学学习。四十五年（1706 年）颁给贵州各义学御制匾额。这时义学

① 《清史稿》卷106《志第81·选举一》。
② 《清高宗实录》卷395。

成了南方民族教育的新制度。其实义学在元代就存在，但仅是个别官员的个人行为。元代著名官员许有任的父亲在长沙为官时，"先是，有壬之父熙载仕长沙日，设义学，训诸生"①。明代就更多，但也多是官员和乡绅的个人行为②。直到清代，义学才成为民间教育的主流。有些人认为义学是私塾，这是值得商榷的，因为私塾是一个家庭或家族自己办的，其资金来源是家庭或家族的财产，而义学的财产是国家的或说是地方公产，义学教员受提学考核。清朝陈宏谋在为官云南作《义学汇记》时说："古之教者，家有塾，党有庠，州有序，国有学……近世义学仿党之有庠。"③ 这里他就明确指出义学不是私塾。清代南方民族地区设义学的主要目的是教化各民族百姓子弟，《贵州通志·义学》上有："黔省义学始于国朝康熙四十四年巡抚于准题请各府州县置立，俾土苗子弟入学肄业。"④

　　这里笔者把清代在南方民族地区设立启蒙教育的情况略记之。顺治十五年（1658 年）要求设学校教化土司子弟，同时要求对瑶童进行教育，对能读书的生童要求让其上儒学学习。康熙十四年（1675 年）在广东瑶族地区按峒设社学。四十一年（1702 年）在湖广归化红苗地区设义学教育苗族民家子弟。四十四年（1705 年）要求贵州各府州县广设义学，让土司子弟和各苗族子弟应入学者都能入学。五十九年（1720 年）准广西土属 50 处各设义学 1 所，让各族百姓子弟入学。雍正元年（1723 年）准广西太平州设义学。雍正三年（1725 年）再次同意贵州苗民子弟应入义学者入义学学习，下令地方官员广设义学，对有条件的儒学者同意进入官学学习。同时准云南威远地方彝族子弟入义学。雍正五年（1727 年）准云南东川府土人设义学，让各民族子弟入学。雍正八年（1730 年）同意四川建昌番夷、湖南永绥六里等处设立义学，让各民族子弟与汉族百姓子弟同入学。雍正十三年（1735 年）同意粤东凡有黎族、瑶族的州县设立义学，让各族百姓子弟入学。乾隆七年（1742

---

　　① 《元史》卷182《列传69·许有任传》。

　　② 如"郑优，字孔明，常山人……事亲孝。设义学，立社仓，以惠族党"（《明史》卷282《列传170·儒林传一·吴与弼门人传》）。又如"椿以下四世七王，凡百五十年，皆检饬守礼法，好学能文……创义学，修水利，振灾恤荒"（《明史》卷117《列传5·诸王二·蜀王椿》）。

　　③ 《皇朝政典类纂》卷231《学校十九·义学》，第4478页。

　　④ 乾隆《贵州通志》卷9，第226页。

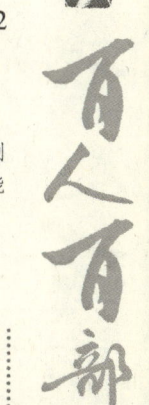

年），同意广东崖州府所领七州县中有黎族的地区设立 13 所义学，并由国家支给教员薪银一年 20 两，对学习优秀的黎童赏给纸、笔。十年（1745 年）同意湖广城绥九峒及青坡司瑶寨 11 处设立义学，同时规定教员的廪饩银为每年 16 两，此外规定学馆经费由绝户人家房产中拨给。十一年（1746 年）准四川三齐等 36 寨番民子弟入附近义学。到清末，在南方民族中还在增设义学。如在腾越地区有义学共 69 所，其中有 43 所是光绪六年（1880 年）同知陈宗海所设①。清代云南的义学，据木芹教授统计有 674 所，并认为义学多设在离省城较远之地或沿边一线②。这比《陈宏谋传》上所说的 700 余所少，"（陈宏谋）在云南……立义学七百余所，令苗民得就学，教之书。刻《孝经》、《小学》及所辑《纲鉴》、《大学衍义》，分布各属。其后边人及苗民多能读书取科第，宏谋之教也"③。这里的数字应偏多，因为当时云南编成了《义学汇》一书，陈宏谋在书前作《义学汇记》序文时说："迄今四年共得新旧义学六百三十余处。"④ 总之，清代云南地区的义学数在 800 所左右是可信的。因为后来在很多地区又增设了新义学。方铁教授在《西南通史》中认为清朝自康熙到光绪年间在云南各府、州、县共设过 866 所义学应该说是比较准确的⑤。广西在光绪时有社学 69 所，义学 207 所，总共 276 所⑥。贵州义学光绪年间有 372 所。湖南苗疆地区自乾隆以后在凤凰厅、乾州厅、永绥厅、保靖县、古丈坪厅设有屯、苗义学 100 所，其中有 50 所为这一地区各少数民族群体的孩童而设。嘉庆十五年（1810 年）在各民族地区增设义学 20 所⑦。道光二十八年（1848 年）裁减了新增设的义学。四川地区，仅嘉庆、道光两朝历任四川各民族地区长官，如任宁远府、马边厅等地地方官的戴三锡就修建义学 3000 余所。"三锡自牧令村浒陟封疆，二十余年，未离蜀地。尽心民

① 光绪《腾越厅志》卷 10《学校志四·义学》，第 246 页。
② 木芹、木霁弘著：《儒学与云南政治经济的发展及文化转型》，云南大学出版社 1999 年版，第 224 页。
③ 《清史稿》卷 307《列传 94·陈宏谋传》。
④ 《皇朝政典类纂》卷 231《学校十九·义学》，第 4478 页。
⑤ 方铁主编：《西南通史》，第 755 页。
⑥ 张声震主编：《壮族通史》（中册），民族出版社 1997 年版，第 802 页、808 页。
⑦ （清）但湘良纂：《湖南苗防屯政考》（五），中国方略丛书第一辑，台湾成文出版社 1968 年影印本。

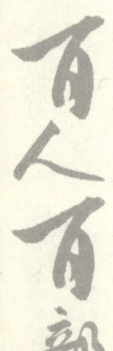

事，兴复通省书院，增设义学三千余所"①。这里的数字可能有所夸大，但此人任四川按察使以前曾多年任民族地区的厅、州、府地方官，所以他建立的义学应该多在民族地区。

清朝收复台湾地区后，开始设立社学、义学。按《续修台湾府志》中社学有：台湾县社学 3 所，建于康熙二十二年（1683 年）；凤山县社学，建于康熙二十八年（1689 年）；诸罗县社学 7 所，建于康熙四十八年（1709 年）；彰化县社学，建于康熙四十八年。此外，在台湾高山族居住地区还建立土番社学，雍正十二年（1734 年）巡道张嗣昌提出："各置社师一人，以教番童，令各县学训导按季考察。"于是台湾县建了 5 所、凤山县建了 8 所、诸罗县建了 4 所番社学。台湾的社学教育，张鹭洲在《台湾采风图》中有："雍正十二年（1734 年），南北各番社立社师，择汉人通文理者，给以馆谷，教诸番童。递年南北路巡历，宣社师及各童至，能背《四子书》及《毛诗》。岁、科与童子试，亦知文理；有背诵《诗》、《易》经无讹者，作字颇有楷法。番童皆剃发，冠履衣帛如汉人。有番名而无汉姓。"② 清朝中后期则在台湾地区广设义学。

从这些来看，清代民间启蒙教育在南方民族地区十分普及，这对改变南方民族地区社会生活产生了积极作用。

第三节　南方民族地区科举制度的推行和
少数民族内部文人群体的出现

元明清时期在南方地区推行了以科举考试为中心的官学教育和以启蒙教育为中心的民间教育。在这两者的推动下，为南方民族地区举行科举考试提供了条件。同时南方民族地区自元代起开科考试，又使这些地区的各民族知识精英有进入中央政治体制核心中的可能，这反过来促进了南方民族地区"华化"的进程。

---

① 《清史稿》卷380《列传167·戴三锡》。
② 以上所引分别见《续修台湾府志》（中册），第361页、574页。

一、南方民族地区科举考试的推行

唐宋时期广西多是羁縻州县和边州县，入试者不多，有也多在桂北、桂东与中土毗邻的边州县，桂南、桂西壮族聚居地区入试的人很少。宋代广西文科进士共279名，桂南、桂西有76名，仅占总数的24%①。云南、贵州等南方民族地区多属化外，不参加科考。元代由于科举考试时断时续，加之国祚不长，所以南方民族地区科举考试中入试者不多，并且由于元代对各省入试者按人等分配名额。南方民族地区主要纳入湖广行省、云南行省、四川行省的考试中。元代从皇庆二年（1313年）开科，共考过16次，正榜取士约1200人，其中云南行省有昆明人王楫、李敬仁、李郁、段天祥、李天佑5人中进士。若按元代每科取100人，其中汉人取15人，云南仅有2人，因为在元代云南本土人被归为四等人中的第三等——汉人。广西和湖南、湖北、贵州一部的湖广行省每科取南人18名，广西在元代有7人中进士②。元代对南方民族开科取士没有产生什么实质性的影响，其作用仅是开创了这个地区纳入中央科举考试的先河。

明朝南方民族地区在科举考试上取得了实质性的进展，南方民族地区在明代纳入了湖南、湖北、广西、广东、贵州、云南、四川七省考区，虽然贵州在永乐十一年（1413年）单独为一个省级行政区，但由于先前（洪熙元年到宣德四年前）是归湖广合科考试，从宣德四年（1429年）到嘉靖十四年（1535年）归云南合科考试，直到嘉靖十四年后才单独考试。这种方式对贵州在科考上并没有产生太多不利的影响。明代云南进士共有260人，举人2732人③；清代共有文进士682人，文举人5697人，另有钦赐进士19人，举人125人，经济特科状元1人。广西明代进士有211人，举人4667人；清代进士585人，举人5075人，状元4人，榜眼1人。贵州明代有进士104人，

① 张声震主编：《壮族通史》（中册），第786页。
② （清）谢启昆监修：嘉庆《广西通志》卷63《选举表三》，中国边疆丛书第二辑，台湾文海出版社1966年版。
③ 古永继：《明清时期云南文人的地理分布及其思考》，《云南学术探索》1993年第2期。

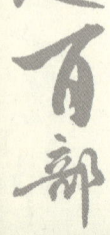

举人 1725 人；清代进士 643 人，文举人 4122 人，状元 2 人①。上面主要列举了明清两朝在南方民族最为集中的地区科考中文科举人、进士的人数，从中可以看出明清两朝南方民族地区的教育得到了长足发展，大量边疆民族地区的人进入中央官僚体系，其中有不少各民族人士进入中央为官，这对南方民族地区产生了很大的影响。这些人从文化精英变成政治精英。其实受过官方儒学教育的人数当十倍于此数。按木芹教授的统计，清代云南全省贡生有 1295 名，廪生 2110 名，增生 2110 名②。这个数字说明了南方民族地区培养的文人数目之多。这些人对各民族地区社会产生了不可估量的影响。

二、南方民族中各族文人群体的出现

南方地区科举考试的设置，民众教育的推行，导致这一地区各民族中文人群体的出现。云南明代在白族中出现了很多著名人士，如杨南金、高桂枝、杨黻。丽江木氏土司中名文人有木公、木青、木增，三人都刻印过诗文，如木公有《雪山诗选》、木青有《玉水清音》、木增有《云薖淡墨》和《山中逸趣》③。所以《明史》称"云南诸土官，知诗书好礼守义，以丽江木氏为首云"④。蒙化左氏在万历年间就有族人左重、左宸、左壆应试乡科，连连中科，以致当时云南高官纷纷赐匾，"蒙抚院陈给匾：'睦族崇文'。又蒙巡抚按李给匾：'爱士兴文'"。左氏土司历代有好学之人，如左晏"性喜诗书，揖让黄堂"；左明理"究心诗学，不辞攻苦，题咏甚富，郡志文行"；左文臣"喜晋书，善小楷，通音律，娴礼度"⑤。

苗族在元明清时期出现了很多知识分子。元代绥定苗族儒生杨再成，史称其"幼知书，长好义……刻意儒风"，在城步捐资建立儒林书院，"招集团

① 参见方铁主编《西南通史》，其中云南的数字《云南教育史》中认为清代有进士 808 人，举人 9906 人（蔡寿福主编：《云南教育史》，云南教育出版社 2001 年版，第 262 页）。
② 木芹、木霁弘著：《儒学与云南政治经济的发展及文化转型》，云南大学出版社 1999 年版，第 231 页。
③ 乾隆《丽江府志·艺文略·叙录》。
④ 《明史》卷 314《列传 202·云南土司传二》。
⑤ 《云南少数民族社会历史调查资料汇编》（五），第 445 页、451 页。

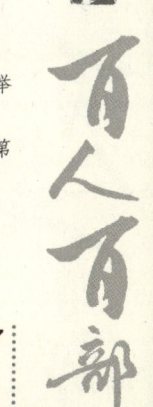

洞子弟，立师教之"①。明代苗族中进士有洪武年间的杨正恒，永乐年间的龙贵，万历年间的龙起雷、杨逢时；举人有杨通逊、杨圭、龙表俊、龙延表、龙起春、龙起渊、高冈风、杨永泰等。其中也出现了一批从事教育和写作的苗族知识分子。吴鹤，师学阳明学，学成后回乡创办学馆，"教训其乡里子弟"②。满朝荐，麻阳人，明万历中进士，为有名的政治家，还有大量诗文存留。清代苗族文人辈出，仅嘉庆十八年（1813 年）到道光二十九年（1849年）湖南永绥厅中举人者就有 14 人，且有大批人出仕，如新河县知县石光荣，宁陵县知县龙德照，道州学正石永魁，巴陵教谕石宏仁，临武训导麻国祥、知州石永龄，此外罗中贤、龙绍纳等人也有名于时③。清代贵州出现了大批彝族文人世家，如安吉士、安淦辛父子撰写《贵州新志》。此外，余家驹、余珍、余昭、余达父，安家元、安履泰、女诗人安履贞等都有文集存世。广西壮族中历代文人辈出，明代出现"柳州八贤"周琦、戴钦、佘勉学、佘立、张羽中、孙支强、徐养正、龙文光。明朝万历年间宜山周氏的周文、周立、周衮、周玄、周齐"五桂联芳"，及清末"一门三总督"岑毓英、岑毓宝、岑春蓂及岑春煊。临桂人朱享衍、朱若东、朱依鲁、朱依夒三代都有文集存世，成为当地世宦和书香之家。此外还有明中期柳州人徐养正、张羽中、韦昭、韦广。壮族中有名文人在明代有 7 人，清代鸦片战争前就有 30 多人。在教育界有名的有李璧、张鹏展等④。在鄂西、湘西、渝东民族地区，明清两朝也是文人辈出，其中很多土司家族往往成为当地文人集团的核心，如永顺土司彭氏在明朝正德年间就有彭世麟撰写的《永顺宣慰司志》一书，此外其侄彭明道、后人彭元锦等都有诗文存世。容美田氏土司更是有名，其中田九龄有《紫芝亭诗集》、田宗文有《楚骚馆诗集》、田玄有《秀碧堂诗集》、田圭有《田信夫诗集》、田沛霖有《镜池阁诗集》、田甘霖有《敬简堂诗集》、田舜年有《白鹿堂诗集》。康熙十八年（1679 年）田舜年把先祖及自己的诗集

---

① 同治《城步县志》卷 9。
② 《乾州厅志》卷 15。
③ 参见伍新福、龙伯亚著《苗族史》，四川民族出版社 1992 年版，第 507 页。
④ 《壮族通史》（中），第 790 页。

结成《田氏一家言》，共12卷，现存诗503首①。此外，酉阳冉氏、石柱土司都有人留有文集。在改土归流后，很多民族的平民文人辈出，这里不再累举。总之，元明清时期南方民族地区随着教育的推进，大批各民族文人群体的形成，对各自的民族群体产生了重要的影响。这些文人群体的出现在一定程度上反过来又加速了南方民族"华化"的过程。

三、外来官员、文人的文化活动

元明清时期对南方文化事业发展产生过影响的除以上群体外，还有一些重要的群体。这些群体有两大类：一类是名宦。这些人在南方各地方志中都可能看到。他们往往是由他省到南方民族地区为官，拥有权力，在进行文化教育时就更为有力。如元代到云南来的赛典赤、张立道、忽辛；明朝的沐英父子，到贵州任职的王守仁；清代的鄂尔泰、陈宏谋等。这些人对所到地区文化发展的影响是不可轻视的。另一类是流寓人士。元明清时期由于各种原因到南方民族地区来的文人很多。这些人有的是得罪当权者，有的是罪犯，以各种身份到来。如明代有韩宜可、史谨、楼琏、寇克仁、易恒、郑旭、朱琳、陈士瑞、曾日章、毛铉、胡粹中、徐如珂、丁镐、费良弼、董伦、陈振珂、刘有年、王昙、平显、曹颖昌等。其中最有名的如洪武年间韩宜可、王奎，两人在被谪戍临安府后在建水讲学达16年之久；徐有贞谪戍金齿3年，积极向当地士子讲授各种学科知识；董伦、王昙、平显等到昆明后受聘讲学。嘉靖年间状元杨慎由于得罪皇帝被充军到云南近30年，他在云南期间游历了永昌、大理、昆明、临安等地，而这些地区又是云南的文化中心。他所到之处都积极讲学，对本地教育发展产生了重大作用，形成了"杨门七子"。这七子中保山张含、大理的李元阳和杨士元、阿迷王廷表、昆明胡廷禄、晋宁唐琦六人称为杨门"六学士"，加上大理吴懋，共为"七子"。杨升庵自谓："七子文藻俱在滇南一时盛事也。"② 这种现象存在于南方民族地区。大量各类官员和文人对文化事业的传播，促进了南方民族地区社会文化的发展，为

---

① 参见段超著《土家族文化史》，民族出版社2000年版，第111页。
② （清）吴大勋著：《滇南闻见录·人部》卷上。

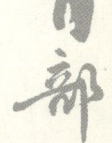

南方民族地区各民族群体社会生存范式的转型提供了文化上的大力支持。

元明清三朝南方民族地区的官学教育、启蒙教育，为南方民族各群体提供了知识上的基础。此举让南方民族认识到了新的生存范式，有了可以改变自己生存范式的能力，在国家移植汉法时，各民族也有了文化上的认同感。这些都促进了南方民族社会的转型。

理 论 篇

第四章　族际交往中法律移植和本土化的成因分析

为什么具有不同生存范式的民族群体在交往过程中会出现在法律建设上相互移植的现象呢？同时，在移植他民族群体的法律后，为什么不同民族群体的法律还能保持本身固有的特征呢？为此，笔者提出以下理论建构来解释。

第一节　法律移植是人类社会中由不同生存范式的族群相互交往中法律发展的资源之一

在人类社会最初的发展中，很多族群是在相对封闭的环境（这里环境有生态与文化两个方面）中创造了自己的法律制度。由于人类社会在原初时期，社会存在的物质基础仅有所依存的自然环境在自然状态下所能提供给的物质，所以在制度安排上各个族群往往表现出更多的地域性和环境适应性。这里的"适应性"是在中性意义上使用，因为人类学研究证明了人类社会中各主体对外界的适应不一定在价值和效用上都对适应主体有效。对此可以参看美国人类学家基辛的《文化人类学》一书，其中个案八和个案九就说明人类社会中某些适应的结果不能都说有效和成功。因为在个案八中新几内亚南海岸的马林安宁族的文化结构是以男性同性恋崇拜、仪式性放纵、猎狩他族为中心，其目的是为了让本民族更好地发展，但它的文化制度却不能达到目的。由于同性恋崇拜下产生对女性的轮奸，导致本民族妇女不育增加，于是只好以掠夺他民族的人口来维持自己内部人口的平衡。个案九中新几内亚佛尔族人中妇孺由于有吃死去亲人的遗体，特别是大脑的习惯，而这正是导致一种由大脑遗传的病毒得以流行的原因，进而导致本族群妇女的大量死亡，从而使人口减少。后来是在殖民政府的干预下禁止了食人习俗后，其人口危机才得以解决。所以说一个民族在发展中，对环境适应性产生的制度并不一定都能给

该民族带来有效的功用，或说是让其能更好地适应生存的需要。就如个案九中所显示出来的那样："天择并未根除一些极度适应不良的仪式行为。天择并不会自动除去具有不良影响的风俗。"① 这可以从很多消亡了的民族文化中得出同样的结论。

在法律是对地理环境的适应性产物的观点上，自孟德斯鸠在《论法的精神》中提出环境对文化制度和法律有决定性作用起，到现在人类学学者提出文化多元论和文化相对主义，乃至法律人类学者提出的法律多元论（千叶正士语）到格尔兹提出的法律是一种地方性知识。这些工作对理解人类法律发展的原初阶段是十分有说服力的，但这些描述仅是分析了人类法律静态结构下的状况，对人类社会在发生相互交往中产生的图景是没有说服力的。因为这些描述对于没有频繁交往和生存是以群体所处地区的自然提供的现有资源为生存前提的时代是正确的。作为任何一个有一点人类发展史知识的人都能接受这个学理上的"现实"。如生活在草原地区的游牧民族生活中最早的法律来源于对草原和牲畜的调整，而生活在海边的人则是对渔业的调整。这是不争的事实。但这一切都仅是人类社会的起点，人类在开始时就有一个目标，依赖自然的同时要摆脱自然对人类的约束，让自己在生活中成为相对独立者。这一目标导致民族群体在交往中产生相互吸收借鉴各自文化制度中有效的和更为合理部分的事实在法律制度上尤为明显，过去立法者可以不必，也不会去研究什么是外来的法律，外来法律对自己尊严上会产生什么样的打击，他们关心的是有效性和正义性。这在中国历史上比比皆是，当北魏鲜卑统治者在立法时就自动成为现在的比较法学家，辽朝和金朝的统治者在立法时也如此，金朝的《泰和律》就是最好的例证。也许有人会说，这些都是中国内部的事例。在国外也如此。古希腊雅典著名政治家梭伦在立法前先考察了其他城邦的法律制度。古罗马人在立《十二铜表法》时也组织考察团到希腊各邦考察，在现存的《十二铜表法》遗文中有："十二铜表法允许协会（团体）成员彼此之间有缔结契约的权利，只要他们不把它用来破坏任何涉及社会秩

---

① 参见基辛著《文化人类学》，张启恭、于嘉云译，台湾巨流图书公司 1980 年版，第 162 页。

序的法令。"① 显然，这个法律是仿效梭伦立法的。在中国西南傣族地区，只要看一看流传下来的法律文本就会知道其法律其实是传统中国法律、本身的法律和以佛教为中心的印度法律结合的产物，这些法律在当时立法者那里都没有什么难以调和的问题。这是立法实践上的历史事实。在学理研究上，只要读过希罗多德的《历史》、亚里士多德的《雅典政制》、孟德斯鸠的《论法的精神》、中国先秦韩非的《韩非子》，都可以看出他们是如何对他们所知的法律制度进行比较的。② 只要有不同的法律制度就会有不同的政治实体存在。这里笔者不想对此类问题列举大全，但要说明的是，人类社会一旦有不同政治制度和法律制度，群体间在交往中就会出现比较借用，这是一个事实，不是一个学理。仅是在法律发展中现在多数学者把它称为"移植"而已。

在出现族际交往时，任何民族群体的法律制度都会产生到其他民族群体中吸收和借鉴的现象。在族际交往中法律建设上会产生移植，是不能否认的事实。但这个现象在近几年来却成为学术界的一个争议焦点，为什么会这样呢？这里主要有两种观点：一种认为法律只要一移过来，就会完全产生它原有的效用，这种理论是理想主义者的想法，持有者往往忘记考察每一种法律制度即使在源体地的效用也不像理想中那样有效。同时这类人常把法律的发展动力源单一化，认为法律发展的资源只有一个来源，那就是移植。通过移植就能建立起一个完整的、理想的、有效的法律体系。那么移植源地的法律又是如何发展的呢？他们不关心也不会去思考。另一种认为法律不可能移植，因为法律是一种心理、一种文化。因为任何移植来的法律到本地都会发生变化，他们认为这种变化对法律移植来说是一种失败。表面上看两者好像针锋相对，但实质上都一样，都是同一问题的两种极端表现，因为后者在本质上也认为所谓的移植就是原封不动，就是拷贝。这种观点很难自圆其说，因为按其理论，任何一个在原初发展阶段有自己法律制度或称为生存范式的族群、

---

① 《十二铜表法》，法律出版社 2000 年版，第 45 页。
② 希罗多德在《历史》中比较分析了他那个时代所能知悉的各种政治制度和法律制度，如中亚、北非、南欧等地区所知诸国的政治；亚里士多德的《雅典政制》据说考察了当时希腊 158 个城邦国家的政治体制和法律制度，成为最著名的制度和法律比较学著作之一。孟德斯鸠在《论法的精神》中考察了他那个时代所能为他提供的东西方和各个殖民地区的政治制度和法律制度。《韩非子》中也比较了那个时代诸国的法律制度。

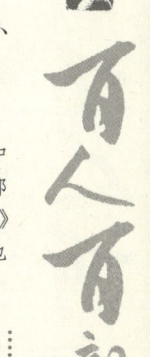

民族都必须由自身出发，在发展中都得各自发展。可以设想一下人类社会的发展会不会这样。这个理论是在说明"人"没有共同性，只有差异性。前一种观点又认为法律仅是一种技术、一种工具，可以把这个工具拿到任何地方，其功能都会一样。持这种观点的人忘记了法律不仅是一种工具，还是一种价值，因为法律有人们认为社会主体应如何行为，如何承担责任是正义的、合理的价值判断，虽然社会主体的这些价值判断是受到他们自身认识的限制，表现出历史性和阶级性。总之，这两者都把人类发展，或者说窄一点，人类法律的发展当成单一资源的结果。一个是内部资源绝对论或说是本土资源至上派，其实是理想主义，虽然表面看不是，因为他们认为一个民族或国家的法律只能从本民族的精神发展出来，这样法律制度才会让这个社会完美无缺，然而历史已经证明是不可能的。另一派认为一个民族只要通过移植就可以建立起一套完善的法律体系，其效果就会按移植者所想的那样，这也是一种理想主义。

现在有些第三世界国家往往不从本国实际出发来立法，而是从理想的法律制度来立法，这种立法往往仅能产生一套概念体系。其实，现在人类社会中，任何民族的立法都必须把现在人类社会中的两种资源同时利用，也就是说既要注意本国的本土资源，包括本国固有的社会传统、社会结构、本国的价值目标，同时也要考虑到外部资源。因为现在在立法上，对外来法律的移植不仅是为了让自己的法律更合理、更正义，还有使本民族、本国的法律在国际交往中具有共用性，达到对外交往中生存成本更加低廉的目的。这是由近代以来人类社会中不同群体间交往十分密切所决定的。所以说每一个民族、国家在发展中，都必须处理好如何利用这两方面资源的关系。在法律建设上则是表现出要把法律移植与本土化统一起来，而不是用某一方面否定另一方面。对为什么会产生法律移植和法律本土化，现在很多学者并不注意，因为多数人只关注这两者在现实社会中的现象反映。很多人认为法律移植在现代人类法律发展中很重要，但很少有人解释为什么会产生法律移植。正如马泰所说："然而大量的证据说明对法律移植的解释不仅是没有令人满意的，在事实上也很少有学者想对这种思想进行解释：法律从一个制度系向另一个制度系的移植是由于'声誉'（Prestige）。这个现象的出现是因为很多比较法学者关注的是对法律借用现象的观察而不是对为什么会发生这种现象的理论解释。"① 主张法律移植是法律发展动力的沃森认为，法律移植产生的倾向随着制度不同而不同，它取决于下列诸因素："一个可能的移植体与受移植体享有共同的语言传统，移植体制度深孚众望，且用容易理解的文体表述出来。"② 或说是一种法律的"声誉"。为此，马泰从经济学角度，主要是从科斯的制度经济学角度对法律移植进行了理论上的解释。他提出法律移植可以用效率（Efficiency）来解释。"至少在比较法工作中建立在法律移植和借用理论上对法律的发展进行研究时，法律经济学者已经对为什么法律会发生变化进行了自己的理论解释。"③ 他认为经济学上的效率可以解释很多法律上的问题，"通过使用法律经济这个比较法工具，我们就能够认清一个制度、一种法律原则，或一个法律制度中的法律规范是否比其他的更为有效。我们就可以考察和解释法律融合的现象；我们就可以理解一个法律制度的多方面是怎样通过效率来接受的，可以预见效率对法律制度的长期影响，而这在没有用经济比较法学时是不可能得到的"④。总之，他认为法律移植产生于不同的法律规范间的效率比较，法律移植是高效率向低效率的转移。这确实是对法律移植产生的原因在理论上的另一种强有力的解释，但充满了美国式的实用主义，其缺点是把法律完全工具化，认为法律就是一种商品，立法者的立法就是到各个法律市场上通过性价比来完成的。但有一点是正确的，因为在很多研究法律移植的人中，主要是用移植理论来解释法律的发展动力。哪怕是像大卫·尼尔肯（Dvid Nelken）那样提出超越法律移植的，也仅是说对法律发展的原因分析上不能仅用法律移植来解释，而应考虑法律文化对法律发展的影响。⑤ 国内也一样，虽然近年法律移植的研究可谓热点中的热点，但很少有人对为

---

① Ugo, Mattei: *Comparative Law and Economics.* Michigan: The University of Michigan Press, 1997, p. 124.

② 艾伦·沃森著:《民法法系的演变及形成》，李静冰、姚新华译，中国政法大学出版社1997年版，第258页。

③ Ugo, Mattei: *Comparative Law and Economics.* Michigan: The University of Michigan Press, 1997, p. 125.

④ Ibid., p. 145.

⑤ Nelken, D: *Towards a Sociology of Legal Adaptation*, *Adapting Legal Culture.* Oxford: Hart Publishing, 2001.

什么会发生法律移植进行理论上的研究，他们的关注点仅是法律如何移植，这也许是为什么法律移植饱受争议的原因之一。在对法律本土化的研究中对为什么会产生本土化的理论分析就更少了，因为现在中国学者多认为我国的法律建设是要建立一个全新的法律体系，换句话说，就是要建立起西方式的现代法律制度。若再去做法律本土化研究那是不可能达到目的，或说是走错了路的。这样理所当然地造成对法律移植后是否要进行本土化问题研究上的轻视和歧视，进而导致很少对本土化的原因进行理论上的解释。笔者认为对两者的研究是一个民族、一个国家法律建设中必须注意的问题。

由于本书分析上的需要，笔者将对为什么人类社会在出现不同社会制度和法律制度的交往时，法律会出现移植和本土化的现象进行学理上和实证上的解释。其实这个过程对于法律发展来说是同一个问题，只是不能像学理分析上那样详细分类罢了。为了分析上的方便，本书在理论出发点上往往把分析对象相对理想化。这有好处，能使分析更加明快，但也有不足，易产生偏失之误。

第二节　族际交往中法律移植的成因分析

有不同法律制度的民族群体发生族际交往时会有文化制度上的相互借用，在法律上称之为移植，也就是说，族际交往中产生的法律移植仅是人类社会中族际交往中产生文化制度相互借用中的一个部分，即法律部分。对于为什么会产生法律移植，笔者提出以下理论模式来解释。

一、生存范式是人类社会中各民族群体传统理性的产物

在把生存范式当成人类社会中传统理性的产物时，笔者赋予了它理想的成分，认为人类社会中不同民族群体在发展的原初阶段，往往是在相对独立的地理环境中进行的，其生存范式中的两大组成部分——处理人与自然的规范体系和人与人的规范体系仅是本群体在生活实践中不断总结经验的产物。这里笔者把这种不断地实践总结并抽象化的过程及知识结果称之为实践理性。这造就了每个民族群体都有自己独立的生存范式。这种生存范式成为每一个

民族群体区别于其他民族群体的东西。为什么说生存范式是各民族群体传统中实践理性的产物呢？这是因为在制度层面和文化层面上看，每个民族群体在原初时期制度体系的创造中主要来自本身的社会实践。在社会实践中，每个民族都会对本民族遇到的问题进行一系列理性的思考和总结，慢慢地创造出自己的制度文化。这种制度文化主要是满足各民族群体对生存的需要。在各民族群体中这种生存组织上的制度设计往往有结构上的不同，所以本书把这种各个民族为了处理人与自然和人与人关系的制度设计结果称为生存范式。这些生存范式的内容是人在生产实践中能动创制出来的产物，它摆脱了纯粹动物对自然的被动适应并在实践中主动地创造出一系列的制度。这些制度和内涵的价值往往构成了一个民族群体的文化实体。这些文化是由人在实践中创造出来的，但一经出现，它就会反过来改造创造了它的群体的行为和心理。这可以从苗族地区人们对议榔的认识上证明。"上节是谷子，下节是稻秆；上面是龙鳞，下面是鱼鳞。公公是公公，婆婆是婆婆，父亲是父亲，母亲是母亲，丈夫是丈夫，妻子是妻子，哥哥是哥哥，弟弟是弟弟，姐妹是姐妹，妯娌是妯娌。要有区分，才成体统，要有区分，才各得其所。有区分，鸡挨鸡；有区分，鸭挨鸭；有区分，水牛挨水牛；有区分，黄牛挨黄牛。有区千事，划分万端。区分了，地方才亲切和睦；区分了，村寨才安宁无事，才成稳定的地方，才成宁静的寨子。"[1] 这里的类比说明立法是在经验中形成的，是在经验中能动思考的产物。立法者的比喻说明了立法的过程，同时也说明了为什么要立法，这是因为没有立法则地方不安稳，村寨不安宁。在另一段中说得更为明白："不议榔给天上，不议榔给地下，不为东议榔，不为西议榔。"这里没有什么神圣目的的表白，充满了实用主义，这也许是人类为什么要制定法律规范最真实的表述，只是到了有阶级、阶层分化后，那些占统治地位的群体为掩饰自己的目的而用上帝、天理、正义之神等来说明立法的合法性和权威性。接着它又说："议榔在长雄，议榔在长革。大榔就用牛，小榔就用鸡。"这里具体讲到需要法规的地方和进行议榔的方式，为什么呢？"议榔防盗，议榔防贼。议榔不准开人家田的水口；议榔不准开人家牲口圈；议榔不

---

① 贵州《民间文学资料》（第14集），第145页。

准偷菜；议榔不准偷柴；议榔不准偷鱼；议榔封山育林；议榔不准烧山；议榔给粮食进仓；议榔给酒肉满缸。勤俭的莫做给懒惰的吃，明理人莫做给坏蛋穿。谁要存恶意，谁存起歪心，烧寨里房子，砍地方树子，在山坳抢劫，在半路杀人，我们就齐集河边议榔。"对有这些行为的人，"我们撵他越高山，撵他翻大岭，我们杀他的身，我们要他的命"，即处以放逐之刑。处以死刑和放逐刑的目的是达到"教乖十村，警告十六寨，地方没有贼，地方没有盗，个个做活路，人人去扛柴，地方才平静，寨子才安宁"①。这是立法的目的。上面对社会秩序的选择上没有什么矫揉造作的描述，但让人们了解了社会中法律制度的产生、功能、目的等等。

二、生存范式的理性是社会生存成本效益选择的结果

生存范式中的理性的推动力是什么呢？笔者认为是社会生存成本的效益选择。为什么这样说呢？若不用现在的价值观去评判过去和现在一些后进群体的生存范式的话，可以发现每一民族群体在创造自己的制度文化上目的都是让其社会更为有序、合理、正义。这可以从古代很多法典上看出。《汉穆拉比法典》在前言和结语中说明立法目的时说："当这时候，安努与恩利尔为人类福祉计，命令我，荣耀而畏神的君主，汉穆拉比，发扬正义于世，灭除不法邪恶之人，使强不凌弱。""为使强不凌弱，为使孤寡各得其所，在其首领为安努与恩利尔所赞扬之巴比伦城，在其根基与天地共始终之神庙埃·沙吉剌，为使国中法庭便于审讯，为使国中宣判便于决定，为使受害之人得伸正义。"②《摩奴法典》中说："但在其他时代，由于财富和知识非法取得，正义相继失其一足；而由盗窃、虚伪、诡谲所代替的正当利益逐渐减去四分之一。"③ 从这里可以看出其制定法典的目的是要让正义和秩序存在于本民族群体中。《法学总论》中有法学是关于神和人的事物的知识，是关于正义和非正义的科学。法律的基本原则是为人诚实，不损害别人，给予每个人他应得的

---

① 贵州《民间文学资料》（第 14 集），第 155－156 页。
② 《汉穆拉比法典》，法律出版社 2000 年版，第 2 页、120 页。
③ 《摩奴法典》，商务印书馆 1996 年版，第 20 页。

部分①。以上这些著名的法律在立法上，不管其用什么形式和理由，其追求的目的就是让自己的社会更有序、更合理、更正义。因为没有这些，社会付出的代价会更多。这里不必用现在的正义和合理观去看待当时人们的认识水平。这些有国家、有社会分层的社会，在立法时往往把法律说得多么神圣，让人们很难看出法律创制上的动力。这里来看那些没有如此复杂的社会结构的民族群体在立法时对法律的说明。苗族在古歌中说没有法律的社会是："河水干下去，天地昏又暗，黑了十七夜，人心闷沉沉，昏了十九天，喂错了鸡鸭，喂错了牲口，你家我家的分不清，开田互相拿错了锄头，睡觉互相搞错了妻子，你的我的认不清。"② 这里描述了没有法律时的社会情景。广西龙胜县在道光年间制定的《潘内寨乡约碑》上说明了立法的原因和目的："盖闻奉上明文，以截源，以靖地面，举安良善事。窃思国以民为本，民以食为天。我乡本邑瑶民，历年安分，苦耕守法，礼依酋长而不乱世。上古之民，夜阁不闭，道今不古。今有外无籍流离逃窜之徒，三五成群，四五余党，尽则壁上之虎，夜间云里之龙，（人）身鸡吠不得安眠。带撬刀打墙挖孔，害民无厌，目击心伤，乡村无一宁户。我等齐心协力乡禁之。与众谆谆公议款条，开列于后。"③ 这里就说立法是为了让乡村更有序、更合理。另一《金坑禁约碑》中说得更为明白："盖五行立而天道生，五常明而人道著。众民昂捏泥混沌，天遣帝王活世，不除恶党、草寇。周公置礼，孔子造书。官有律条，民有禁约，万物咸兴。上古非盗非赌，夜非闭户，路不失（拾）遗。今日下有吞烟，自缢毒害，盗赌、索诈，幡（翻）悔田土，女子闲得志，祸患贼偷，惟人心大变。从置酒宜禁，一概不许索诈、吞烟自缢，幡（翻）悔田土，捏害善良。"④ 上面这个序言把立法的目的说得很清楚，是因为出现了"今日下有吞烟，自缢毒害，盗赌、索诈，幡（翻）悔田土，女子闲得志，祸患贼偷"等社会现象，这些现象导致社会秩序的混乱，人们的社会生存成本增加。在南方民族地区很多民族群体的规约中都有相同的说明。在人类社会中最初在人命案中多实

---

① ［古罗马］查士丁尼著：《法学总论》，张企泰译，商务印书馆 1997 年版，第 1 页。
② 贵州《民间文学资料》（第 6 集），第 10 页。
③ 《瑶族石刻录》，第 69 页。
④ 《瑶族石刻录》，第 121 页。

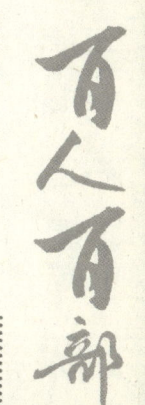

行血亲复仇，这种方式存在于所有民族群体的过去社会中，但这种方式对群体及当事双方都非常不利，于是在人命案件的解决中出现了用命金赔偿解决的方式代替血亲复仇。在日耳曼人中也一样，"对于父亲和亲属的宿仇和旧好，都有继承的义务。宿仇并非不能和解；甚至仇杀也可以用若干头牛羊来赎偿，这样不独可以使仇家全族感到满足，而且对整个部落更为有利，因为在自由的人民中，冤仇不解是非常危险的事"①。这里塔西佗说出了为什么人类要用命金赔偿来代替血亲复仇。在《萨利克法典》第41节《关于杀害自由人案》中把当时的"人"分为七类。但这些人的命案都可以通过命金赔偿来解决，不同的仅是命金赔偿数额随不同类别的人而不同②。在《汉穆拉比法典》中关于人身伤害往往有同态复杂，但很多都可以通过赔偿来完成。如第203条："倘自由民之子打与之同等的自由民之子，则应赔银一明那。"③ 在中国历史文献中，特别是那些关于南方民族的文献中都有此类记载，明代田汝成在《炎徼纪闻》中对苗人就有："睚眦之隙，遂至杀人。被杀之家，举族为仇，必报当而后已。否则，亲戚亦断断助之，即抗颈不悔。谚云'苗家仇，九世休'，言其不可居解也。"④ 虽然这样，但都可以通过命金赔偿来和解。严如煜在《苗防备览·风俗上》中"打冤家"下有："两家战斗之后，计尸以相抵。除一命一抵外，多尸者为人命，则索牛马财物以偿，谓之'倒骨价'……斯土者不依苗俗，必人欲抵偿，则杀一人即添一仇，死者之子若孙，植树墓旁以记其恨。转相仇杀，滋蔓无已矣。"⑤ 为了更好地解决此类纠纷给其社会带来的副作用，他们都在内部创造出解决此类纠纷的法律机制。藏族有"纠纷尾巴长了殃及子孙，牦牛尾巴长了春季伤膘"⑥ 之说，这就是在实践中对纠纷产生后果的反思，同时说明在人类社会中任何发展阶段的民族几乎没一个会对纠纷处以放任的态度。

在粤东、闽人中历有家族械斗之俗，但在社会实践中也有家族认识到此

① 塔西佗著：《日耳曼尼亚志》，商务印书馆1997年版，第66页。
② 《萨利克法典》，法律出版社2000年版，第24页。
③ 《汉穆拉比法典》，法律出版社2000年版，第93页。
④ （明）田汝成著：《炎徼纪闻》卷4《蛮夷》，四库全书文渊阁本。
⑤ （清）严如煜著：《苗防备览·风俗上·打冤家》，道光木刻本。
⑥ 陈庆英主编：《藏族部落制度研究》，中国藏学出版社1995年版，第286页。

类行为给整体带来的不利。如粤东有名的洗氏在族谱中规定家族成员严禁械斗。《岭南洗氏宗谱·族规》中有："丁多而好斗者，粤俗强悍，辄因小故械斗。吾宗岂宜有此。倘自恃人强，日事斗狠，此等悍俗，实足贻宗族之忧。应将该房摈出祠外，与第一条办法同。"这是因为大规模的宗族间械斗对各宗族都不利而产生的立法。在湘西、黔、蜀、滇各族百姓中常有在产生纠纷时服毒自杀复仇的行为。因为在这些地区很多民族中若因为与他人有纠纷时，对方自杀，你还得负杀人的责任，这造成了很多社会问题，为此很多民族往往制定法规禁止此类行为。如《相阴狄氏家谱·家规》第 16 条中有："服毒并拼，有干例禁。常有假意服毒，为诈索之谋，解毒稍迟，遂至不可救药。被索者遭害，往索者丧身，两败俱伤，殊堪恸恨。犯者送官重惩不贷。"[①] 此是为了解决由于命案等纠纷造成家族、宗族间械斗产生的损失，以致在人类社会中出现命案都能用命金赔偿来和解的法律时期。梅因说"所有这一切都产生了'债'或是法锁，并都可以用金钱支付以为补偿"，即犯罪行为不法化[②]。这是人类发展中对纠纷解决方式选择上的一个历程。在命金赔偿及其他犯罪行为的处罚金上，最初很多民族的金额都很高，为此严重影响了社会生活，也有的民族通过其他方式来解决这个问题。如在清代西宁、川西北地区就有："议罚赔偿东西有推卸难措不能赔出者，遂令伊发咒免赔，如日后查出，先前系隐瞒故骗，将伊另外罚九样东西，连前所罚一并入官。"[③] 这里就是通过此行为消除无力赔偿者的责任，让社会纠纷得到有效解决，进而使社会从不稳定回到稳定中。

所以说，各民族生存范式中的理性是一种社会生存成本的选择结果。当然这里要说明的是，社会生存成本与经济学上的成本有相似之处，但也有区别。因为在人类社会中生存成本往往除了制度经济学上的制度成本外，还有

　　① 《岭南洗氏宗谱》卷 1《族规》；《相阴狄氏家谱》卷 5《家规》。参见费成康主编《中国的家法族规》，上海社会科学出版社 1998 年版。
　　② ［英］梅因著：《古代法》，沈景一译，商务印书馆 1997 年版，第 208 页。
　　③ 乾隆《雅州府志》卷 13《夷律》。这与雍正十二年（1734 年）《西宁青海番夷成例》中第十二条"凡称无力完纳罚服牲畜者，令小头目于该部落内，选有颜面之人立誓，具保无力。立誓之后，若被查出者，将查出牲畜罚服外，向立誓之人，罚一九牲畜"相似。见张济民主编《青海藏区部落习惯法资料集》，青海人民出版社 1993 年版，第 286 页。

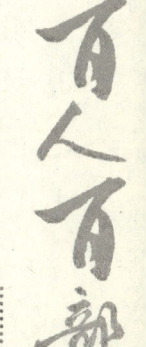

心理和价值所产生的成本，即社会生存成本是经济成本与价值成本的统一体。而在人类社会发展中，对制度选择上，有时价值成本对社会群体来说是决定性的。这里的价值成本可以由合理、正义、方便、尊严、声誉等因素组成，是一种无形的东西。但这些东西在人类社会制度选择和安排上的作用不可轻视。又因为正义、合理受时代和长期形成的文化制度的影响，所以在社会生存成本的选择上有时也会表现出民族、文化上的偏好，呈现出多样性。当然有一点是，在一些时候，经济学上的成本在社会生存成本的选择上的作用会表现得十分重要。如中国南方民族地区舅权婚制下"还骨钱"，由于金额太大对很多民族群体的生存造成了严重影响，导致这些民族群体对此通过立法来约束。这里经济成本对群体来说是非常重要的。

三、生存范式的理性以法律为载体

这里的含义是，在生存范式中，通过社会成本选择，最后出现的形式是法律。为什么这样说呢？这是因为法律是人类社会中社会主体行为的安排和社会利益的最初分配。在人类社会中法律不仅是社会秩序的安排体系，还是社会利益的分配体系。法律把一个群体存在的两大问题，即人与自然的关系和人与人的关系进行了调整。侗族在解释为什么要制定侗款时就有："只因当初无款到处乱，父亲不知对子女慈爱，兄长不知对弟妹忍让。脚趾对着手指，肩膀对着小腿，家里乱家里，自己乱自己。稗草乱禾苗，饮盆乱潲盆。死白牛，杀好人，村脚砍树，寨头偷林，地方没人管，只因为当初无款到处乱。"[1]这里说制定款法是因为社会在没有款法时没有秩序，人们的生活得不到安全保障。这里解释法律的起源并不是出于神灵，也不是出于禁忌，而是社会主体的功利追求。这种实践中的理性的产物就是法律。在一个关于偷拐款法立法时有："同乐这块岩，就在支文。没有哪个竖，得到不连、不花、同祖、娘好、娜陋、波敬等人来竖这块石。因为天天有人偷家，夜夜有人偷仓，白天卖男孩，晚上拐女孩。这样弄得村也逃走，寨也跑光，逃到贵州地界，跑到融县地面。大家白天来找，晚上来守。要得到人，要抓起来，罚他十二两银，

---

① 杨权、郑国乔、龙耀宏著：《侗族》，民族出版社1992年版，第38页。

十三两铜。散给寨老乡老，也散给群众。这是第七路的规约。"① 这里说出因为出现偷盗、拐卖儿童，影响了群体生活，所以由不连、不花、同祖、娘好、娜陋、波敬等人组织大家来设款，制定法律。法律在现实中不仅是一种工具，也是一种价值；不仅是一种手段，往往还含有目的。如法律中对不同人的认可，明显是价值的反映。近代社会中发展起来的反奴役、反酷刑等法律，其后面就有对人价值的认可。当然要说明的是，一个社会中群体的生存范式内容不仅仅是法律，因为一个社会中还有很多其他东西，如宗教、道德等等。但是这些东西最后成为一个民族群体的最高理性时，都反映在法律上。所以这里认为一个民族群体的生存范式中理性产物是通过法律规范为载体反映出来的。各民族的固有法律，往往被称为习惯法，其实这在过去一些民族的认识中就认为他们的各种规范与汉族的法律一样。"侗置乡村，汉置衙门；侗置石头法，汉置枷锁。"② 这个对比说明了两者在功能上的一致性，仅是形式上不一样。

四、不同生存范式的民族群体发生交往后必然导致生存范式的对比

上面分析过，在没有交往的情况下，不同民族群体在各自封闭下对自己的自然环境进行适应，通过实践，理性地创造出自己的制度文化，形成自己的特有生存范式，在法律上表现出个性，也就是出现了人类学者和法律人类学者所得出的文化多元和法律多元，且这些东西在现实中都能够满足各民族群体生存的需要（不带价值判断下），这是文化相对主义的内在支撑点。这一切只有在没有不同生存范式的民族群体交往的前提下才能成立。若一出现不同生存范式的交往，各个生存范式就会出现比较。为什么各民族的生存范式能比较呢？不是各民族群体的生存范式都能为各民族群体的社会主体提供制度文化心理的需要吗？这里比较的是什么呢？其实问题就是各民族的制度文化不是天生具有的，都是人们在"有效、合理、正义"等目的和目标下，在实践中慢慢能动地创造出来，也就是说任何群体在制度的创制上都是为了更

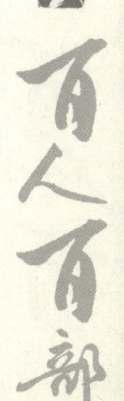

---

① 杨权、郑国乔、龙耀宏著：《侗族》，民族出版社1992年版，第40页。
② 《侗族谚语》，贵州民族出版社1996年版，第227页。

好的"活着"。不同生存范式所提供的"有效、合理、正义"是可以比较的。如我们说这个制度更好、更合理、更正义时，其实就是在用自身固有的生存范式与交往中遇到的其他生存范式进行比较。比较是人类认识世界的一种途径。而对制度，不管我们现在如何评价"他者的"和过去的，但一个本质是所有的制度安排都是为了它的主体生活得更加有效、合理、正义。这就是为什么不同生存范式下民族群体在发生交往中会出现生存范式比较的原因，同时也是不同生存范式的民族群体在交往中会出现法律移植的原因。若没有比较就不会有改进和学习。

五、生存范式成本效益追求导致高成本向低成本趋同

由于不同生存范式能够在效用上进行比较，这就会出现不同民族群体在自己的制度创造中，把他民族群体的生存范式中自己认为更合理、更有效、更正义的制度移植到自己的生存范式中来的社会实践。在地理大发现以后，地球上各个民族群体能够在全球性范围内进行比较。这样各个民族群体就会在比较中慢慢地吸收和借鉴他民族的制度，也就是说不同生存范式中的具体制度会在比较中向趋同发展。这是不可回避的现实。我们只要看看地理大发现以前和以后人类社会制度的情况就知道这个现实了。就是那些现在要求保留各个主权国家下的各民族群体文化的学者，也不自觉地在进行这个工作。因为他们要到世界各地去，要求各个主权国家在对待主权下的各民族文化制度要如何时，这种在制度建设上造成世界各主权国家在处理主权下各民族群体的法律制度走向统一，因为他们认为他们的制度和政策是最有效的、合理的、正义的。这种行为最后的结果是世界各国在对待主权下各民族群体的法律制度的高度趋同。这就是那些主张多元性的学者不愿意见到的结果。这是外来者在比较中进行的工作。另一方面许多民族群体本身也在自主地进行选择后的改造。因为任何一种文化类型其实都是一种生存范式，它对文化的载体——社会中的"人"都是一种制度和行为上的安排。这种安排是有成本存在的。除非和现在一样，一些民族把自身的文化当成一种商品来向他者"出售"时，文化对个体来说才不会成为社会主体为生存而付出的一种成本。只要是在文化下生存，就会有成本，这就是为什么本书要用生存范式来称一个

民族的制度文化的原因，同时也就是为什么要把生存范式中对其下的个体行为的制度和价值安排称为社会生存成本的原因。这一点可以从中国近现代很多民族信仰基督教上看出。从文化制度上来看两者相差太大，也就是可以说没法比较。但当传教士一进到这些还处在各种多神崇拜的民族群体中时，很快一切就变了。我们来看 1950 年刚解放时中央访问团在云南对改信基督教的各民族群众采访时所听到的回答。当时采访团在碧江县向怒族基督徒拉多（他与家人都信教 18 年之久）询问信教的原因时，他说信了教"生病只消祷告就会好"，"信了教不祭鬼、不喝酒、不吸烟，可以节省很多钱，生活可以过得更好些。不信教时生病多宰鸡，不好再打猪、打牛，而且要招待亲戚邻舍来吃肉、喝酒。不信教时包谷稀饭都吃不起，现在信教日子是比以前好过多了"[①]。从这里可以看到拉多改变自己生存范式的目的是因为另一种生存范式让他过得更好，也就是说这种制度让他付出的成本更少。同一县中傈僳族信教后遵守十项教规：不饮酒，不吸烟，不赌钱，不杀人，不买卖婚姻，不骗人，不偷人，不信鬼，讲清洁卫生，实行一夫一妻制。这十条戒条可以说都是对其传统生存范式的否定，他们固有的文化制度多在禁止之列，遵守这些戒条也就是让自己的传统文化消失。如在饮酒上，"不信教的傈僳族及怒族嗜酒如命，把全年出产还不够一年吃的粮食，多耗费于煮酒，使得粮食更不够吃。酒醉后吵闹滋事"[②]。但是这些民族的民众认为新的制度能给他们带来更多方便。这就是对比后的制度选择，也是人"趋利避害的本能"的表现。同时也证明任何文化制度都是有成本的。此外，可以从一些教徒放弃信教的原因上来看："（1）信教时对教规未曾多加考虑，以后对烟酒又不能禁绝而反教。（2）夫妻感情恶化，想另行嫁娶的。（3）年老无子女，想讨妾。（4）不能解决实际问题，如疾病、贫穷、死亡，并非祈祷所能解决问题。"[③] 以上引文说明人类在制度的选择上是如何在"功利"下进行，也就是说制度在现实中的选择受什么约束。比较后出现的移植最多的就是法律制度，法律制度的

---

① 《中央访问团第二分团云南民族情况汇集》（上），云南民族出版社 1986 年版，第 44 页。
② 同上书，第 21 页。
③ 同上书，第 25 页。

移植在不同生存范式下族群间出现的交往中是不可避免的，这也是为什么近四五百年来人类社会发展加快的原因之一，因为人类可以在全球范围内比较不同生存范式的制度文化，相互间可以在很短时间内进行借鉴和吸收。

第三节　族际法律移植后本土化的成因分析

上面分析了只要有不同生存范式的族群发生交往后就会出现制度上的相互吸收和借鉴的原因。这种现象称之为移植。不同生存范式的民族群体间相互移植法律制度是一种必然现象。这里出现的问题是移植是否就是克隆，如果不是，法律移植后会产生什么样的结果呢？此外，一种制度在移植后是否会让另一个民族群体在移植来的制度下进入与移植源民族群体的社会完全一样的社会呢？在法律制度的建设中，对于那些有深厚文化的民族群体，在对外交往中比较后移植他民族的法律制度对它的作用如何呢？这种比较后的移植与完全同化是两种不同的途径。因为二者所要达到的目标是不一致的。通过比较把他民族的生存范式中自己认为是好的、更有效的、更合理的文化制度作为自己在制度建设中资源的一个部分，这种移植其实移植的仅是一个民族群体在建设自己的制度时所需要的一部分资源，而不是全部资源。为什么制度间相互借移时会产生一些变化呢？这就是现在要说的法律在移植后的本土化问题。对于本土化，笔者认为是任何外来知识（除纯技术的器物外）都将在地方性知识或说是本民族群体固有文化中重新解释。这是因为任何个体或群体在创造本身固有的生存范式时，该个体或群体也被这个制度文化系"社会化"，这些制度系成为个体或群体认识世界和自身社会制度安排的工具。为了对本土化现象进行更好的解释，笔者提出以下的解释系来解释法律本土化的现象。

一、前资本主义社会中，很多民族群体是在相对封闭的生态、文化环境中发展

在地理大发现之前，人类社会的跨洲交往很少，少数人的交往不会产生制度间相互比较后的移植。在云南，很多民族往往是一个群体的活动范围还

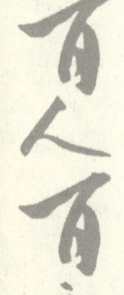

没有达到半径 25 公里的地域，多以寨子为单位。笔者的家乡就有一些爷辈和父辈的人终生没有走出过所生活的村庄。新中国成立前，怒江州碧江县洛本卓区的勒墨人（白族的一个支系），因为迁入该地区后长期生活在相对独立的环境中，与外界交往十分少，不能对其文化制度构成影响，他们的社会组织同大理州的白族相比可以说是两个完全不同的类型①。这样的各民族群体生活在相对独立的生态环境中，各自的制度文化主要是由本身对所处环境的适应而在实践中形成的理性产物。这种相对封闭的生活环境造成文化制度的地方性特别强。当孟德斯鸠在考察世界各地法律制度时看到的就是制度对生活环境相适应的特质，所以他得出法律制度是由地理环境所决定的结论。这种解释在对很多没有与有不同生存范式的民族群体交往的民族进行分析时是有说服力的。这在中国历史上也如此。在元代以前长江以南的各少数民族与长城以北的少数民族在文化特质上的差别是相当大的。但到清代末年，这种差异可能更多的是在饮食上，而不是法律制度的安排上。到现在，中国境内的各民族群体在法律制度安排上就十分相同。虽然北方还是那个地理环境，南方也一样，但在法律制度的安排上可以说差异是次要的。同理，日本和韩国的制度与西欧已很相似，但各自在地理环境上并没有变化。立足于各民族没有交往以前的文化制度分析可能得出的结论是不可以划一。这从萨维尼等人的法律是民族精神②，到格尔兹的法律是一种地方性知识③，都是一脉相承的，是同一进路的产物。但这是在没有考虑到各民族群体与他民族交往后会产生什么的前提下进行的。当然，这些分析很好地说明了人类过去文明的创造情况，但不是交往后的情况。现在人类学者提交的报告多是有相对独立的文化系的族群生活在相对独立的环境中的社会事实，而不是在交往中长时期考察

---

① 参见《怒江州碧江县洛本卓区勒墨人的社会历史调查》，《白族社会历史调查》（三），云南民族出版社 1991 年版。

② 参见［德］弗里德里希·卡尔·冯·萨维尼著：《论立法与法学当代使命》，许章润译，中国法制出版社 2001 年版。

③ 吉尔兹在《地方性知识》一书中认为："法律……乃是一种地方性的知识；这种地方性不仅指地方、时间、阶级与各种问题而言，并且指情调而言——事情发生经过自有地方特性并与当地人对事物之想象能力相联系。"见［美］克利福德·吉尔兹著《地方性知识》，王海龙、张家瑄译，中央编译出版社 2000 年版，第 273 页。

的结果。

二、任何民族群体都对生存的生态环境做出适应

由于过去人类生活主要以靠山吃山、靠水吃水的方式来构造自己的生活结构，所以在文化制度上反映出来的是对所生存的生态环境适应性的反映。这里的适应是中性意义上的，不作任何比较下的价值判断，因为上面已经讨论过，适应在很多时候不一定都是有效的，若适应都是有效的，那就不会出现很多民族和文化的消亡。当生存资源是以所生存的环境为来源时，很多制度安排就会带上其特征。如游牧民族在制度安排上关注的中心是畜牧所有权及相关问题，农耕民族则是把关注的中心放在田产所有权及相关问题上。这可以从基辛《文化人类学》一书的 100 个案例中得到证明，也可以从霍贝尔《原始人的法》中五个不同地区、不同发展阶段的民族群体的法律制度上看到这些制度由于不能脱离所生存的生态环境而出现的不同适应。① 但是值得注意的是那种把地理因素当成宿命论时也会导致理解上的误区。对此法国学者帕斯卡尔生动而辛辣的批判是有启发性意义的。"所有正义的或不正义的东西都随着气候的变化而改变其性质。纬度高三度就颠倒一切法理，一条子午线就决定真理……以一条河流划界是多么滑稽的真理！在比利牛斯山的这一边是真理的，到了那一边就是错误的。"② 极端地理决定论者心中永远没有什么真理，这样人类社会相互间就不可能进行任何文化意义上的交流。

三、各民族群体都在适应中形成了各自特有的社会生存范式

各民族群体在相对独立中，对同一问题，不同民族可能有不同的解决方式。如在对待父辈死者上，有的民族群体认为最好的方式是完好的土葬，有的认为是火葬，有的认为是把他们吃掉，有的认为是用他们的头骨来日日饮

---

① 霍贝尔在《原始人的法》中讨论了生活在北极圈内以渔猎为生的爱斯基摩人（因纽特人）在原始无政府状态下的法律情况，生活在太平洋吕宋岛上以农耕为生的伊富高社会的法律，生活在北美大平原上以狩猎为生的科曼奇人、凯欧瓦人和晒延人的法律，生活在非洲新几内亚东北海岸罗布来恩德群岛上的美拉尼西亚人的法律，生活在西非黄金海岸已经进入"君主立宪"的阿散蒂人的法律。这五个分析个案在社会结构、地理环境、生活类型上都是不同的。

② ［法］帕斯卡尔著：《思想录》，何兆武译，商务印书馆 1985 年版，第 137 页。

酒才是最好的。这些不同的选择都有一个相同的目的，那就是希望自己的行为能让死去的亲人安息，并给自己带来好运。只要打开《家庭史》① 就可以发现人类各种各样的婚姻安排是多么的精彩，让你无法想象。侗族谚语中有"三里不同习，七里不同俗"，"各村各规矩，各寨各礼俗"②。人类学学者的研究让我们知道任何一个民族群体只要过去生活在相对隔绝的环境中，他们都能形成自己特有的生存范式，有一套自己的社会文化制度体系来构造自己的社会，让自己的社会在这个世界上脱离那种生物学意义上的动物群体。一个例子是新中国成立前的大、小凉山彝族地区，彝族社会很多是没有在官府的控制之下，为此形成了一种独立的社会纠纷解决机制。彝族社会中的纠纷解决是由其社会中自然形成的德古完成的。在彝族社会中有"汉区的官府，彝区的德古"的说法，这反映出德古在彝族司法中的作用和功能。彝族社会中德古的来源不受等级限制，黑彝、白彝以及家奴都可以成为德古，其产生的条件是对彝族习惯法、案例十分熟知，且为人公正、能言善辩。对德古调解案件的结果是任何人都得遵守。对此彝族社会有："穿草衣的不怕披毛披毡的。"（"穿草衣的"是指在彝族社会中平民和家奴阶层，"披毛披毡的"是指黑彝阶层）"最没有名望的人调解成功的纠纷，即使是最有名望的人也不能重新进行调解。"③ "三岁孩子说好的纠纷，六十岁老人也不能改。""用金子做腰带的人，推翻不了用麻绳做腰带的人调解成功的纠纷。"④ 从这些法律式的谚语中可以得出在彝族社会中为了使社会有序化，给予纠纷解决者强有力的权力，打破其社会中等级森严的社会权力和利益的结构与安排。这也许是任何社会为了有序化必须付出的成本。同时彝族社会又让德古在拥有绝对司法权威时受到社会价值的约束，因为任何德古不是先天产生的，他是由其后天的才能取得，并且得到社会成员认可。当其不公正时，德古会自动失去其权威，没有了上面所述的权力。德古的权威仅在他作为纠纷解决者时才体现出

① 《家庭史》第 1 卷《遥远的世界、古老的世界》中所研究的那个时代，地球上不同族群既有家庭形式，又可以发现人类社会最初时的差异。
② 《侗族谚语》，贵州民族出版社 1996 年版，第 221 页、224 页。
③ 以上所引见白芝、尔姑阿呷《凉山彝族习惯法》，《彝族文化》1989 年年刊，第 121 页。
④ 海乃拉莫等著：《凉山彝族习惯法案例集成》，云南人民出版社 1998 年版，第 13 页。

来，其在现实生活中不会因其头衔而改变他的社会等级。这些看似不合情理的社会构建，让彝族社会有了一个完全能胜任让其社会稳定的纠纷解决机制。彝族社会的这种纠纷解决机制让他们的社会有相当特殊的秩序维持体系。对此庄学本在《西康夷族调查报告》中评述说："夷族在一般人想象中为一犷悍不知法律的民族，所以它们在社会上守法的程度如何，颇值得我们注意，且黑夷犯法在族内并不强制执行，而仅凭家属或亲戚之和平劝告，惟事实所昭示者，夷族反多勇于守法，虽死不避，颇有古代画地为牢之风。"① 这种现象在藏族中也存在，"穿羊皮的人裁决，着虎皮的诉讼者也无法翻案"②。这些说明在各民族群体中，往往把纠纷解决者的权力超越本民族社会中的政治权力和权利上的划分，以达到社会中有强有力的秩序维持体系。

然而不要把同一问题的不同解决方式当成不能改变，或者说是绝对独立。其实，人类社会中各民族群体在解决偷盗的方式上可能有很大差异，但是有一个东西是相似的，那就是保持一个社会中财产的相对稳定。一个例子曾让笔者深为感慨，那就是对元代收继婚问题的研究和关注。在笔者研究生学习期间认为这种婚姻形式是元代婚姻法上一个非常独特的问题，也是蒙古人婚姻中特有的形态。但经过研究后，笔者才发现，这可以说是人类婚姻史上很多民族都出现过的婚姻形态，且不受地理的约束。在中国不仅北方民族有，南方民族也有，汉族过去也存在过此类婚姻形态。在读过《家庭史》以后才发现地球上的很多地方都有过这种婚姻形式。再举一个例子，中国古代匈奴、突厥、回鹘等北方民族有种当亲人死后"剺面"以表哀的风俗。"死者，停尸于帐，子孙及亲属男女各杀羊、马，陈于帐前祭之，绕帐走马七匝，诣帐门以刀剺面且哭，血泪俱流，如此者七度乃止。择日，取亡者所乘马及经服用之物，并尸俱焚之，收其余灰，待时而葬。春夏死者，候草木黄落；秋冬死者，候华茂，然后坎而痤之。葬日，亲属设祭及走马、剺面如初死之仪。"③"剺面"就是用刀划伤面颊，这种风俗看来是中国北方民族所独有的，古罗马

① 庄学本著：《西康夷族调查报告》（民国30年本影印），亚洲民族考古丛刊第二辑，第18册，第98－99页。
② 陈庆英主编：《藏族部落制度研究》，中国藏学出版社1995年版，第241页。
③ 《北史》卷99《列传第87·突厥》。

的《十二铜表法》中有与之相反的规定，在第十表《神圣法·第四条》中有："（在埋葬时）妇女不得抓伤面颊及哭泣死者。"① 在笔者看来，不管一个民族群体在自己的生存范式下如何设计制度，其解决问题往往是一样的，那就是让整个社会更有序、更合理、更有效。在《赫梯法典》第176条中有："假如任何人于圈中隐匿良种之牛，则应举行国王法庭审判，将它出卖。在三年内它可以接种；牛、羊、山羊在三年内可以接种。"为了让畜牧业得到更好的发展，国家在法律上规定任何人不得独占良种牲畜，而整个法典保护的重点是牲畜所有权。第63条规定："假如任何人窃取耕牛，则先前交付十五头牛，而现在他应交付十头牛：他应交付三头二岁的牛，三头一岁的牛，四头不到一岁的牛，同时用自己的房屋担保。"② 以上说明立法更多是在个体利益和群体利益间进行平衡。虽然各民族群体在各自独立的环境中都会有自己的生存范式，都能让各民族群体在文化制度上与他民族区别开来，但这不是绝对的、不可交流的。

四、任何族群的社会文化世界系统对外来制度都会有排斥力

由于人们长期生活在一种文化系下，会产生一种用久了就方便的习惯。这种习惯主要来自心理上，再加之若外来的制度是强制和带有其他经济上的目的时，往往会造成原有制度对外来制度的排斥。这种来源还有一种就是主权国家下的民族观产生的声誉感。当然，由于现在很多法律在移植时过于生硬，而且是在很短的时间内完成的，这造成了对外来文化的排斥。对外来的东西感到不方便的心理其实不是所借来的东西没有效，而是人们心理上的惯性所致。此外，若对一个制度进行完全的改造，要在很短时间内完成是不可能的。一个制度创新必须在很长时期内才能完成。如在南方民族地区汉法进来后，由于各民族有自己的法律制度，在纠纷的解决上往往是"村村都有补衣婆，寨寨都有理事公"，所以有"侗依侗俗，汉循汉规"③ 之说，这造成用

---

① 《十二铜表法》，法律出版社2000年版，第50页。
② 整个法典中对牲畜所有权的保护是核心。《赫梯法典》，法律出版社2000年版，第86页、39页。
③ 《侗族谚语》，第232页、227页。

本民族的法律制度来排斥移植来的法律制度的社会现实。

五、任何族群固有文化系统对移植来的制度、文化都会重新解释

人类现在的发展，更多的资源是来自相互交往中的制度文化的移植。但若移植后，移植民族群体不对原有移植体进行重新解释，就会出现人类停止不进或移植社会一直成为下游社会的结构。在制度移植中，移植的往往是某个制度中的一部分，它被移植到其他民族群体的社会中后，有与那个民族群体的整个文化体系进行重新组合的过程，使外来者成为内在的一部分。这构成了本土化的过程。这在人类社会中是一个过程，如佛教传入中国后，经过几百年后，最终形成了中国本土化的佛教。这时佛教成为了中国文化的一部分。近代西方国家在引入中国文官体制后，在很多方面与中国原有的文官体制是有所不同的。此外，人类社会中两个不同生存范式的民族群体在刚交往时就进行制度上的移植很难，但经过长期交往后就比较容易。日本在明治维新时和第二次世界大战后一样进行制度移植，前期表现出效果上很差，但在二战后，就表现出更大的成功。这是因为在经过近80年的日本内部制度移植，到二战后，就相对容易了。罗马人移植希腊人的制度是一个长期的过程，最后，罗马人的法律制度与希腊人的法律制度表现出巨大的差别。此外，对移植进行重新解释还受不同民族群体过去对自己文化系中所形成的对正义、合理等一系列价值上的东西的不同理解所影响，要改变这些价值的话语解释体系需要很长的时间。法律移植最大的阻力不是民众，往往是当权者和知识群体，因为这些人对过去固有制度的依赖性更大，过去的制度能给他们带来实在的好处，而一般民众对制度的感知往往是从实在利益出发。这就是为什么结构越复杂的社会在法律制度的移植上越难，而那些制度简单的群体较为容易的原因。以云南而言，这就是为什么基诺山的基诺族在移植进全新的制度文化后，很快就能适应，并使一些人断言其文化很快会消失。另一个例子是笔者在云南省红河州金平县者米乡调查时听当地干部说，在对国家的很多政策法律适用上，拉祜族的苦聪人中比在那些文化背景较复杂的傣族中易于实行。究其原因是苦聪人没有太多的文化制度，他们对外来制度不必去进行更多的再解释。这里再举一例，宋代中国士大夫之家形成了乡约制度，到明

代国家推行乡约制度。这种制度以宋代吕氏《蓝田乡约》为范本，其基本内容有四项：德业相劝，过失相规，礼俗相交，患难相恤。这一制度在明代被移植到朝鲜时，朝鲜官员都根据当地社会进行本土化。"故李氏（李珥）尝于《吕氏乡约》，及《朱子乡约》，多所增改外，且因时因地，别为釐订，皆显见其合于民生，洽于民情之精神，而彰其德教。如《西原乡约》及《海州乡约》，即见一斑。此外同于李珥时代，或后于李珥时代，诸家所拟订之乡约者，有李滉之《乡立条约》，柳馨远之《乡约》，韩章锡之《关北乡约》，金弘得之《报恩郡乡约》，皆不失为随时循俗，配制条例，永成乡塾之礼。"作者说当时朝鲜在移植中国的乡约制度时"随时循俗，配制条例"，其实就是用本民族的固有资源对外来制度进行本土化的过程。李珥是明朝隆庆年间，即明代中后期的人，他在有人提出在朝鲜国内推行乡约时就反对说："近日群臣，急请行乡约，故自上命行之，臣意以为行乡约太早，养民为先，教民为后。民生憔悴，莫甚于今日，汲汲救弊，先解倒悬。然后可行乡约也。德教是粱肉也，若脾胃极伤，糜汤不下，则粱肉虽好，其能食乎？"但到明朝隆庆五年（1571 年）他实行《西原乡约》、《海洲乡约》时，作者认为其乡约"颇能明其特性，随时循俗，因事势以制宜"，他在乡约中专立读法，是宋代吕、朱两家乡约中所没有的。此外，在其乡约设置上有都契长、契长，下有掌，每掌设有一长。在"乡"中设有善恶籍，把中国元代社制中的制度融进去。此外每契长、掌长都对各自辖区内的各种纠纷有一定的管辖权，对一些重大案件，契、掌有处理权力，只要报官备案就行。这与中国是不同的。此外，在柳馨远的乡约中可以说把中国元明时期所有乡政、赋役都纳入其中，在其制定的乡约序言中说："朱子增损吕氏乡约至矣，但其书本为士类私相约束者也，若自国家申明教条，使州里士庶，无不兴行，则其间节目，有不得不变通者。"在其乡约下各类事目有役员、都籍、乡籍、讲约、契（也称洞契）、契长、契籍、赏罚、争讼、嫁娶、论罚、告诉、救济、杀牛、社仓。从中可以看出他把整个基层社会的功能都包括进乡约中，这与明代的乡约功能相比是十分不同的。中国古代私宰耕牛属于触犯刑法，不属于乡政。还有其他几个人的乡约上也与中国明代的乡约有所不同。所以说当朝鲜移植中国的乡约制度时，这些官员都会通过自己的文化制度对其进行本土化，从而创造

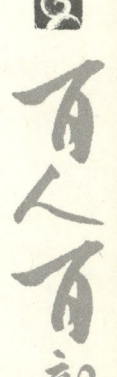

155

出与移植源既相似又有区别的朝鲜基层社会制度①。另一个例子就是日本在"大化改新"时移植中国唐代法律制度，但日本此后的法律制度与中国法律制度却有很多不同之处。

通过上面的分析，可以发现法律移植与本土化是人类社会在法律建设上出现不同生存范式的民族群体交往中，对外来资源运用上同一个问题的两个过程或说两个方面。它不是对立，而是一个进程中两个学理上的分析阶段，在实践中往往是同时进行的。因为一个民族群体在制度创制时常常得把内外两种资源进行分析，根据所要达到的目标进行创制。当两个有不同生存范式的民族群体在交往增加后，两者的制度文化就会趋同，到一定程度后，就会成为一种新的文化，也就是说成为有相同的生存范式。

这里笔者分析的不仅是不同主权国家中法律移植与本土化的问题，而且还包括同一政权下不同生存范式的民族群体间的法律移植与本土化问题，这与现在不同主权国家间的法律移植与本土化虽有相似，但还是有区别的。本书中笔者关注的是不同民族群体在相互交往中法律移植与本土化的长时段考察，以揭示这些民族群体在法律制度上的变迁情况。

---

① 以上参见《中国保甲制度》第一篇第三章下（三）《朝鲜乡约之为用》。

第五章　元明清时期南方民族法律
移植与本土化的资源

　　元朝以后，南方民族地区由于中央政府势力的深入，国家的统一，中原地区的汉法成为这个时期南方民族移植的主要法律资源。同时，在一些南方民族，主要是云南地区以傣族为代表的一些民族受到南传上座部佛教的影响，在他们的法律发展中，开始移植佛教戒律和古印度法的一些内容、技巧，这成为他们法律发展中移植的外在资源。清朝中后期，由于西方基督教的传入，一些少数民族群体在改信基督教的同时，也在自己的法律规范中移植西方的一些法律及基督教的教会法规。但各民族在对外来法律进行移植中，并没有导致各民族本身固有的法律特性完全消失，这主要是由于在移植这些外来法律前，各民族已经拥有了自己的法律制度。这构成了这个时期南方各民族群体本土化外来法律的法律资源。

第一节　元明清时期南方民族法律移植的资源

　　这里分析元明清时期南方民族法律移植的资源，也是这个时期南方民族在法律移植上的移植源。在此笔者把移植源定义为必须是这种制度规范来自受体民族群体之外，而不是一种文化的和制度的迁移。如元朝以后南方民族地区有大量的回族迁入，因为伊斯兰教法是由于社会载体的主体的变动而迁移，所以不构成研究的对象。此外，中国的道教也有一系列的规范体系，但由于道教是中国传统文化中的一分子，这里不作讨论对象。这里讨论的法律移植源是族际制度规范的借用、借鉴、继受等。这在族际十分重要，因为上面已经分析过不同的民族群体往往有不同的生存范式，不同的生存范式下就有不同的法律系统。由于本书这样界定法律移植源，所以笔者认为元明清时

期南方民族地区在法律移植源上主要有三大资源：中原儒家文化价值下的汉法资源，佛教戒律及古印度法，基督教的教会法及西方法律。这三者既是文化或说文明，同时也是人类发展史上形成的"人"的生存范式，它们还具有各自的法律制度。

一、中原儒家文化价值下的汉法资源

这一资源是最重要的，可以说它是这个时期南方民族法律制度发生变迁的根本性外部资源。这里为什么不用中国传统法律呢？因为笔者认为中原儒家文化价值下的汉法与中国传统法律是有区别的，中国传统法律的范围要比中原儒家文化价值下的汉法大得多。若用系统论来看，中国历史上各民族的法律制度都构成了中国传统法律的一分子，而中原儒家文化价值下的汉法仅是这一大系统内的一个核心子系统。如在本土文化下受佛教影响的藏族地区和傣族地区的法律与汉法可以分为不同的生存范式，但三者都是中国传统法律的一个部分。所以这里笔者在使用中原儒家文化价值下的汉法资源是有所特指的。为了行文上的方便，文中汉法与中原儒家文化价值下的汉法是同一概念，可以互用。

中国汉法体系是在先秦文化和制度的发展中形成的。汉法在董仲舒以后，可以说在法理学上取得了相对的完善和稳定，于是它成为自成体系的法律制度。所以自汉代起，各民族和中原汉人常常把中原地区的法律与各民族的固有法律相对，称为汉法。① 汉法经过汉、南北朝、隋代引经入法，到唐时《唐

---

① 在中国古代，自汉代以来就把中原的法律与周边民族的法律对称为"汉法"的习惯。当然在使用中，汉法最初有双重含义，有时是指汉代的法律制度，但汉朝以后就多把汉人法律与其他民族群体固有法律相对称。如《史记》上就有"【正义】汉法，诸侯各起邸第于京师"（《史记》卷9《吕太后本纪第9》），指的是汉代对诸侯官邸的法规。"窦婴在前，据地言曰：'汉法之约，传子适孙，今帝何以得传弟，擅乱高帝约乎！'于是景帝默然无声。"（《史记》卷58《梁孝王世家28》）这里是指汉王朝的皇位承袭法。"汉法，博望侯留迟后期，当死，赎为庶人。广军功自如，无赏。"（《史记》卷109《李将军列传49》）可以看出以上"汉法"就是汉王朝的法律制度。但从汉代开始，"汉法"就有相对于各民族固有法律来称中原汉族法律制度的这种含义。"于是天子许之，赐其丞相吕嘉银印，及内史、中尉、太傅印，余得自置。除其故黥劓刑，用汉法，比内诸侯。"（《史记》卷113《列传53·南越传》）这里是把南越之固有法与汉法来对称。"征和元年，楼兰王死，国人来请质子在汉者，欲立之。质子常坐汉法，下蚕室宫刑，故不遣。"（《汉书》卷96下《传66下》）以上"汉法"是相对于其他民族的法律制度而言。"贺鲁谓嗣业曰：'我破亡虏耳！先帝厚我，而我背之，今日之败，天怒我

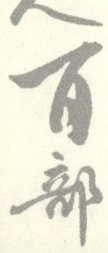

律》"唐撰律令，一准乎礼，以为出入"。①这标志着汉法体系的最后完成。

中国古代历史中，周边民族群体只要和中原汉人发生交往后，在法律建设上就会出现把汉法移植到各民族群体中去的事实，这是中央政府对边疆开发中法律制度建设上的一个特点。从各民族本身来讲，在法律制度建设上一个重要的任务就是如何移植汉法，让自身的法制转向汉法。这在南北朝时期的北朝最为明显，其中北魏就是代表。北魏在建国后，在法律制度建设上大力移植汉法，并在移植的同时改造汉法。北朝的其他民族政权也如此，从而使这个时期成为汉法发展中的一个重要时期。后来的辽、金、西夏也如此，在建立政权后，在法律制度的建设上就有移植汉法的现象②。

可以说在古代东亚地区历史上的各民族交往中，自西周起中原地区的华夏文化制度在社会主体的行为安排和制度上就处在比较大的优势中，很多民

也。旧闻汉法，杀人皆于都市，至京杀我，请向昭陵，使得谢罪于先帝，是本愿也。'高宗闻而愍之。"（《旧唐书》卷194下《传144下·突厥传下》）"元海五部散亡之余而能自振者，少居内地，明习汉法，鄙单于之陋，窃帝王之称。使其未尝内徙，不过劫边人缯彩、曲蘖归阴山而已。"（《新唐书》卷112《列传37·薛登传》）这里的汉法就是唐律。"至太宗时，治渤海人一依汉法，余无改焉。"（《辽史》卷61《志第30·刑法志上》）"神册元年……建元甘露，称制行事，置左右大相及百官，一用汉法。"（《辽史》63《表第2·皇子表》）"庚午，诏契丹人犯十恶者依汉律。"（《辽史》13《本纪13·圣宗四》）这些汉法、汉律都是相对于契丹民族的固有法律来称。"会灵武节度王令温以汉法治蕃部，西人苦之，共谋为乱，三族酋长拓跋彦超、石存、乜厮褒率众攻灵州。"（《宋史》卷254《列传13·药元福传》）"环、原州属羌扰边，以雍为安抚使。建言：'属羌因罪罚羊者，旧输钱，而比年责使出羊，羌人颇以为患。请输钱如旧，罪轻者以汉法赎金。'从之。"（《宋史》卷288《列传47·姜遵传》）元代以来，由于南方民族地区已经在行政上纳入了中央控制下的官僚体制中，所以在官方法律上有把中原的法律对称为汉法，以区别于南方各民族固有法的现实。在《元史》中有："己亥，塔失帖木儿、倒剌沙请凡蒙古、色目人效汉法丁忧者除其名，从之。"（《元史》卷30《本纪30·泰定二》）以上这些"汉法"在使用时都是相对于各少数民族的固有法来讲。在《明史》上就有："初，思恩土官岑浚既诛，改设流官，以其酋二人韦贵、徐五为土巡检，分掌其兵各万余。夷民不乐汉法，凡数叛。"（《明史》卷211《列传99·沈希仪传》）"大猷言于必进曰：'黎亦人也，率数年一反一征，岂上天生人意？宜建城设市，用汉法杂治之。'必进纳其言。大猷乃单骑入峒，与黎定要约，海南遂安。"（《明史》卷212《列传100·俞大猷传》）"水西……今臣分水西地，授之酋长及有功汉人，咸俾世守。虐政苛敛，一切蠲除，参用汉法，可为长久计。"（《明史》卷249《列传137·朱燮元传》）这里"汉法"就是与各民族固有法相对称的中原传统法律。其中第一处是相对于壮族固有法律；第二处是相对于黎族固有法律；第三处是相对于水西彝族固有法律。所以说在中国古代社会中自古就已经开始承认其他民族的法律与汉法并存的事实。

① 《明史》卷93《志第69·刑法志一》。

② 这里要说明的是汉化与法律移植有相同之处也有不同之处，因为笔者讨论得更多的是制度设置，而不是文化中的其他部分。但由于法律不仅是一种制度，同时也是一个民族群体文化价值的反映，所以法律移植与汉化是有密切联系的，法律移植成为汉化的重要途径和方式之一。

族群体在与汉族交往后，汉法往往成为它们制度比较后的移植资源，这就是为什么现在中国大地上的各民族常常在法律上把汉法作为移植资源的原因。当然也因为在那时，在整个交往的不同民族群体中，汉法是最有效、最合理、最正义的。为什么这样说呢？这与汉法本身有关，这里不能用近代全球的比较眼光来看待当时的问题。汉法到秦代以后高度世俗化。具体来看秦汉时的法律制度情况，笔者把法律分为四大部分：社会组织法、刑事法律、民事法律、纠纷的解决。这时中国的汉族地区在这四个方面已经很理性化了。在社会组织上，国家官僚体制已经完成了文官体制与武官体制的分离，且高度科层化，因为国家把官吏分为不同的级别，区分不同的职权，并且在官僚体制上有完善的铨选、考核体制。在地方组织上有完善的郡县制度，不管后来分为州、县，还是省、州、县，府、州、县、厅，都与郡县制是一致的。可以说，中国古代汉族地区的社会组织法，在当时世界上是最早理性化、科层化的社会组织法，是近代西方文官体制和选举制度出现以前最合理、最有效的社会组织制度和法律制度。只要看看各朝《会典》就可以发现中国古代社会组织法的完善性。这种制度一直成为与汉族交往后他民族移植的对象。这也就是为什么在西方启蒙运动中很多没有到过中国的学者，读了相关介绍中国的书后，对中国赞赏有加的原因。

此外，在刑事法律、民事法律、纠纷解决上，秦汉以后相关法律制度就比较完善，周边很多民族群体在这些方面是难以与之相比的。如在命案上，汉法是由国家按法处罚，不许通过血亲复仇和通过命金赔偿来解决，而在很多南方民族中却是用血亲复仇和命金赔偿来解决。在婚姻上，汉法没有舅权婚形式；在田地买卖上，法律规定必须立契约、问亲邻等。请记住，在这里是横向对比，也就是说在同一时期内进行不同族群间的比较，而不是纵向的古今对比。

二、佛教戒律及古印度法资源

不可否认，当佛教传入中国后，佛教的戒律成为中国接受佛教的民族群体的法律移植资源之一。这可以从藏族、傣族过去的法律中看出。这里笔者重点分析的是西藏地区和藏族之外的南方各民族。在中国南方民族地区，各民族受佛教的影响也不一样，所接受的佛教派系也不同。笔者只重点分析接

受南传上座部佛教的傣族地区，对接受汉传佛教的白族地区和藏传佛教的藏族地区略作涉及。佛教不仅是一种个人内心的信仰体系，还是一种行为规范，因为它有很多戒律。这些戒律构成了教会法，于是佛教戒律成为信仰者在法律设置上的一个资源，佛教往往也是一种生存范式，这在元朝人中就有认识。李源道在《创修圆通寺记》中就有："滇以南俗尚狰狞，喜格斗攻敚，刑教所不能束，而奉三宝尤至，户有梵宇，昕夕熏燎，钟磬声相闻，少老牢自持律，不轻毙一蚁，岂非三恶、八难、十缠、九恼之戒，有以革其面而律其心矣。"①这里说云南白族地区在信仰佛教后，人的社会行为发生了急剧的变化，佛教戒律成为人们的行为规范。这也是一种法律。在中国古代各民族中，由于宗教的传入导致法律发生变化的很多。藏族在接受佛教后，其法律开始大量移植佛教的戒律和古印度的法律，使其从强悍的民风转向相对和平的民风。在纠纷解决中，起誓在佛教传入后有了新的理论依据，因为在藏族俗语中有"食言之人没有解脱之日，信佛之人没有恶趣之忧"②之说，佛教的轮回报应观成为发誓有效的力量。

十二三世纪南传上座部佛教在缅甸、泰国、柬埔寨、老挝等东南半岛国家占有统治地位时，中国境内的傣族地区也开始进入制度创制时期。缅甸的蒲甘王朝（1004—1283）是缅甸南传上座部佛教发展中的重要时期，而在1180年叭真在西双版纳地区建立了景龙金殿国。在蒲甘王朝灭亡后，缅甸掸人的一支建立了庇古王朝（1287—1539），这时云南西南部德宏傣族社会进入了社会分化并成为强大的地方政权（指麓川的崛起）时期。在庇古王朝时期，国王华列鲁在位时，邀请僧人编纂了一部《华列鲁法典》，此法典是根据印度《摩奴法典》编纂而成的。《华列鲁法典》"奠定了缅甸最早的法学基础"③，此后它成为古代泰国和缅甸的法典典范。在庇古王朝时期佛教得到继续发展，在达磨悉提在位时（1472—1492），他组织人把《华列鲁法典》译成缅文，由于他过去是一名僧侣，在当上国王后成为严明的法官，还著有《达磨悉提判

---

① 杨世钰主编：《大理丛书·金石篇》（十），中国社会科学出版社1993年版，第18页。
② 陈庆英主编：《藏族部落制度研究》，中国藏学出版社1995年版，第234页。
③ 净海著：《南传佛教史》，宗教文化出版社2002年版，第150页。

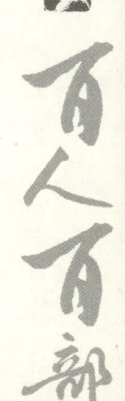

卷》，此书对后世影响很大，至今犹存。这样，这些信仰南传上座部佛教地区的法律更多地受到佛教戒律的影响。东固王朝（1531—1752）先后灭了庇古王朝、阿瓦王朝，统一了缅甸，在其王莽应龙在位时，召集高僧和大臣制定法律，以《华列鲁法典》为根据，编成《达磨他毗》和《拘僧殊》两部法典。在泰国方面，元明时期有素可泰王朝（1257—1436），在其王坤蓝甘亨时期，努力提倡佛教，缅甸人的法律同时传入泰国①。在同一时期，在泰国北方边境清迈地区出现了那兰地方政权，即八百大甸，其王孟莱1296年把都城定在清迈，这个政权与东固王朝、素可泰王朝都有交往，且这两个王朝在强大时都对其控制过，其中那兰王孟莱（又译芒莱）制定过一部法典，称为《芒莱法典》，这部法典后被西双版纳的《囊斯兴安龙》法律移植。对于《芒莱法典》，《剑桥东南亚史》第一卷上称其为在佛教的行为规范即戒律的影响下制定而成的法典②。这部法典成为西双版纳地区傣族成人的必藏书③。通过以上分析可以看到，东南亚各国与中国南方傣族在法律发展中接受佛教的同时，也把印度法律和佛教戒律移植至各自的法律中。

南传佛教中的戒律表现出了佛教和印度古代固有法律的特有立法技巧。南传佛教戒律中有：比丘戒218条，比丘尼戒290条。由于佛教传入后，傣族全民信仰，很多教律直接成为信仰者的法律，如五戒、八戒、十戒等。一般教徒遵守五戒，即不杀生、不偷盗、不邪淫、不妄语、不饮酒，还有遵守八戒的。这当中不同的人有不同的戒规，僧侣要比一般百姓严得多，他们遵守的基本戒条是十戒。这些戒律有很详细的分类和规定，其中五戒为基本：不杀生（有的是不杀人，根据教徒的级别略有不同）、不偷盗、不邪淫、不妄语、不饮酒。这五戒中又有很细的分类，如不偷盗中"盗"分三类：强盗，

---

① 净海著：《南传佛教史》，宗教文化出版社2002年版，第206页。
② ［新西兰］塔林主编：《剑桥东南亚史》（第一卷），云南人民出版社2003年版，第138页。
③ 按刘岩《南传佛教与傣族文化》中西双版纳傣族成人的九本必藏书是：Tika（《传统理论》）；Manlai（《芒莱法典》）；Subhasita（《格言、善言》）（通过格言方式传授某种道德理念是佛教的特征，因为佛教中就有法句——笔者注）；Rajant（《刑法》）；Avahan（《判案》）；Culabodhi（《解决矛盾的方法》）；Mullakantailai（《处理矛盾的故事》）；Siuchatat（《教育恶顽》）；Mahosadha（《战术、策略》）。其中《芒莱法典》在西双版纳地区有清迈兰那文和版纳傣泐文两种文本，说明此法典在西双版纳地区的通用和影响。云南民族出版社1993年版，第245页。

使人不能抗拒为之强；抢夺，使人猝不及抗拒谓之抢；窃盗，即偷，使人不知抗拒谓之偷。此外，侵占、贪污都归为此类。各种具体的行为称为"犯相"，在立法上区分犯相很细微。但这些都不是这类立法的本质，本质是意图即犯意。"盗"的构成要件是：①他物，即他人的财物；②他物想，即明知属于他人的财物；③盗心，即图为己所有；④值五钱；⑤与方便，即用种种方式，如强、抢、窃等；⑥离本处，即离开原来的位置。这六条构成了"盗"行为的要素①。通过此，我们可以理解在《坦麻善阿瓦汉绍哈》中的 25 种行为，译者认为是 25 种疑难案件的裁决判例，那并不是事实，其实是 25 种偷盗行为的"戒相"，也就是 25 种偷盗行为的具体表现。这是佛教教法的立法技巧。这 25 种具体是：不准抢占佛寺，抢占果园，哈来牙金（即后悔）②，朋友的儿子偷盗，阿瓦哈来牙金（即触法后悔），财物寄存、比丘拐卖妇女，比丘骗取奴隶，贼偷奴隶逃走，拐骗女孩，信聘、信宰、信干、信卖、胆腊干、自杀，比丘偷鸟、偷鸡亡命、偷猎、尼戛许即偷漏税，比丘指使徒弟偷盗；偷般商的财物、散塔巴腊金即共同犯罪；偷牛杀吃；抢权；脱离佛门，偷牛下酒、暗示教唆罪；盗贼偷布，旧翻新，制造假银罪，制造假砝码罪，摆赛牙密乃牙即强夺财物，帕雅的奴隶偷文书官的牛。其实这些都是不同的偷盗行为，都是"盗"的外在"犯相"。这些规范不仅佛门弟子应遵守，一般百姓也得遵守，仅是比丘和比丘尼与一般人在具体上有些不同而已。这里的法律表现出了对佛教戒律的移植。此外，在立法技巧上，南传佛教戒律与其他教派戒律一样，常常是先说出一个初犯戒比丘的名字，然后引证鉴别所犯戒条之文，作为处罚和忏悔的根据③。这样我们对《孟连宣抚司法规》上的立法就不会不解了。傣族地区除了在立法技术、法律内容上移植佛教戒律外，还移植了佛教诞生国的古印度法，主要是《摩奴法典》。最明显的是在西双版

---

① 劳政武著：《佛教戒律学》，宗教文化出版社 1999 年版，第 195—197 页。

② 指在有偷盗行为后后悔并交还盗物是否为盗。在这个"犯相"下当时审判者就对犯者说："你不仅有偷盗之心，而且有了行动，当你将东西掌（趫）到山林时，就有罪恶了，你已经是'问腊西'即不合当比丘的资格。"也就是说是犯盗戒了，已经是偷盗行为。见《孟连宣抚司法规》，第 75 页。

③ 以上相关内容参见《坦麻善阿瓦汉绍哈即二十五种难案裁决法》，《孟连宣抚司法规》，云南民族出版社 1986 年版。

纳和孟连地区的法律中都十多类不能作证的人，在《芒莱法典》关于强奸行为的证人要求上有 19 种人不能作证，《孟连宣抚司法规》上有 10 种人不能作证，西双版纳封建法规中有 20 种人不能作证，为数最多。这种立法风格不是汉法所有的，也不是本地区的特征。这里来看《摩奴法典》上不能作证的人：

64. 不应该要惟利是图的人，以及仆人、敌人、心怀恶意为众所周知的人、病人和罪犯；

65. 不能以国王、下级工匠、演员、精干的神学家、学生、脱离一切尘缘的行者（为证人）；

66. （不能以）完全不能独立的人、声名狼藉的人、从事残暴职业的人、从事犯禁职业的人、老人、儿童、孑然一身的人、种姓混杂的人、官能衰退的人（为证人）；

67. （不能以）遭受忧苦的不幸者、醉汉、狂人、苦于饥渴的人、过度疲劳的人、陷身于情欲的人、愤怒的人为证人。①

这里有 28 类人不能作证。在西双版纳地区法律中不能作证的有 20 种人，他们分别是：老人，小孩，女人，醉酒的人，赌博的人，调戏妇女的人，患神经病和不能说话的人，贪心重爱受贿赂的人，精神错乱丧失记忆力的人，会唱会跳的人，贫苦帮人的人，狡猾和爱说空话的人，眼瞎耳聋的人，犯罪充军的人，喜欢别人受苦的人，卖给别人作过奴仆又赎回来的人，不采取别人意见的人，爱冤枉人不正直的人，犯错误人的亲友，犯错误人的仇人②。若拿两者对比一下，可以发现有很多相同之处。此外，在西双版纳的法律中，常常对某类问题规定得很细，如在继承上。这些并不是汉法的立法技巧，而若与《摩奴法典》比较，就会发现两者的相似之处。

还有就是对佛教中的法律价值和理念进行移植。如佛经上的故事，往往从中引出一些法律原则。经书中有《奢呆奢暖》（意为虎死虎睡），其故事讲一个和尚救了一只正吃蚂蚁时被蛇咬的虎，救活后，虎反要吃和尚。为此虎

---

① 《摩奴法典》，商务印书馆 1996 年版，第 174 页，括号中文字为引者所加。
② 《傣族社会历史调查》（西双版纳之三），第 34 - 35 页。

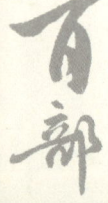

与和尚找了四种不同的动物审理。前三种动物为了自己的私利判虎赢，最后兔子才判和尚有理。从这个故事中总结出审理案件时审判者应遵循的四个原则：切忌无根据地判案；不能图财乱判；判案不能偏袒亲戚；不能因自己与案件双方的某一方有矛盾，就诬陷该方①。傣族地区大量从佛教经书的故事中移植法律理念和价值，这是不争的事实②。

所以说在南方民族中，傣族在法律制度的发展中对南传上座部佛教教律及古印度法的移植是其法律变迁的一大资源。当然南方傣族地区法律变迁的资源不仅如此，其法律资源有三大类：本土资源、汉法资源、与南传上座部佛教相关的法律资源。对此，江应樑在《傣族史》中说，今天的傣族文化是融合了三方面的文化而成，具体说，一是本民族的固有文化；二是吸收融合了汉族及其他少数民族的文化；三是大量吸收东南亚文化尤其是印度文化、南传佛教文化③。其实作为文化一部分的法律同样如此。

三、基督教教会法及西方法律资源

基督教作为一大宗教，有着自己独立的社会行为规范系统，这些行为规范往往成为信仰者的法规。虽然在近代西方社会中，基督教与世俗法律已经相当彻底地分离了，然而在那些没有完全世俗化的社会中，《圣经》中的众多行为规范常常直接成为基督教徒的法律规范，其中"摩西十诫"更是他们的基本行为规范。当基督教在传播中让其他民族群体接受它时，自身的法律制度也发生了变迁，这在那些没有自己强大法律制度的民族中最为明显。

基督教在中国南方民族地区传播，自清朝康乾时期就有外国传教士在活动。云南主教区建立于康熙三十五年（1696年），到乾隆四年（1739年）四川主教区与云南主教区合并，总辖云贵川三省的教务④。但真正得到发展却是

---

① 参见《云南少数民族社会历史调查资料汇编》（五），云南人民出版社1987年版，第339页。
② 关于佛教教律对傣族地区的法律制度作用可以参看以下三篇文章：方慧《略论元明清时期的傣族法律》，《云南社会科学》1998年第6期；安德鲁·哈丁《比较法与法律移植在东南亚》（Andrew Harding *Comparative Law and Legal Transplantation in South Eas Asia, Adapting Legal Culture*）；李忠华《小乘佛教对西双版纳傣族封建法律制度的影响》，《云南社会科学》2003年第3期。
③ 江应樑著：《傣族史》，四川民族出版社1983年版，第17页。
④ 参见《云南地方志道教和民族民间宗教资料琐编》，云南人民出版社1993年版，第177页。

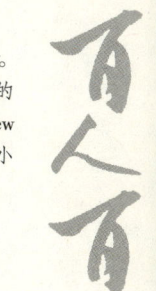

在 1840 年以后。从那以后到民国时期，南方民族地区的基督教传播得到了迅速发展。可以说南方各民族居住地区都有传教士在活动，哪怕在怒江峡谷的怒族、傈僳族、独龙族地区。这些民族在信教后，也在自己的固有法律中吸收一些基督教中的宗教规范与西方的一些法律规范。

基督教对南方各民族婚姻方面的影响最大。在南方民族中离婚不是严重的问题，但在信教后就禁止离婚，同时实行一夫一妻制。在结婚时，南方民族中很多族群聘礼很重，往往导致很多人在结婚时借了高额债务，其婚姻有买卖的性质。在信教后，实行宗教婚礼，不用聘礼。同时也实行自由婚姻，不受太多的家庭干涉。所以在当时常常出现很多青年人为了反抗本民族婚姻法中不利于自己的规定而改信基督教。此外很多传教士根据教法和西方法律，常对少数民族地区的固有法律进行改造，如在武定地区，传教士与教徒就制定教会法规，改造各民族固有的法律制度，其中就对"花房"习俗进行了改造，并规定同姓男女不婚。由于各民族有自己不同的习惯法，于是对十诫也根据需要进行本土化，导致出现各民族遵守的十诫与《圣经》中的十诫不相符，南方信教民族群体常根据"十诫"制定了很多法律规范，如不吸烟、不贪钱财、不喝酒、不种烟、不算命、不送鬼、不拜菩萨、不跳神、婚嫁不选择日子、不多妻纳妾等。这些构成了教徒的行为规范，违反者要受到各种各样的处罚，已成为教会法。其中这里禁止的很多原是各民族的习惯法和固有法，如多妻制等。清末党居仁在安顺、毕节等地区传教时就给信教各民族制定了新法规，如在婚姻上不准教众谈情说爱，婚姻由父母作主；不准离婚、不准玩花山等，对违反者进行各种处罚。这方面最明显的是基督教在怒江地区的影响，根据十诫制定了各教徒应遵守的十大法规：不饮酒、不吸烟、不贪钱财、不杀人、不买卖婚姻、不骗人、不信鬼、讲究清洁卫生、实行一夫一妻制等。这些规范有刑法、民法、道德等方面的内容。其中以刑法、民法最多，成为当地信教民族的新法律内容，对各民族固有法律习惯是一种彻底的改造。在基督教教会法对南方民族群体的影响中，笔者所见最有特色的是广西京族地区的一份规约，它把基督教的十诫移植到自己的规约中。此约叫《江龙乡恒望村规约》，在序言和结语中有：

江坪恒望村，绅耆会长老大后生等，共同议立规约。

防城县江坪恒望村绅耆会长老大后生等，共同商议，订立规约溯自天主初造天地，先造人类先祖，立起戒命以后，天主将十诫交与每瑟圣人，传以普世，使十诫印于人心，代代遵守，迨至吾主耶苏隆，生在世之时亲令，圣伯多禄管理圣教会另立圣会四规，以正人道理，以重仁义礼智。

盖一国之中，必有法律，一村之中，须立村约，而后完成国家乡村之名称。若国无法则盗贼繁集，民无安日，村无规约更不待言矣。窃思本户成立至今，代代之人谨守十诫，圣会四规，国法于然。惟近教友日有冷淡，迷于异端邪术，背弃正教日益加增，故户内绅耆、会长老大后生等，有鉴于此开会商量，按着十诫，议立本村规约，俾人遵守，以重国法而保村约。

在最后结语中有：

以上共十四条规约，经本户各绅耆职员老大后生再三番查修改妥善，认为合理。在上有附天主十诫之意，在下为世日常所守之规矩，故绅耆人等共鉴之也。作此本村约永久存留，代代遵守，使蛮恶化为良善，私心变为公正，仁者其仁，贤者其贤，亲者其亲，利者其利，乐者其乐，则本户绅耆人等所厚幸之也。

从这个序言和结语中可以看到该村约的法律渊源是中国传统法律原则和价值，以及基督教的十诫教规，其中在法规中强调说，这是以十诫为源渊制定的。为了进一步说明此法律，这里引第七条证之：

为人子者应以孝敬父母为先，又是天主十诫内第四条亦有说得很明白。若户内有人忤逆不孝父母者，本会长有本分教训劝化他，但教训其不听者，即照章处罚；如儿子媳妇不供养父母，辱骂父母、殴打父母，即应处罚银一元八角，若有绅耆职员老大违犯者，并将其所有保词一并没收，加倍罚之。有人报到会长包藏不理者，即照

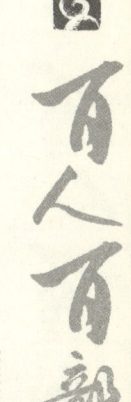

本规条罚之。又如人有儿女与他人儿女争吵打架，为父母者应当要查明白双方儿女谁是谁非，不得执认本儿女有理，而责骂他人儿女，以致成对方父母争吵打架，若有违犯者，即应处罚银七角二分。并有户内女子嫁出外处乡村，有回外家省侍父母准住到八天，或有本户男子娶别户女子，有去外家亦准住到八天即刻返回男家，若有人不守此条规约，会长查实，即处罚银一元六角，以重婚姻之风矩也。

从这条法规中可以看出制定此约时是如何把本土资源与外来资源结合在一起，其中有对尊长违约与其他人一视同仁的规定，这就是移植基督教中平等法律观的体现。在法规中有禁止已婚妇女随便回娘家的习惯。

本乡约法共十四条，最后一条有："以上规条是本户众绅耆职员老大后生等共同订立，无论何人不得将本规约以重变轻，亦不得以轻变重来处罚，若有人犯了某条规约，即照此条约来处罚，不得改换规条处罚，若绅耆职老大有偏私，改换规约并有意延迟处理者即有偏私之责也，即应罚每名银三元六角。"① 这里体现出该乡约移植基督教及西方法律的特质。

这个乡约制定于 1879 年，最先用越南语制定，到 1930 年才译成汉语。这是因为这一地区的传教士是从越南南方过来的，故多用越语传教。

从上面的分析可以看出，基督教的教会法及其后的西方法律制度往往成为传教区的移植源。但由于基督教在中国南方民族地区传播时间不长，所以对南方民族地区在这个时期法律制度的变迁影响上不是很大，且多在清代后期。这里还要说明的是，由于基督教在南方民族地区的活动主要是在 1840 年至 1949 年间，所以笔者在分析中难免涉及民国时期。

以上三种资源中，从南方民族地区整体上看，最主要是中原地区以儒家为价值取向的汉法，它是元明清时期南方民族法律变迁的基本的、核心的法律移植资源，此外南传上座部佛教的教律及印度古代法在云南傣族的法律变迁中构成了重要的外来资源。

---

① 以上参见《江龙乡恒望村规约》，《广西京族社会历史调查》，广西民族出版社 1987 年版。

第二节　元明清时期南方民族法律本土化的资源

元明清时期南方民族在移植其他不同生存范式下的法律制度时，对移植来的法律制度进行本土化的资源是什么呢？那就是各自固有的法律制度。虽然南方民族在发展时有先后之分，但都有自己的法律制度。当史书上说"苗事有不明者，只依苗例，讲人讲理"① 时，就说明他们有自己的法律规范，不必求助于其他的法律。这些法律制度对外来的法律制度也有很大的作用，它使很多外来法律制度出现了本土化的过程。这就是清末南方很多民族在法律上与元代以前相比虽有很大的变化，但各自还保有本民族群体的法律特色的原因。有一个法规最能说明此问题，即今贵州省从江县内清代康熙十一年（1672 年）立的碑，碑名为《高增款碑》：

> 为尝闻思事以靖地方，朝庭（廷）有律法，乡党有禁条，所以端土俗。近年吾党之中，有好强过人者，肆行无忌，勾串油火，受害良民，凡事不依乡规，殊堪痛恨！是以约集诸父集齐，严设禁条，凡婚姻田土之事，遵以碑（牌）长理论；其有不清，零（另）请乡正、团长理明，况于横亦不得奔城具控唆事。倘敢仍入前辙，众等致罚。长如强不负老，老少同心协力，有福同享，有祸同当，不许吞吃银钱，以犯同罪。立此禁条，开列如后：
>
> 议偷牛（盗）马，挖墙拱壁，偷禾谷、鱼，共罚钱二千文整；
>
> 议婚姻男女，男不愿女，女不愿男，出纹银八两，钱一千七百五十文、禾十二把整；
>
> 议女陪嫁之项不得瞒算，或男丈夫算之为平；
>
> 议男女坐月，身怀六甲五条，强奸妇女，嫁去，丈夫共出钱三千三百文赔理；
>
> 议男女坐月，男出钱女出布为平，罚银一两四钱；

---

① 民国《贵州通志·土民志一·黑苗》。

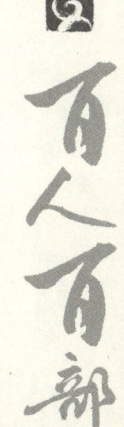

议拐带，父母还愿，赔理十千（文），肉一盘洗面，父母养女，不要补钱；

议山场杉树，各有乡界，争论，（进）油锅为止；

议卖田不典，将典作断，一卖百了，止（此）田有粮无粮，无粮之田以后说田有粮，进油锅为止；

议横行大事小事，不得唆事具控，如有多事，众等罚银五十二两；

议进行油火等项，罚银二十四两；

议偷棉花、茶子（籽），罚钱六千文整；偷柴、瓜果，割菎草，火烧山，罚钱一千二百文；

议或失火烧屋，烧自身之物，惟推火神与洗汗，须用猪二个，老监寨四十五家，拾余家，猪二个外，又罚铜钱三百三十文；失火烧坟墓者亦同处罚。

康熙十一年七月初三立禁条为挂四爪公。①

这个法律文本说明了元明清时期南方民族法律变迁时在法律移植与本土化上是如何统一起来的。从序言中可以看出此法律受到中原汉法的影响，这里有乡党和朝廷律法，它是中原地区汉法的特点。同时有乡正、团长，说明当时已经在这一地区的基层社会组织上建立了中原地区的制度。在南方民族中，基层社会以村、寨、峒等为单位。在纠纷解决上，先由各村牌头解决；不能，再由乡正、团长解决；不能，再上诉到县上去。在纠纷解决上不适用汉法，同时也说明其有能够处理各种纠纷的法规和制度设置，因为各牌头人能解决相关纠纷。在各法律条文中，对各种犯事进行规范，同时规定处罚手段。这里对婚姻上的规定最有特色，一方面移植汉法的规范，另一方面又认可本民族的一些固有法律。如坐月是本民族的行歌和坐夜等男女交往形式，并不是完全禁止，而只是对行为不检点者进行处罚。此外对田土买卖上进行规定，其规范说明当时出现田产的大量买卖，为此引进了典卖与绝卖等形式，

① 邓敏文、吴浩著：《没有国王的王国——侗款研究》，中国社会科学出版社 1995 年版，第 145 —146 页。

但出现有人利用典卖与绝卖的不明确进行勒索及出现反悔等行为，为此移植汉法进行调整。整个法规中还对用本民族固有处罚手段进行了明确规范。如在立法中规定一些纠纷可以通过捞油锅来解决，这其实是对此类行为的约束，因为它规定了这种方式适用的范围。还有对失火烧屋者，仅烧到自己的，不罚，但要推火神和洗汗，即祭火神和驱除邪气。这些本民族固有的法律通过新的立法重新确认、限制，以适应社会发展新的需要。此外，在法规用语上也是汉法和本民族惯用语共用，如汉法用语有乡、党、典、律法等；本民族用语有勾串油火（即专行诈骗的恶棍之称）、坐月、油锅、推火神、洗汗等。之所以出现这种移植中进行本土化的过程，是因为他们有本身固有的法律制度来处理这些事务。同时从序言中可以看出，进行此立法是因为在与汉法比较后，对新的资源进行移植，让自己的生存范式更加合理、有效、有序。这个法规让我们能够理解南方民族法律制度变迁的过程。在此法中笔者关心的是对移植来的法律为什么要进行本土化，从这个个案中可以得出是因为各民族有自己固有法律制度的结论。

在中国历史上，自唐代起在法律上承认了"化外"人的"俗法"以后，一直把他民族固有法律制度称为"俗"，到清代把各民族固有法律制度在法律上提升称为"例"，与汉法中的"例"一样，如《大清律例》和各部、各省的"例"，即各民族固有法律在清代被当成"例"来看待，与汉法中的"例"同等，这是认识上的进步。当然，这也与在清代各民族固有法律中称为"例"的地区在政治上、经济上、更不用说军事上完全在中央政府控制下，已成为中央控制下的特别地区有关。总之，不管是"俗"也好，"例"也好，都说明各民族在没有移植汉法前都有和汉法一样的制度来维持自身的社会，从反面证明了各民族有自己固有的法律制度。元代的《招捕总录》上就有："昔多夷生其中，自为雄夸。火头、大老（此下皆酋长位名）、把事、希古、军火、营主、山主、尊长。"这些不同的酋长称呼说明当时各民族都有自己的社会组织制度，此外在该书中有"融结之左，生息之野，风气不淑，习俗异华"之说，这也说明在元代对南方民族统一时，南方民族地区多是各有酋长、各有法律制度，且不同于汉法。在该书中至治元年（1321年）时出现藏渠州知州刺俄杀兄刺秋后，"（刺）俄集众依摩些俗，杀马牛各一，焚刺秋尸，明日逼

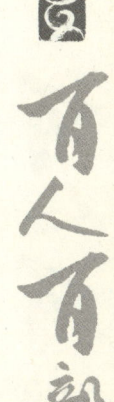

其嫂梳蛮塔为妻及占夺剌秋所部百姓"，后来官军对他征讨时，剌俄说："父祖宣命俱在子合处，又藏印不与尔客官行用，我兄弟自相仇杀争夺山寨，不关尔番汉官事。梳蛮塔系我嫂，我杀兄剌定、剌秋，故以嫂为妻。"①　这里剌俄认为他杀兄后，娶其嫂是合法的，这是因为南方民族中多有兄死弟娶其嫂的法律，所以他认为在法律上自己是合法的。在《百夷传》上有"百夷，即麓川平缅也……不加约束，听其自为声教。故官制礼乐之属，皆与中国不侔"②，说明此地区有自己固有的法律制度。作者用"官制礼乐"言之与中国比较，这里的中国即中原汉族地区的同义词，也就说明这里有自己的"官制礼乐"，仅是与汉法不同而已。广西、湖南地区侗族在历史上都有自己独特的约法款，广西三江侗族的《约法款》有18条756句，分为"六面阳"、"六面阴"、"六面威"三个部分，每一部分有六条相关内容。湖南地区通道侗族《约法款》有12条362句，共分六面阴、六面阳。其中称为阴的多处以死刑；阳的处以罚金或让其鸣锣喊寨，以示悔过。其中六面威涉及一般的礼仪道德。其内容有：破坏龙脉、挖坟掘墓、挖墙拱壁、偷钱偷粮、拦路抢劫、杀人放火、图财害命、捆绑他人、扰乱人伦、破坏风俗、坑蒙拐骗、勒索钱财、青春犯忌、喜新厌旧、目中无人、拐骗人妻、违舅权婚、毁坏田塘、偷鱼偷禾、小偷小摸、偷鸡偷鹅、毁坏森林、偷柴偷笋、乱入菜园、偷瓜偷豆、偷水截流、行为无理等。这些内容涉及当时生活的方方面面，成为一个汇编式的法典。在处罚上有活埋、沉塘及赶出村寨。如在偷盗上，就有"赶他的父亲到三天路程以远，撵他的儿子到四天路程以外。父亲不准回村，母亲不准回寨"；处以罚金；抄家；全村寨同吃犯者家产；让犯者吃猪粪、狗粪、送串串肉，让犯者鸣锣认错；"偷瓜、薯、菜、豆，罚四两四。除此之外，还叫他敲锣喊寨"③。这可以说是一个完整的法典，加上它的纠纷解决机制，构成了侗族社会完整的法律制度。

南方各民族在元明清时期几乎都有各自的法律制度。在社会组织上，不

①　《招捕总录》，印宛委别藏本，台湾商务印书馆影印，第19－20页。
②　（元）李思聪著：《百夷传校注》，江应樑校注，云南人民出版社1980年版，第147页。
③　参见邓敏文、吴浩著《没有国王的王国——侗款研究》。

同民族群体有不同的组织形式，但都有各自的社会组织。如水西安氏土司的社会组织是土司衙门下有十二则溪，十二则溪下有四十八部，四十八部下有一百二褐裔，再下有一千二百奕续；普安有十二营制度；武定地区土官衙门有一套自己的制度，地方上有二十马分理各地，马设火头，下有寨；景颇族有山官制度；大小凉山有家支制度；瑶人有瑶老和石牌制度；侗族有侗款制度；水族和壮族地区有亭目制度；苗族有鼓社和议榔制度。傣族地区有自己完善的制度，在土司衙门内有自身一套制度，在地方社会组织上有村、寨、陇。村有头人，寨有老幸即寨长，陇有陇头和陇尾，构成其社会组织，每个级别有不同的权力和职责。陇由几个寨组成，每陇是一个行政区，设有陇头负责每陇的行政和经济等方面的事务，职权有征收赋役，调解和审理辖区内的民事纠纷，分配和调整辖区内的土地，传达土司的法令和文告。寨老管理本寨内行政事务，征收辖区内赋役，调解一定范围内的民事纠纷。村寨头人处理村寨内各种日常事务。这些构成了整个版纳地区的社会组织体系。据《百夷传》记载，德宏地区的傣族在社会组织上有："其下称宣慰曰昭，犹中国称主人也。其官属叨孟、昭录、昭纲之类，总率有差。叨孟总统政事，兼领军民，多者总十数万人，少者不下数万；昭录亦有万余人；常罚皆任其意。昭纲千人，昭百百人，昭哈斯五十人，昭准十有余人；皆叨孟所属也。"① 这构成了元代至明初德宏地区傣族的社会组织制度。南方民族有各自制度的同时，也有各自的法律。在没有分化为不同阶层的南方民族群体中，往往以寨、峒、溪、源、隘、山等为社会组织形式，元代《平瑶记》中有："若所谓曰生瑶、曰熟瑶、曰僮人、曰款人之目，皆强犷之标也。曰溪、曰洞、曰源、曰寨、曰团、曰隘之属，皆负固自保，因以肆暴之所也。"② 其中各有长，有峒长、寨长等，但无君长，各自成为独立的社会单位，相互间没有隶属关系。

元明清时期南方民族不管是有阶级分化、公共权力机构的族群，还是那些还没有形成完整的社会分层的族群，在社会中都有各自独立的社会组织制度，提供给它们社会所需要的各种功能。这些制度也是一种法律制度。如瑶

---

① （元）李思聪著：《百夷传校注》，江应樑校注，云南人民出版社1980年版，第147页。
② （元）虞集著：《道园学古录》卷38《平瑶记》，四库全书文渊阁本。

人的石牌制度，其不仅是一种社会组织形式，也是一种法律制度。这种制度由各村寨组成，由村寨老人，通过公众会议，对各种"料令"进行讨论，再进行表决，达成一致并写下来，刻石立碑，成为石牌律。遇到纠纷时，就请各村寨老人出来审理调解。对头人调解的结果各当事人得执行，否则将受到公众的打击。同时公众对头人的行为也有权进行处理，若认为石牌头人的行为违反法律，那么将会受到公众的处罚。最有名的是广西金秀地区出现18个石牌头人被群众处理的案例。此案发生在清朝乾隆年前后，当时金秀、白沙村共有18个头人，这些头人强奸妇女，杀别人的牛吃，乱罚别人的款，处理民众事件勾结一气，群众深受其害。于是两村人户暗中通知各户主到仑卜老山开会，一致达成处死这18个头人的决定。回村后，假称有纠纷，要求这18个头人去处理，当到达现场时，大家当场收捆了他们，把年长的17人处死，仅留下最小的1人（当时仅有十七岁），名叫苏公晓，要他当场发誓以后不再当头人，并在他的臀部涂墨立约按印后才放了他①。从这里可以看出石牌制度不仅是一种社会组织制度，还是一种司法制度。由于南方民族地区每一发展类型的民族群体的社会都有其自身的社会组织，对外来法律制度都有相当的抵抗力。

南方各民族不仅在社会组织上有自己的固有制度，在刑事方面也有自己的规范体系。几乎所有南方民族都有通过血亲复仇方式解决命案的法律传统，同时也存在通过命金赔偿来达成和解的方式。这是南方各民族在刑事法律中最重要的法律传统之一。诸匡鼎的《瑶僮传》中有："本类相仇，纤芥不已，虽累世必复。误杀者，以牛畜为偿，或数十头至百头，曰人头钱。"② 台湾高山族也存在"村落相仇，订兵期而后战。勇者数人前跳，被杀，则皆溃。其杀人者，贺之曰壮士，前杀人也。见杀者，亦贺之曰壮士，前故见杀也。次日即解嫌，和好如初。"③ 从这里可以知道台湾高山族有自己处理刑事方面的规范。海南黎族在有命案时，则是："其俗最重复仇，名算头债。然不为掩袭计。先期椎牛会众，聚竹箭三，刃其干，誓而祭之，遣人赍此矢告仇。辞曰：

---

① 参见《广西瑶族社会历史调查》（一），广西民族出版社1984年版，第77页。

② （清）诸匡鼎著：《瑶僮传》，小方壶斋舆地丛钞，第八帙。

③ （明）张燮著：《东西洋考·东番考·鸡笼淡水条》，丛书集成初编。

'某日某时相报，幸利刃煅矛以待。'仇者谋于同里，亦椎牛誓众如期约。两阵相当，此一矢来，彼一矢往，发毙其一而后已。或曲在此，曲者之妻于阵前横过，呼曰：'吾夫之祖父负汝，勿毙吾夫，宁毙我可也。'其直者妻呼其夫曰：'彼妻贤良如是，可解斗。'亦即释焉，如已报矣。若力微不能敌，则率同里避之。报者至，见无人相抗，即焚其茅茟曰：'是惧我也，可以雪吾先人耻矣。'凯还不再出。"① 从这里可以看出黎族在刑事方面的规范，即可以复仇，但得在相当程序下进行，不能偷袭，这可以减少复仇带来的副作用。同时还有另外两种解决方式，一种就是在公开决斗时，双方妻子可以出来调解；或是犯罪者主动逃走，让自己的声誉受损而达成和解的目的。此外，黎族还有通过绑架勒索赎金来解决命案的方式。"性喜仇杀，谓之捉坳。所亲为人所杀，后见仇家及其洞中种类，皆擒取以荔枝木械之，要牛、酒、银瓶乃释，谓之赎命。"② 这里可以看出黎族在命案纠纷产生后有多种解决方式供选择，其目的是让复仇的破坏作用减少。这些构成了黎族自有的法律规范体系。

在明代，由于滇、黔、川三省交界地区的彝族相互仇杀，最后中央政府在万历六年（1578 年）"乃令照蛮俗罚牛例处分，务悔祸息争，以保境安民，然终不能靖也"③。所以从这里可以看出南方民族地区在处理人命案上是各有自己的法律。有的民族群体不仅有命金赔偿还有大量的象征性赔偿。如景颇族在命案处理上就有大量这方面的赔偿。景颇族中命金数额一般是 8 到 10 头牛。此外还得按人的各个部位进行象征性赔偿，具体在各个地区有所不同，如在德宏州梁河县邦角乡盆都地区是赔羊毛三斤当头发，一定数量的棉花象征脑，20 个矛当做人的手脚指头，一支铜制火枪象征腰骨，二到六头牛、一到二个帕西、一到二个锉赔偿当生命④。在梁河县芒东乡邦歪寨是头赔锣一面，牙赔钱，眼睛赔钱，（前二者数目不清）脑子赔花布一件，骨头赔铜炮枪一至二支；手赔长刀，身体赔牛，脚赔大刀，脑壳赔锉一面。赔不出则用杀

① （清）屈大均著：《广东新语》卷 7 "黎人"条。
② （宋）范成大著：《桂海虞衡志·志蛮·黎》。
③ 《明史》卷 311《列传 199·四川土司》。
④ 《景颇族社会历史调查》（一），云南人民出版社 1986 年版，第 202 页。

人者的水田等财物抵押①。盈江县大幕文乡宝石岭岗地区的景颇族对杀人案的赔偿是头发赔羊毛二三斤，脑髓赔盐一筒，眼睛赔黄金一两，身体赔牛三五头，肋骨赔矛子，腰骨赔铜炮枪一支，肠子赔玛瑙珠一串，两手两脚各赔锭一面。此外杀人者还出洗山牛一条，洗寨牛一条，洗家牛一条②。莲山县（今属盈江）乌帕乡乌帕寨地区景颇族的赔偿是头发赔羊毛，脑子赔银子，眼睛赔宝石二颗，耳朵赔"培石"二个，手脚赔四把大刀，肋骨赔八把矛子，肚予赔瓮一个，肠子赔克基（妇女颈上挂的料珠）一串，腰赔一个三脚架，脊骨赔一支枪，头皮赔一口锅，全身赔有银子装的衣服二件③。这些大量的象征性赔偿为杀人者所难以承担，也就减少了命案的发生。

在偷盗上，南方民族地区对偷盗行为的处罚有从罚金到处死等，各有不同。明人王士性就有"夷人法严，遇为盗者，绷其手足于高桅之上，乱箭射而杀之。夷俗射极巧，未射其心膂，不能顷刻死也。夷性不畏亟死，惟畏缓死，故不敢犯盗"④，这是水西地区对偷盗者处以死刑的方式；明代李元阳在《云南通志》中"僰夷风俗"条下有"其刑法三条：杀人者死；犯奸者死，偷盗者全家处死，为贼者全村皆死。故无奸盗，道不拾遗"⑤，这是明代傣族的刑事法规。此外还有用活埋、沉塘等处死偷盗者，后来多用罚款处罚偷盗者。这种法律直到民国时期还有效。1933年在黔、湘、桂三省交界地一个叫三省坡的地方，一个叫吴宏庙的人偷了本村人的东西后被查出。在送到鼓房进行公审时，由于他是初犯，决定罚银40两。决定之后，有人愿为他出罚银，但他坚持按固有的习惯法以活埋来处罚自己。最后大家同意此处罚。他是一名歌手，在被执行前他唱了一首歌，说明自己为什么被处死的原因。

　　　最后一晚与大家聚会，请听我唱首告别歌。

　　　我是老鹰，如今被棕索套住难解脱。

　　　好心的朋友劝我改恶从善另做人，

① 《景颇族社会历史调查》（三），第161页。
② 同上书，第126页。
③ 同上书，第15页。
④ （明）王士性著：《广志绎》卷5《西南诸省·贵州》，吕景琳点校，中华书局1981年版。
⑤ （明）李元阳撰：万历《云南通志》卷13《羁縻志第11·僰夷风俗》。

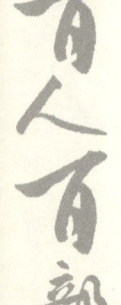

他们凑足四十两白银为我把罪来洗刷。

好心朋友越劝我就越难受呀，

我的心好像那蓝靛桶越冲泡越多。

因为我的过错把亲戚朋友的脸面全丢尽，

有如一处塌方搅浑了一条河。

因为我的过错把父母爹娘也连累了，

有如一只粪蛆使一口井的泉水不能喝。

树根断了树木再也难生长，

人心坏了再也难找医治的良药。

如今我是断根的树木坏心的人，

我偷了乡亲的货物违背了祖宗的规约。

我是老鼠就该受竹夹来夹石板来压，

我是老虎就该受猎枪来打利刀来割。

别了，父老乡亲，

别了，爹娘弟兄，

此生我造下的罪孽太多，

下世变牛变马我再来为大家干活。①

　　从这首诀别歌中可以看出，吴宏庙之所以坚持按本民族固有法律处罚自己，是因为他认为只有这样才能让本民族群体的社会规范得到实现，本民族社会价值才能得到继承。这是一种殉道式的行为，说明各民族法律在本民族精英阶层中的作用和地位。

　　在民事方面，南方各民族群体固有法律中有自己不同的规定。最明显的就是舅权婚姻。这种婚姻形式在南方很多民族中都是本民族群体婚姻法规中最基本的规范。在有这种法律传统的民族群体中都坚持这一法律。宋朝洪迈在《容斋四笔》卷16中有湖南渠阳蛮"姑舅之婚，他人取之，必赔舅家；否则争，甚则仇杀"②。这种婚姻形式在苗族、瑶族、布依族、侗族、彝族等南

---

① 邓敏文、吴浩著：《没有国王的王国——侗款研究》，中国社会科学出版社1994年版，第14页。
② （宋）洪迈：《容斋四笔》卷16，四库全书文渊阁本。

方民族群体中都存在。明代隆庆时《云南通志·羁縻》卷 16 上 "爨蛮风俗" 下有 "嫁娶尚舅家，无可配者，方可别婚"①。《黔记》上记有古州苗人 "姑之女必适舅之子，聘礼不能措则取偿于子孙。倘外氏无相当子孙，抑或无子，姑有女必重赂于舅，谓之外甥钱，其女方许别配。若无钱贿赂于舅者，终身不敢嫁也"②。这些都是舅权婚姻的表现。在各民族的相关法律中对此都有规定，在一些民族群体的款歌中也有说明，如侗族中有《出娘舅银款》，苗族中专门有《找舅爹钱的理词》，在《议榔词》中也有相关的内容。其中前者对 "回头银" 的理由说得最明白：

> 靠我们的母鸡孵大，靠我们的鹞鹰养大，靠我们的米饭喂大，靠我们的布匹遮大。你是我们的姑表血表，娶你完全理所当然，娶你不能有半句怨言，娶你没有半文身价钱。我们不要了别人才能娶你，我们剩下了你才能成为别人的妻子。表哥断脚断腿你也要嫁，表哥耳聋眼瞎你也要回舅舅家。我们就像一把秧苗要同插一块田，我们就像同一糟茶籽要同进一口锅。舅家有蕨菜装篮，姑家就要有笋来配。近亲想丢也丢不掉，远亲想拉也拉不到，祖宗定下的姑表婚，我们就应该认你为自家人。如果你逃得上天，我就用竹竿来戳；如果你躲得下地，我就用锄头来挖。如果我不要你，你才可以出嫁，你出嫁时也要交四两四银。如果我让你嫁给别人，你就交二两二银作为赎身。你生来就是我的妻子，你有本事就把那钉耙拔取。③

这里把舅爷钱说得非常清楚，认为外甥女是自家的人。在后者那里，说 "开天辟地，从古到今，地方有礼节，寨上有规矩，老人们要我才要，老人们找我才找，我并没有假造旧习，新立规矩，我只是跟着古人走，照老礼节办事，古人要我才要，古人找我才找"④。这里是用传统作为理由来说明回头钱的合法性。"规定说亲要给财礼，规定舅家要头钱。过年杀鸡才多子多孙，给

---

① 隆庆《云南通志·羁縻》卷 16 上 "爨蛮风俗"。
② （清）李宗昉著：《黔记》，小方壶斋舆地丛钞，第七帙。
③ 邓敏文、吴浩著：《没有国王的王国——侗款研究》，第 158 页。
④ 贵州《民间文学资料》（第 14 集），第 190 页。

舅舅家头钱才发财，不要说亲时不给财礼，不要妈妈死了就不给舅舅家头钱。"① 这里是自古就有用此法规作为理由。由于这种婚姻习惯在各民族的法律中效力很大，以致在交钱时要立契约，防止以后某方毁约时另一方没有凭证。下面就有一份嘉庆七年（1802 年）关于舅爷钱的收据契约。

> 立字收牌钱契人本寨韦姑飞之姑家与老牙所娶为妻，已接过门，所生三男一女，长大成家。即日凭仲当面应言牌钱拾贰千文正。凭仲交清收足，分文不少，以后新（兴）灭住住，（双方）不得异言翻悔，恐无凭，立字存照。仲人韦老拾、韦老墨共收钱一千六百文；代笔廖玉成收钱八百文正。嘉庆七年太岁正月拾日立为据。②

这是一份结婚当事人已经有三男一女，且都成人才交清结婚时所立契约的舅爷钱。这证明舅爷权的法律在这些民族中的作用。

在婚姻上还有收继婚，如上所举元代潕渠州知州刺俄的事例，明代田汝成在《炎徼纪闻》卷 4 "罗罗"下有 "父死取后母，兄弟死则妻其妻"③，清余庆远在《维西见闻录》中 "巴苴"下有 "惟兄弟死，嫂及弟妇于一人"④，以致檀萃说 "其婚姻犹诸夷，兄死妻嫂，尝有一妇而递为四五人之妻者"⑤。曹树翘在《滇南杂记》中记有阿昌族也是 "兄死弟妻，皆同各夷"⑥。这些都说明在古代南方很多民族在婚姻上都有这种习惯。这种婚姻形式有相当强的法律效力，若不收继，往往会引起女方家族的不满，甚至出现两个家族打冤家的情况。

南方很多民族在婚姻上存在招赘婿的婚姻形式，这在苗、瑶、壮、侗、黎、高山、彝、傣等民族群体中都有。在高山族中有 "生男赘妇老而独，但

---

① 贵州《民间文学资料》（第 14 集），第 148 页。
② 万斗云：《从 "血亲行刑"、"砧刀银"看百越民族社会的发展及其特点》，《贵州民族研究》1985 年第 3 期。
③ （明）田汝成著：《炎徼纪闻》卷 4《罗罗》。
④ （清）余庆远著：《维西见闻录》，小方壶斋舆地丛钞，第八帙。
⑤ （清）檀萃著：《滇海虞衡志·志蛮·黑罗罗》。
⑥ 曹树翘著：《滇南杂记》。

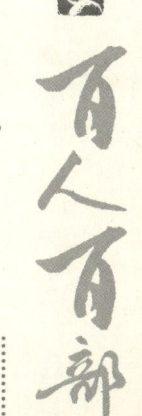

知生女耀门楣"① 之说，"生番婚姻男住女家，如中国赘婿然，故父母期生女不重生男"②，以致出现以妇女计算世系的家族。清人郁永河在《裨海纪游》上就有："番重生女，赘婿于家。生男出赘，谓之无赖。盖以女配男，承接宗支也。""（妇女）无子买女亦称媳妇，媳妇再买之女曰孙媳妇。每见丧家，门首标亡故几代大母，盖以所买之媳妇称呼，并非子孙，甚至六七代八九代不为怪也"③。由此可见这种婚姻形式在高山族中的重要性，成为调整婚姻制度中重要的规范。在黑罗罗中"妇拥夫资，不欲他嫁，则招夫，谓之上门郎，即能专制，所有亲族不得过问"④。这种赘婿在苗族、侗族中也有，《岭表纪蛮》上有："赘婿之俗，苗侗亦有之，但不能承受其父母之遗产。若赘于孀妇，赘婿并须先'砍木刻'，授其未婚之妻，承认养蓄其前夫父母子女之责任，此等手续具备后，始得与妇同居。"⑤ 这里说明赘婿的婚姻形式在家庭中的作用。这种婚姻形式在傣族中更为普遍，成为婚姻的一个必要过程。在婚姻形式上，南方民族还有不落夫家，兄弟共妻、姊妹共夫，跳月、踏歌、抢婚等形式，这些婚姻形式在各民族中形成了调整各自婚姻的固有规范。

在借贷和买卖上，南方各民族在没有文字前，往往采用结绳和刻木记事的方法。这方面记载不少。例如"苗人不知文字……有所控告者，必请土人代书。性善记，惧有忘，则结于绳。为契券，刻木以信"⑥。说的是通过结绳、刻木来进行记事。明人陈第在《东番记》上记载台湾地区高山族人"交易结绳以为识"⑦，作为交易中的契约凭证。屈大均在《广东新语》卷7上描述得很详细："黎人不以文字要约。有所借贷，以绳作一结为左券。或不能偿，虽百十年，子若孙皆可执绳而问之，负者子孙莫敢逆。力能偿，偿之；否则为之服役。贸易山田亦如是。"⑧ 这种契约形式不仅运用在借贷上，还

---

① （清）六十七撰：《番社采风图考》，丛书集成新编，台湾新文丰出版公司本。
② （清）龚柴著：《台湾小志》，小方壶斋舆地丛钞，第九帙。
③ （清）郁永河著：《裨海纪游》，小方壶斋舆地丛钞，第七帙。
④ （清）檀萃著：《滇海虞衡志·志蛮·黑罗罗》。
⑤ 刘锡蕃著：《岭表纪蛮》。
⑥ （清）严如煜著：《苗疆风俗考》，小方壶斋舆地丛钞，第八帙。
⑦ （明）陈第著：《东番记》。
⑧ （清）屈大均著：《广东新语》卷7"黎人"条。

运用于各种不动产的交易中。让交易在这种形式下具有很强的法律效力，经过多代后仍有效力。马可·波罗在其游记中也记有金齿地区"彼等无字母，亦无文字。土人缔约，取一木杖，或方或圆，中分为二，各刻画二三符记于上，每方各执一片，负债人偿还债务后，则将债权人手中所执之半片收回"①。这些记载说明当时这一地区的人在借贷上的契约形式。方亨咸在《苗俗纪闻》中有"俗无文契。凡称贷交易，刻木为信，未尝有渝者"。② 这种契约形式成为最重要的法律文书，在田产典卖上也应用。黎族就有"间有典卖授受者，以竹片为券"。③ 伶人（仫佬族、毛南族先民）"不识文字，或买田地，以木刻记之"。④ 这里不再一一列举，笔者想说明的是南方民族引进汉法以前在自己的民事交易中就有契约规范和手段。这种刻木记事的方式甚至运用到提起诉讼上，宋人周去非在《岭外代答·风俗》下记有其亲身经历的一个案例：

> 瑶人无文字，其要约以木契合二板而刻之，人执其一，守之甚信。若投其牒于州县，亦用木契。余尝摄静江府灵川县，有瑶人私争，赴县投木契，乃一片之板。长尺余，左边刻一大痕及数十小痕于其下，又刻一大痕于其上，而于右边刻一大痕牵一线道合于左大痕，又于正面刻为箭形，及以火烧为痕，而钻板为十余小窍，各穿以短稻穰而对结绪焉。殊不晓所谓。译者曰："左下一大痕及数十小痕，指所论仇人，将带徒党数十人以攻我也；左上一大痕，词主也；右一大痕，县官也；牵一线道者，词主遂投县官也；刻为箭形，言仇人以箭射我也；火烧为痕，乞官司火急施行也；板十余窍而穿草结绪，欲仇人以牛十余头备偿我也，结绪以喻牛角云。"⑤

这是一个相当复杂的诉讼文状，但是通过木刻，它把起诉者的诉意表达

---

① 《马可波罗行记》（中册），冯承钧译，商务印书馆 1937 年版。
② （清）方亨咸著：《苗俗纪闻》，小方壶斋舆地丛钞，第八帙。
③ （清）张庆长著：《黎岐纪闻》，丛书集成续编，史地类，第 236 册，台湾新文丰出版公司本。
④ （清）张祥河著：《粤西笔述》小重山房丛书本。
⑤ （宋）周去非著：《岭外代答·风俗》。

清楚，成为一个完整的诉状。

在南方民族群体中都有各自的固有纠纷解决机制，就是说它不仅有各种规范体系，同时还有产生纠纷后的救济途径。这当中不同的民族群体有不同的纠纷解决机制。如大小凉山地区的彝族通过德古调解来解决，这个过程有其内部结构，前面已讨论过，这里不再重复。很多没有"君长"的民族群体往往有自己的纠纷解决方式，苗人通过老人委员会来解决、瑶人通过石牌老人来解决。景颇族通过山官头人来解决。明人田汝成《炎徼纪闻》上有苗人"要约无文书，刊寸木刻以为信，争讼不入官府。即入，亦不得以律例科之。推其属之公正善言语者，号曰行头，以讲曲直。行头以一事为一筹，多至百筹者。每举一筹，数之曰：某事云云，汝负于某。其人服，则收之。又举一筹，数之曰：某事云云，汝凌于某。其人不服，则置之计所。计所置多寡以报所为讲者，曰某事某事，其人不服。所为讲者曰然，则已；不然，则又往讲如前。必两人咸服乃决。若所收筹多而度其人不能偿者，则劝所为讲者，掷一筹与天，一与地，一与和事之老。然后约其余者，责负者偿之。以牛马为算，凡杀人而报杀过当者，算亦如之"①。这是一个关于南方民族纠纷解决过程最详细的记录，从中可以看出，在解决纠纷时，当事人的地位是平等的，审处于中立地位，双方当事人可以对对方提出的事实认可，也可以反驳，否认。这和现代英美法系中对抗式诉讼十分相似。同时，在"讲事"后，往往按无理者的数字来赔偿，为了让过错者能够赔偿，减少过多赔偿带来的不利社会后果，可以通过让天、地、审理者各付一份，以减轻败诉者的负担。这种纠纷解决方式是很有效的，同时也是可操作的，虽然相对来讲不够精细。在古代南方民族志中有很多此类的记载。闵叙在《粤述》中载："赛老者，即本地年高有行之人。凡里中是非曲直，俱向此老论说，此老一一评之。如甲乙俱服，即如决断；不服，然后讼之于官。当其论说之时，其法颇古。甲指乙云，某事如何，赛老则置一草于乙前；乙指甲云，某事如何，赛老又置一草于甲前。论说即毕，赛老乃计算而分胜负。"② 这是两广地区壮、瑶等族的

---

① （明）田汝成著：《炎徼纪闻》卷4《蛮夷》，四库全书文渊阁本。

② （清）闵叙著：《粤述》，小方壶斋舆地丛钞，第七帙。

纠纷解决方式。这种方式即使到官府后，也被采用。"峒苗仇杀之后，汉官为之讲歼。两造各积草为筹。每讲一事举一筹，理拙者弃其筹，筹多者胜。负者以牛马归胜者。即彼此杀人，亦较其人数多寡，而以牛马抵偿之，纠纷乃解。"① 这里的记载是很特殊的，因为它不仅说明这些民族在纠纷上有自己的解决方式，还说明官方对这种方式和实体法的认可。此外，还有各种形式的神判，广泛存在于各民族之中。由于各民族有自己的纠纷解决机制，往往会出现在有官府管辖的地区也很少把诉讼交到官府审理的社会现实。广西地区就出现"有所争不决，则推其乡高年众所严事者往直之，谓之叫老。老人以为不宜，则罚酒食分飨谢罢，故瑶人讼，鲜至官府"②。这说明了瑶人少诉是因为自身有纠纷解决机制来代替国家的纠纷解决机制。在广东也有相同的记载："有事交争，则延邻里责让之，名曰放酒。其不直者，罚输放酒钱，犯奸者则鞭扑。"③ "号为瑶甲，以后瑶族事无大小，听其公断……村中夜不闭户，路不拾遗，偷盗欺凌杀无赦。"④ 这些说明南方民族都在自己的发展中形成了各自不同的纠纷解决机制，让其社会纠纷在这些机制中得到相对稳定的解决，达到本民族群体社会内部的和谐。

由于少数民族地区自己有强有力的纠纷解决制度，出现民族地区少诉讼的社会现象。清代赵翼在广西镇安府为官时，两年仅坐堂审理过两起诉讼，自叹民风之简。其实不是民风简，而是他们有自己的纠纷解决制度。"镇安府在粤西之极，西与云南土富州接壤……然民最淳，讼狱稀简。县各有头目，其次有甲目，如内地保长之类，小民视之已如官府。有事皆先诉甲目，跪而质讯。甲目不能决，始控头目，再不能决，始控于官，则已为健讼者矣。余初作守，方欲以听断自见，及至则无所事。前后在任两年，仅两坐讼堂，郡人已叹为无留狱，则简僻可知也。"⑤ 这里赵翼说出了为什么诉讼少的原因，那就是各民族本身有自己的纠纷解决机制。

---

① （清）陆次云著：《峒溪纤志》，小方壶斋舆地丛钞，第七帙。
② 嘉庆《广西通志》卷278《列传23·蛮夷一》。
③ （清）姚柬之著：《连山绥瑶厅志》卷4《风俗》。
④ 刘运锋著：民国《乐昌县志》卷3《地理志三·风俗·附瑶俗》。
⑤ （清）赵翼著：《粤滇杂记》，小方壶斋舆地丛钞，第七帙。

通过上面的分析，可以看出南方各民族群体在本身发展中形成了自己固有的法律制度，这些固有的法律制度构成了元明清时期南方民族在法律移植时进行本土化的资源。

第六章　元明清时期南方民族法律
移植与本土化的形式

元明清时期南方民族法律移植与本土化从南方各民族群体角度来看，可以分为两种类型：被动型与主动型。被动型主要是由中央政府、地方官员推行。主动型有土司、民间学习、移民的影响。现实中两种方式相互交叉，构成了这个时期南方民族法律移植与本土化中活跃的一幅幅画卷。

第一节　元明清时期南方民族法律移植方式和途径

元明清时期，中央政府随着自己对南方民族统治的加强，在法律上从中央到地方都有把南方民族纳入统一司法中的努力。这种努力成为这个时期南方民族法律移植的主要方式和途径。同时，在南方民族中，各民族群体也有把自己的法律建设向汉法靠拢的努力，这构成南方民族自身移植法律的途径与方式。

一、中央政府的法律移植

元明清时期中央政府向南方民族地区进行法律移植主要有三个途径：一是与行政制度有关的汉法移植；二是中央政府通过把汉法在南方民族中适用进而推进汉法的移植；三是国家教化中的法律移植。

（一）行政建制上的法律移植

在制度建设上，元明清时期中央政府向南方民族地区移植汉法主要表现在行政法上，把中原地区的官僚制度移植到南方民族地区，具体表现为在南方民族地区设置与中原地区一样的行政体制，对南方民族地区的官员进行国

家考核、铨选。虽然南方民族地区设有土官土司制，但目的是把中原地区汉法中的行政法移植到这一地区，还有就是在基层社会组织上把中原地区的基层社会制度移植到南方民族地区。如元代的里社制，明代的里甲制与里老制及中后期的保甲制，清代的里制和保甲制度等。这些制度都是由中央政府进行移植。在制度移植上最明显的是台湾地区，由于世居的高山族本身没有分化出具体的官僚制度，清政府收复台湾后，主要是把台湾高山族集中进行屯垦，设立土司制度，由本民族出任各种职官，进而在制度上把汉法移植到高山族中。在海南黎族地区也一样，自元代起就设立万户府，下设州县。明代虽然革除土官，但又设置土舍，为将其纳入汉法官僚体制控制之下作出努力。这方面的内容在《实证篇》中有详细分析。

（二）通过法律适用的移植

在具体法律移植上，中央政府在南方民族地区不同时期有不同的做法。明朝就把婚姻法先在南方民族各土司中推行，"正统初，蛮夷长官司奏土官衙门婚姻，皆从土俗，乞颁恩命。帝以土司循袭旧俗，因亲结婚者，既累经赦宥不论，继今悉依朝廷礼法，违者罪之"①。《大明会典》上就有更明确的表述："（正统）十一年（1446年）令云南、四川、贵州所属宣慰、宣抚、按抚、长官司并边夷府州县土官衙门不分官吏军民，其民男女婚姻皆依朝廷礼法，违者罪之。"② 这是中央政府把婚姻法向南方民族地区推行的表现。自元朝后，对南方土司的承袭上就有很多法律规范，虽然其中有不少变通，但最基本的就是要把嫡长子优先权的宗法制承袭法向南方各民族中移植，因为这是整个汉法中家庭法规的核心。

（三）国家教化中的法律移植

这一种方式是中央政府要求地方讲读法律，元明清时期主要是社学、乡约、义学等。这种方式在法律移植上是很有效的。明代要求各地讲读《大明律》、《大诰》、《教民榜文》，这是国家正式规定的。洪武四年（1371年）要求官吏熟读法律，二十六年（1393年）要求民间须读《大诰》律令。正统四

---

① 《明史》卷316《列传204·贵州土司》。
② 《大明会典》卷20《婚姻》，第367页。

年（1439 年）要求各地讲读《大明律》及御制律令①。这些主要是通过社学、乡约来组织进行。在民族地区只在设有社学、乡约的地区才进行。明代刘颖在《请处置田州事宜疏》中有"酌量地方相开设社学，敦请师儒以授《大诰》、《教民榜文》、《孝经》、《小学》"②，就是在这一地区设立社学对壮族为主的各民族群体进行法律等方面的教育。

清代乡约和义学是主要讲读法律的场所。这些在上面都有讨论。下面来看清初云南通过乡约对汉法移植的情况。顺治帝在入关不久颁行了圣谕六条：孝顺父母；尊敬长上；和睦乡里；教训子孙；各安生理；毋作非为。后来这六条成为各地乡约时讲读的内容。顺治十八年（1661 年）云南编成《乡约全书》，由当时云南总督赵廷臣颁布，通行云贵两省。这部书在举行乡约时必须讲诵。在前言中有"我皇上驱除妖氛，中外一统，做了一本书唤作《大清律》。颁行海内与我官府。听着，这书中间说的都是斩、绞、徒、流、鞭杖的话"，把清代法律中刑罚类别说出来。后面对六条圣谕进行解释，如"孝顺父母"条下先说为什么要孝顺父母，是因为"人生世间，不论贵贱贫富，这个身子哪一个不是父母的"，对此进行解说。最重要的和让人感兴趣的是还摘录了《大清律》及其他法规中相关法律条文：

一、子孙违犯祖父祖母并父母教令，及奉养有缺者，杖一百。

二、祖父母、父母在，而子孙别立户籍，分异财产者，杖一百。

三、父母丧而身嫁娶者杖一百，离异。

四、将已死祖父母及父母身死图赖人者杖一百，徒三年。因而诈财者，准窃盗论。

五、子孙骂祖父母、父母及妻妾骂夫之祖父母、父母者，并绞殴者，斩；杀者凌迟。

六、弃毁祖宗神主比依弃毁父母死尸者斩。

在列举了这些相关法律条文后，再各举两个相反的案例进行说明不同行

① 《大明会典》卷20《读法》，第367－368页。
② 乾隆《广西通志》卷99。

为得到的不同结果。

下面每一条都如此。在"敬尊长上"下先解释"长上"有几类："这个长上不止一项。如伯叔、祖父母、伯叔父姑、兄姊之类，便是本宗长上。外祖父母、母舅、母姨、妻父母之类便是外亲长上。乡党之间有与祖同辈者，有与父同辈者，有与己同辈而年长者，便是乡党中长上。如教学先生与百工技艺之师，便是受业的长上。本处亲临归公祖父母官及学校师长，便是有位的长上。"在"尊敬长上"目下摘有律例六条：

一、妻殴夫者杖一百。夫愿离者听。至折伤者，凡斗作伤三等笃疾，绞；妄殴夫的正妻各加一等。

二、告其亲尊长外祖父母，虽得实，杖一百。大功杖九十，小功杖八十，思（缌）麻杖七十。若诬重者各加所诬罪三等。

三、同姓亲属相殴，虽五服已尽而尊卑名分犹存者，卑幼加凡斗一等。

四、外姻有服，尊属卑幼，共为婚姻及娶同母异父妹，若妻前夫之女者各以奸论并离异，其兄亡收嫂，弟亡收弟妇者，绞。

五、殴受业师者，加凡人罪三等；死者，斩。

六、奴卑（婢）骂家长者绞，殴者斩，杀者凌迟。

在"和睦乡里"下因为其中有缺失，准确的不知有多少条，现残存九条。

一、乡党序齿违者责五十。

二、合设耆老须于年高有德、本乡众所推服人内充选，不许罢闲官吏卒及有过之人充应，违者，杖六十。

三、凡骂人者，责一十。互骂者，各责一十。

四、殴人吐血，杖八十。折人齿指毛发者杖六十，徒一年。折肢瞎目杖一百，徒三年。瞎两目损二事以上并杖一百，流三千里，将犯人财产一半养赡，仍引持凶事例充军。

五、平治他人坟墓为田园者，杖一百。于有主坟内盗葬者，杖八十，限令移葬。

六、把持行市专利及贩鬻之徒，通同牙行卖物以贱为贵，买物以贵为贱杖八十。私造斛斗秤尺不平，作弊增减者，杖八十。

七、将田宅重复典卖者，以所得价钱计赃准窃盗论，田宅从原典买主。

八、盗买冒认并虚钱实契典买及侵占他人田宅者，杖八十，徒二年。

九、受寄人财物畜产而辄费用者，坐赃论减一□。

（以下残缺）

在"教训子孙"下有七条，虽很多条文都有残缺，但可以看出大体所引之法律。

一、子孙违犯教令而祖父□□杖一百。故杀者杖六□□，毋养母杀者，各加一等□□。

二、同居家长应分家财，不□□。

三、凡无子立嗣除依律令外□□所亲爱者，若于昭穆伦序不□□争。

四、许嫁女已报婚书，及有私约而辄悔者，责五十。若再许他人未成婚杖七十；已成婚杖八十。后娶者知情与同罪，女归前夫；不愿，倍追财礼给还。

五、将妻妾典雇与人者，杖八十。典雇女者，杖六十。知而典者杖六十，并离异，财礼入〔官〕，〔买〕良人子女为娼优及娶娼优为□□子女者杖一百，财礼入官，子□□。

六、居夫丧而身自嫁杖一百。离□□愿守志非女之祖父母、父□□八十。其亲强嫁之者□□守志。

七、收留人家迷失子女与□□子孙者，俱杖九十，徒二年半。□□及买为妻妾子孙者，杖八十。□□家者，杖八十。

在"各安生理"下有七条，都是百姓应当遵守的国家赋役责任，不能违反的社会治安法及易犯的法律。

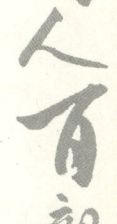

一、里长部内已入籍纳粮当差，田地无故荒芜，及应课种桑麻而不种者，杖八十。

二、欺隐田粮脱漏版籍者，杖一百，其田入官，所隐税粮照数征纳。

三、民户逃避差役者，杖一百，发原籍当差。里长故纵及隐弊（蔽）在己者，同罪。

四、赌博财者杖八十，摊场钱物入官。若沿街肆酗酒撒泼，开张赌博者枷号二个月。

五、越城者，杖一百；越官府公廨墙垣者，杖八十。

六、犯（贩）私盐者，杖一百，徒三年；兴贩二千斤以上者照例充军。

七、私宰自己马牛者，杖一百。故杀他人牛马杖七十，徒一年半。计赃重者，准盗论。私开圈店及知情贩卖宰杀者，问罪枷号。再犯、屡犯引例充军。

在"毋作非为"下有十一条，其中前十条是关于各种民间易犯的罪行，最后一条是关于逃人法，这里不引。

一、用财买休卖休和娶人妻者，各杖一百，离异，财礼入官。

二、强奸者绞。未成者，杖一百，流三千里。

三、凡夜入人家内无故者，杖八十；主家登时打死勿论。其已就拘执而擅杀者，减斗殴杀伤罪二等；至死者杖一百，徒三年。

四、妻妾与人通奸，本夫于奸所亲获奸夫、奸妇登时杀死勿论。其妻妾因奸同谋杀亲夫者凌迟，奸夫斩。若奸夫自杀其亲夫，奸妇虽不知情亦绞。

五、设方略而诱娶良人及略卖良人为奴婢（婢）者，皆杖一百，流三千里，不分已卖未卖，俱发边远卫充军。和同相诱为妻妾子孙者杖九十，徒二年。

六、凡侵欺系官钱粮者，并以监守自盗论，引例永远充军。

七、诈欺官私取财者，冒认诳赚局骗，拐带人财物俱准窃盗论

罪，计赃重者，枷号充军。

八、恐吓取财，准窃盗论，凡将良民诬指为盗及寄卖贼赃，打诈控揃淫辱妇女不分首从，俱发边远永远充军。

九、斗殴杀人，不问手足他物金刃并绞。故杀者斩。同谋共殴人致死，下手重者，绞。原谋者杖一百，流三千里；共殴之人执持凶器，发边远卫充军。戏杀误杀各以斗杀论，抵过失杀准赎。

十、强盗得财不分首从，分赃窝主造意皆斩。窝盗拒捕及杀伤人，固盗而奸者皆斩。窃盗掏摸得财刺配，三犯者绞。如盗后分赃及接买寄赃俱发边远充军。盗马牛畜产，以窃盗论，刺配。盗田野谷麦菜，准盗论。

十一、（不引）①

从这六项下所引出的律文中可以看出都是民间最常用的，也是中原地区汉法本质的法律内容。从《清代武定彝族那氏土司档案史料校编》一书中所反映出的是先对圣谕中每条进行道德说教，再把相关法律条文引出来，最后再举历史上的相关正反案例进行说明，这是儒家所坚守的教刑并用原则。这种方式把汉法及儒家价值大力向云贵设有乡约的民族中移植。

康熙九年（1670年）把顺治六条圣谕扩展到十六条，成为清代全国民间道德教化的范本。这十六条是：敦孝弟以重人伦；笃宗族以昭雍睦；和乡党以息争讼；重农桑以足衣食；尚节俭以惜财用；隆学校以端士习；黜异端以崇正学；讲法律以儆愚顽；明礼让以厚风俗；务本业以定民志；训子弟以禁非为；息诬告以全善良；诫匿逃以免株连；完钱粮以省催科；联保甲以弥盗贼；解仇忿以重身命。制定后颁发各省学习，"各省督抚转行府州县乡村人等切实遵行，务使军民咸知尚德缓刑之至意"。这是皇帝的圣谕，地方官员多不敢怠慢。康熙二十五年（1686年）政府要求"颁发土司各官通行讲读"，要求各民族地区也要学习。这里最重要的是在圣谕中明确规定要求民间讲读法律。对此各地官员常常根据自己所处地区的需求及理解，对十六条进行再解

---

① 参见《顺治时云南乡约全书》，《清代武定彝族那氏土司档案史料校编》，中央民族学院出版社1993年版。

释。雍正二年（1724年）颁布《御制圣谕广训》万言解读本，对康熙十六条圣谕作出法定解释。乾隆元年（1736年）颁布了要求把律例与此同时宣讲的谕旨。因为十六条上没有规定若犯相关行为将受什么处罚，所以得结合相关法律进行宣讲。"令各就所近村镇，恭将圣谕广训勤为宣讲，诚心开导并摘所易犯律条刊布晓谕。"乾隆二十三年（1758年）准各地按本地方言注解圣谕广训，并要求将"现禁一切邪教等律例详细刊板刷印多张，凡城市以及穷乡僻壤，遍贴晓谕"。乾隆四十二年（1777年）要求各地把民间易犯的法律刊讲："民间最为易犯之条，莫如奸盗及斗殴人命等项，而奸淫斗杀之中，关系伦常罪名……通饬各省督抚将律例内民间易犯之奸盗斗杀人命各条，令各该省臬司刊刻告示并各就其民风习俗所近胪列诠释，印发各州县张贴，乡城通行晓谕。"① 这样清代很多为官南方民族地区的官员往往根据实际推行相关法律教育，把中原汉法向南方民族中移植。清中期贺长龄在贵州为官时颁行过《条例民间习犯示》，共有十六条，都是对黔省民间最易出现的法律问题进行规范。如贵州各民族有产生纠纷时拉对方耕牛和杀牛祭鬼的习俗，法规中就对这些行为进行禁止②。崔维雅在广西为官时大力推行《圣谕广训》③。云南蒙化土府④在清代土司传中有："康熙三十二年（1693年）四月十三日，准蒙化府关为详明刊注圣谕，请赐删正，广为传诵，以弘教化事，奉云南布政使司信牌奉总督云贵部院范批，据路南州申详注解上谕，俯赐删正，准刊成书，颁发里、甲、学塾，家传户诵，缘由等因准此。祖左世瑞遵将发到刊注圣谕，照刊多本，遍发府属三十五里，城市、山村、火头、彝倮，广布宣讲，化导愚民，务令家喻户晓讫。"⑤ 这里所说的，是把圣谕广训颁行于全辖区内，让各族百姓学习，说明清代云南民族地区通过宣讲圣谕广训对汉法进行传播，加快了汉法在民族地区的移植。

---

① 以上参见《皇朝政典类纂》卷236《学校24·修明风教·讲圣谕》。
② 参见贺长龄著《耐菴奏议存稿》卷4《告示·条例民间习犯示》。
③ 乾隆《广西通志》卷114《讲圣谕以宏教化事宜》。
④ 蒙化（今巍山）在明正统十年（1445年）由州升府，编户三十五里，也就是从这时开始在这一地区设立了里制基层社会组织。
⑤ 《云南少数民族社会历史调查资料汇编》（五），云南人民出版社1985年版，第449页。

二、地方官员的法律移植

元明清时期南方民族地区汉法移植的主要途径之一是地方官员的推行。因为在中国古代，不同级别的官员不仅在行政上有不同的管理权，同时也拥有不同的立法和司法权。元明清三朝省级官员拥有的审决权与立法权是固有的，他们可以颁布本辖区内的法律规范，有的在上报中央得到皇帝批准后，可以成为全国性的或本辖区内的高位法律，府、州、县官员也一样，拥有自己的立法权，如县令可以在本县内发布各种告示。这样很多官员根据所在地区的需要制定了各种法令。具体在法律移植上，地方官员主要通过发布各种告谕和告示的立法形式和通过司法实践来推行，其中发布各种告谕和告示是主要的途径。此外还有地方官进行教化式的各种行为，其既不属于立法、司法行为，也不属于行政行为，仅是官员的个人行为。

（一）发布各种告谕和告示

元朝地方官员对汉法推行中最为有名的当推云南行省第一任长官赛典赤。至元十三年（1276 年）"云南俗无礼仪，男女往往自相配偶，亲死则火之，不为丧祭。无秔稻桑麻，子弟不知读书。赛典赤教之拜跪之节，婚姻行媒，死者为之椁奠祭"①。这是在云南各民族婚姻上推行汉法中相关的法律。明代洪武时到云南为官的张纮，史称他"在滇凡十七年，土地贡赋、法令条格皆所裁定。民间丧祭冠婚咸有定制，务变其俗。滇人遵用之"②。他在云南地方制定各种法度，务改云南之俗，也就是修改云南各民族固有的法制，所制定之法令、条格就是汉法。从文中可看到其内容多是民事法规。在正德《云南志》中有："王政，洪武初为曲靖知府，创制立法，民夷至今赖之。"③这里的立法也是移植汉法。明代南方民族地区很多官员常在某件事后提出善后事宜，这常成为汉法移植的一种方式。如对广西田州，贵州的播州、水西等地区进行汉法制度移植就是通过这种途径。嘉靖年间武定改土归流时邓世彦提

① 《元史》卷 125《列传 12·赛典赤传》。
② 《明史》卷 151《列传 39·张纮传》。
③ 正德《云南志》卷 19《列传 5·名宦五》。

出20条，其中有："改土设流，以绝祸本；分割地方，以削彝势；尽革头目，以剪羽翼；添立总协把事，以夹持法纪；检选火头，以张新治；正各村长，以寓保甲；永立管马通事，以寓保甲。"以上这几点都是对此地区的行政建制进行改革，移植汉法中相关的行政制度，其中主要的是把里制、保甲制向这一地区移植①。清代在湖北、湖南土家族地区改土归流后，地方官纷纷把汉法向这些地区移植。如乾隆《鹤峰州志》上有"文告、条约"目、《永顺府地志》上有"檄示"目。这些目下多是当时地方府、州、县官员颁布的各种法令，其中多是对汉法的移植。如鹤峰州知州毛峻德就颁发过《禁端公邪术》和《禁肃内外》法令，其中有："照得：容美改土归流，旧日恶习，俱经悛改，而端公马脚蛊惑愚民，为害最深，合行严禁……查律载：凡巫师假降邪神，佯修善事，煽惑人民为首者绞；为从者各杖一百，流三千里；里长知而不首者，各笞四十。如此律禁严明。自示之后，尔等百姓，切忽（勿）明知故犯，后悔无及。"② 要求革除这一地区的鬼神崇拜行为。雍正八年（1730年）湖北永顺府改土归流，第一任知府袁承宠颁布21条法令，其中很多就是推行汉法，如"土民客家一例编里"，"禁杀牲饮血"，"公媳内外宜有分别"等③。

乾隆二十九年（1764年）四川总督下发法律简本到各民族地区给各人户。这个法律读本发到了当时宁远府冕宁县，在该县的档案中就有记载。该法律读本最有特色："本部院将律例最严，民间易犯各条简明摘叙，绘具图像，俾愚夫愚妇易于晓解，触目惊心，合行檄发。为此仰该府即将发来告示转发所属，遍贴晓谕。并饬照式刊刷，每户给发一张，令其悬持在家，时时

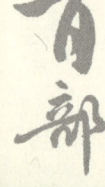

---

① 《武定直隶州志》卷6《艺文志·武定府改土设流记》。嘉靖二十八年（1549年）云南巡抚批准寻甸地方政府提出的12条法律，其中就有对本地婚姻、丧葬进行改革的法律。嘉靖《寻甸府志》，天一阁藏明代地方志选刊。

② 乾隆《鹤峰州志·文告》卷首。

③ 谢华编著：《湘西土司辑略》，第102页。禁革21条是："一、禁革土司老戤；二、禁苗土凶徒捉拿人畜；三、禁止蜂蜜黄蜡陋例；四、禁绝谢恩赎罪；五、禁革官员到任受礼；六、禁派送食物；七、禁保正乡约擅受贺礼；八、禁骨种坐床恶习；九、驰盖瓦之禁；十、土民客家一例编里；十一、禁外来农民送纳土舍礼物；十二、禁土官下乡令民妇借筋；十三、革除土兵；十四、禁杀牲饮血；十五、禁每年土民馈送土官礼物；十六、严禁火坑钱；十七、除外来商旅馈送土官礼物；十八、雇觅民夫宜酌定夫价；十九、保靖土人宜令剃头；二十、服饰宜分男妇；二十一、公媳内外宜有分别。"

阅看，并令明白晓事之人，时为讲解，俾得各知警惧，所全实多。"① 因为担心各族百姓有不识字的，所以才通过图文形式，把汉法移植到各民族社会中。这是最有特色的普法教育。

清代罗仰锜在任碍嘉州州判时就发布过各种律令，其中有调整田主与佃民关系的法令《请革田头苛虐佃民陋习八条详文》，多引《大清律例》中的相关法令。如第一条是佃民与田主地位关系的法律："佃户之于田主，在会典所载，不过如卑幼见尊长之礼，如有亲者仍以亲序。乃碍嘉田头，独妄自尊大，凡佃户见，辄令跪叩头……如不告官，私自殴打者，应照不法绅衿私置板棍、擅责佃户例拟罪。" 可见通过此法律在佃民与田主地位关系中移植了汉法。为什么会出现这种社会现象呢？主要由于这一地区为彝族所居，佃户与田主多是黑彝与白彝间的主奴关系。通过这个法令把旧有的彝民内部社会关系在法律层面上加以改造，把汉法移植进去。《查拿畜养蛊毒告示》主要是禁革当地民族中所存在的放蛊毒害人的社会问题。在南方民族地区常有养蛊放毒的习惯，在《大清律例》中属于"十恶重罪"中"不道"罪之一。为此在法令中引用了相关律文："凡造畜蛊毒，与教人造畜者，不问已未杀人，本犯拟斩立决，财产入官，妻子及同居家口，并流二千里安置。若地方头人知而不举者，各杖一百。告获者，官给赏银二十两。"② 这个告示把汉法中相关的法规移植到这当地民族中。

清代道光时在云南武定直隶州禄劝地区就有一个由当地知州颁布的关于设保甲制的法令碑。在这个碑中不仅有设立保甲的内容，更为重要的是对清代相关法律进行了详细解释，说明在对付盗贼中哪些行为是合法的，哪些行

① 《四川彝族历史调查资料·档案资料选编》，第267页。
② 参见《请革田头苛虐佃民陋习八条详文》和《查拿畜养蛊毒告示》，乾隆《碍嘉志》，云南大学出版社1994年版。在《请革田头苛虐佃民陋习八条详文》中除上所引一条外，下面的是：革除田主收纳应租外的随田公费银两，"嗣后如有再犯，应比照因公科敛计赃，以枉法论，无禄人减一等律治罪"；革除田主随便拿取佃户家畜及家禽，"嗣后如再有犯者，照依豪强之人低价买物，强者准枉法论律拟罪"；革除佃户女出嫁及寡妇再嫁时田主索要银两，"嗣后如有再犯，照诓骗律拟罪"；革除佃户家有丧，田主索银，再犯按上一条处罚；革除佃户户绝有女儿及亲属时田主继承家财，"嗣后如再有犯者，照强占律拟罪"；革除田主通过"放把"勒索佃户，"嗣后如再有犯者，照诓骗律拟罪"；革除田主禁止佃户子女上学应试，"嗣后如有再阻夷民读书考试者，请照压良民为贱律治罪"。从中可以看出这些都是针对当地彝族的固有法而制定的，这个法律是移植汉法中佃户与田主的法律关系。

为是非法的。这是地方官员通过告谕进行法律移植的典范，兹录于下：

> 特授武定直录州正堂加十四级金，为谕饬公立保甲乡规，以除盗贼而靖地方事。延例尤为周详，其法每十家设一甲头，推而广之。凡远近邻人俱有守望相助之责，遇有盗贼偷抢，不论同寨邻村，以鸣锣为号，此鸣彼应，互相围拿盗贼，自无所遁逃。这是清代保甲制度的目的。

下面接着对一些相关法律进行引述和解释，问题起于云南民族在防盗上多采用牛丛制度。明代天启《滇志》中《沿乡训练牛丛议》上就有："滇之牛丛，即各省直之乡兵也，聚土著之民使自为卫……以安人心，以实内地，以备召募，以禁盗贼，计无有便于此者。"[①] 说明此制度是云南世居民族防盗的固有方法。但在这种方式下防盗采取的是："兹查滇省以公同拿盗贼之良法，不鸣之曰保甲，而鸣之曰牛丛，往往设立丛杆烧尸灭迹，致干宪禁，自取罪名。"也就是说，这一地区的彝族常常通过牛丛制度把偷盗者以火刑烧死。"律载罪人持械拒捕者，格杀勿论。又例载事主殴伤贼犯至折伤以上者，勿论登时事后，概乎勿论，谓事主毫无一点罪名也。殴瞎两眼，折断盗贼手脚者一体勿论，亦毫无一点罪名。此系钦颁律例，开载勘明，尔等愚民切勿疑虑。"这是对《大清律例》关于捕盗行为中哪些是合法行为的律文进行引述，还对"折伤"进行了说明："嗣后，折伤以上者，谓如殴瞎两眼，折断手足之类未至于死者是也。凡帮同事捕贼之人，不论雇工奴仆及邻舍邻村人等，杀拒捕之盗贼，若有将盗贼格杀，及殴至瞎其眼，断其手足者，由事主投报乡保甲，具秉本主查核申详立案，尔等必无后患。"同时对在捕盗贼时盗贼拒捕被殴伤致死可不负法律责任，这里重点说是拒捕。"例载贼犯旷野白日盗田野谷麦、蔬果、柴草、木石等，被事主殴伤致死，拟绞监候等语。是所谓盗者必如明火强劫，白昼抢人之类。所谓贼者必如挖壁跳墙、撬门如室及于园场内偷牛窃马之类。而偷窃田地内谷麦、蔬果及在野之鸡鸭谷物均与真正盗

---

① （明）刘文征撰：天启《滇志》卷7《兵食志第五·附：沿乡训练牛丛议》，古永继点校，云南教育出版社1991年版。

贼有别，倘被事主擅杀或拒捕至折伤以上者，仍至事主应得之罪。尔等切勿错误干咎。"① 这是对"盗"与"贼"的行为进行说明，同时指出"偷"的行为是不能擅杀和折伤的，特别是白天，否则将负刑事责任。这个法令把汉法中关于盗、贼、偷不同行为进行了法律上的解释，说出哪些行为是合法的，哪些是非法的。而在彝族中往往把白日偷蔬果谷麦与"盗"的行为相提并论。这样就通过此法令把汉法中相关偷盗、抢劫的法律移植到了这一民族地区。

宣统三年（1911 年）四川省昭觉县知县徐怀璋制定了《汉夷简明约章十一条》，其中有把汉法向这一地区移植的内容，如"汉夷有愿结婚者尽可通行。汉人如有佃田买地与夷人交涉，准汉夷同来官堂禀明立券。夷人如有仇怨，或被捆杀偷劫，准其报官究办，不得私自兴兵。衣服礼俗应遵汉制"② 等，这些内容都是把汉法向这一地区移植的表现。

台湾在清时有《新港社各番丁之姓字及堂名》，此是当时台湾中路理番分府知府的告谕，是把汉族的姓氏制度向高山族内移植。嘉庆十五年（1810 年）时闽浙总督颁行了一个关于改造台湾社会各方面的法律，共有 19 条，其中很多就是把汉法推行到台湾本土民族之中。"各社番妇各有本夫，或夫故孀守，乃有奸恶社丁恃强奸占，尤为可恶。查奸占良家妻女为妻妾者，律应问绞。兹本部堂申明定例严禁，并饬地方官严密查拿处，嗣后再有奸占番妇情事，立即严拿照律治罪。"③ 在高山族中寡妇改嫁是本民族固有法，地方官员把守寡制度移植到这一民族中。

咸丰二年（1852 年）有广西《临桂县正堂告示碑》，光绪八年（1882 年）有贵州江口县《严禁土司勒收兵谷和砍杀耕牛告示碑》④。道光二十四年（1844 年）大理府云龙州知州在这一地区颁布移植保甲制度的《编排保甲弥盗安良碑》。⑤ 清代广西南宁地区有地方官颁布《严禁歌圩以正风俗特示》：

---

① 王明东著：《彝族传统社会法律制度研究》，云南民族出版社 2001 年版，第 156－157 页。
② 魏治臻编：《彝族史料集》，四川民族出版社 1989 年版。第 292 页。
③ 《台湾私法物权篇》（上册），台湾文献史料丛刊第九辑，第 441 页。
④ 参见《中国西南地区历代石刻汇编》广西桂林卷，第 13 册；贵州卷，第 20 册。
⑤ 《大理丛书·金石篇》（十），第 189 页。

"仰府属各州县知悉，嗣后婚姻，务通媒妁，以正男女夫妻之伦，而归礼义之邦，毋得仍蹈前辙。倘有怙恶不悛，法难轻恕，律不能容，毋违特示。"① 这其实是地方官员移植汉法中的婚姻法到壮族地区。

清代地方官员在南方民族地区进行汉法移植除了发布告谕、告示外，还有一种主要形式是章程。章程是由地方官员提议，得到中央批准后成为当地相关事务的地方性法规。这类法规在清朝数量很多，成为治理地方事务中相当有力的手段。最有名的有：康熙四十四年（1705 年）湖南巡抚赵申乔《奏陈苗疆善后事宜九款》，其中有把苗民盗窃和抢夺杀伤等行为按内地州县命盗之例处罚的立法动议，后成为法律，通行于南方民族地区，成为清代南方民族地区法律适用上主要的法律，成为汉法移植的范式。② 乾隆三年（1738 年）张广泗针对贵州古州地区的 12 条章程，成为移植汉法制度进入这一地区的主要法律。嘉庆元年（1796 年）四川总督和琳提出《奏拟湖南苗疆善后章程六条》，其中有广设本地民族的各类土弁，增加这些土弁的权力，让他们具体控制本民族内部基层社会的法规动议，这一条后来对南方地区的法制建设有相当重要的影响。道光年间四川总督鄂山提出四川地区彝族的善后章程，共有 10 条，其中有对行政改制，对土司、土目加强管理，监管汉夷土地交易等内容。张之洞等人于光绪十三年（1887 年）提出《剿办琼州黎匪拟抚黎章程》，此章程共 12 条，其中有广设土目，开发黎人区等方面的内容。

总之，元明清以来南方民族地区地方官员颁布的大量告谕、告示，成为这一时期汉法移植的主要方式之一。

（二）通过司法实践进行移植

这种方式具体是地方官在审理各民族案件时，通过适用汉法，让各民族在司法实践中慢慢地接受汉法。出现各种纠纷时，地方官在处理中适用汉法，这样也就把汉法向南方民族地区移植。从元明清以来南方民族地区的各种纠纷解决碑文中可以证明此类行为的存在。明万历二十六年（1598 年）在云南龙陵县内的《赖土舍疆域碑》就记载了镇安所土舍赖氏与猛弄卡土舍帕氏争

---

① 《广西少数民族地区碑文、契约资料集》，广西民族出版社 1987 年版，第 132 页。
② 《湖南苗防屯政考》（二）卷 3《征服上·奏陈苗疆善后事宜九款》，第 540 页。

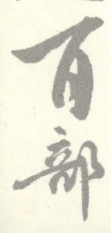

疆域，后由当时军门即云南巡抚出面审理及此案的处理结果。这样就把汉法向这一民族地区移植①。

在南方民族中往往把交易中违约金定得很高，当出现违约时，对违约者来说是灾难性的后果。清朝康熙年间李来章在任广东连山县知县时就通过司法实践移植汉法。"瑶人旧规，批立合同必云：如有犯者，罚龙角二对，活虎二只。"但在现实中没有龙角，活虎也不可能捉到，于是"或须折赎勒银，动至三百六十两，以致人口、田产尽售，不足，则摊派宗族以及亲戚，莫有免者。邑人效尤，其与瑶人争论，亦复如是。启衅招怨，牢不可解，兵连祸结。"为此很多地方官都想改变瑶族的这种固有法，但是"前人亦有欲变其俗者，口敝舌干，总付罔闻。匪独瑶人不肯遵，即平民亦不肯遵也"。在李来章任连山县知县后，他不仅从教谕上进行，更多是从司法实践中来移植汉法。有一例是连山县和睦村庙冲寨尹明全等的牛、禾把被天堂冲、冷水冲人盗去，后两村为此事请蒋天章等人调解，达成偷盗方赔银三十六两，后到县里报案登记。为此李来章根据实情当堂审断"追给牛价、禾把等物，公平酌断，共银二十四两，交给失主尹等四人收讫，取有领状附卷。其尚剩银一十一两六钱，本县恤念贫瑶初抚，将此银当堂还给瑶目房志远、调息人蒋天章公同收讫，具有存案"，让他们还给冷水冲、天堂冲的瑶族。此外，在其他司法实践中，他也常常进行改革。"如失黄牛一只，今断赎银三两；水牛一只，今断赎银二两五钱；擅绞人劲，定责十板。若有别项，准此以类推之。如有指一衣一履索银百余两者，坐以抗违激变之罪"。通过这些司法实践，瑶人亲身感到这种法律的实利。"父老皆言：康熙四十二年以前，瑶与民争，则焚屋捉人，禁锢排中，勒令取赎；瑶与瑶争，则日操干戈，相攻相戮，往往经数十年，不肯歇手。从无在持纸呼冤，待理于有司之公庭者"，在通过司法实践后，"于是，五排之瑶，有老人不能决者，皆赴县待理。予为推情求隐，折衷律例，尽革排中陋习"，出现"排中相争皆来赴县告理"的现象。后面李来章还

---

① 《龙陵县志》，中华书局 2000 年版，第 652 页。

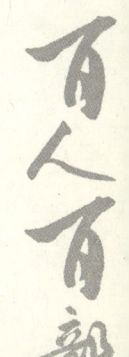

举了两个案例，这里就不再赘引①。这是通过司法实践移植汉法最有名的例子。

在清中期，云南武定彝族那氏在土目承继上出现收同族子为嗣的纠纷。这个案件把清代继承法中相关法律都涉及了。此案对本地彝族来说是最好的一次法律移植过程。该案发生在清嘉庆十七年（1812 年），当时武定州禄劝县茂连乡（又作暮连乡）土目那显宗去世，此人无子，仅有五个女儿。他生前是当地土司，拥有大量的财产和可以世袭的土目之职，同时他没有缌功以上可以应继之亲属，仅有远房无服族侄八人，分别是：那荣祖、那昌祖、那绍祖、那绳祖、那襕祖、那绅祖、那绥祖、那振祖。在继承位序上这八人都有同等的权利和位次。对此按清律应由那显宗的妻子沙氏和三妾大小傅氏、张氏决定选哪一位，其中正妻沙氏有决定权。由于各种原因，选中那振祖。可是问题出在那振祖是独子，再过继就成为兼祧两家，同时也有其他人争诉不止的现象。此案成为反映当时对继承、过继等法律适用的典型案例，它几乎把清代所有与继承有关的法律和土司承袭法律都表现出来了。

为此各方先出结文保证自愿。在嘉庆十七年经过各方的争诉，最后沙氏和大小傅氏、张氏决定选那振祖为嗣，为此那振祖出了甘结状。

> 具结族侄那振祖，系多嘎古村（住）。今于沙婶母台前遵奉结得公议嗣续一案，于上年十月内蒙何州主传唤那昌祖、绍祖、绥祖、绳祖、襕祖、绅祖等人验看。业经婶母将昌祖罢斥，另立在案。复奉婶母传唤众族共同商议择贤另立在等因。情愿具结与婶母台前。自此之后，凡族内身无过犯之侄任随选择继立，永无争竞，如违，甘罪。具结是实。
>
> 嘉庆十八年正月十九日具结　族侄那振祖

这是那振祖对沙氏罢斥那昌祖后的甘结状，以证明自己不会对沙氏的选择进行干预。

---

① （清）李来章撰：《连阳八排风土记》之《禁革瑶俗贱物平价一则》、《排中相争皆来赴县告理》，黄志辉校注，中山大学出版社 1990 年版。

　　嘉庆十八年（1813 年）初决定选那振祖为继承人后，由于他是独子，要有他生母同意才行。为此他的母亲在同年二月初六出具了同意过继的保证书。

　　立永远二比情愿两承宗祧。孀妇那李氏，系多嘎古村住。为族长显宗身故嗣，弟媳沙氏、大小傅氏、张氏等以氏子振祖贤孝，向氏乞为嗣续。而言将来孙枝茂盛，两承宗祧。氏见其情切，且系族长不可无嗣，义不容辞，当即应许。自愿将振祖过继与族长为子，自此之后，听凭弟媳沙氏等教训扶持。永无翻悔异言。此系两相情愿，欲后有凭，立此为照。

　　嘉庆十八年二月初六日立二比情愿两承宗祧文据　那李氏

　　凭头人：铺子、倍思、哈由。母言，振祖代笔。

　　这样，那振祖母亲同意让其子过继。在嘉庆十八年三月十九日沙氏等正式向州府提出让那振祖承嗣。为此沙氏等上文州府，兹节录于下：

　　……况以小宗承大宗之绪自与例符合。而择贤立继则之母庶可安，夷众乃能悦服。今近支内惟有振祖一人素行孝友，干练老成。氏等商之族众奈意在瓜分，各挟私谋，而夷众庸先夫乏嗣之故，共举振祖。咸此自悦服。氏等亦素知其赋性孝友，一切公私均能公平办理，此次立嗣从无钻营等情。今同夷目人等具备公呈……

　　嘉庆十八年三月十九日具呈　职妇那沙氏

　　（大傅氏、小二傅氏、张氏）

　　一件：三月十九那沙氏等词。

　　批：该氏既以振兴（亦振祖，详见后）赋性孝友候堂讯核明定例，准其择立可也。

　　除那显宗的遗孀同意外，还要有各头目的同意书。在同一日，茂连乡夷目同时上同意甘结状：

　　具公量沙国相、沙国兴、沙怀德、张国佩、凤鸣岐、杨者奔、胡相国、李夏系、张学孟、杨占科等系暮连乡万德村已故捐职州同

那显宗佃户头目，呈为恳恩俯顺下情，赏准立嗣，以承宗祧而安夷

众事……今主母等谨遵以小宗承大宗之例，于近支内议以振祖承嗣。

振祖为人居家孝友，素为夷众敬服。蚁等闻言之下均皆喜悦，情愿

备具公呈干结。仰恳仁恩赏准振祖承嗣给照，申详立案。不惟家主

灵枢得以安措，家主母等亦终身有靠，而夷地公私一切庶得人办理，

不致贻误。蚁等边夷老幼亦戴德泽于无既矣。为此具呈本州恩主老

爷台前施行。

嘉庆十八年三月十九日具呈　　沙国相、张居仁、沙国兴、沙泽、

沙怀德、沙珍、张国佩、夏牛、凤鸣岐、小保、杨者奔、屁麻、胡

相国、阿保、李夏系、杨占科、李世茂、张学孟

到嘉庆十八年五月十二日，当时武定直隶州正堂正式批准此继承的合法。
该判决书很能反映当时的法律情况，兹录于下：

署云南武定直州正堂加三级记录五次萧为给照遵守事。案据已

故捐职州同那显宗之妻沙氏，妾大小二傅氏、张氏等具报伊夫那显

宗于嘉庆十七年八月初三日病故，因无子嗣，恐族人等妄肆争夺，

报请出示严禁，并请立嗣主丧一案。何前州未经讯结，旋即卸事。

本州至任，那昌祖、那绶祖等具呈请继。当经本州提集族目人等，

当堂集讯。那沙氏妻妾佥称那昌祖等，或因造言侮辱，或不安本分，

或与那显宗素有嫌隙，不愿过继。惟那振祖人极良善，事母谨孝。

那显宗在日最所亲爱，又为夷众悦服，请以那振祖立继等情。前来

查列载，无子者许令同宗昭穆相当之侄承继。先尽同父周亲，次及

大功、小功、缌麻。如俱无，方许择立远房为嗣。又无子立嗣，或

择立贤能，或所亲爱者。若于昭穆伦序不失，不许宗族指以次序，

争告者并官司受理。又载，若应继之人平日先有嫌隙，则于昭穆相

当内择贤择爱，听从其便。如族中希图财产勒令承继，或恣意择继，

以致涉讼者，地方官立即惩治，仍将所择贤爱之人断令立继。又载，

如可继之人亦系独子，而两相情愿者，亦准其承继两房宗祧各等语。

此案那显宗虽非土职，但头目、夷佃众多，有约束夷众之责。若立

继不得其人，不惟沙氏等不能相安，即地方亦不足以资弹压。本州查核那姓宗图，并无缌功以上亲支，应于远房择继。那荣祖等均系显宗无服族侄，昭穆相当。除那荣祖系大宗之子例不过房外，其次那昌祖、那绍祖具呈控争，已干例禁具，又造言侮辱沙氏，情属干犯。那缓祖不安本分，其父代争，沙氏等均不愿继。例载，继子不得于所后之亲，准其告官别立。今未继之先，已有嫌隙，更不应强行勒继，致违明例。又那绳祖、那襜祖、那绅祖曾殴那显宗，嫌怨更深。若择继一人，不惟无以慰那显宗泉下之心，且必触沙氏未释之憾，将来母子操戈必兹事，故应均不准其承继。外查，那振祖既为沙氏及显宗生前亲爱，又为夷众悦服，虽系独子，两相情愿，应请照择立贤立爱之例，听从其便，即独子两相情愿亦准承继例。惟以那振祖立继，与那显宗沙氏为嗣，所有那显宗遗存财产牲畜均归继子承受管理。除详报粮宪立案外，合行给照。为此照给那振祖遵守，即便承继那显宗之嗣，管受遗产，奉养沙氏、善事傅张各氏，并约束头目佃户夷众人等，弹压地方，勿须玩忽致干律究。倘有宗族人等横行争夺，准其告官惩治。

凛遵勿违，须至执照者。

右给照那振兴遵守。①

嘉庆十八年五月十二日的这份判决书体现了清代继承中复杂的继承法律，同时可以看出当时在民事判决中地方官是在已有的法律下进行的。因为文中层层引用相关的法律就是明证。此外可以看出当时继承是财产和身份统一下的继承。下面把清代继承法中相关法规引出来试作比较。

无子者，许令同宗昭穆相当之侄承继。先尽同父周亲，次及大功、小功、缌麻。如俱无，方许择立远房及同姓为嗣。若立嗣之后却生子，其家产与原立子均分。

① 参见《清代武定彝族那氏土司档案史料校编》第六《立嗣》下"嘉庆十七年立嗣案卷"，中央民族学院出版社1993年版。

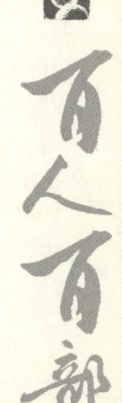

无子立嗣，除依律外，若继子不得于所后之亲，听其告官别立，其或择立贤能及所亲爱者。若于昭穆伦序不失，不许宗族指以次序告争，并官司受理。

无子立嗣，若应继之人，平日先有嫌隙，则于昭穆相当亲族内择贤择爱，听从其便。如族中希图财产，勒令承继或恣意择继，以致涉讼者，地方官立即惩治，仍将所择贤爱之人断令立继。

如可继之人亦系独子，而情属同父周亲两相情愿者，取具合族甘结，亦准其承继两房宗祧。①

从判决所引律文及所引清代此类问题的相关法规上看，此判决完全是一份按律例的判决。

此外，判决下来后，当时沙氏、那振祖都向州官写了甘结状。其中那振祖写了两个方面的甘结状，一个方面是对那显宗的遗孀赡养和对夷众的约束。"小的立嗣之后，留心侍奉母亲、扶持妹姊出嫁。并约束头人，不敢滥费家产，亦不敢逆各位母亲。若日后小的有不孝母亲，滥费家产情事，任随母亲出首，小的自认违逆、滥费之律，加倍治罪。甘结是实。"另一方面是对各种衙内书差事务保证尽职完成。

在贵州柳川区的德威乡奉党村就有一座道光四年（1824 年）三月九日立的"凤党碑"，碑文是当时镇远府知府审理当地一个关于辈分不符的婚姻案例，兹录于下：

特授贵州镇远府正党加三级记录十二次功，为出示晓谕事案。据清江鸡凤党苗民往色引兴控伊外甥赏容赖乖伦，笼娶伊侄女为媳一案。当经□□本府提集原被人证列案讯明，赏容赖系往色引甥，说娶往色引之侄女为媳，班辈不符，本应断离。因往色引、羊包引等之母主婚许配，兼已成婚日久，往色引等不敢违抗母命，恳求免拆等情，姑准俯顺苗俗，仍令羊包引之女仰羊包与赏赖之子马登科成婚，嗣后不准为例，取结备案。出示晓谕，为此示仰该寨苗百姓

---

① 《皇朝政典类编》卷 379《刑十一·户律户役·立嫡子违法·条例》。

等知悉。嗣后该苗等凡嫁女娶媳，务须查明尊卑长幼，班辈相符，

始准婚配。如敢效赏容赖等颠倒紊乱，定即严行惩办，决不宽贷。

勿为。特示，右仰通知。①

这是一个关于不合儒家伦理，同时在法律上也是违反汉法的婚姻，由于主婚者是被告之母，所以没有判离婚，但通过这个判例，规定革除此类苗俗。

从以上可以看出，这样的司法实践对少数民族地区汉法的移植是非常有效的。

（三）地方官员教化中的法律移植

古代地方官员，个人可以通过各种方式进行一些不属于行政上、司法上、立法上的行为，教化自己辖区内的各民族群体。这当中也有把中原汉法向各民族地区移植的行为。元明清三朝中，很多为官南方的官员都有过此种行为。清朝康熙年间李来章在出任广东连山县知县时就颁布《焚瑶书宣讲圣谕一则》和《劝谕四则》等，其中劝谕四则是：劝瑶诵读诗书，主要是各种儒家经典；戒瑶勿为盗贼；谕瑶遵限完粮；谕瑶释怨息争。通过这些方式把瑶族纳入汉法之中。罗仰锜在碍嘉为官时颁布过《化导》五条：正家，主要推行礼教汉法，革除彝族坐堂招夫养子和寡妇再嫁习惯；息讼；戒奢；止斗；劝善。这当中多是道德教化，由于夷人惯斗，在"止斗"中引用律令加以说明："查律例所载，凡斗殴伤人肢体者，杖一百，以次递加。至死者，问以抵偿"②。这些成为汉法向这一地区移植的途径之一。这样的事例不少。

三、土官、土司对法律的移植

这是指南方各民族土司在自己辖区内制定法律时，往往把汉法和其他法律向本地区移植。最明显的是南方傣族土官，在西双版纳地区的法律和孟连宣抚司法规上，在立法中就大量移植佛教教律和印度传统法律。《西双版纳封建法规》中有："杀死了人，劫得财物，要到佛寺去当和尚，佛寺的大佛爷如

---

① 《贵州民族调查》（四），贵州民族出版社 1986 年版，第 441－442 页。
② 乾隆《碍嘉志》，云南大学出版社 1994 年版，第 178 页。

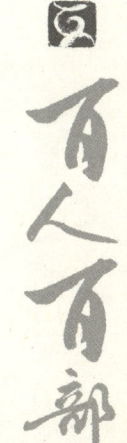

要接收，须先经宣慰使审查批准。"① 这里表现出宣慰使司权力超过僧侣集团，这是中原汉法的影子。广西安平土州在清代就制定《安平土州颁各项例规碑》，其中就有移植汉法的内容，如规定土民田产买卖时要上税才给所有权证等。明代万历三十六年（1608 年）云南丽江木氏土司有《木氏告示碑》，此碑是土司移植汉法的典型代表，碑上有"制于民则清肃善恶分明，齐家则上于孝父母，次则和顺兄弟。妇道则庶洁守节。□□孝弟忠信礼义廉耻，正谓此也。主人意此斯念兹也。舍人头目百姓人等，各宜遵仰"②。明代卯洞土司向同适在本土区内颁发《广修学舍告示》，发展儒学教育，其中有"本思卯洞，虽曰边夷，亦风俗宜厚、人文可兴之地，特工必居肆，乃其成事"，其目的是"则日变月化，孝弟礼让之心油然而生"③。这样通过儒学教育法令推行教育，加强汉法的移植。

土司不仅在自己辖区内颁行的法规中吸收汉法和其他法律，还在修家谱时通过立族规，对汉法进行移植。自明代以来南方很多大的土司家族都有修族谱的习惯，其中多立族规。思陵州土官在道光二十三年（1843 年）修族规时有："一、不孝不悌者，初犯重责四十板，再犯革出，不许入宗祠。二、不遵教训者，重责二十板。三、倚势凌人，经鸣族长者，重责十五板。四、红白二事，躲懒不前，重责十板。"④ 这是汉族地区严格族规的翻版。在那地州《罗氏宗谱》中有："故重订支谱，以序昭穆，分发各房……加约子弟，惟曰礼义廉耻。"这是修谱的目的。在具体内容上都是儒教礼仪，"子弟者，务以孝悌为先，一毋听妇人言，违背父兄"，"凡家长，教训子弟，幼教洒扫应对，旋命礼仪诗书。体谅资质裁成，明敏者示以诗书，不明敏者教以农商，勿误子弟终身事业"；"凡婚嫁，男女终身大事，先择贤德，后择阀阅相当，不可错误"；"凡男女有别，不得私相往来，败乱大伦，尚有不守，置之重典"；"凡无嗣者，任其族内以序择贤承继，不容妄生私意，以灭其祀"；"凡口角是

---

① 《傣族社会历史调查》（西双版纳之三），云南民族出版社 1983 年版，第 29 页。
② 《中国西南地区历代石刻汇编》云南省博物馆卷，天津古籍出版社 1998 年版，第 14 册，第 64 页。
③ 同治《来凤县志》卷 30《艺文志》。
④ 谷口房男、白耀天编著：《壮族土官族谱集成》，广西民族出版社 1998 年版，第 522 页。

非，不拘内外，宜理诉尊长，听候吩咐，不可妄自轻动。戒词讼，致伤元气"①。这些内容都是中原传统汉法的内在价值，同时也是"十恶重罪"中立法的价值取向和依据。这个族规对整个罗氏家族大小宗支都有效，成为汉法移植的另一途径。清代道光年间安平土州李氏在修建宗祠时有："此后各守，永遵祖制，勿相欺，勿相凌，勿为奸，勿为厉，勿犯上，勿仇下，彬彬然循伦常之分。"② 这里就有大量的礼教之法。

四、各民族内部主动移植法律

元明清时期南方各民族内部移植汉法有两种形式，一种是通过大量的各自立法，也就是通常说的制定乡规民约；另一种是各民族知识分子主动移植汉法。

元朝以来由于与汉族的交往加强，很多南方民族群体在自己制定规约时都不同程度地移植汉法。这在一些民族地区非常突出，其中的典型是南方各民族对自身的舅权婚通过移植汉法进行改革（此问题将在下篇中重点讨论，这里不作详细论述）。在南方各民族群体的固有法中往往是对偷盗行为处以各种死刑，但在很多乡约中却用罚金来代替。清代咸丰五年（1855 年）巍山县大仓乡有食上村彝族在制定约规时共订立 10 项内容，分别是：完国课、敦人化、勤本业、正风俗、息争讼、重廉耻、崇祀典、戒奢侈、严六畜、遵条约。这当中多是对汉法的移植，其中敦人化、勤本业、正风俗、息争讼、重廉耻、崇祀典、戒奢侈是最主要的。在"敦人化"中有："人生之百行，以孝弟为先。倘有子弟有负性愚顽，入不孝，出不弟者，必究。"③ 这是汉法。清代广西兴安县《大寨等村禁约碑》中有："周公置（制）礼，孔子造书，官有律条，民有禁约。""议顺妻逆母，忤逆不孝，地方以不孝之罪治究。"④ 这里可以看出把汉法中的"不孝罪律"引入本民族的乡约中。

清朝苗疆苗侗等各民族居住地区在立碑约中明确规定以儒家的纲常作为

① 谷口房男、白耀天编著：《壮族土官族谱集成》，广西民族出版社 1998 年版，第 585 页。
② 《广西少数民族地区碑文、契约资料集》，广西民族出版社 1987 年版，第 2 页。
③ 《大理丛书·金石篇》（十），第 194 页。
④ 《广西少数民族地区石刻碑文集》，广西民族出版社 1982 年版，第 126－127 页。

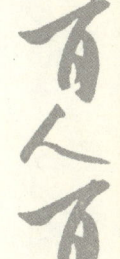

行为的总则。咸丰四年（1854 年）立的《永远遵照》碑中有："联为一乡之中，贫富不一，各守本分；乡居虽俗，首纲为重，百行当以孝弟慎守，顺奉父母，尊敬长上；如有忤逆者，仰各寨团长查明，着房族长送官究办。"① 这里明确把儒家的法律价值核心移植入当地各民族中。在黔西南地区册亨州者冲布依族于道光二十八年（1848 年）议款所立的《册亨者冲总路口石碑》中有：第一件：有君臣、父子、夫妇、朋友、昆弟，各守五伦，各尽人道；第二件：君尽道，臣尽忠，子尽孝，妇敬夫，弟敬兄，各尽其诚；第三件：人家有规，敬老慈幼，勿忘宾礼；第四件：处邻里而和乡党，莫使愧心而昧骗②。这也是在正式的款法中移植儒家纲常法度的明证。

少数民族中的知识分子主动移植汉法，这种方式存在于很多民族中。明代大理地区的李元阳和杨南金就是很好的例子。李元阳编写了《敦俗教议条例》共 15 条，此条例得到当时云南巡抚的批准，成为通行于云南的乡约约规，其中有"婚嫁不许争尚奢侈；丧事不许酒肉待客……亲亡不许轻用火化"③，这些"不许"的都是云南各民族的习俗。明朝正德年间杨南金致仕在家，在家乡交通要道上修泉刻碑，名曰《洗心泉诫碑》，让人们到此饮水皆可受此教训。碑上刻有："为父正，为兄爱，为弟恭，为夫义，为妇顺，为子孝，为女洁，为仕廉，为友信，为仆勤，为婢实，为富仁，为贫忍，为长者以身为教，为幼者以心为学。"并提出 50 种不可为的行为，涉及百姓生活的方方面面，如有"不可为僧为道，不可为寇为巫"，"不可葬用火化"，整个碑就是要革除本民族固有习俗，推行儒家三纲五常等伦理道德，移植了汉法中的相关法规。此外，还刻有《先哲居家四箴》及《趋避图碑》。《先哲居家四箴》是关于夫妇、父子、兄弟、朋友的行为准则，《趋避图碑》是关于居官、保身、持家应趋避的行为准则④。此君的这些行为准则对于大理白族及其他民族移植汉法起到了非常重要的作用，因为他本身是白族，又是为官之人，这种身份很容易让本地人接受和信任。清代师范曾作过《永禁以婿作子约》，

---

① 吴江编录：《侗族部分地区碑文选辑》，第 8 页。
② 《黔西南布依族清代乡规民约碑文选》，第 32 页。
③ 道光《赵州志》卷 1《民俗》。
④ 《大理丛书·金石篇》（十），第 74 页、75 页。

其中有："例载同姓为婚，杖八十……而况以异姓乱宗，律为倍重乎！"① 对这一地区各民族在婚姻中招赘为子的习惯法进行改革。

在各民族交往中，出现了修族规、家规、家训、家约等方式，通过这些方式移植汉法。在湖南会同，贵州天柱、黎平、三穗、剑河、铜仁、松桃、江口等县，就有《杨氏十甲族规》、《杨氏六甲家规》、《吴氏家规》、《杨氏十甲家约》、《杨氏家族家训》、《盛榜公后裔杨家家训十条》、《杨氏族谱开例续修规条》、《若水杨氏族约条款》、《若水杨氏家规》、《龚氏家规》、《姜氏家训家规》、《文氏族谱家规十戒》、《李氏家规家训》等。这些家训、家规、族规都以汉法礼仪为准，大量的家族规范把汉法移植到各民族日常生活中去，成为汉法移植的方式和途径。②

五、移民影响下的法律移植

自元代以后，南方民族地区由于汉族的大量移入，很多少数民族群体在与汉族的交往中，开始在法律上接受汉法，最明显的就是在土地交易方面。由于汉族在迁移到一个民族地区后，往往要佃、典所到之处民族百姓的土地，而随之签订各种各样的契约。最有名的例子当是清水江地区由于各民族开采本地的木材，导致这些地区关于林木、林地的交易出现，于是各种交易契约也随之出现。这些用汉文写成的契约，在格式、内容上与汉族地区是一样的。而在交易中出现了典、卖、租等方式，交易标的有林地、林木，形式上有分股等方式。这种方式在广西地区也表现出来，很多土民在田产交易时立契约，并在出现交易时先问亲族，再问邻人。下面就有一份这样的《农文忠卖筋竹契约》：

> 立永远卖筋竹约人农文忠，系北化上利村住。今因急中无钱还债，不已，夫妻商议，愿将祖父遗下之筋竹二座（卖出）：坐落痕趺一座，科板一座。先通族内，无人承受，自身问到本村梁生理处永买，取□□价本铜钱八百五十文正，即日亲手领回家应讫。二面言

---

① 《大理丛书·金石篇》（十），第 242 页。
② 参见石开忠《侗族习惯法的文本及其内容、语言特点》，《贵州民族学院学报》2000 年第 1 期。

定：其筋竹随约两交明白，永为世代子孙基业，父死子继，兄死弟承。此系明卖明买，并非折账等弊。倘后年深月久，同堂伯叔兄弟子侄不得争占冒赎，或有何人悔心多端，违背约内之言，钱主任执契赴上陈理论，甘罚无辞。其筋竹仍给归与买主，无异是实。今恐无凭，人心难信，为此，立永约交与存据。

立永远卖筋竹约人　农文忠

请人依口代笔

乾隆四十年（永远天长）（1775年）二月十七日

　　嘉庆十五年（1810年）同县梁富《卖塘契约》中有："先通族内，后通近邻，无人承领。凭中问到同村黎聪正。"① 移民的影响在云南边境的傈僳族中也表现出来，其中出现大量借贷、田产典卖的文契等。而在与汉族交往前，其本身是没有私有制的。

　　由于移民迁入，南方民族地区各族妇女身上也出现了变化。明代夷妇"招囊猛，云南孟琏长官司土官舍人刁派罗妻也。年二十五，夫死，守节二十八年。弘治六年九月，云南都指挥使奏其事。帝曰：'朕以天下为家，方思励名教以变夷俗。其有趋于礼义者，乌可不亟加奖励。招囊猛贞节可嘉，其即令有司显其门闾，使远夷益知向化，无俟核报'"②。成化十八年（1482年）五月贵州地方官奏慕役长官司礼福海的妻子适由22岁时丧夫，守节50年，地方官要求给予嘉奖。明宪宗认为："适由以蛮夷之妇而能守节，盖渐染中国礼义之化所致，虽其人已死，难苟长例，其特与旌表以为诸夷之劝。"③ 清代台湾出现番妇大南蛮，为"诸罗目加溜湾社番大治之妻。嫁后，治家勤俭，事姑相夫，克尽厥职。年二十，夫死，社番闻其美，争议婚。大南蛮欲变番俗，誓不再适，引刀而语：'妇发可剃，妇臂可断，妇节不可移也。'躬耕食贫，以养其子，守节三十七年。有司上其事，奉旨旌表"④。"罗氏，荔浦僮

---

① 以上参见《广西少数民族地区碑文、契约资料集》，第40－41页、46页。
② 《明史》卷301《列传189·烈女传》。
③ 《明宪宗实录》卷227。
④ 连横著：《台湾通史》，商务印书馆1983年版，第712页。

妇也。夫死，不更嫁。僮俗善歌，或以歌诱妇，必正色不为动，以节显于僮。"清代贵州出现反抗收继婚和夫死再嫁者，"罗朝彦妻刘，名阿全。朝彦，仲民；刘，瓮安。朝彦死，其弟欲妻嫂，引强暴迫刘，自杀"；"罗延胜妻马，名阿透，宁各司羊海寨仲民女也。延胜死，阿透年二十六，父欲为别嫁，阿透哭于延胜墓，自经死"①。仲民是苗族的一个支系，兄死弟收嫂是本民族法，但她以自杀反抗。元朝以来南方民族中由于移民的影响，导致各种儒教思想和法律规范移植的现象不少。

由于汉族移民的影响，出现了少数民族大修家谱的现象。如侗族中杨氏家族就有《杨氏家训》，其中有："父慈子孝尊重，兄友弟恭和平。有子必须教读，有女谨慎闺门。""九族五伦敦重，国家法纪钦遵。此系人伦道德，族正万古标名。"并具体提出："孝父母，敦人伦；睦宗族，明尊卑；敬长上，亲手足；和夫妇，爱子女；严家教，正婚姻；重文化，讲德行；尊师长，专习业；和邻里，避是非；义亲情，信友谊；重耕读，尚勤俭；倡义举，爱公益；奉公法，安本分；崇文明，齐风俗；喜必庆，丧必悼；纠必解，困必助；讲团结，共和平。"②这些族训在一定程度上促进了汉法的移植。元明清时期南方民族中很多家族纷纷修订家谱，制定族规家训，这些族规家训多成为移植汉法的途径。

第二节　元明清时期南方民族法律本土化方式和途径

元明清时期南方民族在法律变迁过程中不仅移植了很多外来的法律资源，而且对这些资源也有本土化的过程。所谓本土化就是把外来的法律资源与本土的法律资源相结合的过程。当然，由于南方民族在移植中主要是移植汉法，加之汉法具有相对完善性、近邻性及政治上的优势性，所以在对外来法律进行本土化过程中表现出与汉法相似的趋势。在云南傣族地区则表现出更多的向佛教教律化发展的倾向。

---

① 《清史稿》卷511《列传298·列女四》。
② 《侗垒》，杨锡光、张家桢整理校注，岳麓书社1989年版，第88页。

一、中央政府立法上的法律本土化

自元朝以来，在南方民族地区法律建设上中央政府既是汉法移植的主体，也是最主要的进行法律本土化的主体。通过立法进行本土化，成为南方民族法律本土化的主要途径之一。自元朝起，中央政府就一直努力把南方民族地区的行政体制设置和官僚体制纳入汉法中，但由于南方各民族群体往往有各自的社会组织制度，所以在进行这种制度移植的时候，中央政府就变通设置了土官制度。土司制度从这个角度上看就是移植后本土化的产物。为什么这样说呢？这是因为土司制度在很多方面都是中国传统的文官体制，对土司的考核就是要向一般文官靠近，在品级上也与文官一样。在后来的里制、里老、保甲制度上，国家往往让这些辖区内的民族头人充任首领，这与中原地区不一样。有时在区划上也不以人口、地域为准，而以村寨为单位。在南方没有分离出公共权力机构的群体中，元明清时期在设立府、州、县以后还设有各种土目，用各民族群体的自然头人做国家基层社会组织的管理者。这在瑶族、黎族、高山族中最为明显。

在继承法上，自元朝以后，在确立嫡长子继承制的同时，有条件地承认南方民族地区各民族固有的继承制度。如兄终弟及，妻、婿、女继承等。"夏四月壬辰，中书省臣言：'云南土官病故，子侄兄弟袭之，无则妻承夫职。远方蛮夷，顽犷难制，必任土人，可以集事。今或阙员，宜从本俗，权职以行。'制曰：'可。'"① 此法律一直到清代都是南方民族土官土司继承法的主要法规。

在刑法上，对南方各民族则承认他们某些法律的有效性。明朝就明确认可南方各民族相互仇杀案中采用"牛羊马赎罪方式"，此类案例在明代非常多。"正统二年（1437年），泥溪土官医学正科田玑盗官藏丝钞，援永、宣时例，边夷有犯，听以马赎，许之。"② 说明这种法律在永乐年间就存在。"然奏世受爵土，负国厚恩。但变起于荣，而身陷重辟，乞分释。因从未减，依

①《元史》卷26《本纪26·仁宗三》。
②《明史》卷311《列传199·四川土司一》。

土俗纳粟赎罪。"①

在对土司处罚上，元朝在法律上规定"罚而不废"。在民事方面，对南方各民族的田产买卖可以不立契、不上税，规定汉族不能与南方民族进行交易等。明代洪武时起，对瑶族就有瑶田免税粮、免丈量等法规。"所有瑶买瑶田，历来未投税过割"，这种法律到清代嘉庆年间还得以遵循，"嗣后瑶买瑶产，无论年月远近，优免投税。职瑶买民业，照例投税，以安瑶民，而示区别，须至照者遵"②。从这里可以看出这种法律在明清以来成为重要的法律。在婚姻上，明清两朝往往制定不准汉族与各民族通婚的法律，这虽然有一定的消极作用，但在维持本民族固有文化传统上却起到一定的积极作用。

二、通过地方官员进行的法律本土化

元朝以来很多地方官员在法律实践中常常承认南方各民族自己制定的法律或根据南方民族固有法律进行本土化。这个时期南方各地方官员对南方民族在法律本土化上主要通过以下手段：

第一，承认各民族制定的各种规约和通过采用各民族通用的民约形式立法。这当中最多的是在各民族制定乡约时由地方官员加以认可实施。明成化十四年（1478 年）有铜鼓卫与五司三所的土民在湖耳司之地宰猪八头，备酒八缸，制定了十三约款，款条中有"铜鼓卫杨总兵正合起十三条"文，这其实是地方官员借用本地民族的约款形式与之约法。万历三年（1575 年）有用侗款形式给当地侗人六条款令："一、要紧把隘路，不许蛮苗入境。二、要乡村互相守望，不许挨闪躲避。三、要四峒各村，不许汉人往坐苗疆，百计盘剥扰害之弊。四、要听从款令，调唤踊跃，不许挨闪犯规。五、要大小事件听峒长、乡约公道排解，大事化小，小化无。不许二比，诬行争斗。倘有不服者，峒长乡约即行禀究。六、要安分，男耕女织，不许争占欺弊。此六条奉上行下，四峒每岁立冬同会四安坪合款遵奉。"③ 从这些可以看出明代就有

---

① 《明史》卷 316《列传 204·贵州土司》。
② 《瑶族石刻录》，第 46 页。
③ 吴治德：《侗款初探》，《贵州民族研究》1983 年第 1 期。

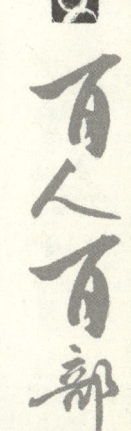

地方官员通过各民族固有法律形式对汉法进行移植的现象。清代嘉庆十四年（1809 年）云南呈贡县就有一个乡规民约碑，此约得到当时云南府呈贡县知县批准，"署云南府呈贡县正堂加三级记录六次邵为请示设立乡规以儆愚顽事"，"示仰各该村汉、彝军百姓等知悉：自示之后咸宜遵守乡规各条，务须父慈子孝，兄爱弟敬，共为良善"①。这个乡规的设立可以说是地方官员进行了一次法律移植。清代嘉庆八年（1803 年）在广西武平乡立的《乡规民约碑》序言上有"特授广西镇安府归顺州正堂加五级记录十次蔡为准立乡规民约，以敦民风"之语。这里说得很明确，是知州批准的，但这是一个非常特殊的由官方承认的乡规，为此录全文以证：

> 禁例：
>
> 赌博集盗不得窝藏。忤逆不孝不得过犯。
>
> 淫乱不仁不得妄为。禾麦菜蔬不得盗窃。
>
> 山水生灵不得浇药。丘木树林不得砍伐。
>
> 来狗邻鸡不得偷摸。外来匪□不得容留。
>
> 本人外犯不得陷瞒。
>
> 以上犯者古例委置深潭，今例火烧。
>
> 四时收卷不得勿略。禾谷黄熟不得放猪。
>
> □□马误不得骗过。各处水潮不得开干。
>
> 田螺海鸭不得踏采。户口出役不得推托。
>
> 潭口食水不得浣洗。田间水界不得相争。
>
> 事情发觉不得私合。
>
> 以上犯者罚钱三千，米□十，酒壶□□
>
> 桂阳胡德溥敬刊②

这个乡约特殊之处在于禁例的前半部分，规定犯禁者按古例沉潭处死，现在用火烧死。不管是沉潭还是火烧，在汉法中都不允许民间有这种权力，

---

① 《呈贡县志》，山西人民出版社 1992 年版，第 516 页。

② 《广西少数民族地区碑文、契约资料集》，第 225 页。

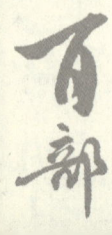

国家把刑事中的刑罚权收归自己，特别是在法律形式上，仅有皇帝才有死刑的判决权，而这里却可由地方官同意，可谓最为特殊。在河池地区罗城大梧村《禁约碑记》上也有："蒙县主晓谕各村，务要设立条款，标明禁约，俾乡村土民人等，设立十家为甲，一甲有长，相友相助，而亲睦着焉……县主法令于道光元年胪例条款，呈禀县主谭批准，赏发禁约册本，盖印过珠（朱），给与甲长遵照，务必严令约束……倘有不遵干犯者，甲长秉公议罚。"① 从这里可以看出当地县令把保甲制度与本地民族的约款结合在一起，把地方一定范围内的事务交给本民族头人处理。这既能使保甲制度发挥其作用，又能让地方各民族在接受此制度时不会产生太大的冲突。

第二，在实践中把各民族固有法律与自己的司法实践相结合。南方民族在社会行为中往往重起誓，于是很多官员在为官时也按此方式与南方各民族进行起誓立约。最早当推战国时秦国与板楯蛮立誓订约："秦犯夷，输黄龙一双；夷犯秦，输清酒一钟。"这是通过盟誓方式与南方民族达成法规的最早记载，同时在这里秦王朝对板楯蛮在法律适用上也进行了本土化，"乃刻石盟要，复夷人顷田不租，十妻不算，伤人者论，杀人者得以偾钱赎死"② 。瑶人自古就重誓，明代邝雅《赤雅》卷上"誓师"下有："凡有仇斗，杀牛聚众，对神盟誓，其法令人忘死。"宋代周去非就有"款"者誓也，"蛮夷效顺，以其中心情实，发其誓词，故曰款也"③ 之说。宋代范成大在广西为官时也与瑶人通过立誓来立法："某等既充山职，今当钤束家丁，男行持棒，女行把麻，任从出入，上有太阳，下有地宿，翻背者生男成驴，生女成猪，举家绝灭，不得对好翻非，偷寒送暖；上山同路，下水同船，男儿带刀，一点一齐，同杀盗贼；不用此款者，并依山例。"④ 所谓"山例"就是瑶人的固有法律，具体将违约者处死。永乐三年（1405 年）正月湖广答意等五寨生苗向化，同时刻箭为誓，不复叛乱。明成祖知后说："蛮夷虽顽犷，然亦有信义。今既向

① 《广西少数民族地区碑文、契约资料集》，第 243 页。
② 《后汉书》卷 86《列传 76·南蛮西南夷列传》。
③ （宋）周去非著：《岭外代答》卷 10《款塞》，知不足斋丛书，中华书局 1999 年版。
④ 《广东瑶族历史资料》（上册），广西民族出版社 1984 年版，第 21 页。

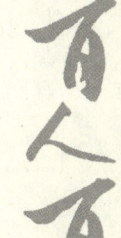

化，当以信抚之。稍有侵扰，彼将不直朝廷。其所刻箭，会湖广都使司藏之。"① 这样中央认可与各民族达成新的誓盟。清朝顺治十三年（1656年）海南地方知县与黎人也有立誓行为："责令斩狗誓血，刻箭为凭，要以五事：毋要路掳掠，毋焚村仇杀，毋盗牛畜，毋隐逃民，毋抗逆土官。"② 这里用狗血、刻箭方式与黎人共誓，其实就是把这种法律以他们本身固有的方式立法，让其能够接受。康熙年间李来章为官连山县时，为了取得瑶民的信任，他就进行过誓神行为。为什么这样呢？因为过去往往是"旧例：每岁县衙营汛差人上排，采买茶叶、棉花、黄豆、绿豆、鹅、鸭、鸡只，虚发官价，实令瑶丁疲惫……及瑶以讼事牵连，勒令重赎"。由于这些原因，他为得到瑶民信任，通过神誓废除各种陋规，这从他的《誓神祝文》中可以看出："抄示五排十七冲瑶人知悉。""设誓鬼神，与瑶共守"③。所以说在这方面李来章是利用瑶族重誓的习惯，与之共立约法。清代凉山地区的彝人在归顺官府时也常通过举行穿牛皮立誓仪式来达成盟约④。

元初蜀平，张庭瑞任诸蛮夷部宣慰使，甚得蛮夷心。在他刚出任时，"碉门羌与妇人老幼入市，争价杀人，碉门鱼通司系其人。羌酋怒，断绳桥，谋人劫之。鱼通司来告急，左丞汪惟正问计，庭瑞曰：'羌俗暴悍，以斗杀为勇。今如蜂毒一人，而即以门墙之寇待之，不可。宜遣使往谕祸福，彼悟，当自回矣。'惟正曰：'使者无过于君。'遂从数骑，抵羌界。羌陈兵以待，庭瑞进前语之曰：'杀人偿死，羌与中国之法同，有司系诸人，欲以为见证耳。而汝即肆无礼，如行省闻于朝，召近郡兵空汝巢穴矣。'其酋长弃枪弩罗拜曰：我近者生裂羊脾卜之，视肉之文理何如，则吉其兆。'曰：'有白马将军来，可不劳兵而罢。今公马果白，敢不从命。'乃论杀人者，余尽纵遣之"⑤。

---

① 《明太宗实录》卷33。

② 刘耀荃编：《黎族历史纪年辑要》，广东省民族研究所1982年印行，第74页。

③ 《连阳八排风土记》，第140页。

④ 庄学本在《西康夷族调查报告》中说："穿牛皮为黑夷投诚汉官的盟誓，先打牛，将牛皮连头、尾、脚剥下，挂在四脚的木架上，牛皮张作直立之状，头东向，尾西向。郑重的仪式尚须笔母在旁念经，投减的黑夷即从尾下穿入，旁立的夷人就声呼吼，黑夷即从牛头之下穿出，打鸡滴血酒中，黑夷端酒向天赌咒：'穿牛皮之后，夷番汉团结一心，倘再犯法，如鸡如牛。'"（第100页）从中可以看出在凉山彝族地区，当地官府往往通过彝族人民的这种仪式来达到相互遵守法律或立约规的目的。

⑤ 《元史》卷167《列传54·张庭瑞传》。

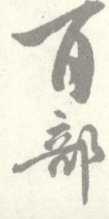

这里张庭瑞就是用了羌族与汉族杀人都要"偿死"的共同点，处理了这场由司法引起的政治危机。

清代李彦章有《示谕十二土司目民遵行保甲简易法》，在这个法令中他把保甲法与土司地区的实际相结合，进行了本土化性质的立法，让保甲法进入到土司地区①。

三、各民族群体内部主动进行的法律本土化

各民族在内部进行法律移植时，也往往把汉法和其他法律与本民族的固有法律结合在一起进行。这在很多时候是主要的。上面分析过基督教进来后，在各民族地区往往出现把"十戒"与实际情况结合的本土化现象。在汉法的移植上也是如此。由于保甲制度的推行，在制定乡规时常常规定实施各种处罚以保长和甲长为主。由于孝道及风水观的引入，在一些民族群体中产生了因掘毁龙脉、掘尸抛骨等被判的重罪，在以前这方面是没有的。因为很多南方民族在对死者处理上多采用火葬。道光十八年（1838 年）《坡川乡协众约款严禁正俗护持风水碑》上有："禁上林连坡一带，不许挖土打石，损伤龙脉。犯者，亦罚安龙如数。"② 这里移植了汉法的实体法，同时在处罚中保持了本民族的方式。侗族在侗款《六面阴规》第一部上有："如若哪家孩子，胆大骨头硬，心横肠子弯，砍鹅的脖子，穿龙的肚子。骑坟重葬，挖坟掘墓。弃遗骸，扔干骨。开棺看尸，揭板看骨。搞得活人伤心，搞得死人哭哇哇。他罪大惊天，他恶深如海。这面罪厚，这条罪重。这面罪大到十，这条罪重到百……要他拿金银来抵罪，要他拿牛马来赎罪，叫他三父子共一个老鼠洞，叫他五父子共一个下水口，深潭叫他住，深坑让他睡。盖他三尺黄泥，填他九尺红土。"③ 破坏龙脉，挖坟抛骨在汉法中是"不道"重罪，属于十恶重罪之一。这里可以看出侗族把汉法中相关法律移植到了自己的侗款中，但在处罚方式上却是采用本民族固有的处罚方式，如罚金、罚牛马，沉潭、活埋等。

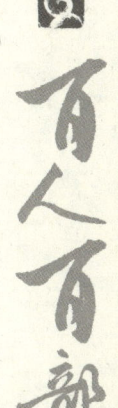

---

① 《保甲书辑要》，第 161 页。

② 《广西仫佬族毛南族社会历史调查》，广西民族出版社 1987 年版，第 93 页。

③ 邓敏文、吴浩著：《侗款研究》，中国社会科学出版社 1994 年版，第 70 页。

从这里可以看出在立法技巧、法律用语上是用侗族的，在处罚上也采用侗族的固有方式，但内容却是汉法的移植。这是法律本土化的一个典范，与侗款上的记载是相符的，那里曾说："庚子年戊午日，州王编撰民、刑事诉讼法于岩洞下，撰成二六一十二面、二九一十八面盘。"① 这里不管记载是否准确，但有一点，那就是侗族在制定"款"时移植了汉法的一些内容。在侗族中存在把固有审判方式写入规约中的现象。咸丰四年（1854 年）黎平尚重所立的《永远遵照碑》中有："村寨难免有事，或遇婚姻田土等事例，当经中理论。倘若不清，照俗捞汤表白。如系枉控，罚钱三千文入公。"② 这就把神判明确地写入规约中。

清代云南巍山地区就有把本身固有的洞经会与清代圣谕讲学结合起来，改成圣谕堂。每逢会期时，先宣讲圣谕，然后才念经，这样的圣谕会把民间固有的宗教组织改造成进行汉法移植的组织③。在西双版纳地区，土司在给百姓的训条中有："森林中间不能砍开树盖房子在里面。寨子边的水沟、水井，就是不要的也不能填。佛寺对面和佛寺侧边不能盖房子，龙山上不能盖房子，不要和鬼、神、佛抵抗。"④ 这里可以看出傣族把佛教与本地的宗教——鬼神崇拜结合在一起。在审判上对事实的考察有三种方式，这是受印度法和佛教影响的产物，但在最后却有神判："这样还审判不出结果，最后就念经，祭神，烧着火或煮着开水，把东西放在开水里面或火里面，使犯罪的人用手去取，请神来审查，就可以鉴别出谁是好人，谁是坏人。"⑤ 这里佛、神并用，最后进行神判，把三者结合在一起。在傣历 1137 年（1774 年）有勐遮与景真两地争地一案，最后召片领让双方用"闷水"古规来解决纠纷，在进行前先拟好处罚条例：

第一，地方的事其价值如"兰"（百万），寨子的事其价值如"先"（十万）。

---

① 吴治德：《侗款的"款"字探源》，《贵州民族研究》1992 年第 2 期。
② 吴江编录：《侗族部分地区碑文选辑》，第 7 页。
③ 《巍山彝族回族自治县志》，云南人民出版社 1993 年版，第 881 页。
④ 《傣族社会历史调查》（西双版纳之三），第 39 页。
⑤ 同上书，第 27 页。

第二，哪方输，就按上数罚银，若果是输方求饶，就把罚银数减少三万三千；要是再三告饶，就减少三千三百。其他礼仪开支在外。

接着就进行正式的神判仪式，是时请了全勐的佛爷、波占、头人到场。佛爷诵经，波占与昆欠分别向天神、地神致祝祷词，双方陈述引起纠纷的经过，祈神灵判明真假。同时规定双方在闷水时能下沉不死者是真；反之，则是霸占、欺骗者。最后是景真失败。于是按规定罚款，但胜方把罚金七"怀"银退还给败诉方①。这是一个档案记录，从中可以看出在佛教进入这一地区后，在神判上也有外来的因素。

在舅权婚上，自明代以来，南方民族就主动进行过改革，其主要内容是把舅家的"还骨钱"或称"回头钱"数额降低，让其在婚姻中的作用减小。通过此改革既保持了这种婚姻形式，又能适应社会发展的需要。在瑶族《过山榜》上最先规定不能与汉人通婚，仅在本民族内部通婚。在本民族内部通婚上没有什么特别规定，对于在本宗族间通婚上没有什么限制。到了元明以后，规定了首先不与汉人通婚，其次在本族内同宗不能通婚的约束。"准令盘王姓孙女，不嫁于百姓为婚者"；"准令十二娃子孙自行嫁娶，不许与百姓冒认外族交婚者"。这些说的都是不能与外族人通婚，"准一十二姓内自行嫁娶，不许族内交婚，以农民交婚，公罚定利不恕"。收集点校者认为这条应是："准一十二姓内自行嫁娶，不许族内（外）交婚，以农民交婚，公罚定利（律）不恕。"这是理解上的错误，因为前面已有准十二姓内自行嫁娶，也就是排除了与外族通婚，后面说不许与"族内"结婚是原文，点校者认为应当是"族外"，这种理解是错的，因为后面两个"不许"已经说明了，其实是不许与"族内交婚、以（与）农民（当是汉族）交婚"，这两个不许一个是指同一宗族的族内，另一个"农民"当是指其他民族，其中主要是汉族。这是在移植汉族同姓不婚后，在本族法律上规定不能同一宗族内结婚。在《评王券牒书传为记》上两次提到过瑶族不能与他族结婚，"准令瑶人自行婚娶，

---

① 《傣族社会历史调查》（西双版纳之二），第108－109页。

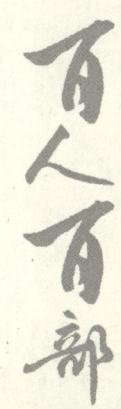

不许差人交婚"，"盘王女不嫁国（民）。如有嫁百姓等，罚"。这里可以看出不许瑶族与他族结婚。在另一份《过山照》中有"准令十二姓子孙，自行嫁娶，不许与族（内）交婚"①。从行文上来看，是可以说明的。所以说瑶族在受汉法影响后，开始出现同宗内不能结婚的规定，这是汉族"同姓不婚"法律移植后的本土化产物。

---

① 以上参见《瑶族〈过山榜〉选编》，湖南人民出版社 1984 年版。

实证篇

第七章　元明清时期南方民族社会组织制度的变迁

　　这里分析的是元朝以后南方民族社会组织结构的变迁，因为在社会组织中一定的结构有一定的功能，而一定的功能又要求有相应的结构。一个社会结构可以在一定范围内提供不同程度的功能。但它有一个度的限制，否则就得改变其结构。这里用社会组织而不用行政法或社会结构，是因为在南方民族中自元代以后很多地区的社会组织虽然发生了很大的变化，但各民族群体具体上有很大的差异。有的仅是把外来社会组织与内在的社会组织结合在一起，没有出现质的解构和重构；有的确实产生了解构与重构，如那些原来有自己社会组织的民族群体。同时这里不仅关注国家行政层次上的社会组织变迁，而且还有民间层次上的变迁，如民间基层社会组织的变迁等。

　　元朝以后，在南方民族社会组织的变迁上，主要的是中央政府要把中国传统的官僚行政体制移植到南方民族中，建立起统一的行政制度。这就使得移植既是目的，也是手段。在这个过程中，国家经过六百多年，三个王朝的工作，才在县级以上的行政制度中基本实现了目标，而在乡村一级还处于进行阶段。在这个过程中，主要经过土司制与改土归流两种不同的方式和进程，从社会组织变迁上看，两者是同一事件中的不同进程。两者的目的都一样，那就是要在南方民族中建立起中国传统的官僚行政体制。

第一节　文官行政制度在南方民族中的移植

一、元明清时期南方民族地区行政体制的建立

　　元朝在对南方民族治理上一改以往的羁縻之治，把这些地区纳入国家行政体制中，最明显的就是废除南方民族地区的各种"王国"，如大理国、罗殿

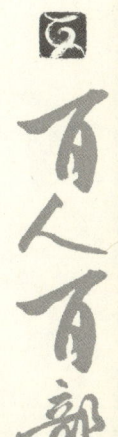

国、罗氏国，建立起统一的行政制度。在地方最高行政制度上建立起行省制，行省其实是中原在地方设立的第一层次行政机构。《元史》上说元代的行政结构是："在外者，则有行省，有行台，有宣慰司，有廉访司。其牧民者，则曰路，曰府，曰州，曰县。官有常职，位有常员，其长则蒙古人为之，而汉人、南人贰焉。"① 这说明元代行政制度在地方上是以行省总之，下则有路、府、州、县。对于地方行政机构的相互关系，《元史》上说得明白："凡路，低于省一字。府与州直隶省者，亦低于省一字。其有宣慰司、廉访司，亦只低于省一字。各路录事司与路所亲领之县与府、州之隶路者，低于路一字。府与州所领之县，低于府与州一字。府领州、州又领县者，又低于县一字。路所亲领之县若府若州，曰领县若干、府若干、州若干；府与州所领之县，则曰若干县，所以别之也。"② 元代在南方民族地区建立起此套制度。云南在至元十三年（1276 年）赛典赤改制时建立起行省、路、府、州、县等地方行政体制。云南全省有 40 路、13 府、55 州、32 县。湖广行省有 30 路、3 府，13 州、15 安抚司、3 军，路辖府有 3、辖州 17，路、府、州辖县 150。四川行省下有 9 路、3 府，路、府辖州 36、军 1，路、府、州辖县 81③。从以上可知元朝几乎把南方所有民族地区在不同层次上纳入了传统中国的行政体制中。

元朝时整个南方民族被纳入湖广行省、云南行省、四川行省、江西行省。行省下少数民族地区最重要的是宣慰司。"宣慰司，掌军民之务，分道以总郡县，行省有政令则布于下，郡县有请则为达于省。有边陲军旅之事，则兼都元帅府，其次则止为元帅府。其在远服，又有招讨、安抚、宣抚等使，品秩员数，各有差等。"④ 如云南行省下有乌撒乌蒙宣慰司、罗罗斯宣慰司、曲靖等路宣慰司、临安广西元江等处宣慰司、大理金齿等处宣慰司都元帅府，湖广行省下有湖南道宣慰司、广西两江道宣慰司都元帅府、八番顺元宣慰司都元帅府，江西行省下有广东道宣慰司元都帅府，四川行省下有四川南道宣慰司、叙南等处宣抚司。海南岛纳入海南海北道的管辖下。这些行政制度的设

---

① 《元史》卷 85《志第 35·百官志一》。
② 《元史》卷 58《志第 10·地理志一》。
③ 参见白寿彝总主编、陈得芝主编《中国通史》第八卷，第 13 册，第 260－264 页。
④ 《元史》卷 91《志第 41 上·百官志七》。

置把南方民族全部纳入国家行政体制中，一改中央强大时这些地区的民族就臣服，中央权势一弱就各自立国的历史现象。元代以后，南方地区各个大的民族群体的土司区仅是国家行政体制下的特殊行政区，而不是臣服于中央的特殊地方民族政权。这些南方民族行政区同时是地方的一个行政地区。如水西宣慰司在明代仅是明王朝贵州省下的一个地方行政区，安氏是明中央任命的地方官员，受制于中央政府。

元朝把南方民族在行政上完全纳入国家行政管理中。明代中央对南方民族地区的行政制度更为完善。如永乐十一年（1413 年）为了加强对滇、川、湖广三省交界地区的民族群体的控制，设置了贵州布政使司，此外还在两粤地区分设不同的布政使司。清朝前期把台湾划入福建省的管辖下，到光绪朝时，为了加强对台湾的控制，设立了台湾省。明清两朝在南方民族地区的行政制度建设上主要是进一步细化和推进中原地区的行政制度。

元朝以来在南方民族地区，中央在把相关行政体制移植到各民族地区时，在官员的安排上采用了特别设置的方式。在行省、路、府、州、县及宣慰司、安抚司中参用各民族头人。在云南行省官员中就有大理段氏，在路一级上由大理段氏出任大理路总管，鹤庆路由高隆任本路总管，顺元路军民总管府兼宣慰使就由本民族头人阿里出任，广西思明路由黄忽任总管。府一级上土人任官的就更多，如景东府由阿只任知府、顺宁府由猛吾任知府、太平府李氏任知府、田州府由岑氏任知府、永北府由高氏任知府。州、县就更不用说了。虽然元代南方民族地区在路、府、州、县各级中多由土人出任总管、知府、知州、知县，但这并不能说明元代在南方民族地区与过去羁縻制度一样仅是授予各民族头人为官。因为元代在这些行政级别上都设有达鲁花赤，而此职只能由蒙古人、色目人出任，当然，虽在任职上有人等限制，但都属流官。所以说这些行政级别上是土流参用，元代只有在长官司一级上才可能全用土人。"诸蛮夷长官司。西南夷诸溪洞各置长官司，秩如下州。达鲁花赤、长官、副长官，参用其土人为之。"① 也就是说在这一级别上才可能完全由本地各民族控制，其他级别上是不能的。

① 《元史》卷91《志第41上·百官志七》。

明朝在行政级别设置上与元代相比，没有多少差别，仅是废除路，设府、州、县。但由于明代在地方官制中没有达鲁花赤一职，而明初南方民族政策中对归顺者多以元朝时所任官职授之，"尝考洪武初，西南夷来归者，即用原官授之"①。因此，在明代南方民族地区官制承袭元制而形成在府、州、县这些行政级别上全由土人任第一行政长官的现象。为此明中央政府采用的是在南方民族地区由土人任地方行政首长时设佐贰流官以牵制之。《明史》上有："军民府、土州、土县，设官如府州县……渐为宣慰司者十一，为招讨司者一，为宣抚司者十，为安抚司者十九，为长官司者百七十有三。其府、州、县正贰属官，或土或流，大率宣慰等司经历皆流官，府、州、县佐贰多流官。"② 这里说明，明代南方民族地区土府、州、县仅从官制设置上看与流官地区是一致的，不同的是首领官是土官，佐贰官是流官。宣慰司、宣抚司的官制设置上也一样。明代在南方民族地区官制设置上与元代不同之处是前者是土官任第一把手，后者是流官任第一把手。明代这种官制设置是普遍存在于南方民族地区的，这可以从《土官底簿》和《明史·广西土司传》中得以证明。如在《广西土司传》中有：

　　洪武元年……为那地州，予印，授黄貌世袭土知州，以流官吏目佐之。

　　南丹州……七年置州，授莫金知州，世袭，佐以流官吏目。

　　归德州……洪武二年，土官黄隍城归附，授知州，以流官吏目佐之。

　　果化州……洪武二年，土官赵荣归附，授世袭知州，以流官吏目佐之。

　　南宁府……授宗荫子应珪为土判官，流官吏目佐之。③

　　太平领州县以十数。明初，皆以世职授土官，而设流官佐之。④

---

① 《明史》卷310《列传198·土司》。
② 《明史》卷76《志第52·百官五》。
③ 《明史》卷317《列传205·广西土司一》。
④ 《明史》卷318《列传206·广西土司二》。

　　《粤西文载》中有："两江地方二三千里，其所辖狼兵无虑十数万，今设为府者四，为州者三十有七，其府州县正官皆以土人为之，而佐贰幕职参用流官。"①《明史·云南土司传》中有："盖滇省所属多蛮夷杂处，即正印为流官，亦必以土司佐之。"② 在云南，嘉靖元年（1522 年）临安府宁州知州调通安州知州坚昂补任时有"州故有土官知州，职专巡捕，州事则流官知州掌之"③，说明宁州以前在职官上是土、流共设。洪武六年（1373 年）正月设普定府流官二员，以前府判阿刚为通判④，这样在普定府中是土流参用。永乐元年（1403 年）八月设贵州乘西蛮长官司流官吏目一员⑤。这说明明朝流官在各土官衙门中设置是很普遍的。嘉靖三年（1524 年）十月贵州、四川抚按官杨一英提出处理芒部时有"令土官知府与流官通判杂居"⑥，这说明明代往往是在知府为土官时，设通判之类的佐贰流官处理本地事务。嘉靖九年（1530 年）芒部改流失败后，有"复授芒部土裔陇胜为通判，署镇雄府事……仍先流官经历如旧，三年之后，果能率职奉贡，准复知府旧衔，仍铨补流官通判。章下兵部议覆，如凤仪等言，故有是命"⑦。这里说出芒部旧土府的官员设置实情。所以明代在南方民族的土司衙门中多设有流官为佐贰官，可以让这些

---

　　① 《粤西文载》卷56《广西众建土官议》。按《明实录》洪武三十五年（1402 年）设安隆长官司流官吏目一员；永乐七年（1409 年）设广西太平、龙州递运所流官大使各一员；永乐九年（1411 年）设上林长官司流官吏目一员。

　　② 《明史》卷313《列传201·云南土司传》。在永乐七年（1409 年）七月改置镇康州直隶云南布政司时，在官制设置上有"命湾甸州土官同知襄光知州，赐印章敕符金牌……并置流官同知吏目各一员"。《明太宗实录》卷65。

　　③ 《明世宗实录》卷12。

　　④ 《明太祖实录》卷78。

　　⑤ 《明太宗实录》卷21。明初这种做法是相当普遍的。洪武四年在马湖府、泥溪长官司、雷坡长官司、施州宣慰司、金洞、隆奉、忠孝、世平溪、东乡五处长官司中各设流官（《明太祖实录》卷70）。永乐二年（1404 年）七月在四川建昌卫下昌济、昌州、威龙三长官司，贵州新添卫的丹平、丹行二长官司中各设流官吏目一员（《明太宗实录》卷30）。永乐四年（1406 年）正月白纳长官司中设流官吏目一员（卷40）。永乐五年（1407 年）三月在湖广镇远卫下臻剖六洞横坡长官司中设流官吏目一员（卷48）。永乐六年（1408 年）三月湖广赤溪两江口设巡检司，同时设流官巡检一员，以土人为副（卷55）。永乐七年（1409 年）九月在贵州宣慰司下古州、曹滴洞、八舟、洪州泊里、中林验洞、福禄永从、潭溪、欧阳、亮寨、湖耳、龙里、新化、西山阳洞十三个蛮夷长官司中各设流官吏目一员（卷66）。宣德六年（1431 年）四月在云南澄江关索岭设土官、流官巡检司各一员（《明宣宗实录》卷78）。

　　⑥ 《明世宗实录》卷44。

　　⑦ 《明世宗实录》卷112。

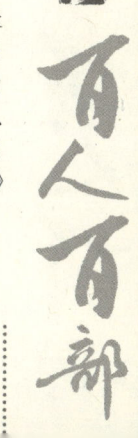

地区逐渐进入完全的流官统治下。

清代把土官的地位降到在同级流官之下，同时出现流、土同城的设置，如在广南府就存在这种设置。乾隆三年（1738年）八月云南巡抚张允随奏道："广南府新设之宝宁县，即与土同知同驻府城。"① 这说明土同知所在县已改流，但府同知仍是土官。清代甚至出现不管村寨的土官，也就是仅有官衔，没有行政辖区的土官，称为"不管理苗裔村寨者"②。这种现象存在于所有南方民族中。乾隆五十年（1785年）六月云南总督刘秉恬上奏说："云南土司，有似贵州省并无兼理地方村寨之责，应行更改者，均应提请划一。查滇省额设文武土司一百五十六员……共二十二员，伊祖先得授土职世袭，并无管理地方。"③ 这说明云南有22家土司属于不管理苗裔村寨的土官。元代以后，在国家职官中出现"吏目"这一名称。对此，同治年间四川《酉阳直隶州总志》上有这样的评述："州吏目一官自汉晋至唐宋皆未闻，金曰州录事，元明曰州吏目，国朝制同，掌禁戢奸宄、防护狱囚、典司簿籍。"④ 这里"吏目"前有"州"为限制语，是元代以后国家在南方民族地区职官设置上的一个新创制。从这里可以看出"吏目"在元明清三朝主要是国家对南方民族地区行政移植中一种制度上渐进过程中的产物。雍正五年（1727年）三月吏部奏议说云贵总督鄂尔泰提出在贵州铜仁府属平头司、省溪司，思南府属沿河司、朗溪司，黎平府属潭溪司、八舟司、龙里司、欧阳司、新化司、洪州司，"原设吏目各一员，稽查土司"⑤，令并加州同知职衔。最后中央同意了此提议。

总之，元代在南方民族地区移植建立起了一系列的行政制度和区划，可以从明清时期的《地理志》和各种方志中看出，南方很多民族地区的行政制度创设多始于元代。当然，由于当时在行政建制上往往有民族群体的因素，在很多时候也出现行政区域过小或过大的情况。但这些都是在国家大的行政

---

① 《清高宗实录》卷74。
② 《清史稿》卷117《志第92·百官志四·土司》。
③ 《清高宗实录》卷1232。
④ 同治《酉阳直隶州总志》卷13《职官志二·文秩下·州吏目》。
⑤ 《清世宗实录》卷54。

制度建设中的小部分变通。

二、土官制度：官僚行政体制本土化的产物

元朝建立起来的土司制度为什么会与以往的羁縻制度有区别呢？这是因为元代土司制下的土官是在国家建立起来的行政单位上特别授予的官制，它是中央政府在移植中原官僚体制到这些地区后本土化的产物。它具有双重性，首先它是国家的官僚，其次它是由本民族群体头人世袭的官僚体制。

（一）元明清时期南方民族中土官的来源

南方民族地区在元代建立起与中原划一的行政制度后，对官员的设置主要有两大类：一类是国家正式的流官，这是国家文官制度的核心；另一类就是各民族头人出任各级行政机构中的官员，他们是我们在这里所要研究的土官。土官纳入国家行政机构，让南方民族地区的社会制度表现出与中原不同的特点，这是因为南方民族中各民族群体往往有不同于汉族的生存范式，这在本书《理论篇》中已经讨论过。这里要重点讨论的是，在元代以后，南方民族地区各级行政制度中土官来源并非都是各民族原有的"君长"、"土酋"，因为南方民族社会中各民族群体的固有社会组织是不同的。有的民族群体社会属于"有君长，世居其土"，就是在历史中已经形成了自己的官僚组织，固有领地；有些是"无君长，互不统属"，这些民族群体往往以村寨为单位，没有形成一个大的行政区域。这样造成土官来源的不同，反映出南方各民族群体社会结构上的不同，但在这个时期都建立起了各级行政制度。这是元朝以来的相同之处。根据不同的社会特征，元代以来的土官可以分为两类。

第一类是任用民族群体中固有的"君长、酋长"为各级行政机构的官员。

这在南方民族中有不少属于此类。如云南的大理、麓川、车里、丽江、东川、乌蒙、芒部等地，贵州的乌撒、水西、水东、播州，湖广的施南、容美、永顺等地，广西的思明、思南、泗城、田州、太平等府，都是由原有的"土酋"出任本地区的土官，且在辖区上也多以原有的领地为区划。这些构成元明两朝的土官主体。

第二类就是那些没有君长，互不相统属的民族群体。对这些民族群体，

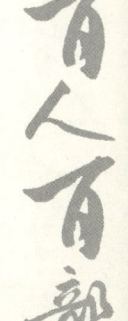

中央政府一般选择一定的地方头人或旧居本土的汉族为官。海南岛黎族社会本身是没有君长、不相统属的，但在元代，政府在至元十五年（1278年）设了琼州路安抚司，后设海北海南道宣慰司，对地方则在至元三十年（1293年）设了屯田万户府，下设五原、仁政、遵化、义丰、潭揽、文昌、昌化、会同、临高、澄迈、永兴、乐会十二翼千百户所①，在元顺帝元统二年（1334年）增设万安后共十三所。千户、百户都由土人出任，同时以土民吴斌为万户。到明代"洪武初，尽革元人之弊，土酋主郡者，元帅陈乾富以降免罪，徙为广东平乐县通判，州县各另除官，不用土人"②，从此革去土酋。这说明元代任用土人为军政官员的现实。这些土人是什么人呢？若是在建立土官前就是当地民族群体的君长的，那是黎族；若不是，则说明这里的土酋有两种可能，一种是世居此地的汉族，另一种是黎族中各村寨的头人。这些人是国家让他们出任本地区的行政官员，形成土官。他们与前一类土官是有区别的。清代张庆长《黎歧纪闻》中有："黎头辖一峒者为总管，辖一村或数村者为哨官，大抵父死子代，世世相传，或间有无子者而妻代之，及弟代之者，为众心所归而公立之也。""生黎则各食其土，不入版籍，止设有黎练、峒长之类统辖之。"③琼山县界东接五指山，"向设峒长一名，统辖五峒，黎总一名，哨管七名，共管生、熟黎村二百一十村"④。从这些可看出，黎族社会是以村寨为单位各自独立的，所以可以说元明两朝的土官来源不全是黎族。明人王佐就说："先因永乐二年（1404年），在崖州已革宁远县岁贡生员潘隆建言抚生黎事情，予以知县官回籍招黎，时各州县生员、吏典、坊郭、人民，各应例招出生黎，引同黎首赴京朝见，皆蒙照例予官，或州佐县正以下，至典史大小官名不等，各令回还原籍，专驯生黎，不预州县事，予其子孙，各以官名承袭招抚生黎。"⑤ 这确切说明，明代海南地区的土官大多来源于流寓此地的汉族。明正统五年（1440年）革除抚黎土官，不许他们的子孙承袭。但是

---

① 参见刘耀荃编《黎族历史纪年辑要》，广东省民族研究所1982年印行，第29—31页。
② （清）顾炎武著：《天下郡国利病书》卷104，四部丛刊本。
③ （清）张庆长著：《黎歧纪闻》，丛书集成续编，236册。
④ 民国《崖州志》卷13《村峒》。
⑤ 詹慈编：《黎族研究参考资料选辑》（第一辑），广东省民族研究所1983年印行，第121页。

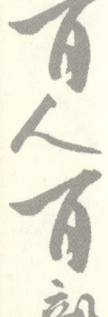

在此后，土舍代替土官，后来又有土目，则多是汉族为之。清代陶元淳说：
"其未为土舍也，保举则贿买黎头，委牌则贿买官吏。"① 所以说在海南地区
所设的土官、土舍，多为本地流寓之汉族。对黎族来说，这种制度是外来的。

在台湾，高山族本来是以社为单位的。清代郁永河《采硫日记》中有：
"社有大小，户口有众寡，皆推一二人为土官。其居室、饮食、力作皆与众人
等，无一毫加以众番。不似滇广土官，征赋税，操杀夺，拥兵自卫者比。"②
这说明高山族社会中本无君长。清代直到乾隆十年（1745 年），福建布政使
高山在《陈台湾事宜疏》中才提出在高山族中设立土官，在"熟番社目之宜
设立土司也"条下有："臣请嗣后台地社目，援照川、广苗疆土司之例，令该
地方官于众社土目中择其老成、诚实、才具明干者数人，呈报督、抚及巡台
御史秉公验看，会奏请旨，颁土司职衔，量与顶戴；令其分管各社内番众，
统辖生番。"③ 从这里可以看出台湾的土司是从本民族中选出来的，这些人不
是在本民族中世代为"君长"的人，也就是说是外部力量把他们树立起来，
成为本民族中公共权力的拥有者。因为台湾高山族的固有社会结构是"社或
千人，或五六百人，无酋长，雄者听其号令"，甚至有的说得更为明了："土
番，非如云、贵之苗僚瑶僮各分种类聚族而居者也。社之大者不过一二百丁，
社之小者止有二三十丁。见在各社正、副土官，以统摄番众；然亦文项蒙头，
无分体统。考其实，即内地里长、保长之役耳。"④ 从中可以看出台湾高山族
的土司其实是中央政府为了治理上的方便而设立起来的职官。

这种现象在广西、广东、湖南、贵州、云南等南方地区都存在，因为这
些地区有大量的"无君长，互不统属"的民族群体。明代在广西地区就因
"所以为州县害者，皆是不属土官管束之人，错杂州县之间者"，于是提出
"凡令瑶僮与编民杂居州县之间，但彼依山箐以居耳，今特敕内外大臣躬临其
地，召集其酋豪谕以朝廷恩威，将授以官，如左右两江土官例，俾其子孙世
享其其。能率其种类五百名以上内附者，即授以知州之职；四百名以下，

① 《皇朝经世文编》卷88《兵政·议设土舍之患状》，第3171页。
② （清）郁永河著：《裨海纪游》卷下，小方壶斋舆地丛钞，第七帙。
③ 《清奏疏选汇》，台湾文献史料丛刊第四辑，第41页。
④ 《续修台湾府志》，《番社通考》，第569页、573页。

量授同知、判官、吏目等官，其官不拘名数"①。这说明广西的瑶族、僮族的土司制度往往是在没有固有官僚体制之下由外部移植进去的。这些土官一般由本民族群体中那些归顺的头人出任，所以瑶官又常被称为瑶首、瑶目、瑶老、瑶练、瑶总、抚瑶老人俍目等。明神宗万历四十一年（1613 年）六月两广总督张鸣凤提出对钦州瑶族的处理意见上有："四峒俱隶钦州，仍每峒从夷旧俗，置一峒官，责令约束峒民，缴纳丁银，编立保甲……三年无过，始请详二院给予冠带。"② 在明代抚瑶官中还有汉族充任，具体来说是那些在瑶族地区为官并得当地民族群体信服者。永乐四年（1406 年）二月"命荔波县民覃敬信为本县知县。敬信先奉命招谕梅村等七十三洞瑶首藩父长等，至是籍其户，同父长等来朝，遂授敬信知县，赐冠带袭衣钞币，命专抚瑶民"③。这类人在民族地区任官久了就成为本地土官，其实他们并不是各民族中固有的"君长"。这类土官在南方民族地区并不少见。

清代凉山地区的四大土司及九大土目④，其实多是封建中央扶持下建立起来的地方行政机构长官。这些土司、土目与凉山黑彝家支、白彝家支的关系是中央政府移植的，因为在凉山彝族社会中黑彝家支间在地位上是平等不相统属的。不像水西安氏土司与十二则溪、四十八目的关系。凉山地区的社会固有组织是家支，还没有分化成独立的官僚制度。这从黑彝家支与土司的敌对行为上可以看出。

元明清三朝的云南土官来自两个方面。洪武十七年（1384 年）闰十月云南布政使就说："所属大小土官有袭世者，有选用者。如景东府知府俄陶、阿迷州知州和宁，则世袭者；云南府罗次县主簿赵和、姚安府普昌巡检季智，则选用者。世袭者，世居本土，素有储蓄，不资俸禄养廉可也；选用者，多因流寓本土，为众所服，故一时用之，非给俸禄，无以养廉。"⑤ 这说明了明代云南土官的来源与其他地区是一致的。

---

① 《粤西文载》卷 56 《广西众建土官议》。
② 《明神宗实录》卷 509。
③ 《明太宗实录》卷 51。
④ 凉山地区四大土司是：四川凉山宣抚司安氏、阿都正长官司冷氏、阿都副长官司都氏、凉山安抚司杨氏。土司、土目原多是汉族。
⑤ 《明太祖实录》卷 167。

上面讨论要说明的是，南方民族在国家建立行政组织来代替原有制度时，在土官设置上其实是国家为建立起有效统治而建立起来的特殊制度。

（二）土官承袭法：外来法与固有法冲突的焦点

在土官制度中，法律上自元朝以后最大的斗争焦点在土官承袭法上。因为承袭制度是关系到整个"礼"的核心，涉及继承中嫡长子制下的宗法制度。于是，从元朝以后在有关土司制度的法律中争论的焦点就是承袭法。这里重点讨论这一法律的变化。

土官世袭中的承袭与文官中的荫袭，武官中的承袭都有区别。因为土官世袭既是一个官职的继承也是财产的继承，同时还是土官家族宗法的继承，而其余二者仅是身份上的继承。但是在很多南方民族中，没有严格的汉法式宗法制度，他们往往在无子时由赘婿继承或是妻子继承。妻子和女儿承袭就意味着出现女性官员，这在汉族社会中是难以接受的，是对当时社会中最基本的法律和宗法原则的破坏。在汉法中从武官的承袭到文官的荫袭都确立嫡长子制，是与宗法制相一致的，不能由外姓和女性承袭。这是整个汉法承袭法律的基本要求和准则。所以南方土官制中职官的继承法律本身就出现了价值上的冲突。

元代对南方土官法律地位的确立及承袭问题的规定是在仁宗延祐六年（1319年），当时云南地方官把南方民族职官继承问题提到中央。元代在荫袭和承袭上于至元十九年（1282年）规定了以父系下的嫡长子制为中心的男性承袭制度："诸用荫者，以嫡长子。若嫡长子有笃废疾，立嫡长子之子孙，曾玄同。如无，立嫡长子同母弟；如无，立继室所生；如无，立次室所生；如无，立婢生子。如绝嗣者，傍荫其亲兄弟各及子孙；如无，荫伯叔及其子孙。"① 这是对流官的规定。对于南方土官承袭的法律问题到延祐六年才被提出来。为什么这个时候才出现呢？主要是元朝建立了几十年后，南方民族的土官开始逐渐死亡，同时元代在法律上也越来越向传统汉法靠拢。这两个因素导致了这个问题必须通过立法来解决。当年"夏四月壬辰，中书省臣言：'云南土官病故，子侄兄弟袭之，无则妻承夫职。远方蛮夷，顽犷难制，必任

---

① 《通制条格校注》卷6《选举·荫例》，第265页。

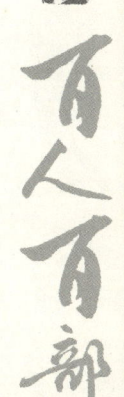

土人，可以集事。今或阙员，宜从本俗，权职以行。'制曰：'可'"①。中书省臣提出对云南土官病故后，在土官的承袭上按本地习俗，由儿子、兄弟、妻子承继。元仁宗同意了如此立法，这成为元代对此问题的法律。这个立法其实是很粗糙的，它的关键不是"子侄兄弟袭之，无则妻承夫职"，而是"宜从本俗"，也就是说在南方民族土官继承法上，国家认可南方民族的固有法律，在具体继承中的顺序安排、方式上都由各民族群体内部固有法律来调整，国家不作具体规定。同时这个立法重要之处还在于元代从法律上承认了南方民族土官职官可以世袭。在此之前，在法律上并没有明确的规定。这一法律导致南方民族地区在官员的设置上不仅运用本地土人为相关地区的职官，并且这种官职可以由某一姓世袭，产生了职官与行政设置的统一。这个法律虽然说是为解决云南地区土官问题，但通用于南方民族的所有土官区。因为如上所说，它重点在"宜从本俗"上。在这以前，就存在夫死妻承夫职的事例，大德七年（1303 年）普定府改路时就"以故知府容苴妻适姑为总管"②。这里是朝廷任命适姑为总管，没有说是上报承袭。在至元十七年（1280 年）十月亦奚不薛未经上报中央就让他的从子承其官职，受到元世祖的批评。"帝曰：亦奚不薛不禀命，辄以职授其从子，无人臣礼。宜令亦奚不薛出，乃还军。"③从这些来看，当时由土人出任的官职是否可以世袭还没有明确的法律规定。但此法律一出，这个问题就解决了。如在至顺二年（1331 年）十月"以前东川路总管普折子安乐袭其父职"④。这是合法的过程，仅是在承袭时要向行省和中央上报备案，以便稽查而已。当然，这个法律没有规定一定要在南方民族土官承袭中实行嫡长子优先继承制。同时也说明，到这时，元朝在法律上完成了转型，地方政府之所以上报，是认为云南土官的这种承袭方式与中原汉法不同，若不因此，就不会上报要求特别立法。

明代对南方民族地区采用让归降土官仍拥有元代官职的做法，"洪武初，

---

① 《元史》卷 26《本纪 26·仁宗三》。
② 《元史》卷 21《本纪 21·成宗四》。
③ 《元史》卷 11《本纪 11·世祖八》。
④ 《元史》卷 35《本纪 35·文宗四》。

西南夷来归者，即用原官授之"①。明代保留这些人在元政权中拥有的官职，其实是反而增加了南方土官的权力。因为在元代路府州县中第一把手是达鲁花赤，入明之后没有了，府级就仅有知府，这些土官的权力从而得以扩大。同时也沿袭了元朝土官世袭的法律。但是明代在承认土官的同时也加强对其管理，在承袭法上表现特别突出。

明代土官承袭法与元代相比则更为完善和复杂，其目的是加强对土官的管理，同时把土官承袭制纳入宗法制中。明代土官承袭法表现出以下几个特点：

第一，在积极推行宗法制的同时承认各民族固有承袭法。"凡土司之官九级，自从三品至从七品，皆无岁禄。其子弟、族属、妻女、若婿及甥之袭替，胥从其俗。"② 这里列出明代土官承袭的范围有儿子、弟弟、族属③、妻妾、女儿、女婿、外甥，可以看出土官承袭人的范围是相当广泛的。《明会典·土夷袭替》下有："洪武二十七年，令土官无子，许弟袭。三十年，令土官无子弟，而妻或婿为夷民信服者，许令一人袭。"④ 纵观《明会典》对土官承袭上并没有明确规定一定要采用嫡长子优先权制。但在《土官承袭》下有洪武二十六年（1393年）"定湖广、四川、云南、广西土官承袭，务要验封司委官体勘别无争袭之人，明白取具宗支图本，并官吏人等结状"⑤。这个规定实际上导致了对土官承袭中宗法制的移植，因为中央政府在考察承袭宗支图谱时看的就是他在这个家族中的地位。但由于这里没有明确规定宗法承袭制，往往出现争夺。正统二年（1437年）二月曲靖军民府知府晏毅就有"土官承袭，或以子孙，或以兄弟，或以妻继夫，或以妾绍嫡，皆无预定次序，多致临袭争夺，以故仇杀连年，边方不宁"之说，为此提出"移文所司，预为定夺造册，土官有故，如序袭职"⑥。这里也没有正式提出按以嫡长为中心的宗法制来承袭，但有"如序袭职"，这是一种变相加强宗法制的方式。成化十四

① 《明史》卷310《列传197·土司》。
② 《明史》卷72《志第48·百官志一》。
③ 族属范围很广，侄子、同宗都可以属此范围之内。
④ 《大明会典》卷121，第1743页。
⑤ 《大明会典》卷6，第123页。
⑥ 《明英宗实录》卷79。

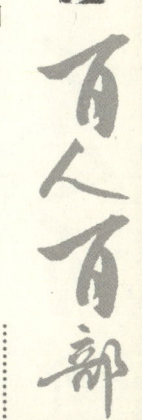

年（1478 年）七月，云南总兵官黔国公沐琮指出"所属土官不能分别嫡庶，以致身死之后，或用族异姓与其应袭之子互相争立，三司等保勘之官，又各依违不决"，为此提出"乞下所司移文镇守巡按等官，急为剖决，仍行布政司转行土官吏人等，公覆在职土官宗派嫡庶始末，详其谱图，岁造册籍，遇有土官事故，借此定之。则事有定规，争端可息。事下兵部议，其言甚切，请行琮等督三司巡按官"。中央政府很快就对此提议进行立法，通行全国土司之地，特别是南方民族地区，"即以此著为定例。凡贵州、广西、湖广、四川皆遵行之，其册籍旧有者准造，否则减省为便。从之。"① 这个法律不仅适用于云南，从上面所要求适用地区来看，包括整个南方民族地区。这样明代在土官承袭法上正式从法律上规定了宗法制。但奇怪的是它没有收入《大明会典》中。明神宗万历十七年（1589 年）兵部在回复云南抚按和户部时还有"令各该兵备道将土官员下未袭土舍，逐一查明，依照嫡庶长幼次序，开立简明文簿，后遇告袭，便于保勘"② 的规定。

　　明代对土官的承袭上采用宗法制更多地体现在实践上，而不是立法上，虽有立法，但国家对此并不是很强调。这在实践中却十分明确，在洪武年间就如此。《土官底簿》卷上有洪武二十六年（1393 年）阿迷州知州的承袭中"嫡长男普誓西平侯札付接缺管事"，二十七年（1394 年）正月明太祖下旨："既是西平侯著他署事，与他实授。钦此。"③ 这里强调的是嫡长男，其实也就是说此承袭是合法的。在云南大理《龙门邑施姓世系残碑》中有"二世祖施温，系实嫡长亲男，承袭管事。正统七年赴京进贡"④。这里强调"系实嫡长亲男"，是为了说明承袭是合法的，这里的合法就是符合宗法承袭制。在蒙化府左氏的《蒙化左土官记事抄本》中弘治三年（1490 年）九月六世祖左铭承袭时说"六世祖左铭系左瑛嫡长亲男，应承袭五世祖左瑛土官知府职事"。到八世祖左文臣承袭时就更严格，嘉靖十二年（1533 年）正月，"本府著民里老火头马禄、杨锁、族舍左钰等连名照例保举左文臣应替祖职，具告本府，

---

① 《明宪宗实录》卷 180。
② 《明神宗实录》卷 208。
③ 《土官底簿》卷上《云南·阿迷州知州条》。
④ 《大理丛书·金石篇》（十），第 70 页。

具由通呈总镇抚按衙门批行布政司议处，蒙委大理同知赵时、广南卫指挥施雄亲指本府，拘集目把、邻佑、亲族、收生人等，到官审理，查勘宗图供结。看得左文臣现年二十二岁，委系土官知府左正正妻木氏恭人所生嫡长亲男，接年造入土官袭职册内，已经造缴七次，又兼曾经报效征进获功，已授冠带，现今巡捕地方，管理府事，应该袭替前职，族无争竞之人，别无违碍，取具宗族耆民、目把、里老、火头、邻佑、收生人等供结，并左文臣亲供宗图一样六本，呈缴委官赵时、施雄备呈云南布政使司详议，应该承袭前职间"。这里说明左文臣是左正的嫡长子，为此不仅提供人证，还提供物证。在人证中有宗族耆民、目把、里老、火头、邻佑、收生人，从这些人员结构上可看出有利益关系的、没有利益关系都有。物证有二：一是土官应袭职册，二是宗族谱。并且前者共造缴七次，后者有一样六本。嘉靖三十六年（1557 年）他儿子左柱石承袭时不仅有上面的证据，还证明其不是收养的儿子："左柱石委系已故土官知府左文臣同正妻杨氏所生嫡长亲男，曾经造报册内，应该承袭父职，交不系乞异之子，妄冒官职等项，族无争职之人，别无违碍缘由。"明末十一世土官左星海是十世土官左近嵩在万历四十年（1612 年）六月继娶庶妻陈氏于天启二年（1622 年）所生。由于正妻没有儿子，左星海成为左近嵩的庶长亲男，在宗法制上是应袭者。左星海一生下来就申报两院司道，并造入册。左星海后交嫡母李氏抚养。天启四年（1624 年）左近嵩在出征大侯州时病故，这时左星海才两岁，直到崇祯十年（1637 年）他才达到承袭管事的法定年龄。当时有"星海委系十世祖左近嵩存日任内与庶妻陈氏所生庶长亲男，不系乞异之子，族无争竞之人，应该承袭父职"[①]。从以上明代蒙化左氏的承袭过程中可以看出，明代在司法实践上越来越把宗法制移植于土官的承袭法中。这也说明，明代在承袭法中是积极推行宗法制的，但同时承认各民族固有的继承习惯法。此外还可以看出，明代的土官之子，是指嫡子及庶生子。在此当中嫡子优于庶子。同时，嫡庶中长子优于他子。

无子弟袭。此类承袭在明代南方土官承袭中是有很多案例的。如左氏在五世祖左瑛死后，就由他的弟弟左琳承袭。《土官底簿》卷下镇远府通判土职

---

① 以上参见《蒙化左土官记事抄本》，《云南少数民族社会历史调查资料汇编》（五）。

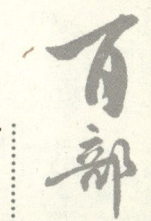

杨瑄在成化二年（1466 年）阵亡，无儿，由其亲弟杨裕袭代。后杨瑄妾赵氏生子杨复生，按当时法律杨裕死后由杨复生回袭，但后来杨复生、杨裕的儿子杨蕃都已先死，两人都没有儿子，只好再由杨瑄亲弟杨熏袭职①。

叔侄相袭。《土官底簿》上有永乐初罗雄州知州适广故，有子年幼，由"伊叔沙陀借袭"。成化间昆明县赤水鹏巡检司土巡检马英身后无子，由他的亲叔马聪袭职②。

族属承袭，在《土官底簿》上有云南师井巡检司巡检杨天然故，无嗣，另轮支派杨永镕长子杨应温袭。

明代土官承袭中还有女性承袭者，主要有三类：妻妾袭夫职；女媳袭父母职；母袭子职。这种承袭制在元明清三朝广泛存在，造成大量女土官的出现。最有名的有明初贵州宣慰司奢香、武定府女知府商胜，明中叶武定瞿氏。在明代滇、黔、蜀交界的四大土府都有女性出任知府。乌蒙府明宣宗时有撒姑，明世宗时有实贤；乌撒府明太祖时有实卜，明宣宗时有卜穆妻图和；东川府明太祖时有胜古、摄赛；镇雄府明神宗时有者氏。在洪武二十六年（1393 年）就有"东川军民府女土官摄赛、水西女土官奢香平……芒部军民府女土官……各遣使贡马及方物"③。在《土官底簿》上有洪武末年乌蒙军民府知府阿普故，有子年幼，就令其妻袭职，宣德年间土知府禄昭故，正妻杨普亦故，就让其妾袭。"正妻杨普亦故，止（只）有次妾撒姑应袭。"④ 天顺时路南知州故，无子，有三女，"次女元真无过，性纯，识字，夷民信服，该袭"。天顺六年（1462 年）她就袭父职。沾益州土官先由妾适壁袭职，后适壁故，由其儿媳适仲袭姑职。武定土府知府瞿氏就是母袭子职。《明史》上有"（嘉靖）十六年命土知府瞿氏掌印……及凤诏死，瞿氏以母袭子官，所辖四十七马头阿台等，数请以印属瞿氏。吏部覆言：系旧例，宜如其请，从之"⑤。由此可以看出，明代土官承袭是多种多样的，法律上是认可的，在现实中是

① 《土官底簿》卷下《贵州·镇远府通判》。
② 《土官底簿》卷上《云南》中《罗雄州知州》、《赤水鹏巡检司巡检》。
③ 《明太祖实录》卷224。
④ 《土官底簿》卷下《四川·乌蒙军民府》。
⑤ 《明史》卷314《列传202·土司·云南二·武定府》。

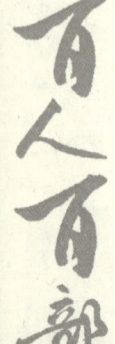

存在的。

第二，明代对土官承袭的管理。明初全国土官的承袭管理由吏部验封司执行，到洪武末年把土官分为守土文职土官和领兵武职土官两类。领土兵的土官有宣慰使、宣抚使、安抚使、长官等，改由兵部管理；守土文职土官仍由吏部验封司管理。这是中央。在地方，由三司中布政使司主管各省土官承袭，有抚按官的与三司一起兼管。在云南还得与黔国公沐氏同管。嘉靖七年（1528 年）大学士杨一清就说："黔国公虽有总兵之名，不得自专，凡事必与太监抚按三司会议，然后得行，积之既久，土官以上官为不足凭恃，亦复慢令玩法。"① 这说明在明初黔国公是云南土官承袭上的管理者之一。

第三，明代土官承袭手续。①在明代，承袭土官最初必须到京师朝见受封。"袭替必奉朝命，虽在万里外，皆赴阙受职。"② 这成为土官取得合法官职的法定手续之一。在大理地区洱源县就有明代《故考王老官人墓志铭》，上面说"有嫡子王恭，告袭父职。于永乐六年（1408 年）七月内赍奉马匹赴京进贡，钦准承袭父职"，后其嫡子王保于永乐十五年（1417 年）三月进京，宣德五年（1430 年）嫡子王宁又进京，其家三代人都在赴京后受封③。明初这是法定条件。天顺八年（1464 年），规定各处土官可以只要告袭"勘明会奏"，即可"就彼冠带"④。《土官底簿》上有云南蒙自县土知县禄刚死，其子禄嵩在三司会奏后，于成化元年（1465 年）十二月即"题准禄嵩就彼冠带"，也就是不到京城朝见也可以承袭。⑤ 正德初年，规定对极边有警地区应袭土官可以暂免赴京，其他地区则要求赴京。嘉靖九年（1530 年），规定应袭土官若有以下几种情况可以暂停赴京：有紧急军情的，已奉调遣的，年幼不宜远出的，这几类情况可以由镇巡官暂给冠带管理事务，但上述情况不存在后，得到京城领取印信。万历九年（1581 年）对土舍承袭者由三司代奏，吏部题奏，后转凭应袭者，对于情愿到京的可以允许，但不作必要规定。明代土官

① 《明世宗实录》卷 86。
② 《明史》卷 310《列传 198 · 土司》。
③ 《白族社会历史调查》（四），第 170 页。
④ 《大明会典》卷 121《吏部 · 土夷袭替》，第 1744 页。
⑤ 《土官底簿》卷上《云南 · 蒙自县知县》。

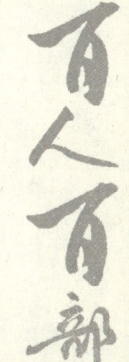

承袭到京，由中央直接发给所袭者印信，这有两个作用：一是加强对土官的管理；二是使其权力来自于皇帝，也就是改变了土官权力来源的方式，使之成为国家的官员。②提供宗支图本，后来是应袭册。正统二年（1437年）规定应袭者必须预为勘定，告册在官，也就是说土官应把自己选为预承袭人的文本造册交给官府。正统六年（1441年）规定更具体，要求把预取应袭土司的儿子的姓名，造册四本，分别给都、布、按三司各存一本，年终按类送一本给吏部备查，每隔三年就得再造缴一次。嘉靖九年（1530年）要求更为详细，要求在造册时把土官所有的子孙都报上，并说明各人有多大岁数，为哪房妻妾所生，其中还要说明谁是应承袭者，报弟侄、女儿也都可以①。布政司要将其转报到吏部及兵部中相关部门。这种应袭册的预报，加上宗图册，到承袭时一起出示。按法定三年一报应袭册，15岁承袭时就应有5本应袭册，把存于相关官府的图册与报来的承袭图册一对照，就知真假。③提供相关人证。具体是土官所管地区的族亲、下属、邻佑等人的证言。

第四，承袭人的条件。①是应袭者，也就是预报应袭册中的人。②年龄在15岁以上。未满15岁的由母亲、流官等护印，到年龄后才能任职。③要学礼三个月。这是弘治五年（1492年）的规定。后来贵州巡抚汤沐提出，对应袭土官年13岁以上者，得入儒学习礼。不入儒学习礼者，不得承袭。当时中央同意了这个法案②。这里不管是提出入儒学学习，还是在上任前学礼，都是学习官场礼仪，其目的是让土司的行政行为与流官体制趋向一致。④纳粟。这在明代是一个不稳定的制度。按弘治三年（1490年）刘洪的奏折，明代土官应袭纳粟是五品以上者纳300石，六品以下者纳150石③。弘治十八年（1505年）罢除纳粟制，但在隆庆四年（1570年）又有按嘉靖年间事例按品级纳米折银的规定，到万历九年（1581年）还有停止输纳的法律颁布。所以说在明代土官承袭中纳粟成为重要条件之一。

上面所讨论的明代土官承袭法在现实中是有效的，这可以从《蒙化左土

---

① 《明世宗实录》卷110。

② 汤沐：《议处土官军伍疏略》，万历《贵州通志》，书目文献出版社1991年版，日本藏中国罕见地方志丛刊影印本，第451页。

③ 《明孝宗实录》卷41。

官记事抄本》中不同时期承袭的程序中得以证明。成化三年（1467 年）五世左瑛死，由其弟左琳承袭，当时左琳是在本府"就彼冠带"。弘治三年（1490 年）左琳死，由左瑛子左铭承袭，在本府的里老、目把、亲邻等人的甘结状下继任。嘉靖十二年（1533 年）左文臣承袭时，"看得左文臣现年二十二岁，委系土官土知府左正正妻木氏恭人所生嫡长亲男，接年造入土官袭职册内，已经造缴七次……取具宗族耆民、目把、里老、火头、邻佑、收生人等供结，并左文臣亲供宗图一样六本"。这里说他上报应袭职册已达 7 次之多，他的年纪是 22 岁，三年一次，刚好相对。同时他提交的宗图也是 6 本。这些与上面讨论的法律是相一致的。嘉靖三十六年（1557 年）左柱石承袭时，由于有"凡土舍告袭，各照品级崇卑，家道贫富，纳米折银，以备边用等因"的法律，于是左柱石先按"告纳例银三百两先行收贮济用库"，在云南布政使司上报中央时就有"查勘过蒙化府已故土官知府左文臣嫡长亲男左柱石，果伦序相，应别无违碍。为照土舍左柱石即该彼处官司结勘明白，又经遵照近例纳完米银，收有实收在卷，及查伊祖父袭替来历文册，俱与部内土官底册相同"。上报中央后，于嘉靖三十七年（1558 年）七月十一日回复同意，但要求左柱石到省城学习一个月。"着落当该官吏照依本部题，奉钦依内事理即便行令，左柱石衣巾赴省城儒学习礼一月"，后他到昆明学习了一个月，"遵奉习礼一月已满，奉吏部急字五千四百五十号文凭一道给发左柱石，遵于嘉靖三十八年二月二十四日赴府冠带，袭授八世祖左文臣土官知府职事"。左柱石的承袭过程可以说是完成了当时法律规定的程序。他儿子承袭时已经是万历十六年（1588 年），所以"缘输纳一节，奉有诏例停止，相应题请准其就彼承袭"，可见左氏的承袭史就是明代土官承袭法的实践①。

第五，土官承袭的排除。明代对土官还由于某些法定原因可以革除身份，停止承袭。最早是弘治二年（1489 年）规定土官无故超过十年不办理承袭手续的就停止承袭。这里强调的是土官本身有过错的，否则就不适用。"弘治二年奏准，十年外文书到部者不准承袭。五年，令十年内曾在本处上司具告者

① 以上参见《蒙化左土官记事抄本》，《云南少数民族社会历史调查资料汇编》（五），云南人民出版社 1985 年版。

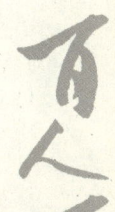

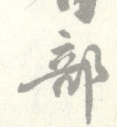

亦准袭"。嘉靖二年（1523 年）有土官自己恃顽，延至十年以上方告袭者，不准承袭，但若是因为其他事或查勘迟延的，超过年限，不在此例①。万历十三年（1585 年）再次强调，"其土舍自不告袭，故违，至十年之外者，即有保结，通不准袭"②。这是在法律上规定土官必须在法定期限内办理承袭手续。在明初永乐时，政府还同意土官十年之外还可以承袭，从弘治二年（1489 年）起，土官承袭的有效期是十年，超过十年，除非不是承袭者的过错，否则不能承袭。

此外，明代土官承袭中还有一种法定承袭。嘉靖十年（1531 年）规定，凡是土官犯有恶逆被杀的，即"推伦序相应，素为夷众所服者授以原职，管束夷民"③。正统五年（1440 年）二月广西奉议州土官知州黄宗荫科敛劫杀，甚至欲弑其母，其母避开后，杀母亲侍者以泄怒，被母所告。最后中央派广西总兵官和都、布、按三司会审，查得属实，即械送宗荫赴京服法，在土官职位上则另择本族应袭者权署州事。这就是犯恶逆重罪被杀，另外选择承袭者的实例④。

清朝在土司法律建设上的一个重要特点是进一步完善土司承袭法律，从而加强国家对土司的管理。具体表现为：

第一，严格推行宗法承袭制度。清代在土司的承袭上与元明两朝相比就是严格推行宗法制度，主要表现在严格区分嫡庶。这在法律上是有明确规定的，与元明两朝大有不同。《大清会典·吏部》中有："或土官故，或年老有疾请代者，准与嫡子、嫡孙承袭。无嫡子、嫡孙，则以庶子、庶孙承袭。无子孙，则以弟或其族人承袭。其土官之妻及婿，有为土民所服者，亦准承袭。如有子而幼者，或其族或其母能抚孤治事，由督抚拣委，至其子年及十五岁，再令承袭。"⑤ 这里严格按宗法制规定承袭制度，也就是按先嫡后庶承袭。当然与正常承袭相比，土官承袭有自己的特殊性，具体表现为可以由土官的弟、

---

① 《明世宗实录》卷 31。
② 《大明会典》卷 6《土官承袭》。
③ 同上。
④ 《明英宗实录》卷 64。
⑤ 《钦定大清会典事例》卷 145《吏部 129·土官》。

族人、妻子、女婿来承袭职位。这与元明两朝相比似乎是一致的。清顺治帝时就有"土官无子者，许弟袭；无子弟，许其妻或婿为夷民所信服者一人袭"①。当然与明代相比是少了女儿、兄长两类人。但是清代对后位承袭人有严格的限制，顺治十五年（1658 年）规定："凡承袭之土司，嫡庶不得越序。"至乾隆三十三年（1768 年）再次重申："土官袭替定例，必分嫡次长庶，不得以亲爱过继为词……如非挨次承袭者，不准袭职。"② 对冒名者一经查出即行革职。"承袭之人，有宗派不清、顶冒、凌夺各弊，查出革职。"③清代具体是通过加强对土司编宗谱来达到此目的。顺治时贵州巡抚赵廷臣指出，由于"夫土舍私相传接，支系不明，争夺由起，遂致酿成变乱"，为此提出"今后每遇岁终，土官各上其世系、履历及有无嗣子，开报布政司。三年当入勤，则预上其籍于部。其起送袭替时，有争论奏扰者，按籍立辨"④。这就是预先将土官的各种亲属关系存案，出现纠纷时按已报名单处理。所以说清代对土司的承袭法上更加注重宗法制。为了杜绝嫡庶宗亲之间的纠纷，清代采用规定各土司应编制各自的宗族图谱，在子女出生后就送官府验明等措施来达到目的。

从清代土司承袭法律制度上可以看出，清代土司承袭有以下特点：首先，必须按宗法制原则来承袭，只要有适合此条件的人选时，其他位次的人就不能继承；其次，在没有法定宗亲时，可以让其他相关人承袭，这里体现出中央对民族地区的变通。

第二，对承袭人的法律要求。清代对满足法定承袭条件的人还有以下两个要求：首先，承袭人必须年满 15 岁，对不满 15 岁的承袭人，应将土司衙门的各种事务或由本族土舍，或由其母亲"护理"，到年满 15 岁后才能"治事"。"康熙十一年题准土官子弟年至十五方准承袭；未满十五岁者，督抚报部，将土官印信事务令本族土舍护理，俟承袭之人年满十五，督抚题请承

① 《皇朝政典类纂》卷 251《职官 13·土官》，第 5142 页。
② 《钦定大清会典》卷 12《吏部·验封清吏司》。
③ 《钦定大清会典事例》卷 589《兵部 47·土司·土司承职》。
④ 《清世祖实录》卷 126。

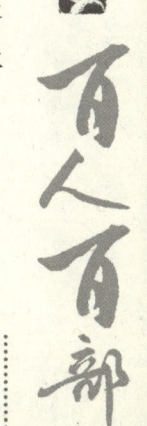

袭。"① "如有子而幼者，或其族或其母能抚孤治事，由督抚拣委，至其子年及十五岁，再令承袭。"②《清史稿》中有"孟连宣抚司……清康熙四十八年，刀派鼎贡象，归附，授宣抚司世职。派鼎死，子刀派春年幼，叔祖刀派烈抚孤"③。清代乾隆年间孟定府土知府罕遵死，其子镇印年幼未达承袭岁数，于是以遵弟罕达代办，其妻景氏抚孤。道光年间耿马宣抚司罕君相死，他的长子罕思保早死，由他的次子安沛袭，但因年龄不到 15 岁，由他的母亲线氏抚孤代理，到年岁后才任职。镇康州土知州刀绳祖于光绪十六年（1890 年）死，无子，由弟袭，但弟刀绳兴年不到 15 岁，由其母线氏护印。此前永昌府下湾甸州土知州景保昌于同治四年（1865 年）战死，其子年龄未达法定承袭要求，由族目景庆阳代办。光绪二十一年（1895 年）景玉金死，长子景绍文年方 11 岁，由嫡母景罕氏护印抚孤④。

上面所举都是傣族地区的例子，也许有人会说这是傣族的习惯法。这里再来看蒙化府彝族左氏在清初的承袭情况。左嘉谟于康熙五十三年（1714 年）十二月初十日病故，他的儿子左麟哥 7 岁，是其庶长亲男，"例应承袭世职"。但因年方 7 岁，不合袭例，所以"据族舍里老公举嫡祖母高氏抚幼，协理地方事务"。到雍正二年（1724 年），左麟哥年满 17 岁，已达承袭任事年龄。当时云南督抚司道府在取得相关证据后咨吏部，吏部颁给号纸及印信，左麟哥于雍正三年（1725 年）九月正式承袭世职，十月开始管理地方事务。此人也不长寿，于乾隆八年（1743 年）八月病死，他的儿子左元生生于乾隆元年（1736 年）七月十九日，这时才 8 岁，于是只好由"族舍目把公举元生堂叔左麟呈抚孤，协理地方事务"，到乾隆十六年（1751 年）七月十九日，左元生满了 15 岁，才造册具文申报承袭父职⑤。左氏是彝族。这些案例说明清代这种宗法承袭法律在司法实践中是广泛适用于南方土官的。

贵州都匀府副长官王氏中也有"正纲传弟正纪，正纪累传至某。某卒，

---

① 《皇朝政典类纂》卷 251《职官 13·土官》，第 5142 页。
② 《钦定大清会典》卷 12《吏部·土官之职》。
③ 《清史稿》卷 514《列传 301·土司传三·云南》。
④ 参见《云南少数民族社会历史调查资料汇编》（五），第 470－471 页。
⑤ 参见《蒙化左土官记事抄本》，《云南少数民族社会历史调查资料汇编》（五）。

其子幼，妻魏氏现代理"① 的记载。这种出现大量族舍与母亲代理土官事务的情况，其原因与实行宗法制有关。当土官有子时，其嫡庶之子与外人相比能优先承袭，而其子年幼时就只好以此来解决土官权力上的缺失。在元明两朝可以通过采用借袭的方式来解决此问题，具体是先由叔承袭，后再由侄承袭。另外，对应承袭的人，应入儒学学习，接受儒家礼仪教育。"顺治十八年题准云南省土司应袭子弟，令各该学立课教训，俾知礼义，俟父兄谢事之日，回籍袭职。"② 清代对承袭者的这种要求，目的是为了让承袭者拥有处理各种行政事务的能力，并让土司知晓行政事务的规程和传统礼仪，适应整个官僚体制的需要。

第三，土司承继应办理的程序。当土司出现病故或其他原因必须承继时，一般规定在六个月内提出并办理。雍正三年（1725 年）有："凡土司病故，该督抚于题报时，即查明应袭之人，限六个月内具题承袭。"③ 当违限时，主管官员要受到处分。"文职土官承袭，该督抚限六个月具题，如有迟延，逾限不及一月者，罚俸三个月，一月以上者，罚俸一年，半年以上者，罚俸二年，一年以上降一级留任。"此外在提出应袭之人时就得提交相关资料和证明，具体是宗亲族谱、样供、地方官及相邻土司的甘结状，同时还得把原有的号纸交还。所谓号纸是"由部给牌，书其职衔、世系及承袭年月于上，名曰号纸"④，其实就是国家给所任土司的证照。当上述证件都齐备时该管理机构应当给予办理，否则有关官员要受到处分。当"号纸"因水火、盗贼而受损时，可以到主管上司处报告，由他们上报中央相关部门补办。

在清代土官承袭中有一项特别规定，就是对犯特定罪被革职的土官，不准亲子承袭，应由其本支伯叔兄弟、兄弟之子来承袭。"如土官受贿隐匿凶犯逃人者，革职提问，不准亲子承袭，择本支伯叔兄弟、兄弟之子继之。若有大罪被戮，既立夷众素所推服者，以继承其职。"⑤ 这里的前半部分是康熙二

① 《黔南职方纪略》卷 8 第 371 页。
② 《钦定学政全书》卷 69 《土苗事例》。
③ 《钦定大清会典事例》卷 145 《吏部 129·土官》。
④ 《钦定重修六部处分则例》卷 40 《边防·土官承袭》。
⑤ 《钦定大清会典事例》卷 145 《吏部 129·土官·土官承袭》。

十一年（1682年）议定的。

（三）土官的奖罚：特别行政法

元代在土官行政管理上相对来说没有形成完整的法律制度。这可能由两个原因造成。首先是元代没有形成很强的土官为官僚体制中特殊官员的观念，元人任命土人为官是否世袭，是到中期才产生的法律问题。其次是有国时间太短，没有在实践中完成立法和制度的建设。但仍有一些实践为后来奠定了基础。元代在对土官的行政奖赏上有三种方式：一是升职，"诸土官有能爱抚军民，境内宁谧者，三年一次，保勘升官。其有勋劳，及应升赏承袭，文字至帅府，辄非理疏驳，故为难阻者，罢之"①。这样对土官与流官一样进行考核升迁。大德八年（1304年）云南顺元同知宣抚事宋阿重生获其叔隆济来献，就特授其为宣抚使。二是授予不任官职，也就是在升某人为某职官后，他并不去任所授职官。至元十八年（1281年）及至顺元年（1330年）云南的信苴日、举宗、禄余就分别授过云南诸路行中书省参知政事官，但都没有到任。三是加散勋衔。这有很多例子，如播州安抚使杨邦宪封过龙虎卫上将军，其子杨汉英即杨赛因不花授过柱国、银青荣禄大夫，这是从一品或正一品的勋职。

元代对土官的行政处罚主要有以下几种：对反叛者，多处死刑；对犯法的，多采处罚而不废其职。"诸内郡官仕云南者，有罪依常律；土官有罪，罚而不废。诸左右两江所部土官，辄兴兵相仇杀者，坐以叛逆之罪"②。这里似乎在对土官的处罚上采用两种方式，两者似不统一，其实是一样的。"罚而不废"即处罚了还可以任原职，这有两种情况：一种是处罚上不采取死刑，仍由本人任职；另一种是处以死刑，由其应承袭之人承继。之后以规定广西土司相互仇杀时加重处罚，是因为这些土司虽然不是反叛，但在相互仇杀时常进行掠夺，破坏地方社会秩序。元仁宗延祐元年（1314年）下诏"湖广、云南边境诸蛮互相仇杀、掳掠人民，如能悔过自新，即与免罪"③。说明中央政

---

① 《元史》卷103《志第51·刑法志二·职制下》。

② 同上。

③ 《元典章》卷2《圣政二·需恩宥》。

府对土官相互仇杀是进行法律干预的。这是元代与前代王朝的不同之处。过去只要地方民族群体不侵犯内地，国家是不进行司法干预的。在《元史》上有泰定四年（1327 年）五月"元江路总管普双坐赃免，遂结蛮兵作乱，敕复其旧职"①。虽然国家对他不追其罪，但他有罪是明确的，仅是对他的处罚被国家赦免了而已。这说明国家对土官犯罪是进行司法管辖的，反过来，土官也成为国家官吏中的一个部分。

明代在行政管理上土官与流官差异很大，这是由土官的法律地位所决定的。明代在土官授职上有特殊的地方，往往采用先是权授，到一定时期后，根据土官的行政表现再实授。这在广西就成为法律，在《苍梧总督军门志》中《事例》下就有嘉靖七年（1528 年）兵部批准的法规："凡土官病故其应袭儿男，查勘无碍止令以官男孙名色，就彼袭替，权管地方；俟其著有功劳，然后授以冠带；又俟其功劳再著，然后授以署职；又俟其有功劳屡著，然后实授本职。"② 这里把土官的承袭过程分为：权职、授以冠带、署职、实授。国家在四个不同的阶段进行考核，以便加强管理。明中叶王守仁议处田州、思恩州事宜时有："于旧属四十八甲之内割其八甲以属之。听以其土俗自治，立岑猛之子一人。始授以署州事吏目；三年之后地方宁静，效有勤劳，则授以判官；六年之后，地方宁静，效有勤功，则授以同知；九年之后，地方宁静，效有勤劳，则授以为知州。"③ 这里证明前面的法律的有效性。因为在一般情况下土官是不能升职的，而这种方式正好满足了既不升职又能进行考核奖赏的需要。在嘉靖年间芒部土府在改土归流失败后复土时，就先授陇胜为通判管府事，三年后才实授知府。

明代对土官的行政法规不多，也没有形成完整的法律体系。下面分为奖赏和处罚两个方面讨论。土官能得到奖赏的行为有：军功，在明代出现军事征战时往往调各地土官的土兵出征，这样土官有功时就给予奖赏。如蒙化左氏初是州通判，后由于征战有功才升为土知府。忠勤，就是忠于职守，永乐

① 《元史》卷30《本纪30·泰定帝二》。
② 《苍梧总督军门志》卷22，全国图书馆文献缩微复制中心1991年版，第230页。
③ 同上书，第261页。

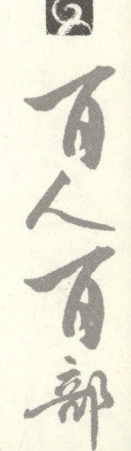

年间楚雄府同知高政妻高纳的斤朝觐，"时仁宗监国，嘉其勤诚，升知府"①。纳粮，由于军队在边区缺粮，对于边疆的土司可通过捐粮得到奖赏。贵州安顺州同知阿宠在景泰二年（1451年）就是"遇例纳米升知州"，云南陆凉州知州资曹在景泰六年（1455年）也是"遇例纳粟升宣慰司副使"②。进献，特别是在湘、鄂、川、黔交界的土官，在明中后期往往献大木得以升官。正德十年（1515年）湖广永顺宣慰彭世麟就是献"大木三十，次者三百……十三年，世麟献大楠木四百七十，子明辅亦进大木备营建。诏世麟升都指挥使"。嘉靖时世麟子明辅又升为都指挥使，其孙为宣慰司事右布政使③。云南丽江知府木高在嘉靖年间两次进献木银，共二千八百两，第一次得到文职三品服，第二次得中亚大夫之奖。从上面可以看出明代对土官的奖赏有：升品级，主要适用于低品级的土官，但不能超过正三品，这是最高限定；加虚职，如加给省参政，都指挥同知等职，但土官仍在本辖区内为官；加授散阶、勋级虚衔，这方面实例很多，如丽江土知府加大中大夫、资治少尹、亚中大夫等勋级，蒙化左氏在明代土知府中多受中宪大夫。明代在土官奖赏上与后来的清代相比，就是土官能够升职，在清代这是不可能的。与明代相比，元代土官的官衔可以实授高职，如当时大理段氏有任行省参知政事的，这种现象存在于整个南方民族中。

明代对土司犯罪的处罚表现出一定的灵活性，对严重犯罪者，特别是有反叛行为的，会受到中央政府严厉的处罚。具体可以分为以下几种：死刑，主要用于乱杀与反叛行为。明代被处死的土官不少，如鹤庆土知府高伦，在正统六年（1441年）被"依例斩决"；马湖土知府安鳌，在弘治八年（1495年）"拟凌迟处死，家口迁徙"；成化八年（1472年）剑川州弥沙井巡检司土巡检沙膀被处死。革职，对违法土司处以革职处罚，让应袭者承袭。降职，就是对犯法的土官处以降职处罚。洪武二十九年（1396年）云南广南府土同知侬贞右反叛，被捕到京师后，其子郎金降为府通判④。迁徙，就是把有罪土

---

① 《明史》卷313《列传201·云南土司传一·楚雄》。
② 《土官底簿》卷下《贵州·安顺州同知》，卷上《云南·陆凉州知州》。
③ 参见《明史》卷310《列传198·湖广土司·永顺》。
④ 道光《云南志钞》卷7《土司上·广南府土同知》。

官迁往他地安置。广西结伦州冯郎黄，由于他父亲在时说他"悖逆夺印"，朝廷不准其承袭，后被以"无礼"罪名"发去辽东都司安置"①。这里适用了汉法中"不孝"罪。以上是对犯法土官的处理。

在明朝对一般犯法土官有相对特殊的处理，表现为两种方式：宽宥，对犯法土官不予以应有处罚。这在明初最多。明朝对南方土司朝贡失期者一般采取宽宥方式，最多仅是减少回赐。但这种行为在法律上属于十恶重罪中的"大不敬"，是相当严重的犯罪。洪武十七年（1385年）十一月礼部尚书赵瑁上奏说："四川金筑安抚司进贺表笺，过期方至，事省涉不敬，请罪之。"对此明太祖认为："蛮夷之人跋涉险远，是以过期，若即罪之，非所以示柔远人道也。"② 这在地域上适用于所有南方民族地区，在处理上适用于各类民族的土官，明孝宗弘治年间也有记载。这在明朝已成为法律。正统十年（1445年）正月广西思明府忠州等衙门、官族头人舍人黄贤等十五人朝觐失期，对此明英宗下诏："黄贤等来自远方，姑宥其罪，今后土官土人后至者，俱宥之。"③ 景泰三年（1452年）八月直隶六安卫指挥佥事张经、宿州卫指挥佥事金中、广西柳州卫百户吴旻、四川乌撒府把事安旧等进万寿圣节表文过期，礼部要求究治，景泰帝下诏说："诏夷人宥其罪，余令法司理之。"④ 也就是对土司宥其罪，对其他官员则按大不敬处罚。洪武二十五年（1392年）广西思明府知府黄广平杀思明州知州，被捕到京，太祖对刑部说："蛮寇相杀，性习固然，独广平不以实言，故绳以法。今姑宥之，使其改。"⑤ 这是一起严重的杀官又作伪证的案件，但没有被处以刑罚。赎罪，土司间发生纠纷而相互仇杀时，往往按习俗进行赎罪。在明代皇帝是各土司间出现纠纷时的当然裁决者。《明史》上有"有相仇者，疏上，听命于天子"⑥。天顺年间有"安顺土知州张承祖与所属宁谷寨长官顾钟争地仇杀。下巡抚究治，命各贡马赎

---

① 《土官底簿》卷下《广西·结伦州知州》。
② 《明太宗实录》卷168。
③ 《明英宗实录》卷125。
④ 《明英宗实录》卷219。
⑤ 《明史》卷318《列传205·广西土司二·思明》。
⑥ 《明史》卷76《志第52·职官五·土官》。

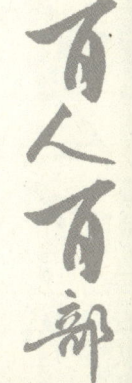

罪"①。此外川滇黔交界的"乌撒与永宁、乌蒙、沾益、水西诸土官，境土相连，世戚亲厚，既而以各私所亲，彼此构祸，奏讦纷纭"，"当事者颇厌苦之。万历六年乃令照蛮俗罚牛例处分，务悔祸息争，以保境安民，然终不能靖也"②。所以说明代对于南方土司相互仇杀的，往往由皇帝或地方大员进行审理，这当中又常常按各民族固有法进行赎罚。正统二年（1437 年）五月有"军人犯盗及土官土民与官旗轻罪者，俱于缺粮处纳米赎罪"③。

清代土司管理制度主要承袭了明代的制度，形式上与明代相比没有多少变化，但实际上是有质的区别的。主要是因为清代对土司的管理、考核制度和法律达到了十分完善和严密的程度，可以说大体与流官相一致，同时清代限制了土官的品级，土官一般不能超过土知府，从四品。土司则至指挥使、宣慰使止。"加等者至指挥使、宣慰使则止焉"④。清初把土官纳入三年大计，康熙年间广西巡抚就对所属土官进行考计。"遇三年大计之期，其中果有清廉爱民，并无掳杀及贪残不职，恣意侵害之员，行令该管官据实确查，具题举劾，其升赏降革之处，分别轻重，仍照土司例遵行"⑤。这里提出对土官进行大计，但由于土官没有升降，若无论大计优劣都不能进行奖罚，对其考核将没有任何功效。所以乾隆三年（1738 年）规定："土官皆系世袭，必遇贪酷不法等罪，始行革职，其余处分，俱与流官不同，既无考核，亦无优升，由来已久，不必列入卓异。且土司卓异，皆由督抚申报，或因请托不遂，以致结嫌起衅，滋生事端，嗣后土司等官卓异，永行停止。"⑥ 这说明为什么停止对土官土司的卓异考核，那就是因为土官考计，优秀者也不能晋升，反生事端，因为土官的官品和职位是有限定的。此外清代在对南方大土官进行改土归流的同时增设了大量小土官。据龚荫在《中国土司制度》中统计，清代在南方增设了几百家小土官，在全国共增设了 701 家⑦。这说明清代在土官土司

① 《明史》卷 316《列传 204·贵州土司·安顺》。
② 《明史》卷 311《列传 199·四川土司（一）》。
③ 《明英宗实录》卷 30。
④ 《钦定大清会典》卷 47《兵部·武选清吏司二》。
⑤ 《钦定大清会典事例》卷 145《吏部 129·土官·土官大计》。
⑥ 同上。
⑦ 龚荫著：《中国土司制度》，云南民族出版社 1992 年版，第 115 页。

地区的改土归流主要是改去大土官，同时又增设大量的小土官。在云南，民国时统计还有上百家小土司。这是清代土司制度的特质。

清代对土司的划分已十分明确。文职的称为土官，武职的称为土司。二者的管理机构都不一样，土官由吏部管理；土司由兵部管理。但二者在法律责任上是一致的。

清代土官品衔上，文职土官仅到从四品，武职土司仅到从三品。清代在土司土官中最有特色的是出现没有辖土、辖民的土官，称为"不管理苗裔村寨者"①。

清代国家对土司进行严格的考核。土司在行政行为中有完整的法律责任体系。清代土司的法律责任和国家正式官僚一样，分为公罪和私罪，两者在处罚上有很大的不同。对公罪主要处以罚俸、降级、革职；对私罪主要处以刑事处罚。下面仅对清代土司中的公罪进行讨论。

清代对土司的行政处罚有：

第一，罚俸、降俸。如土人伏草掠人勒索，土官失察一起，罚俸三个月；二起，罚俸六个月；三起，罚俸一年。但由于土官没有俸禄，康熙三十年（1691 年）规定："如遇罚俸、降俸、降级等事，均按其品级计俸罚米，每俸银一两罚米一石，移储附近常平仓，以备赈荒。"②清代宁远府冕宁县的档案中就有此类事件的记载。道光二十五年（1845 年）正月宁远府下文给冕宁县，说该县道光二十三年（1843 年）七月十八日周汶中被杀一案的限期已到，扣除闰月，到道光二十四年（1844 年）六月十八日已经有两年，还没有捕到凶犯，而对此案负责的是冕宁县属的白鹿土百户申光荣，所以"应将二参承缉不力之冕宁县属白鹿土百户申光荣照例降一级留任，令该督按其品级计俸罚米，每俸银一两罚米一石，移交就近常平仓存贮"。在此档案中还有道光三十年（1850 年）、咸丰三年（1853 年）两起同类处罚的案件。在此书"常平仓"下有咸丰十一年（1861 年）"循例等事案内，土司申光先、沈元贵

---

① 《清史稿》卷117《志第92·百官志四·土司》。
② 《钦定大清会典事例》卷589《兵部48·土司·土司议处》。

罚俸谷三百二十九石二斗三升四合四勺"①。这说明清代对土司的行政处罚是很严格的。

第二，降级留用。土官讳盗，降四级留用。在降级留用中，"应降一级、二级、三级调用者，止降一级留任；降四级五级调用者，止降二级留任；应革职者，降四级留任"②。

第三，革职，降四级留用。这是指本应革职的以降四级留用。如土官对自己辖区内的土民为盗，明知故纵者，革职。土官土人在没有请领本省督抚咨文牌照就私出他省者也将土司革职。

第四，革职，择其子弟应袭者代袭。如各省犯人逃入土司地界，到五案或该管土司明知而不捕解者。

第五，革职，择本支叔伯兄弟子孙者代袭。如隐匿逸犯、逃人，查获时审知是由于土官受贿者。

第六，革职治罪。对有些犯罪的土官在革职后还追究其刑事责任。如土人伏草劫人勒索者，土官知情及共同串通取利者；土司辖下土民因小争而聚众仇杀者，土司知情及与均分所获财物者。

清代对土司的行政奖赏有：

第一，赏银牌红花。如每年土司征解钱粮按时者，给予银牌红花的奖赏。

第二，记功。如土司对逃到辖区内的逃匿犯能查获5名以上，可以记功一次，10名至14名的记功二次。

第三，加衔。清代同一级职中有不同的衔，于是对有功的土官土司就可以在不变品级下来加衔。比如，宣慰使司、宣抚使司、安抚使司有司使、副使、同知、佥事等衔。招讨使司、副招讨使司、长官司等有招讨使、长官、副长官等衔。

第四，加级。如土司对逃到辖区内的逃匿犯能查获15名以上者，加职一级；30名以上者，加职二级。但清代文职土官只能加至知府，从四品；武职土司只能加到宣慰使司或指挥使司，从三品。

---

① 《四川彝族历史调查资料、档案资料选编》，第263页、332页。
② 《钦定大清会典事例》卷589《兵部48·土司·土司议处》。

清代对出征伤亡的土官土职有法定的抚恤办法：

第一，给抚恤银。乾隆三十七年（1772 年）规定，土司土职阵亡，三品土官给银二百五十两；四品土官给银二百两；五品给银一百五十两；六品土官给银一百两；七八品给银五十两。乾隆三十九年（1774 年），对阵前受伤的土官土职，头等者赏银十五两；二等者赏银十二两五钱，三等者赏银十两，四等者赏银七两五钱，五等者赏银五两。

第二，对阵亡土官土职应袭者，可以加衔一等承袭。"土司土职阵亡伤亡者……俱加衔一等，令伊子承袭一次，仍以本身应得土职照旧管事，俟再承袭时，将所加之衔注销"①。

此外，清代对土司延聘幕友进行了法律规范，旨在加强对土司的管理。土司在延聘幕友时必须把所聘之人的姓名、年龄、籍贯，上报专辖州县，该管州县必须对此进行查验，若此人实是正直清白之人方许延聘，否则要受处罚。对于明知是有罪之人而私聘，聘后又纵令其犯法的，土司要按流官职官窝匿罪人例革职。如果在私聘时就知道的，该管州县官必须将他赶出。土幕教诱土官犯法，视所犯之罪轻重，照匪徒教诱犯罪处罚土幕，并对私聘的土官进行处罚。

从土司制度中土官的来源、土司承袭法、土官的奖罚等方面来看，元明清三朝在南方民族中所设的这种特殊官制，对把南方民族群体纳入国家控制之中产生了积极的作用，同时这种制度也满足了这些民族群体的特殊需求。土司制度在政治上、行政上、司法上、财政上、文化上都有自己的特殊之处，是中国多民族国家形成的一个重要阶段。

三、改土归流：官僚行政体制在国家行政层面上的完成

从行政制度建设上看，改土归流就是国家把中原官僚制度移植到各民族地区的最终完成。因为它是把各民族地区原设土官行政制度改成流官行政制度，并且从制度设置上看主要是行政制度中人事设置的改变。当然，这仅是从行政制度的角度出发言。因为二者在政治实质上有非常大的区别。土官制

---

① 《钦定大清会典事例》卷 589《兵部 48·土司·土司议恤》。

度下有另一种社会生存范式，从立法、行政、司法、财税制度上与流官制度都不同。但是从制度变迁上来看，土官制度与改土归流都是同一社会目标的不同阶段，因为两者都是要在南方民族地区建立起中国传统的行政官僚体制。

元代，中央政府在南方地区实行的政策，就是废除大的"土君长"之号，如大理国、罗殿国、罗氏鬼国等王的称号，使之成为国家的官员，建立起行省、宣慰司、安抚司、府等行政体制。明初，在承认元代对南方各民族首领所授职官时，也废除大土官。在统一云南后，大理总管中的段氏被废除，设有流官府级行政制度。明朝永乐十一年（1413年）改流思南和思州宣慰司时，虽然改设8府4州，然而这仅是在府和州上确立了流官行政制度。在此之下，仍是由长官司和蛮夷长官司具体治理各民族群体，也就是说对于两宣慰司下的民众来说，并没有发生什么质的改变。《明实录》中就说改流后的原两宣慰司下"其原设长官司及差税，悉仍旧"，并且在官员设置上也"于贵州设贵州等处承宣布政司以总八府，仍与贵州都司同管贵州宣慰使司，其布政司属俱用流官，府以下参用土官"①。宣德九年（1434年）把新化府下的湖耳、亮砦、欧阳、新化、中林、验洞、龙里6蛮夷长官司归入黎平府。也就是说改土归流后的黎平府下所辖仍是土司。此外，明代在改流思恩、思田两土府时，也仅在府一级完成了设立中原官僚制度的工作，其下还是由原来的土官、土目治理。在王守仁《议处思恩、思州事宜》中就有思田府原有48甲，割8甲以岑猛后代为州，"听以其土俗自治"，其他40甲，每3甲或2甲设立土巡检司一员，共设19巡检司，"以土目之素为众所信服者为之，而听其各以土俗自治"。在思恩也是"至于思恩事体，悉与田州无异，亦宜割其目甲分立以为土巡检司，听其以土俗自治"②。这样思恩和思州两府在改流后，

---

① 《明太宗实录》卷87。按永乐十二年（1414年）三月记载，当时八府所辖具体是：思州府辖都坪峨异溪、都素二蛮夷长官司，黄道溪、施溪二长官司；思南府辖蛮夷长官司、水得江、沿河祐溪、思印江三长官司，并务川县及办场、木悠、岩前、任办四坑水银局；镇远府辖施秉、镇远金容金达、邛水一十五洞三蛮夷长官司、偏桥长官司并镇远州；石阡府辖苗民、石阡、陇泉坪、葛彰葛商四长官司；铜仁府辖铜仁、省溪、提溪、大万山四长官司并鳌寨、苏葛棒坑朱砂局、大崖土、黄坑水银朱砂局；乌罗府辖朗溪蛮夷长官司、乌罗、答意、治古、平头著可四长官司；新化府辖湖耳、亮寨、欧阳、新化、中林验洞、龙里六蛮长官司及赤溪浦洞长官司；黎平府辖潭溪、曹滴洞、古州、八舟、福禄永从、洪州泊里、西山阳洞七蛮夷长官司。参见《明太宗实录》卷91。
② 参见王守仁《议处思恩、思州事宜》，《苍梧总督军门志》卷24。

其府下仍由各民族自己统治。此外明代嘉靖初对芒部土府改土设流虽然最终失败，但是从这一次失败最能看出明代改土归流的特点。当时仅改设流官知府，镇雄府下由四长官司具体统治原有各民族群体，且四长官司都是陇氏土知府的疏属。对这次改流来说，仅是把过去一个土官的势力一分为四，在府一级完成了官僚行政的设置，对土民来说没有发生什么实质性改变。从以上可以看出，所谓的改土归流实际上仅是完成改流一级的行政制度上的变革，对于具体民政事务来说，仍在旧有的生存范式之下，没有发生什么质的改变。对此，明万历时王士性在所著的《广志绎》中说，明代贵州地区是："其开设初只有卫所，后虽渐渐改流，置立郡邑，皆建于卫所之中……卫所治军，郡邑治民，军即尺籍来役戍者也。故卫所所治皆中国人，民即苗也，土无他民，止苗夷，然非一种，亦各异俗……郡邑中但征赋税，不讼斗争。所治之民，即此而已矣。"① 这里明确说出当时国家控制下的南方地区各民族的社会现实。

　　清代也大体一致。如在湘黔交界的苗疆地区仅是设立了流官厅、州、县，下面也多设有土目、土弁治理。清代水西改土设流后，其下 48 目也存留下来。清顺治十八年（1661 年）改土马乃土司为普安县时，"设知县一员，分设土司巡检，准令世袭，听其土俗自治，仍节制于县官"②。这里也仅是完成县级的改土归流。东川府也一样，改流后虽归流官管理，但实质上"其土目各治其民，流官向土目收粮"③。乾隆十八年（1753 年），丽江府虽说改流已久，女弁禾志明、头人王芬、保长和为贵、催头禾可清等人，"于改土归流后，仍循夷俗，收各寨山租陋规"④。清代一方面大行改土归流，一方面土官数却在增加，这说明在改流时完成的多是县以上的行政制度的重建。若仅从行政制度设置上看，改土归流只是完成了所改层面上行政制度的流官化，即完成了中国传统的行政制度在民族地区的建立。改流后的地区，地方基层是否完全纳入中原传统社会组织，那就要具体而论了。

　　这里要说明的是，元明清时期改土归流实质上并不像以往学者认为的那

---

① （明）王士性著：《广志绎》卷 5《西南诸省·贵州》。
② 《清圣祖实录》卷 3。
③ 《清世宗实录》卷 60。
④ 《清高宗实录》卷 437。

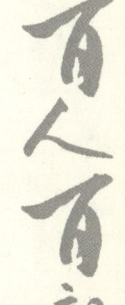

样，一经改土归流，南方民族地区的社会就完成汉化或说建立起了传统汉法制度秩序。实质上，改土归流有层次之分，有的改流仅在一定层面上完成确立传统中国官僚行政体制，也就是说要具体来分析。如在府级改流中，也许其下社会组织并没有发生什么变化，甚至到了县一级，也可能仅完成县级行政制度的变革。整个南方民族地区各民族社会完全纳入新的生存范式要不仅在官僚行政制度上，而且在乡村基层组织上也完成相应变革。从司法角度来看，改土归流更不是必然会导致改流地区各民族在法律适用上进入汉法体系。因为哪怕通过改流，在国家行政体制上完成了新的制度设置，基层也可以把它消化掉。当然，当改土到府级以下时，往往意味着这些地区的民族群体中的百姓有了新的司法救济途径。在乡土社会中，基层社会的组织体制对上层行政制度的作用有着决定性的作用。若下层社会组织没有发生改变，上层行政制度的功能就可能被消融或减弱。不可否认的是，在改土归流中南方民族的社会结构发生了决定性的改变，但这不是绝对性的，从司法角度来看，差异就更为明显了。

第二节　元明清时期南方民族基层
社会组织制度的变迁

在上一节中分析这个时期南方民族地区行政制度变迁时，显示出一个社会要完成移植制度上的功能，必须是基层社会结构也发生相应的转变，特别是在乡土社会时代。在这一点上，这个时期南方民族社会更需如此，因为这个地区一些民族群体的社会组织往往还没有分化出官僚行政制度，而是由村寨构成基本的社会组织模式，每个社会在其内进行"自治"式运作。这种社会结构对外来社会制度具有更强的抵抗力。所以元明清时期汉法在南方民族中的移植是在国家行政层面上容易，在基层社会层面上却很难，甚至造成南方很多民族群体在法律生活中形成了两套不同的社会司法体系，导致需求者

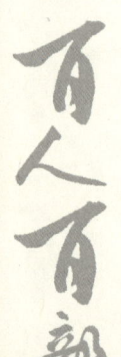

常常根据自己的利害进行救济途径的选择，也就是进行合法的法律规避①。

作为一个完全没有分离出行政官僚制度的群体，在进入官僚制度社会后，乡土社会中会有两套不同的基层社会组织。国家为了完善和维持基层官僚体制，要求有大量的财政支持，为此，中央政府对基层社会的需求就转向了赋役的征收，而对基层社会的控制可能相对就不是那么强烈，因为基层以上的社会官僚势力可以把基层对上层的政治冲动力内化掉。这在中国古代很突出。为此，国家也在基层社会制度设置上把赋役制和社会控制分离成两个不同的体系。元明清时期中央政府就是如此选择自己对基层社会的制度建设。自元代以后，中央在基层社会的设置上分离出赋役制与社会控制体系，具体表现为自元代以后的赋役制度——里制；在基层社会的社会控制上却是不同朝代、不同时期有不同的制度设置。如元代的社制；明代中前期的里老制、乡约制，中后期的里老制、保甲制、乡约制；清代的保甲制、族正制、乡约制等。从中可以看出，元代以来传统中国的乡村基层社会上的社会控制表现出了多样性。在南方民族基层社会组织变迁上，赋役制度往往很易移植，因为在这种制度中，国家对基层社会内部并不去干预，它仅以征赋役为目的，但社会控制上就表现出更多的本土化特点。这个时期基层社会制度在中原地区的演变已经在本书《背景篇》中讨论过，这里不再重复。这里要重点讨论的是南方民族地区基层社会制度移植后的变化。

一、元明清时期南方民族中赋税制度的移植与本土化

元朝以来，赋税制度在南方民族地区的移植比较容易，只要是归流到县级的，一般都能在基层建立起赋役制——里制，甚至在没有改土归流的地区都可以建立起里制。明初在大理白族地区很快就建立起了里制，"天兵入滇归附，选充里长"，这是洪武时。永乐十六年（1418 年）大理地区里制已经是很普遍了，因为有碑文说在"永乐十六年编充里长，奉本县贴文□（办）弘

---

① 对于南方各民族群体中的社会主体来说，这两个救济体系都是合法的，因为不管是本民族固有的还是外来的，从不同角度上来看都是合法的。

圭、保和二乡为都里长，催办赋税征收"①。蒙化在明朝正统十年（1445 年）就被编为 35 里，当年也由土知州升为土知府。明代寻甸府在嘉靖二十八年（1549 年）改流时设有里制，"遂将仁德府改为寻甸府，除授流官，革除县治，管辖七里人民，分为二十马"②。说明在寻甸地区设有里制，下面具体由"马"来控制基层社会。贵州很多土司地区在明代就设有赋役制度——里甲制。如思田府在改土归流前就被编为 48 甲，这时的"甲"不是保甲，而是赋役制中的里甲之甲。明代万历时广西怀远县改流时有"怀远自残破之后，止存三甲残民，征秋粮米三百三十三石八斗"③。这里的"甲"就是赋役制。养利州在成化年间改土设流后，就把土司之地改设里制，"查养利一州，处七土司之中，自成化年间改流，置上中下三甲，分为二图二十里……故每里设立里长□□□花户册籍，名为黄册里长。凡丘段之分别，田亩之赋税，悉伊综理"④。这里清楚地说明里长的功能是管理田赋。清初在改土设流水西宣慰司时，就在当地设立里甲赋役区。如大定府辖有悦服里、仁育里、义渐里、乐贡里、嘉禾里、大有里。而这些里中具体的社会控制仍由土目等各民族头目来完成。如仁育里下就由以支土目、马德土目、总机土目、洼书土目、妈共土目、帕那土目、阿户土目等来具体控制各土目区的社会。在黔西南州存留下来的清代碑刻中可看出很多地方在具体的社会控制上是由各民族头目来控制的。如立于道光十四年（1834 年）由当时普安直隶府保鲁布三营世袭部厅龙姓土司发布的《阿红大寨乡规民约碑》中有"该兵目伙头等禀称"，这里"该兵目伙头"就是该营下的地方民族头人。此外，道光十七年（1837 年）以册亨州理苗州同名义颁布的一个法令中有"案据把事请禁等禀称"，并且文中提到"寨把"、在具体的村寨中有"首事"、"首土"等，说明由这些人对

---

① 参见《李公墓志》、《王生同配王氏寿藏铭》，《白族社会历史调查》（四），云南人民出版社 1991 年版，第 164－165 页。云南很多地区在明初都被编了里制，如镇康州在洪武十七年（1384 年）设为州时就被编户六里（天启《滇志·镇康州》）。这里说明了赋役的设置与基层社会的其他制度是可以分离的。

② 嘉靖《寻甸府志》卷下《附录》，天一阁藏明代地方志刊本。

③ 《广西侗族社会历史调查》，广西民族出版社 1987 年版，第 37 页。

④ 《养利州革除催粮黄册里长碑》，《广西少数民族地区石刻碑文集》，第 13 页。

各自村寨进行控制①。这也可以从乾隆时赵翼的记载上得以证明。从《黔南职方纪略》和《黔南识略》上看，贵州在明清改土归流中，若是把改流地区各民族群体进行编户的一般都建立起了统一的赋税区制——里甲制。如开州就改为十里：孝里、弟里、忠里、信里、礼里、义里、廉里、耻里、思里、清里，其州中乖西正长官与乖西副长官所辖之地区"亦编入十里之内，曰思里"。

在设里制时有根据各民族地区情况进行本土化的现象。如在清代荔波县编里比较彻底，一县辖 16 里，其中仲家人聚居地区被编为蒙石、时来、巴灰、董界、方村、羊奉、瑶台、周覃、巴乃九里；水苗居住地区被编为三洞、久迁、鹅甫、巴容、瑶庆、水婆、瑶台七里；僮苗居住地区被编为久迁、鹅甫、三洞、巴容、瑶庆五里。从这些来看，荔波县在赋役制上是比较完善的。有的也设有乡，铜仁县下设 11 乡。在设置上，有的按原有民族群体聚居的地区来设，如按枝、亭、屯、堡。贵州广顺州就在汉苗杂居区设有 10 里，在苗人居住区设 10 枝："十枝：曰松冈枝、改雅枝、猛昌枝、摆塘枝、开弄枝、梭把枝、归善枝、潮井枝、谷增枝、鸡场枝……枝尽属苗寨，共计一百一十有奇。"安顺府下辖 5 起 13 枝，后面"均设乡约、头人约束"。这说明"枝"是里甲制的变种。在镇宁州下有："州属十三枝地方，惟蒙楚、公具、陇草、阿岔、木冈五枝，皆仲家、罗鬼等杂居，此外更有蔡家、青苗、花苗、仡佬共六种，输粮供役，渐知礼义。"这里的记载说明这些地区已经是国家直接控制区，13 枝成为地方的赋役单位。贞丰州下辖 8 甲，共 68 亭，在征赋税上，是按亭来征收，"每亭额赋银五十两零四钱一分……每亭额征米一十一石九斗五升"。雍正五年（1727 年）裁革土司，各民称为业户，也就是说该州于此年改流②。在罗斛州判地上，设有"九甲半，分为六十亭，三屯，四村，每甲多至十余亭，少亦三四亭。每亭有五六寨者，有一二十寨者，各亭皆设亭目一名。三屯有屯目，四村有村目，皆系黄王两姓沿袭。乾隆三十七年准由外

---

① 参见《黔西南布依族清代乡规民约碑文选》，《阿红大寨乡规民约碑》和《册亨者冲总路口碑》。
② 参见《黔南识略》卷 3《开州》，第 42 页；《黔南职方纪略》卷 1《开州》，第 280 页；《黔南识略》卷 3《广顺州》，第 51 页；卷 4《安顺府》，第 55 页；卷 5《镇宁州》，第 63 页；卷 28《贞丰州》，第 233 页。

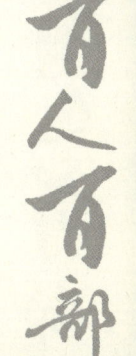

袭……亭目之下，又有把事、头人。其各场市，各设保长、乡约，以资弹压"①。这里国家把各民族固有制度改其功能，成为新的赋税制度。乾隆五十六年（1791年），从广西泗城府的《告里民词》中可以看到，"本邑乡里寄处，徒无保正稽查，独有潘、许、岑、覃四姓，永为里民管在"。说明本地区已经编了里制，但里正多由本地势族出任。嘉庆二年（1797年）两广总督《禁革陋弊告文》中有"各甲里正擅理地方民情需索银米，永远禁革，违者从严究办"，"旧州里正"等内容②。

云南明朝嘉靖年间武定改土时邓世彦提出的"二十一条"中"永立管马通事，以寓保甲"条下有"通事即中州之里长，火头、村长，即中州之甲首矣"③。湘西土家族地区，在清代改流时废旗设里制④，如在酉阳宣抚司之地就编13里，石耶长官司编2里，平茶长官司编2里，邑梅长官司编5里，石柱宣抚司编3里。这些主要是为了赋税。雍正八年（1730年）保靖县改土归流时有"将旗改为都，各都设立乡长一人。其所以改旗设都者，不特勘丈田亩，可以按都设里，按里均赋"⑤。说明"都"是赋税区，对基层社会的控制仍是保甲。广西灌阳县有清代康熙四十年（1701年）、乾隆十六年（1751年）、道光二十九年（1849年）、光绪元年（1875年）四次重立的《灌阳禁革碑记》，在碑上有"瑶人粮米照依旧例，每石三钱八分。正有户省，每年轮流里长管理征收上纳"⑥，这与清代相关法律文本的规定是一致的。

元代以后，在南方民族地区基层社会组织上，中央政府为把各民族地区纳入赋税征收区，不得不把各地区纳入新的设置中。但由于在地方基层社会中，国家常常不愿过多地干预，所以在这种设置上表现出了很大的本土化

---

① 《黔南职方纪略》卷1《罗斛州判》，第278页。

② 王熙远：《桂西"三林"碑刻、状文一束》，《广西民族研究》1995年第3期。

③ 《武定直隶州志》卷6《艺文志·武定府改土设流记》。

④ 旗是土司时代湘鄂西地区土司基层社会组织。据历史载，永顺土司有58旗，保靖土司有16旗，桑植土司有14旗，容美土司有48旗。在《永顺府志》上有："土司各分部落曰旗，旗各有长，管辖户口。有事则调集为兵，备战斗，无事则散处为民，以习耕作。"（乾隆《永顺府志》卷22）明洪武时就有相同记载："每旗有总旗管之，所领或百余人，或数十人，用则为兵，散则为农。"（《明太祖实录》卷135）说明在这些土司地区旗是基层社会的组织单位。

⑤ 同治《保靖县志》卷11。

⑥ 《瑶族石刻录》，第105页。

现象。

二、元明清时期南方民族中基层社会控制的变迁

元代以前南方民族地区基层社会控制中的力量主要来自各民族群体内部，很少有外来控制体系。元代以后，国家在南方民族地区建立起了一系列行政制度，土官统治地区在各民族群体的社会控制上对一般社会主体仍由本民族内部制度来完成。但是改土归流到由流官直辖的地区，及到明清时由于没有改土归流地区的一些重大社会纠纷也会被国家收归管辖，造成南方民族地区基层社会控制中的力量发生变化。同时国家也开始在南方民族地区移植中原汉区的基层社会控制制度。如元代的社制，明代的里老制、乡约制及中后期的保甲制，清代的保甲制。这些基层社会制度的移入，使南方民族地区的基层社会控制发生了新的变化。

元代由于年代久远，没有相对清楚的材料证明在南方民族地区的基层社会组织设置上是否大量建设过社制。《元典章·刑部·诸恶·不道》中有元贞元年（1295 年）制定的《禁治采生蛊毒》法规，其中是对湖广行省辖下的南方民族地区用活人祭鬼、放蛊现象进行禁止。在规定处罚时有"议准两邻主首、社长人等，知而不行捕告"，延祐三年（1316 年）刑部制定关于处理"采生放毒"法规时也有"邻佑主首社长人等知而不行告首，决杖八十七下"①。这两个法令都是由湖广行省提出来的，就是说在今湖南、湖北、广西、贵州东南部地区，各民族在历史上有用活人祭鬼和放蛊毒的习俗。规定社长要负连带责任，说明这些地区是设有社制的。所以可以推知，元代在南方民族地区设有社制，并可以肯定，设社制的地区多是流官统治或是社会发展较快的民族地区。对那些完全由各民族头人控制的地区是不会设有社制的。总之，元代南方一些民族地区开始设有社制，改变了他们固有的社会控制模式。

明代南方民族地区在基层社会控制上的变迁是较快和突出的。"合境里老、金举郡守、阿公遣把事尹铭等，礼聘为耆宿，时会乡约，尊以宾……由

---

① 《元典章》卷 41《刑部 3·诸恶·不道》。

是乡人诉讼，得以平，冤抑□以伸。"①永乐二十二年（1424年）立的《大理府老人杨惠墓志》中有"至永乐十年内，因于年高有德，众人推服大理府知府杨节仲，选用为大理府老人。访问军民，承情训诲庶人，政教无恩不服，无所不通，出乎其类，拔萃其身"。这里记载杨惠被选为大理府的里老，其中所述职能与里老的权责相一致。在宣德庚戌（1430年）秋八月立的《大理弘圭赵公墓志铭》中也有"丁亥岁，乡之大夫士金举为耆宿。其为人也，不矫矫以为异，不翕翕以为同。由是乡之诉讼得以平，冤抑得以申，人自不得而亲疏之。以故，远迩颂扬，咸目其为长者"。从中可知其职也是里老，明确说出他参与理诉。碑中说他死于洪熙乙巳年（1425年），可以推知丁亥年是永乐五年即1407年②。这些不仅说明大理白族基层社会已设有里制，且还设有里老、乡约，并且这些里老的职能与《教民榜文》上所授予的一致。这也说明，明初这些地区的基层社会组织已经完成了改革。明代蒙化地区也出现里长、里老③。这说明明代大理地区在白族、彝族社会中也出现了基层社会组织的变革。明中后期，广泛在民族地区设立保甲制，在万历《贵州通志》中有当时巡抚提出"苗夷犷悍作梗冲路，宜令土司酋长所部境界略仿中土保甲之法，互相觉察。如遇盗贼窃发，责其捕获解官，如有容纵究治"④的奏疏，说明贵州在这时出现了保甲制，但在现实中往往进行相应的变通。在天启元年（1621年）九月刑部右侍郎邹元标对贵州地区苗民社会的控制上提出"然后设苗总甲，总以苗事，于孔道责令熟苗聚处如保甲，然而辟地与之市，凡三日一市"。为什么要这样呢？因为在现实中苗族重信誓，"凡苗诸寨，缙绅武弁，多置佃焉，与刻木为信，数年不爽"⑤。通过设立苗官，让他们约束苗众，政府与之达成盟誓。在四川地区，成化十五年（1479年）十二月对叙州府白

---

①《故老人段公墓志铭》，《白族社会历史调查》（四），第180页。

②《大理市古碑存文录》，云南民族出版社1996年版，第94页、103页。

③ 在明崇祯九年立的《永昌军民府判定永平界址碑》上有"蒙化里长阿京宗"[《大理丛书·金石篇》（十），中国社会科学出版社1993年版，第134页]。在《蒙化左土官记事抄本》上有里老作为证人，证明蒙化府左氏承袭的合法性。弘治三年（1490年）有"拘齐通把、里老、亲邻人等到官"（第438页）。

④ 万历《贵州通志》卷20《议处土夷疏略》。

⑤《明熹宗实录》卷9。

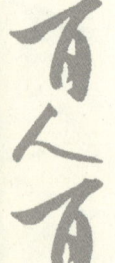

罗罗、羿子和都掌大坝夷中设立由各寨把事出任"大寨主"，"臣谓虽不能如前代设总管府长官司，亦各设［冠］带把事分抚各寨，令夷人自推公平宽厚者一人为大寨主，许以世袭，其有不任，则选贤者代之"①。明英宗正统十四年（1449 年）十二月下诏的诏书中有"贵州、福建、广东及浙江等处州府苗蛮，为因官吏、里老逼迫"②。这说明明代里老制在南方民族地区设置是较普遍的。

明代南方民族地区在基层社会上进行移植汉法的同时，也进行本土化。如上面云南大理地区所设里长，多是本地的民族头人。在广西田州府改流后，就借用原有头人进行治理，使之既是本民族固有的社会组织中的控制者，又是流官政府设在这一地区的基层社会的控制者。"切照田州府官，虽改流政宜从俗。查得本所旧有城头土人以村落所聚名之也，共六州，除附郭人民编为二甲，每甲八城头，共十六城头。在外六州：一兼州，二为上隆州，三为恩城州，四为武隆州，五为安德州，六为旧田州。每州编为八甲，每甲共四城头，每甲编二大头目，二副头目……若复用土官不可也，是必有流官之设。然纯用汉法不可也，是必兼土俗之宜持。所谓大小头目者，宜从流官衙门名色，以千百长易之……略如里甲轮更之意，此外科征一切停免，疏节阔目仍用其土俗治之。"③ 这里提出把原有的基层社会结构与里甲制结合，完成对田州府改流后的基层社会组织的重构。田汝成在《断藤峡事宜》上提出："宜放古人保甲之法，使十家为甲，甲有总，五家为保，保有长。各就族类择其稍有恒业，能通汉音者为之。每月每保各以总甲一人出官应役讲解夷情。"④ 田汝成的保甲制是要通过此对大藤峡地区各民族群体的社会提供新的社会控制体系。在南方民族地区还设有大量土巡检司，让它们对所在地区的社会进行管理控制。明代土巡检司职责相当于现在的派出所。《明史·职官志》中记载："巡检司。巡检、副巡检，俱从九品，主缉捕盗贼，盘诘奸伪。凡在外各府州县关津要害处俱设，俾率徭役弓兵警备不虞。初，洪武二年，以广西地

① 《明宪宗实录》卷 198。
② 《明英宗实录》卷 86。
③ 乾隆《广西通志》卷 99，刘颖《请处置田州事宜疏》，第 60 页。
④ 《粤西文载》卷 56。

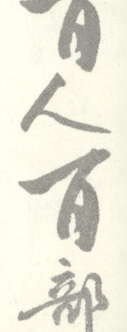

接瑶、僮，始于关隘冲要之处设巡检司，以警奸盗，后遂增置各处。十三年二月特赐敕谕之，寻改为杂职。"① 这在明代南方民族中往往由各民族头人出任，成为南方民族地区基层社会组织建设中的一个重要制度。同时还在南方民族地区设各种头目，如瑶目、苗目。《天下郡国利病书·广东下》中有"高州府所属州县山瑶，依栖山箐，有听招，有背招，有险恶。每山有总，有甲，领其兵目"②。政府通过各民族固有头目，委以相关职务，让他们对本民族群体进行管理。明代在海南岛上就广设土舍治理黎人这其实就是国家任命本地人出来约束一定数量的黎人。怀远县（今三江侗族自治县）在明万历年间龚一清的《善后六议》中有"分立土舍，以束诸瑶"，有"怀远大瑶峒二，峒置六刀，付与各酋。每瑶犯法，请刀行诛，名曰六刀。瑶老若余金朝、粟银桶、杨金亮、李尚友、傅银龙、龙华通六名，见系瑶众所推，俱见本道，愿听约束，凡在犯法行歹之瑶，应诛则诛，应罪则罪，俱六酋应过，并不敢拗"③。这是通过认可瑶老的权力，让他们具体处理本民族的社会事务。在嘉靖年间，广东布政使司徐乾在推行保甲制度时有"檄行保甲法，令抚瑶里长旬朔一至县庭受事"④。说明在行保甲时其实是让各地瑶族的头人负责本地的社会控制。万历十六年（1588 年）十一月广西巡抚刘继文上奏《制驭粤西土夷切要四事》，其中有"立村长以约僮丁。谓瑶僮素以民患，迩来额知向化，然类聚群争，易启衅端。宜于错居村落，编成排甲，立一甲首，使明约束，不率者禀究"⑤。这也是让各民族控制本民族的基层社会。

清代在南方民族基层社会控制制度上重点是编保甲。对清代的保甲制度，本书《背景篇》中有详细论述，这里主要是对这种制度在南方民族地区移植中出现的一些本土化现象进行分析。顺治帝入主中原后，制定了全国编保甲的法律。当南方地区纳入了清中央控制后，也开始在这一地区编保甲。但由于南方民族地区的特殊性，在这个过程中，对此进行了一系列的本土化立法

---

① 《明史》卷 75《志第 51·百官志四》。
② （清）顾炎武著：《天下郡国利病书·广东下》，四部丛刊本。
③ 《善后六议》，《广西侗族社会历史调查》，第 37 页。
④ 《古今图书集成》卷 1393《职方典·广东·瑶僮蛮僚汇考》。
⑤ 《明神宗实录》卷 205。

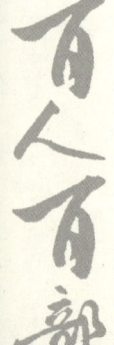

和实践活动。

清代在地方治理上，基层地方组织主要是保甲制。这种制度成为清代基层社会的组织，对社会产生了重要作用，所以清代在民族地区的一个工作中心就是把保甲制向民族地区移植。这一机构不仅是国家对地方的控制，而且也是地方自治的一种方式。因为它不仅有行政功能，还有司法功能。清代很多著名地方官员都很注意这种制度的建设①。代表人物如于成龙，他在任何地方任职都把此制度的建设当成工作的中心。

清朝入关后，在全国推行此制度。顺治元年（1644年），就有编制户口保甲之法颁布，从《清史稿》中可以了解到此法的内容。"世祖入关，有编制户口牌甲之令。其法：州县城乡十户立一牌长，十牌立一甲长，十甲立一保长。户给印牌，书其姓名丁口。出则注所往，入则稽所来。其寺观亦一律颁给，以稽僧道之出入。其客店令各立一簿，书寓客姓名行李，以便稽察。"其中康熙四十七年（1708年）申行保甲之法，雍正四年（1726年）再次严申保甲之法。到乾隆二十二年（1757年）正式颁布了15条《保甲组织法》，成为国家对保甲制度建设的基本法规。其中第一条是说明保甲制的组织、目的和功用。"各省所属每户岁给门牌，牌长、甲长三年更代，保长一年更代。凡甲内有盗窃、邪教、赌博、赌具、窝逃、奸拐、私铸、私销、私盐、踩曲、贩卖硝磺，并私立名色敛财聚会等事，及面生可疑之徒，责令专司查报。户口迁移登耗，随时报明，门牌内改换填给。"保甲制度产生的一个目的和功用是"弭盗"。这个法规第二条把绅衿之家也纳入一体编甲，"绅衿之家，与齐民一体编列"。这使保甲制度成为一种基层社会组织。第三条规定凡聚族而居，丁口众多者，准择族中有品望者一人，立为族正，该族良莠责令其察举。此条其实成为国家对家族中族长等人在族内权力的认可。通过此法，把国家法和家族法统一起来②。这三条对南方被编为"齐民"的各民族同样适用，同时这也是此法规中适用最广的规范，是此制度的核心。其中下面几条是专为南

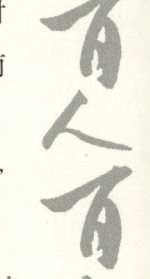

————————————

① 清中后期徐栋专门编了一本《保甲书辑要》，共4卷，收集了清代关于保甲制度的相关法规，清人和前人的相关实践和论述。

② 以上所引未加特别说明者皆出自《清史稿》卷120《志第95·食货志一·保甲》。

方民族地区制定的。

一、凡客民在地方开张贸易，或置有产业者，与世居一例顺编；其往来无定商贾，责令客长查察。

二、盐场井灶，另编排甲，所雇工人，随灶户填注，即令约束。

三、矿厂丁户，责成厂员督率厂商、课长及峒长、炉头等编查。各处煤窑，责令雇主将雇佣工人等册报地方官查核。

四、各省山居棚民，按户编册，责成地主并保长结报。广东省寮民，每寮给牌，互相保结，责令寮长钤束。

五、沿海等省商渔船只，取具澳甲族邻保结报官，准造完日由官验明给照，将十船编为一甲。商船将船主、舵工、水手年貌籍贯并填照内。出洋时，取具各船互结，至汛口照验放行。渔船止填船主年貌籍贯。其内洋采捕小艇，责令澳甲稽查。至内河船只，于船尾设立粉牌，责令埠头查察。其渔船网户、水次搭棚趁食之民，均归就近保甲管束。

六、苗瑶寄籍内地久经编入民甲者，照民人一例编查。其余各处苗瑶，责令千百户及头人、峒长等稽查约束。倘有生事犯法，不行举报，分别定罪。

七、云南省夷人与民人错处者，一体编入保甲。其依山傍水自成村落及悬崖密箐内搭寮居处者，责令管事头目造册稽查，如有窝匿汉奸，即时禀报，扶同徇隐，查出究革。

八、外省入川民人，同土著一例编查。系依亲佃种者，附田主户内，倘有不安本分及来不明者，报官究治。

九、……其四川改土归流各番寨，责成乡约教化、甲长稽查，仍均听抚夷掌堡管束。

以上九条中一到五条通用于南方地区。由于清代在南方民族地区大开矿藏，这些都适用于南方矿区。六到九条专门针对南方民族地区进行立法上的变通。第八条是因为清代有大量外省汉族迁徙到少数民族居住地区进行开垦。如嘉庆十九年（1814 年）四川总督常明就疏报说："建昌、越嶲、会理一带，

向土司、土目佃地耕垦之汉佃，共四十二万余人。其与夷人或共居一处，或间杂而居，或自成村落。"① 这个数字是很大的，清代入川的很多人其实是到民族地区开垦，所以第八条是对四川等南方地区的特别制定。道光十六年（1836年）云南地方官奏："开化、文山二府旷土较多，流民垦种渐众。道光三年清查以后，贸易客户，由客长稽查；其种地流民，归各里乡约附人保甲，分册给牌，随时稽查。惟搭棚栖止，砍树烧山之户，在于僻远林谷，未能依户编排，应按棚给予门牌，以昭周密。至于普洱府属流民垦种本少，即搭棚垦种之户，亦并入保甲编查。"② 此外，在《保甲书辑要》所收的《户部则例》关于南方民族地区特别规定的还有两条，是关于贵州基层社会组织设置上的特别法律：

> 黔省各府厅州县所管地方寨落内，如系尽属苗人者，遵照乾隆四十一年上谕停止编查保甲，令该管土弁严行管束稽查。毋许容留匪类，将随时查察缘由，按月具报查考，如尽系汉民，仍一体编查。

这里提出对贵州全是苗族的地区通过设置土弁代替保甲，让其对本地民族的基层社会进行控制。

> 黔省汉苗杂处村寨，如汉民多于苗人，即由地方官归于汉民册内查办。如苗人多于汉民，即由土弁归于苗人数内查报。

这里解决的是贵州少数民族群体与汉族杂居地区的编甲问题，从中可以看出是以特定地区两者人口比例为标准来分类的。

在云南地区有一条是专门为永昌府下中缅边境地区各民族制定的：

> 云南省永昌之潞西、顺宁之缅宁二处，居住近边之人，照内地保甲之例编造寄籍，登造年貌，互相保结，并严禁与摆夷结亲。如有进关回籍，用互结报明，官给印票，关口验照放行；回时仍验明

---

① 方国瑜著：《彝族史稿》，四川民族出版社1984年版，第583页。
② 《清宣宗实录》卷290。

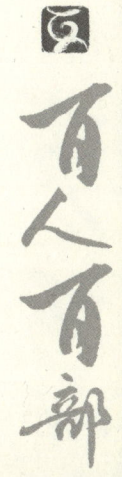

放出，若无印票，概不准放行。如各员弁混放偷漏，查出参处。如
永昌腾越、顺宁缅宁、南甸、龙陵一带本籍民人，保甲亦一体稽核。
毋许混匿江楚客民，在则从严惩治。①

清代保甲制还在《刑部则例》上专门制定保甲制度中地方官、保甲长的
奖罚责任法规，使保甲成为国家重点建设的基层社会组织。

上面是清代中央政府在立法中对南方民族地区保甲制度上的专门立法。
这些立法是根据南方民族社会的不同特点而制定的相关法律。下面分析的是
清代在南方民族地区实践中的保甲制度设置情况。

清中后期，李彦章在广西地区编保甲时有《示谕十二土司目民遵行保甲
简易法》，提出对土司地区编甲进行变通，具体是通过土司管辖下的土目头人
来完成保甲制度中的功能。"各土司所辖地方，向分某里、某都及几处城头，
各设有里目保正并头目头人等项名目。土民隶籍其中，凡某人某户作何生理
执业，皆其素所知悉。"② 在编保甲时让这些地区仅开列出户数，国家不必具
体去编查，同时也不必再设保甲长、挂门牌等。

清代在南方民族地区设立保甲制度时表现出以下几个方面的特点：

第一，积极在南方民族地区建设保甲制度。《吏部处分则例》上有："查
定例，保甲编排，不许容留面生可疑之人，熟苗熟僮一体编排保甲。"③ "自
雍正十三年户部题准，福建台湾府生番百九十九名，汇入彰化籍，广西庆远
府归流土民百七十九名，汇入宜山籍，嗣后台湾生番、四川生番、岭夷归化
者甚众，定例令专管官编立保甲，查缉匪类，逢望日宣讲上谕，以兴教化，
自是番民衣冠言语悉与其地百姓无异，亦有读书应考者。"④ 这是国家重视在
南方民族地区设立保甲制度的明证。

第二，改土归流后的地区，若少数民族社会发展比较快的，往往像汉族
一样编保甲，打破旧的基层社会组织，重构新的组织制度。广东四会地区，

---

① 以上各条参见《保甲书辑要》卷1《户部则例》。
② 《保甲书辑要》卷2《成规下》，第162页。
③ 《吏部处分则例》卷37《兵例·边裔》。
④ 《清史稿》卷120《志第95·食货志一》。

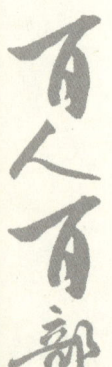

乾隆二十一年（1756 年）有"详请裁革，瑶民编入各村寨保甲，与齐民一体稽查"①。广东思平县也有"乾隆二十一年，以瑶民向化日久，瑶目可以不设，详情裁革，编入保甲，与齐民一体稽查"②。这两个地区都是由于瑶族社会发展与汉族相似，而进行一体编甲的，即在其基层社会组织中移植保甲制度。在黎平地区，咸丰四年（1854 年）侗族所立的碑约中有"一家有盗，九家齐心。一甲为非，九家公罚"的记载，说明当地设立了保甲制度。这一地区是清代的"苗疆"，碑文中就有"溯我苗疆，人多朴直"③。

第三，在一些地区，往往是让本民族群体的头人出任各种土弁，进而通过他们对本民族实行社会控制。主要表现在：在台湾高山族中设立番社通事、番目、番舍等职；在黔湘鄂蜀相邻地区通过设置各种土弁来对当地民族内部进行控制；海南黎族地区，通过设抚黎团总，下设总管，统辖全峒，峒内黎户十家为排，三排为甲，三甲为保，进而对黎族社会基层重建，其中排、甲、保长由本民族中头人出任。清代乾隆十五年（1750 年）贵州巡抚爱必达说到贵州社会控制时言："查黔省旧疆熟苗与汉人比屋杂居，甚为恭顺，有土司、土舍、土目及苗乡约、寨头管束；新疆生苗与屯军错处，亦额设土弁、通事、寨长、百户分管。"④ 从这些可以看出，不管是在贵州新开发区还是旧开发区，各民族群体多用原有的社会组织，通过国家认可，使之成为国家的合法组织，来对本民族群体的社会进行控制。在雍、乾两朝改土设流时，往往是把南方民族地区极力纳入流官控制中，但在很多地区还是让各民族自己控制自己的基层社会。这一点在雍正五年（1727 年）时发生过争议，当时四川副将张瑛提出把改流地区的土目全部内迁，各民族群体一律剃发、收缴器械。但鄂尔泰认为这样会导致各民族反抗更加激烈，其中在对改流地区的基层社会控制上鄂尔泰提出"其土目即可改为里长、甲长"⑤。乾隆末年，当时出现川黔楚民族大起义，在起义被镇压后，清政府重新调整了南方民族地区很多基层社

① 光绪《四会县志·舆地志·瑶蜑》。
② 民国《恩平县志·舆地志·风俗》卷4。
③ 吴江编录：《侗族部分地区碑文选辑》，第6页。
④ 《清高宗实录》卷363。
⑤ （清）魏源撰：《清代武功记》卷7《雍正西南夷改流记下》，第19页。

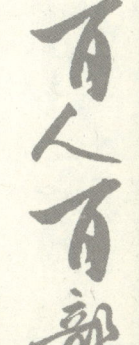

会的控制方式，其中主要是在这些地区重新设置由各民族自己控制的社会组织。嘉庆元年（1796年）四川总督和琳《奏拟湖南苗疆善后章程六条折》提出"苗疆百户寨长名目应酌量更定以专责成也"，具体是"查川黔楚三省，如西阳、铜仁、镇筸、永顺、保靖等处，从前均系土司，嗣后各土司等陆续呈请归流，始改设州县营分统，归文武管辖，其苗寨内止设百户寨长，如内地之里正保甲而已。三厅百户原额三十六人。设立之初原因苗人惧见官长，如偶犯细故，即令百户为之处分，如必须勾摄到官，亦必令百户传唤。但该百户等人微权轻，苗众既不甚听约束，且向例汉人亦准承充"。由于这些原因，他提出加强基层官员权力，"照各省土司之例，每一营分酌设一二人为土守备，土守备之下酌设土千把外委等，俾令管束苗民……嗣后凡有苗民格斗窃盗等事，均著落此种土官缉拿办理"①。从这里可以看出，清代在南方民族中改流地区的社会控制上多让各民族头人来控制本民族的基层社会，国家不进行过多干预。黔西南地区的布依族碑约中也反映出此类现实，因为碑约中提到地方纠纷的解决者往往是"寨首"、"伙头"、"首士"、"把事"、"寨老"等。

第四，在各民族地区，根据各自情况的不同，进行不同程度的本土化。乾隆六年（1741年）对湖南城步县编甲有"编立城步瑶峒甲长。楚粤苗瑶多能汉语，粗识字，宜编立保甲。寨大者十户立一牌头，十牌立一甲长，每寨择小心知事者佥立寨长一人，寨小者不必限定，牌甲亦必佥立一寨长。责其稽查，按户给发门牌，将大小丁口逐一备载，不许容留汉人及面生可疑之苗瑶居住。所藏军器，悉缴官，不许私行打造。其从前捏造篆字，即行销毁，永禁学习。如有敢违不行首报，牌内一家有犯，连坐九家，治寨长失察之罪"的记载②。在各村寨中都设立寨长。乾隆七年（1742年）杨锡绂上奏说广西地区各民族社会情况不一，在设保甲时应是"其苗、瑶地方，止就本地情形变通处理"，对此乾隆大为称赞，说"所见甚是，所办亦妥"③。杨锡绂在

---

① （清）但湘良纂：《湖南苗防屯政考》（二）卷3《征服上》，第589—590页。
② 道光《宝庆府志》卷6《大政纪六》。
③ 《清高宗实录》卷156。

《奏明力行保甲疏》中具体提出广西地区各民族"其种类多，聚族而居，一村一寨，原有村老、寨老、头人等管束，其管束之头人等，多习见官长，略识事体，亦有识字者。如拟定十户一牌，十牌一甲之法，诚不无隔碍，若因彼管束之旧例，寓我稽查之法，或先晓谕其明者，而次及其愚，或先行于其易者，而次及其难"①。广西地区按保甲制度的实质，建立起了新的各种形式的保甲制度。在瑶族地区根据具体情况进行编保甲，道光年间连山厅有"西路五大排、东路三大排及一百三十一冲，查明户口，给门牌，按户张挂。大排设立瑶老、瑶长，小冲设立瑶目"②。道光十二年（1832年）禧恩在《剿瑶善后章程疏》及《续获瑶匪疏》中对连山县瑶山瑶族进行编甲，改造其基层社会组织，提出："嗣后应令八大排内各举老成知事者，立为瑶老千长，由绥瑶厅拣选承充，管理一排事宜，其余各小冲，就其户口多寡，亦各分立瑶目，查明某冲某大排分支，统归某大排瑶老千长管领，令绥瑶同知按户给发门牌，将丁口逐一备载，不许容留汉奸及外来板瑶入内民住。"此外，还在八大排内每排设十名瑶练，负责缉拿犯罪，遇有瑶族涉讼在官之案时，传送当事人等。这一提议得到中央的批准，"所有善后章程，自应准予所请"③。从上面的内容中可以看出，其实这是把中原保甲制度移植到瑶族中进行本土化的产物。如清代贵州罗斛州所辖被划为9甲半，分为61亭、3屯、4村，各亭有亭目、屯有屯目、村有村目。乾隆年间设了土千总8名，土外委2名，到嘉庆二年（1797年）增加土守备1名，土千总5名，土把总4名。这样在原本以亭、村为单位的不相统属的地区，通过国家设立各类小土官，使其社会建立起新的组织结构④。

四川彝族地区，嘉庆十七年（1812年）四川总督常明提出："查夷地在万山之中，佃耕汉民各自成家，相距数里、十数里不等。势难编连十甲一牌。但所佃之地，各有业主，如系土司地方，即以土司为纲，列佃耕汉民于后，

① 《皇朝经世文编》卷74《兵政·奏明力行保甲疏》，第2660页。
② 《平定瑶匪纪略》卷下。
③ 民国《连山县志》卷5，第451页。
④ 罗绕典：《黔南职方纪略》卷1《贵阳府·罗斛州判》。

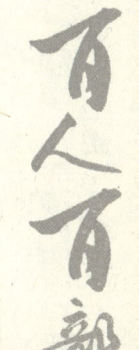

夷人地方，即以夷人为纲，列佃耕汉民于后，各以道里远近，挨顺编连。"①
凉山彝族地区，雍正六年（1728 年）川陕总督岳钟琪在苗疆善后事宜中提出
对建昌地区土司中河西、宁番近内地全改土归流，其中阿都宣抚司、阿史安
抚司及纽结、歪溪等土千户、百户共 56 处，一并改土归流。近营的由营管
辖，近卫的由卫管辖，在改流地区基层社会控制上，"并择番苗之老成殷实
者，立为乡约、保长，令其约束"②。这是在凉山附近改土归流的地区设置由
各民族头人出任乡约、保长的基层社会制度。对此，可以从清代宁远府冕宁
县存留下来的档案中得以证明。光绪三年（1877 年）两江总督兼南洋通商大
臣沈葆桢针对台湾制定的《酌拟抚番开山善后章程二十一条》中有："归化各
番社，宜设立头目，作为乡长。"③ 这实质上是用高山族头人作为番社基层社
会中的管理者。

在云南丽江地区，雍正三年（1725 年）改土归流后，基层社会虽然改置
乡里制，但这些基层社会仍由原来土府下各头目控制，"改流后，府属四十八
约，系仍土府头目"④。

第五，保甲制度移植到各民族社会中，出现把各民族的规约与此相结合
的现象。在广西龙胜厅《番内杨梅屯乡约碑》上有："地方遇有大小事务，准
请头甲及公举之老人，再三理论或判不清，方可兴讼。"这种有纠纷由各寨老
人进行调解是本地民族的法律方式。此外，在河池地区《大梧村禁约碑记》
上也有把本民族固有的立法、法规和保甲制度结合在一起的现象⑤。大理府云
龙州道光二十四年（1844 年）所立的《编排保甲弭盗安良碑》上也是把保甲
制度与本民族乡规结合在一起⑥。广西桂林府龙胜县在清道光三年（1823 年）
立的禁约碑上有一款是"不许停生面之人及瑶类，不得为非作歹"⑦，这一款

---

① 《清仁宗实录》卷 261。
② 《清世宗实录》卷 66。
③ 《台湾私法物权编》（上册），台湾文献史料丛刊第九辑，第 5 页。
④ 乾隆《丽江府志·建置略》，第 59 页。
⑤ 《番内杨梅屯乡约碑》、《大梧村禁约碑记》，《广西少数民族地区碑文、契约资料集》，第 190
页、242 页。
⑥ 《大理丛书·金石篇》（十），第 189 页。
⑦ 《瑶族石刻录》，《广西桂林府龙胜理苗分府官衔团禁约碑》，第 63 页。

内容与保甲法中的内容是一致的。

　　总之，清代在南方民族地区基层社会组织上重点建设保甲制度。但由于南方民族地区有各自不同的社会组织，所以在保甲制度的移植中，从中央到地方都主动进行了本土化的立法，各民族在社会实践中把外来制度与内在社会制度统一起来，创立出适应本民族社会发展需要的制度。

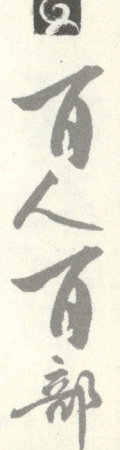

第八章　元明清时期南方民族刑事法律的变迁

元朝以后南方民族纳入了国家行政管理之中，在刑事法律方面南方民族开始出现了激剧变化。这种变化表现在两个方面：首先，主要的是汉法中刑事方面的法律大量移植到南方民族社会中，致使原有的很多刑事法律开始消解。在社会实践中，国家开始对南方民族很多刑事方面的犯罪行为进行积极管辖。国家通过对犯罪的管辖，致使南方各民族刑事犯罪的法律适用上转向汉法；同时南方民族本来不认为犯罪的行为也开始依汉法被认定为犯罪。其次，各民族群体内部开始出现新刑事方面的法律变化，这从各民族的固有法律中可以看出来，如新罪名的出现，处罚方式的改变。由于刑事犯罪是对社会的犯罪，所以国家比较注意刑事犯罪方面的管辖，于是刑法方面表现出来的更多是在诉讼管辖方面，就是说国家常常把认为是刑事犯罪的行为纳入国家管辖之中，从而导致南方民族刑法较早表现出与中原地区一致的特点。

第一节　元明清时期南方民族刑事法律中的外来法

元明清时期南方民族地区刑事方面外来法律主要表现在以下几个方面：

一、新罪的出现

新罪的出现具体表现在两个方面：一方面是指南方民族本来不认为是刑事犯罪的行为，如杀牛祭祀，在国家管辖后，变成犯罪行为。另一方面是国家根据南方民族社会现实制定出新罪，如贩卖苗瑶妇女罪。这两方面构成了南方民族刑事法律中外来法律的两个部分。元朝以后，在刑事法律方面出现了国家根据南方民族地区的特别情况制定一些法律，导致新罪名的出现。

元代，国家对南方民族中原有的一些认为是刑事犯罪的行为，进行了立

法。最有代表性的是对南方民族放蛊和以活人为牲祭祀行为的禁止。元朝以前，国家是很难制定专门法律来禁止南方民族的这些行为的。至元二十九年（1292年）闰九月，山南湖北廉访司遇到澧州澧阳县廖救儿、萧公、李成等人用活人卓罗儿和来哥祭祀一案。此案上报时说荆湖一带的常、澧、辰、沅、归峡等地连溪洞，俗习蛮淫，土人往往在遇到闰月时就抓生人进行祭祀。"每遇闰岁，纠合凶愚，潜伏草莽，采取生人，非理屠戮，彩昼邪鬼买觅师巫祭赛，名曰采生。所祭之神呼为云霄五岳之神。"当时中书省为此进行了立法，对有此类行为之人，"捉拿到官，依条断罪，可有使唤猖鬼之家，两邻知而不首，即与犯人同罪"。并指出南方民族地区多有此俗，"南方阴淫之地，似此淫祀极多，亦合通行禁止"，最后"中书省札付都省移咨各处行省遍行禁止施行"。从这里可以看出，这种习俗存在于南方民族地区，且在立法中特别规定其他南方民族地区也普遍适用。元贞元年（1295年）湖广行省对"采生祭鬼、蛊毒杀人之家比之故杀"罪处罚，到大德八年（1304年）对此专门制定了法律，延祐三年（1316年）元朝中央正式制定针对南方地区这两种犯罪行为的处罚法律。在法规中有"今承见奉本部（刑部）议拟于后具呈照详都省准呈开咨请依上施行"。下面是具体的法规。

一、采生析割祭鬼

前件议得采生支解人者，鞠问明白，审复无冤，拟合凌迟处死，籍没家产，同居家口，虽不知情，迁徙边远。已行不曾杀人者，比依强盗不曾伤人、不得财例，杖一百七，徒三年；谋而未行者，杖九十七，徒二年半。其应捕之人而自能赴官首告或捉获同罪者，与免本罪。及诸人告捕是实，犯人家产全行给付，应捕人减半。亲临官司受钱脱放者，决杖一百七下，除名不叙。邻佑主首社长人等，知而不行告首，决杖八十七下，其亲民有官并本处镇守军官时常申明条例，严加禁治。如有禁治不严，临时详酌议罪黜降，仍令拘该地面排门粉壁禁约。廉访司严加体察相应。

二、造畜蛊毒

前件议得造合成毒，堪以害人及传畜，若行用而杀人，用谋教

令者，拟合处死，籍没家产，同居家口，虽不知情，迁徙边远。诸人捉获，犯人家产全行给付。云前款应捕人以下例。①

在这里，元政府具体规定了此类犯罪的罪名，量刑标准。从中可以看出这类犯罪行为是作为重罪来对待的，因为同居者不知情都要受到处罚，这与叛逆罪一样严重。而这些在南方各民族中并不认为是犯罪行为。这样，这种罪名对于南方民族来说成为外来罪，对各民族社会产生了强有力的影响。用活人祭祀的行为，明朝以后在南方民族中就很少有记载，可以说此法律是有一定的社会效应的。

此外，元代在云南地区还制定了禁止权势之家放高利贷后，债务人不能偿还时就以人为偿当奴婢并刺字的法律。在《元史·世祖本纪》中有至元二十年（1283 年）十一月"禁云南权势多取债息，仍禁没人口为奴，及黥其面者"②。《通制条格·杂令·违例取息》上有相同的条款："至元二十年十一月二十日，中书省奏：'哈剌章富强官豪势要人每根底，放利钱呵，限满时将媳妇、孩儿、女孩儿拖将去，面皮上刺着印子做奴婢有。'说有，俺商量来，无体例，在先赛典赤也行了来，如今只依那体例与将文书去，教罢了，休教拖者，休教做奴婢者，商量来。奏呵，奉圣旨，那般者。钦此。"③ 从上可知，元代通过立法，在云南地区移植了针对借贷方面的法律，同时禁止了云南各民族中固有的此类法律。

明代对南方民族地区也制定过一些特别刑律，如汉民对夷民教唆或欺骗而产生的边民动乱罪。"川广云贵陕西等处，但有汉人结交夷人互相买卖借贷、诓骗财物，引惹边衅及潜住苗寨教诱为乱，贻患地方者，俱发边卫永远充军。"此外，对南方军民将军用物品走私出卖给各民族者，按泄露军情处以死刑④。嘉靖七年（1528 年）湖广巡抚朱廷声提出对南方民族地区流官在审

---

① 参见《元典章》卷 41《刑部卷之三·诸恶·不道》中之《禁采生祭鬼》、《禁治采生毒蛊》、《采生蛊毒》。

② 《元史》卷 12《本纪 12·世祖本纪九》。

③ 《通制条格校注》卷 28《杂令·违例取息》，方龄贵校注，中华书局 2001 年版，第 679 页。

④ 参见《皇明制书·问刑条例》，北京图书馆古籍珍本丛刊第 46 期，书目文献出版社影印本，第 363 页。

理各民族诉讼时索财之官加重处罚："各处土夷构讼求直者多连年不决，开奸人诬索之门，辜远夷赴诉之念，而不才将官及勘事人员，往往贪嗜夷人财物，要求无已，至于激变，今当通行云、贵、川、广镇巡官，将土官远近狱词分督所属，克期勘报。其将吏索取土官、夷人、瑶僮财，犯该徒三年以上者，发边卫充军，俱照禁例施行。报可。"① 加强了南方民族地区流官在审理各民族案件的职责。

明清时期，南方民族地区中以活人为牲祭鬼已经很少，但养蛊行为仍然存在，这在很多地区都有。为此不同地区的官员做了很多工作，其中主要是把汉法移植进来，进行规范。清朝雍正时期金鉷在广西就审理过此类案件。如广西平乐县陆金旺与陆妹银用蛊毒死黄金生，按律处以斩刑。为此他在广西地区颁布法律，严禁畜蛊放毒。同时对受蛊的表现、怎样治病、预防、送蛊进行了说明。这里要注意的是，他在这个告示中引用《大清律》中的相关法律，在"申明律法"下有："《大清律》载：凡造畜蛊毒堪以杀人及教令者，斩；造畜者，财产入官，妻子及同居家口虽不知情并流二千里安置。若以蛊毒毒同居人，其被毒之人父母妻妾子孙不知造蛊情者，不在流远之限。若里长知而不举者，各杖一百。不知者，不坐。告获者官给赏银二十两。"② 这里所引法律条文与《大清律例》原文相比略有不同。这个法令实质上是因为上面一案引出来的。云南乾隆时期任碍嘉州官的罗仰锜也有《查拿畜养蛊毒告示》。为什么要颁布这个法令呢？是因为在当地石羊厂夜间出现带红绿光的飞行物，而过去有一彝户被举报养蛊后，搜出蛊毒，当众烧毁。他在法令中引用《大清律》："凡造畜蛊毒，与教人造畜者，不问已未杀人，本犯拟斩立决，财产入官，妻子及同居家口，并流二千里安置。若地方头人知而不举者，各杖一百。告获者，官给赏银二十两。"③ 贺长龄在贵州为官时也颁行过此类法令。《除隐害以保生命示》中说："查得黔省民苗杂处，上游则青苗、花苗、仲苗，下游则黑苗、红苗、仡兜苗为多，苗人向有怪异不可解之俗；

① 《明世宗实录》卷94。
② 乾隆《广西通志》卷119《严查养蛊以除民患示》。
③ 乾隆《碍嘉志·查拿畜养蛊毒告示》，第99页。

如青苗、花苗之放蛊，仲苗之放药，黑苗之放老婆鬼，仡兜苗之放花……又有一种民妇，不惟学仲苗放药毒人，且能配合迷药，谓之顺心药。凡妇人有欲迷其翁姑及夫者，即暗用迷药杂入饮馔中与其翁姑及夫食之，遂惟此妇之言是听，任其所为……此等魔魅及配放迷药，安顺、镇宁、普定及广顺所属为尤甚。"这些都是放蛊。为此贺长龄开出相关罪名及解蛊各法。在法律中第一条与上面两例一致，但加有"若造魔魅、符书、咒诅欲以杀人者，各以谋杀论，照谋杀律问斩。若用毒药杀人者，斩。买而未用者，杖一百，徒三年。知情卖药者，与犯人同罪。又律载：师巫假降邪神书符咒水一应左道异端之术，煽动人民为首者，绞监候，为从者例发新疆为奴。里长知而不首者，各笞四十"①。这样把南方民族中很多行为纳入了中原汉法的"十恶重罪"下的"不道重罪"中，进而由国家刑事法律来调整此类行为。

南方很多民族群体中都存在相互发生纠纷时，通过自杀复仇的方式来报复对方的行为②，随着国家对南方民族统治的深入，这种行为在清代成为南方官员普遍重视的法律问题之一，在法律上开始出现新的方式来解决此种行为。这种新的解决方式主要有两个方面：一是国家立法；二是各民族内部自己立法。清代四川彝族聚居区中这种发生纠纷时自杀复仇的现象很普遍，具体表现为两种形式，一种是当事人自杀；另外一种是当事人杀自己的子孙来向对方复仇。乾隆三十年（1765 年）四川总督就批准四川按察司提出的立法动议，颁布法令严禁故意杀害子孙。这个法令还有文本存于宁远府冕宁县的档案中。在下发的法令中有一个通知，"为遵批通饬事。乾隆三十年又二月十三日奉按察使司石宪牌，乾隆三十年二月十八日奉总督部堂阿批，据涪州禀请通饬严禁故杀子孙缘由。奉批：此等恶习，川省时有，亟宜申禁，仰按察司通饬各属一体严禁"。具体法律是：

> 为申严故杀子孙之禁，以重生命事。照得豺狼知有父子，岂可

---

① （清）贺长龄著：《耐巷奏议存稿》卷4《示·除隐害以保生命示》。
② 这种行为不仅存在于各民族中，汉族中也广泛存在，这在《中华帝国的法律》一书中就有论述。具体参见美国 D. 布迪、C. 莫里斯著《中华帝国的法律》，朱勇译，江苏人民出版社 2003 年版，第 136－137 页。

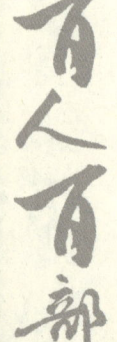

觍然人面而忍于自残骨肉？乃川东人民有种种恶习，每因被控盗窃，无以自明，砍鸡屠狗不已，甚至将子女自行杀死，谓之洗心。其意盖欲使原报告人获将来之阴报，而不知其亲生子女，先已遭目前之显诛。以无知之孩童，受无辜之杀戮，忍心害理，真豺狼之不若矣。且盗凭赃定，若起有赃，虽杀死子女，终难逃盗贼之名；如其无赃，虽不杀子女亦断不能悬指为盗。及至报官验讯，原告本未动手伤人，居然逍遥事外，而伊之是盗非盗，仍当问其在（有）赃无赃，并不能因其将子女被杀，为之稍宽一线。是杀死子女不但大坏伦常，亦且毫无益处。查律载，故杀子孙者，杖六十，徒一年；又例载，故杀妾及子孙、侄子孙与子孙之妇图赖人者，俱发附近充军。既自残伤骨肉，又复身罹宪章，狼毒愚顽，可恨可悯（愍），合行出示严禁。为此开明律例，谆切晓谕，嗣后尔等遇有杀人牵累赃迹未明事件，小则邀众理讲，大则告官剖断，毋得借口明心，再踏前辙。妇女无知，更须互相劝戒，惑（感）发天良，勉为盛世之良民，勿作人伦之枭獍（獍），遵慎毋违。特示。①

从上面可知，这种行为是为了证明自己没有偷盗，通过杀死自己的子女使对方在阴间得到报应。在这个法规中，说明是否为盗在汉法中以赃据为准，有无赃据是定偷盗罪的前提。清代乾隆时期武定那氏土司的档案中"刑律数条"下有"凡告强窃盗，无地邻只粘失单者不准"，"事无年月、见证赃无过付者不准"②。这都与偷盗有关，可以看出告人偷盗时提供赃据是最基本的前提。同时引律文说明，若有故意杀子女等行为要受到什么法律处罚。这里不仅禁止杀子孙复仇的行为，同时还移植了关于什么是偷盗行为的法律标准。

在台湾地区，民间也有自杀复仇的现象。为此，光绪二年（1876年）福建巡抚颁布法令禁止此行为。这个法令存在于台湾各地的碑刻中。在法令中说到"照得自尽人命，律无抵法；而小民愚蠢，动辄轻生。其亲属听人刁唆，无不砌词混控，牵涉多人，意在求财兼图泄忿"。为此下令，对自杀案一个月

---

① 《四川彝族历史调查资料、档案资料选编》，第 267－268 页。
② 《清代武定彝族那氏土司档案史料校编》，中央民族学院出版社 1993 年版，第 97 页。

内要审结，并严罚唆使之人。并为了此事，专门把相关法律、罪名列出来，到处立石刻碑，以让百姓通晓。律文如下：

> 一、子孙将祖父母、父母死尸身图赖人者，杖一百，徒三年；期亲尊长杖八十，徒二年（妻将夫尸图赖人者罪同）；功缌递减一等。告官者，以诬告反坐（杖一百，流三千里，加徒役三年）。因而诈取财物者，计赃准窃盗论，抢去财物者，准抢夺论。

> 二、词状只许实告实证，若陆续投词牵连妇女及原状内无名之人，一概不准，仍从重治罪。

> 三、赴各衙门告言人罪，一经批准，即令原告投审。若无故两月不到案，即将被知证佐俱行释放，所告之事不与审理；专拿原告，治以诬告之罪。

> 四、控告人命如有诬告情弊，照律治罪。不得听其拦息。或有误听人言，情急妄告，于未经验尸之先尽吐实情，自愿认罪，递词求息者，果无贿和等情，照不应重律，杖八十。如有主唆，仍将教唆之人照律治罪。①

从上可知，清代对南方民族地区各种行为以汉法衡量，认为是刑事犯罪的，国家往往强制移植汉法进去。

在中国古代，由于牛是主要的畜力，是农业生产的重要生产资料，对此国家在法律上严禁宰杀耕牛。牛只能在很少的场合下用来祭祀，如对天神、地祇、山川、社稷、文武、各庙大祀时官方才能用，民间是不能用的。国家对私宰耕牛规定有相关刑律。但在南方民族中常有用耕牛进行各种祭祀的习俗。在亲人死、生病驱鬼、嫁娶、春耕后结束时都有杀牛庆祀的习俗②。这在当时不仅违法，同时也违反礼制，而且在现实中也由此造成南方民族生活的贫穷。因为每年宰杀耕牛，导致农耕时无牛可用。为了购买耕牛常弄得倾家

---

① 《新竹县采访册、新竹县制度考》（合订本），台湾文献史料丛刊第二辑，第225－226页。
② 民国20年曾继悟著的《湖南各县调查笔记》中"保靖县"下有："苗乡虽与土人相近，而最令人诧异难测者，莫如吃牛一举。苗之吃牛分三种：一因病召巫许愿杀牛，而以其肉分给亲戚；二因病延请亲戚杀牛；三因祈丰年。"（第153页）

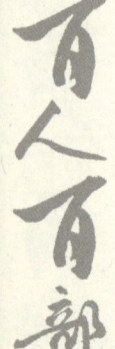

荡产，由此常发生偷盗耕牛的现象。据清代光绪八年（1882年）贵州巡抚林肇元说，当"苗人"遇有人死，"其子、其女婿、外甥必各出重价买肥牛以祭之，旁及亲戚朋友亦竞以牛为奠，或十数只，少或数只不等"。所以他颁布法令禁止："本部院前为县司时，即遵例晓谕不准杀牛，立碑垂禁各属军民均已遵守，此次示禁之后，仍敢再犯，准该寨总甲里长等禀官，枷责示众，三犯则照例，流徙充军治罪。该总甲里长等既不得挟同容隐，亦不得挟嫌图益。本部为尔苗夷惜物力，遵礼法起见，不惮谆谆教诲。"① 这个碑文是最为详细地说明南方民族椎牛祭祀的原因、影响及处罚方式。其实在清代中期就颁布过这方面的禁令。如嘉庆十二年（1807年）湖南巡抚景安就有《奏收缴苗人枪械并严禁椎牛祭鬼恶习片》，提出禁止苗人椎牛祭祀。②

南方民族中存在一种叫"放报口"的行为，就是出现被人窃盗财产和拐逃人口时，通过悬赏一定的奖金，让人查访，若查到相关赃物证据后，就给赏金。赏银少者二两到十两，多者五六十两，最多者达上百两。于是，在这些民族社会中专门出现以此为生的人。失主在得到消息和证据后再进行控诉。南方民族中贵州、四川、湖南等地都有这种社会现象，不管彝族还是苗族都一样。但在现实中也出现有人通过此种方式栽赃仇人，或陷害他人。被害之人往往又不愿起诉到官，再通过"放报口"查明是谁陷害自己，以致出现恶性循环。为此湖南按察司徐德裕提出对此种行为进行禁止。他在乾隆十年（1745年）的奏折中提出："查例载：将良民诬指为盗及寄卖贼赃、捉拿拷打、吓诈财物者，除实犯死罪外，其余不分首从，俱发边远充军。"为此他提出进行以下的立法："应请嗣后苗人失事放有报口，而代为踩访之人将安分良民诬指为盗者，俱照诬良例治罪；若得受失事人财物，将良民捏陷以报复私仇者，计赃从重论；因而拖累致死者，拟绞监候，所得财物照追入官；其放报口之苗人，不知情者免坐，若知情而通同捏陷者，照为从减一等律杖一百，流三千里；承审之州县审理此等案件，须将有无报口实情审问明白，若不行

① 《贵州民族调查》（四），第 547－548 页。
② （清）但湘良纂：《湖南苗防屯政考》（二）卷4《征服下》，中国方略丛书第一辑，台湾成文出版社 1968 年影印本。

审出，草率完结，以致良民被诬，恶苗得财漏网者，将承审官降一级调用。"①最后中央政府虽然不同意另立法律，但指出对苗族放报口中出现诬陷他人的，按诬良为盗律治罪。这样对此类行为进行了新的法律类比，成为此种行为的新法律。这种行为在彝族中很盛行，清代宁远府冕宁县的档案中有乾隆二十八年（1763年）十月二十日夷民长寿告状说，乾隆十一年（1746年）他的家奴脚姑被人绑走，通过放报口银20两，经10年才查明绑架之人。乾隆四十年（1775年）十月，同一县中有夷民噜租告状家奴被绑，用了30两白银放报口后才查获凶犯②。

在贵州、湖南两省民族中有一种习俗叫"拿白放黑"，就是当被人劫杀时，自己不能报复，将无干人户的人口或牛、马等物掠走，写下要求对方为自己报仇，否则得用银两来赎的文字。为此在清朝雍正三年（1725年）云贵总督高其倬提出对此类行为应按照应得之罪加一等判处，具体是按绑架勒索罪加一等处罚，对这种行为进行严格禁止③。

掠人、掠卖人罪。清代南方民族地区往往存在掠卖人口的现象，这在彝族中特别盛行。为此清代对掠卖人口等行为作为重罪处理，只要犯此罪者就要处以杖一百，流三千里之刑。由于贵州地区存在着严重的掠卖人口现象，政府专门制定了针对这些地区的法律。乾隆六年（1741年）九月专门规定了惩治在本省捆绑拐卖人口的法律："其有本省民人诱拐本地子女，在本省地方售卖者，审无勾通川贩情事，仍照诱去妇人子女本例；被诱之人若不知情，为首者拟绞监候，为从及和诱知情之人发遣。如系本省人捆绑本地子女，在本地售卖者，虽未经伤人，但既捆其人复卖其身，即与伤人无异，为首照抢夺伤人例拟斩监候，为从者分发边卫充军。"④ 这里专门规定了在贵州本省拐卖人口的处罚法律。此法适用于南方民族地区。"贵州、云南、四川地方民人诱拐本地子女，在本省售卖，审无勾通外省流棍情事，仍照诱拐妇人子女本例，分别定拟。如捆绑本地子女，在本地售卖，为首拟斩监候，为从发近边

---

① 《清代档案史料丛编》第十四辑，中华书局1990年版，第171页。
② 《四川彝族历史调查资料、档案资料选编》，第304－305页。
③ 《清世宗实录》卷31。
④ 《清高宗实录》卷151。

卫充军。"乾隆十二年（1747 年）对惩治跨省拐卖人口行为进行规范。清代贩卖人口的案例中，以贵州各民族妇女被卖到四川为主，所以在清代对此有很多相关法律。这当中有些人贩行为十分恶劣，甚至出现杀人家口，掠人妻女的行为。为此，清政府制定了完善的法律。

> 凡贵州地方有外来流棍勾通本地棍徒，将荒村居住民苗人户杀害人命，掳其妇人子女，计图贩卖者，不论已卖未卖，曾否出境，俱照强盗得财律不分首从皆斩枭示，其有迫胁同行并在场未经下手，情尚可原者，于疏内声明，减为拟斩监候，请旨定夺。至杀一家三人以上者，仍从重定拟，其用威力强行绑去及设方略诱往四川贩卖，不论已卖未卖，曾否出境，为首者拟斩立决，为从者，拟绞监候。其有将被拐之人伤害致死者，除为首斩决外，为从者拟斩监候。若审无威力捆缚及设计强卖，实系和同诱拐往四川者，不论已卖未卖，但起行在途，为首者拟绞监候，为从者杖一百，流三千里，被诱之人仍照例拟徒。其窝隐川贩在家，果有指引杀人捆掳及勾通略诱、和诱子女，藏匿递卖者，审实各与首犯罪同，其无指引勾串等情，但窝隐护送分赃，与仅知情窝留而未分赃者，仍照旧例分别定拟。云南、四川所属地方如有拐贩捆掳等犯，亦照贵州之例行。①

这些立法对南方民族的妇女儿童进行了法律上的保护，因为在贩卖中最主要的受害者是这些群体。嘉庆二十二年（1817 年）十二月初九日嘉庆帝谕内阁中有关于贵州省查获特大贩卖人口案，具体地方没有说，当时署同知承惠、副将特松阿等，于所属地方听说有人拐卖妇女绕道而行，于是"带领兵

① 以上参见《皇朝政典类纂》卷396《刑28·刑律贼盗·条例》。此条在《清高宗实录》乾隆十二年（1747 年）九月初五上有记载："凡贵州流棍勾通本地奸徒，将民、苗人等杀害，虏其妇人子女贩卖者，无论已卖未卖、曾否出境，俱照强盗得财，不分首从皆斩枭示；其迫胁同行，并在场未经下手，于疏内声明，减为拟斩监候，请旨定夺。至杀一家三人以上者，仍从重依杀一家非死罪三人律例定拟；其用威力强绑及用计诱往四川等省贩卖，不论已卖未卖、曾否出境，为首者拟斩立决，在犯事地方正法，为从者拟绞监候；其将被拐之人伤害致死者，除为首斩决外，为从拟斩监候。若和同诱拐，不论已卖未卖，但起行在途，为首绞监候，为从杖一百，流三千里；被诱之人仍照例拟徒。再，窝隐川贩在家，指引杀人捆房及勾通诱藏匿子女者，与首犯同罪；若但窝隐护送分赃与知情窝留而未分赃者，仍照旧例分别定拟。"（《清高宗实录》卷298）这里对贩卖人口行为进行了全面的规范。

役盘获缪宗杨等五十九犯，究出拐贩妇女等情”，为此嘉庆帝认为此行为是“尚属能事，承惠、特松阿俱著加恩送部引见”。本案主犯缪宗杨等拐贩妇女共达120多人，当时地方官按法律判决主犯——“最先造意”的缪宗杨、刘显基、冉广达、冉广潮四犯例拟绞刑，为此嘉庆帝提出“著毋庸监候，各于拐贩人口最多之地，即行处绞，以示惩敬。其余各贩罪名，著刑部核议具奏”①。案中地方官由于破案有力，得到了特别奖赏，超优引进，同时可以看出嘉庆帝虽然对四个主犯取消了监候拟议，但并没有改变处罚方式，对其他人犯由刑部来核审。这里既可以看出清代中央最高权力掌控者——皇帝对全国重案会进行关注，同时也不是随便改变处罚，要改变也得提出改变处罚的理由。

绑架勒索罪。在南方民族中往往有绑架他人勒索赎金的行为。对此，清代前期专门有针对此种犯罪行为的法规。康熙四十三年（1704年）有“红苗捉人勒银取赎者，令土官将犯罪之苗，解送道厅衙门审理治罪”②，此外还要追究该管土司等及相关官员的责任。

白昼伏草抢夺罪。南方民族地区存在白天伏在草中抢夺路人的犯罪行为，为此清政府制定了专门的法律。

私出他省罪。清朝对土司和土民没有得到该省督抚的证照就私自出省，被当成严重的犯罪行为，专门有相关法规进行处罚。清代规定土官“不请咨牌私出外省，土官革职；土人照无引私度关津律杖八十，递回加；潜往他省生事为匪，别经发觉，除实犯死罪外，徒以上俱照军人私出外境掳掠，不分首从，发边远充军律，递回照例枷责；同家口父母、兄弟、子侄一并迁徙安插”③。

越境走私罪及走漏军情罪。清代将没有合法证照而私自从今保山、临沧出缅甸进行贩卖珠宝等各种商业活动的行为作为一种犯罪。同时对由于外出经商走漏军情者更有专门的法律。“凡滇省永昌、顺宁二府以外沿边关隘，禁

① 《清仁宗实录》卷337。
② 《钦定大清会典事例》卷119《吏部103·处分则例·边禁》。
③ 《皇朝政典类纂》卷388《刑20·兵津关津·私越冒渡关津·条例》。

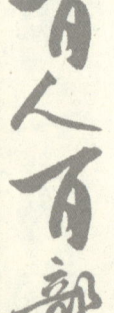

止私贩碧霞玉、翡翠玉、葱玉、鱼盐、棉花等物，如拿私贩之人，审讯明确，共伙人数在一二十人以上，为首者拟绞立决，为从及数在四人以上不及十人者，俱发极边，足四千里充军；若止三人以下者，杖一百，流三千里。如有因私贩透漏军情消息者，审实无论人数多寡，请旨即行正法"①。

少数民族相互仇杀罪。这是南方民族中存在的严重犯罪行为，历代都对此感到难办。清代南方少数民族相互间发生械斗案时，双方都会受国家法律的追究。为此，清代制定了专门的法律。"凡黔楚两省相接红苗彼此仇忿聚众抢夺者，照抢夺律治罪。人数不及五十名，伤人为首者，枷号两月；为从者一月；杀人者斩监候，下手者，枷号三月，为从者四十日；聚至五十人者，虽不杀人，为首者亦斩监候，为从者枷号五十日；杀人者斩决，下手之人绞监候，为从者各枷号两月；聚至百人者，虽不杀人，为首者斩决，为从者各枷号两月；杀人者斩决枭示，下手之人俱斩监候，为从者各枷号三月，所抢人畜财物追还给主。"② 这一法律对南方民族来说十分重要，因为南方各民族往往存在由于发生各种纠纷不同家族、村寨间的相互仇杀，有了此法律，就可以对此类行为进行相应的法律处罚。在乾隆二十七年（1762 年）七月湖南凤凰厅苗人龙尚保的妻子被永绥厅苗人龙老瓦奸淫，事后，其妻与子先后病故。为此龙尚保挟恨纠众 21 人，欲抢龙老瓦妻与子抵数。在黑夜中相抢时发生械斗，结果造成龙老瓦等三人毙命。龙老瓦亲人龙老潭提出照"苗例"赔命金，但当时的督抚要求照律审理，不准按"苗例"处理。最后是按红苗仇忿聚众抢夺法律判决龙尚保刺字后斩决，下手者龙求、吴老成等处绞监候，其余 18 人照例枷责③。

聚众烧杀抢掠罪。对于南方民族中聚众进行烧杀抢夺的行为，规定："苗人聚众至百人以上烧屯劫杀抢掳妇女，拿获讯明，将造意首恶之人，即在犯事地方斩决枭示。其为从内，如系下手杀人放火抢掳妇人者，俱拟斩立决；若止附和随行，在场助势，照红苗聚众例枷号三月；临时胁从者，枷号一月。

---

① 《皇朝政典类纂》卷 388《刑 20·兵津关津·私越冒渡关津·条例》。
② 《皇朝政典类纂》卷 393《刑 25·刑律盗贼·白昼抢夺·条例》。
③ 参见苏钦《"苗例"考析》，《民族研究》，1993 年第 6 期。

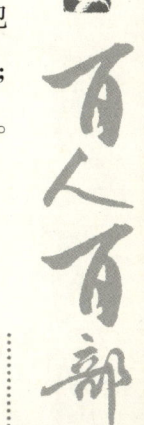

至寻常盗劫抢夺仍照内地抢夺例完结，其有掳掠妇女勒赎，尚未奸污者，仍照苗人伏草捉人勒赎定拟。"① 这样对此类行为进行了国家干预。

违例与夷民通婚。这里的"夷民"泛指南方各民族群体。清代汉族与少数民族通婚是禁止的。当汉族与少数民族结婚时就构成违律成婚。康熙四十七年（1708 年）规定："百姓擅入苗地，民苗结亲往来，该管各官失于觉察者，降一级调用，该管上司，罚俸一年。"② 这里规定了由于地方官员疏于管理，出现汉苗结婚要受处罚，没有说对结婚汉族的处罚。但可以从台湾运用此法律时看出。在台湾，若有汉族擅娶生番妇女，若是散发改装的，就处以充军；若仅娶番女，并不散发改装的，杖一百，徒三年③。这里的规定也适用于汉苗通婚。所以说这一法律对南方民族都适用。

私入各民族地区罪。清代为了防止汉族大量进入各民族居住区导致各种纠纷，专门制定了汉族擅入各民族地区罪。在台湾有"凡百姓偷越定界、私入台湾番境者，杖一百。如近番处偷越深山抽藤钓鹿伐木采棕等项，杖一百，徒三年。其本管头目钤束不严，杖八十。乡保社长各减一等。巡查不力之直日兵役，杖一百。如贿纵，计赃从重论"④。在清代嘉庆十二年（1807 年）二月宁远府下发的法律中就有"准刑部咨：商民偷越生番地界，比照私入台湾番禁例，杖一百；偷越深山伐木等项，杖一百，徒三年"⑤。也就是汉族私入夷地要受到处罚。

南方各民族地区私贩、私煎、挖、囤硝黄罪。由于硝黄是制造各种火药的原料，清代国家严格禁止在各民族地区各种生产、销售硝黄的行为。具体是："十斤以下，杖一百；十斤以上杖六十，徒一年；后每十斤加一等；五十斤以上，杖一百，流二千五百里；一百斤，杖一百，流三千里；五百斤以上者，照合成火药出卖罪，发边卫充军。"⑥ 台湾和南方各省，特别苗疆地区是此法适用的重点。

---

① 《皇朝政典类纂》卷393《刑25·刑律盗贼·白昼抢夺·条例》。
② 《钦定大清会典事例》卷119《吏部103·处分则例·边禁》。
③ 《钦定大清会典事例》卷776《刑部53》。
④ 《大清律例》卷20《兵律·关津·私出外境及违禁下海·条例》。
⑤ 《四川彝族历史调查资料·档案资料选编》，第268页。
⑥ 《大清律例》卷20《兵律·关津·私出外境及违禁下海·条例》。

土目土民私典卖土司田产罪。清代对土目、土民私相典卖土司田产行为有特殊法律。"土目土民不许私相典卖土司田亩，如有违禁不遵者，立即追价入官，田还原主，并将承买之人，比照盗卖他人田亩律，田一亩笞五十，每五亩加一等，罪止杖八十，徒二年。其违例典卖，并倚势抑勒之土司，失察之该管知府，均交部议处。"① 这是乾隆四十二年（1777 年）针对广西地区制定的。

汉族对南方各民族私自放债盘剥罪。清代对台湾、粤东及整个南方地区都有禁止汉族到少数民族地区放高利贷盘剥各族百姓的法律。乾隆四十六年（1781 年）有"内地民人概不许与土司等交往借贷，如有违犯，将放债之民人照偷越番境例，加等问拟。其借债之土苗，即与同罪"。这是因为当年贵州地区出现土目安鳌向已革武举人戴麟瑞之父借银五百两，后利高于本，出现纠纷而制定。嘉庆九年（1804 年）两广总督倭什布奏请制定禁止汉族到广东对少数民族放高利贷的法律。"内地汉奸潜入粤东黎境放债盘剥者，无论多寡，即照私通土苗例，除实犯死罪外，俱问发边远充军，所放之债，不必追偿。"② 靖州牛筋岭款场立的《万世永赖碑》中有："内地人概不许与土司等来往借贷。如有违犯，将放债之民人，照偷越番境例，如等问拟，其借债之土苗，即与同罪；放债之徒，用短票扣折，违例巧取重利者，严加其罪，其银照例入官。受害之人，许其自首免罪，并免追息；凡内地汉奸，潜入粤东黎境，放债盘削者，无论多寡，即然（疑为"按"）私通土苗例，除贯犯死罪外，俱发边远充军。所犯之债，不必追偿。"③ 这是光绪三十二年（1906 年）立的碑律，从中可以印证前面的法律有效于南方民族中。

汉族强占苗族田产致使人命案。清代道光十三年（1833 年）有"黔省汉民如有强占苗人田产，致令失业酿命之案，俱照棍徒扰害例问拟；其未经酿命者，仍照常例科断"④。

通过上面分析可以发现，在元明清时期，国家针对南方民族制定出很多

---

① 《皇朝政典类纂》卷 380《刑 12·户律田宅·盗卖田宅》。
② 《大清律例》卷 16《户律 8·钱债·条例》。
③ 吴江编录：《侗族部分地区碑文选辑》，第 13 页。
④ 《大清律例》卷 10《户律 2·田宅·盗卖田宅，条例》。

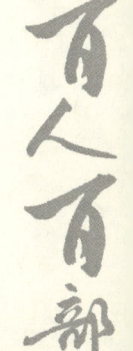

新的罪名，把汉法移植到各民族群体中。

二、国家对南方民族刑罚上的本土化

元代以后，中央政府对南方民族虽然在刑事法律上主要是移植汉法，将其社会秩序纳入汉法中。但在处罚上，由于南方民族很多刑事处罚与汉法不同，国家在刑罚上表现出更多的本土化特点。主要表现在两个方面：

（一）国家对南方民族固有处罚方式的认可

在南方民族中，被汉法认为是刑事犯罪的各种行为都可以通过赔偿来解决。这在元明清时期是最有特点的。虽然现在没有史料记载元代在国家具体立法中承认南方民族的人命案可以通过命金赔偿来解决，但由于元代承认各民族的固有法律习惯，其实也就承认了南方民族刑事案件中通过赔偿来解决命案的固有方式。

明朝命金赔偿在法律上成为南方民族刑罚的基本原则，广泛适用于各民族群体间发生的命案。宣德元年（1426 年）正月酉阳宣抚司下刺惹洞长向谋杓赏的儿子谋古赏、若阿昆等向周边掠夺劫财，最后中央决定集兵征伐，谋古赏等自知力量不能与中央抗衡，于是遣其党刺惹施赴官服罪，并偿还所掠人口、财物，"其所杀之人，一依土俗以人马诸物赔偿，誓不敢再犯"。最后中央接受此处罚方式，退兵不讨①。在此案解决上，中央认可了本地民族的处罚方式。在《蒙化左土官记事抄本》中有成化十六年（1480 年）蒙化土知府左瑛到顺宁府体勘土彝相互仇杀案，"据顺宁府呈准土官知府猛斌前事，仰五世祖左瑛带领民兵亲请顺宁府体勘处置，发落施行等，因依奉亲请顺宁府抚出土舍猛庆、猛景端，千户阿思等到官，谕以利害，令其改过自新，彝兵退散，所占村寨，依前定例领众罪犯照依彝俗"。这里的"依彝俗"就是按彝族的固有法律处罚。成化十七年（1481 年）九月二十六日，左瑛到大侯州审理陶氏之诉，最后审理结果是"抢去家财象、马、人命，照彼彝俗，共令奉混赔偿银一千一百两，释怨讲和，退散兵马各还本寨"②。这里说得很明确，所

---

① 《明宣宗实录》卷 13。
② 《蒙化左土官记事抄本》，《云南少数民族社会历史调查资料汇编》（五），第 438 页。

谓"彝俗"就是他们固有的纠纷解决方法。该案中抢夺财产、人命都用赔偿金来解决。《明史》中记载贵川地区土司相互仇杀，最后地方大员通过本民族固有方式来解决。"乌撒与永宁、乌蒙、沾益、水西诸土官，境土相连，世戚亲厚，既而以各私所亲，彼此构祸，奏讦纷纭……当事者颇厌苦之。万历六年乃令照蛮俗罚牛例处分，务悔祸息争，以保境安民，然终不能靖也。"① 这是用本民族方法来处理民族内部的仇杀，若按汉法应处以死刑。明朝隆庆年间贵州土官安国亨与安智相互仇杀，最后按照夷俗通过赔偿解决。"对簿，伏信状当死，于是以三万五千自赎，而以六千金赎务卒等"②。成化十年（1474年）十一月贵州安顺州土官知州张慎祖与所属宁谷寨长官司长官顾钟争地仇杀相讦，最后由巡抚等官员审理，张慎祖遣人入贡两匹马，请赎其罪，免受审理，礼部同意该处理。但都御史李宾等认为张慎祖、顾钟案件性质严重，一定得审理后，看其所犯轻重才决定，若轻就同意免于处罚③。这不仅适用于土司间仇杀，对南方民族中的犯罪者也适用。正统二年（1437年）三月四川泥溪土官医学正科田玑盗官藏丝纱，最后是按"永乐、宣德时边夷犯听赎马例求赎。上以土夷不谙国宪，许之"④。成化二十二年（1486年）七月贵州铜仁府大万山土官长官司杨显祖犯法，要求"纳马赎罪，以图自新"⑤，最后中央同意了他的要求。同年四月由于贵州都匀、清平、丹溪等地的苗族相互杀掠，地方官要求出兵征伐，当时成化帝下旨地方官招谕仇杀各方："尔久听抚化，又复攻围抢杀，是何保寨军民与尔有仇？明白诉告，照依夷俗体例，为尔处分。"⑥ 这里中央明确说明在各民族间的纠纷处理上适用各民族固有法。正德十年（1515年）六月贵州西堡阿得、狮子孔、阿江三种仡僚人因不上贡赋与土官相互仇杀，最后在指挥使杨仁抚谕下服罪，贵州巡抚肖翀提出："请

---

① 《明史》卷311《列传199·四川土司》。《明神宗实录》"万历六年（1578年）七月癸酉"条下有相同记载。

② （清）毛奇龄著：《蛮司合志》卷3《贵州二》。

③ 《明宪宗实录》卷135。

④ 《明英宗实录》卷28。

⑤ 《明宪宗实录》卷280。

⑥ 《明宪宗实录》卷277。

因土俗罚赎而责其输赋，免用兵征。"中央同意此提议。① 这是同意适用本民族的处罚解决当地仡佬族反抗中杀人的罪行。

清代对这种处罚方式是承认的，康熙四年（1665年）七月十一日贵州总督杨茂勋上奏：

> 贵州一省在万山之中，苗蛮穴处，言语不通，不知礼义，以睚眦为喜怒，以仇杀为寻常，治之道，不得不与中土异。凡有啸聚劫杀侵犯地方者，自当发兵剿除；其余苗蛮在山箐之中自相仇杀，未尝侵犯地方，止须照旧例令该管头目讲明曲直，或愿抵命，或愿赔偿牛羊、人口，处置输服，申报存案。盖苗蛮重视货物，轻视性命，只此分断，已足创惩，而渐摩日久，曲直分明，苗蛮亦必悔悟自新，不复争杀，此兵不劳而坐安边境之道也。下部议。②

这里提出按南方民族固有法律处理他们内部案件。为什么这样说呢？因为康熙二十二年（1683年）贵州巡抚杨雍建在审理张大统与张国权互相仇杀案时就按此法律来判决。"独是大统与继远有叔侄之分，似应照杀期亲尊长律拟罪，但大统与继远均系苗人，查定例内载：苗党自相戕杀人命，责令土官、土目亲问被杀之家，或欲偿命，即行斩抵；不欲偿命，责令赔人等语……合照苗人仇杀例，除自相抵斩外，责令赔人，仍断牛马羊只为烧埋之资。"③ 这里适用的法律与上面法律是一致的，所以说杨茂勋的奏疏被采纳为法律。笔者所能见到的清代对南方民族自相仇杀以偿命或赔偿命金处罚的最早记载就是杨茂勋的奏疏。上面两个事例都在贵州，那么，这一法律原则和制度是否适用于其他南方民族地区呢？答案是肯定的。乾隆九年（1744年）九月二十八日张允随审理云南孟连河东、河西夷目相互仇杀案就是明确证据。"本司等会讯之下，各供认前情不讳，并衷恳愿照夷例赔偿尸骨钱等情。查例载：土苗仇杀，不欲偿命，即令赔人，仍断给烧埋等语……臣查该夷目等所犯，与

---

① 《明武宗实录》卷126。
② 《清圣祖实录》卷16。
③ 杨雍建：《抚黔奏疏》卷4。

土苗因事仇杀之例相符，可否仰请圣恩俯准，照例完结，以为远夷畏法归命者劝。"对此乾隆帝的朱批是："照所请完结可也。"① 乾隆三年（1738 年）四月川陕总督查郎阿对川南发生郭罗克番民劫杀进贡番民谷禄、旺素克等案提出："番人性情，反复靡常，劫杀事所恒有。若照内地律例，绳之以法，不惟彼此怀仇，转相报复，且恐各生疑惧，致滋事端。"就是说若适用汉法达不到目的，反生事端。为此提议："应请嗣后有犯，番照夷例罚服完结。部议如所请。嗣后郭罗克番人与汉人争斗抢夺等事，俱照例科断。其番人与番人有命盗等案，具照番例完结。从之。"② 这里不仅同意此案适用"番人"固有法律，还规定对以后"番人"间互犯的命盗重案也适用于他们的固有法。这些说明当时这一法律在南方民族中是通用的。这到清末光绪二十四年（1898 年）九月还在司法实践中存在，按冕宁县档案记载："旋于本年九月初二日，岭安氏专土目祁文清等三名到营，并执土署房书寄函内称，此案了息赔银一百二十两，钱布各一百，内扣汉民人命银二十两、钱二十五串、布二十五匹，设法齐全，限期钻牛皮，插（歃）血盟心，互相和好，并不滋事。"③ 说明这种方式在当时还广泛存在，因为这一案是彝族与汉族间的相互仇杀案。康熙五十三年（1714 年）四川乌蒙土知府禄鼎乾掳掠贵州阿底土司头目禄世华人口和牲畜，遣官审理时禄鼎乾拒不出来听审，后来康熙帝派镶黄旗满洲都统阿尔纳会同云南、贵州总督，四川、贵州巡抚会审，并下旨若再不出来受审，就要派兵征伐，以改土归流。最后阿尔纳等奏："乌蒙土知府禄鼎乾掳禄世华人口、牲畜已经退还和息，并请纳粮折价，自康熙五十四年为始，令交藩库。"④ 这其实就是按彝族固有法律通过赔偿解决此案。

元明清时期，在刑事处罚中不管是在司法实践上，还是在立法上，被中央政府承认后被广泛适用的是这种方式。

（二）国家对南方民族特别制定处罚法

在元朝以后，中央对南方民族在移植汉人刑事法律时，在刑罚上往往采

---

① （清）张允随：《张允随奏稿》。
② 《清高宗实录》卷 67。
③ 《四川彝族历史调查资料、档案资料选编》，第 282 页。
④ 《清圣祖实录》卷 260。

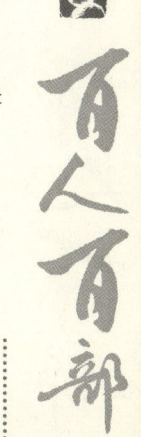

取不同于其他地区的方式，以适应南方民族不同的社会特点。元代在对南方各民族相互仇杀上，主要采取的方式是进行调解，一般不进行刑事处罚。从元代的《招捕总录》上可以看出，当时很多地区出现为争土职相互仇杀的现象，中央政府一般采取招谕，让其不再相互仇杀，具体如何解决的实体法上中央政府不制定，司法实践中表现为中央派出官员到争议地区主持调解，用本民族法律解决。至治元年（1321 年）云南行省蒗渠土州知州刺俄杀兄夺嫂，当时流官招谕他，他则很傲慢地说："父祖宣命俱在子合处，又藏印不与尔客官行用，我兄弟自相仇杀争夺山寨，不关尔番汉官事。梳蛮塔系我嫂，我杀兄刺定、刺秋，故以嫂为妻。我出官，尔欲何说？"这些言语中充满了无理之言，其行为构成了严重的刑事犯罪。当时行省提出要出兵对其讨伐，中央枢密院则不准，"咨本省招谕"①。元代在法律上规定，对南方民族地区土官犯罪采用"罚而不废"的处罚方式。虽然元代对南方各民族土官相仇杀，一般原其罪而不罚，可是和以往相比，也有很大的不同，因为"原其罪"说他是有罪的，仅是国家免予处罚而已。至元二十四年（1287 年）十月丽江路下阿勒沙村阿加之子明目引军杀死凹村头目刺些，云南行省下令丽江路军民宣抚司明目出见云南王，若不出见，将受处罚。直到他出见云南王后，才得以免其罪②。大德年间顺元土官雄挫反叛，最后是雄挫于大德八年（1304 年）五月赴阙，才得"原其罪，仍充土官"③。这样把南方各民族群体间经常相互仇杀的行为在法律上纳入了国家管辖，让各地土官头目知道这是要受到法律制裁的，仅是出于皇恩，才免予处罚。在《招捕总录》上反映出的是国家"原其罪"，即以认其有罪为前提，后才"原罪"。当然对于那些反叛者，特别严重的犯罪，也会处以死刑。元成宗大德十年（1306 年）四月云南罗雄州军火主阿邦龙少勾结豆温匪掠掳，起初由汪惟能率兵进讨，谕之不服，最后是云南省平章政事也速带而率兵捕获阿邦龙少，对其处以死刑④。

明朝对南方民族在刑罚上较元代推进了很多，若各土官犯有重罪，往往

---

① 《招捕总录·云南行省·蒗渠州》，第 19－20 页。
② 《招捕总录》，第 8 页。
③ 同上书，第 15 页。
④ 《元史》卷 21《本纪 21·成宗本纪四》。

会被押解到京城处以死刑。从《明实录》看，整个明朝由于相互仇杀被处死的土官不少，有的甚至被充军、流徙。宣德元年（1426 年）三月贵州新添长官司舍人宋志道不仅劫掠居民，还纠集诸洞蛮夷到处掠夺，最后中央派贵州三司遣官抚谕，仍不听，后发兵剿捕，"获志道，械至京，上命行在都察院治之如律"①。这里就适用了国家法处以死刑。宣德八年（1433 年）闰八月贵州古州蛮夷长官司杨政通与杨云银强占他人田产，杀人掠财，同时掠夺曹滴洞，焚烧官衙民居，被总兵肖授擒捕后送到北京，杨政通和杨云银被处以死刑②。洪武十七年（1384 年）云南布政使司上奏请示中央，在对待云南所属大小土官中世袭与选用两类在犯罪时应如何处罚时，中央回答是对选用土官按流官法律处罚；对世袭土官，杖以下记录在案，不废其职，对徒、流的则迁移到北平。"凡土官选用者，有犯依流官律定罪；世袭者，所司不许擅问，先以干给之人，惟得其实，定议奏闻，杖以下则记录在职，徒、流则徒之北平。著为令"③。这是对土官犯罪规定不同于流官的处罚。

对于南方民族平民，明初一般采取宽宥和减轻处罚。洪武十二年（1379 年）湖广都司械送辰、沅洞僚犯罪者 94 人，永宁犯罪蛮妇 27 人到京，明太祖朱元璋下令将这些人送孳牧所，给粮赡养，免除处罚④。正统二年（1437 年）五月规定，"云南……军人犯盗及土官土民与官旗轻罪者，俱于缺粮处纳米赎罪。从贵州按察使应履平言也"⑤，说明此法律同样适用于贵州各民族。宣德元年（1426 年）五月针对贵州地区土人，也就是本地各民族犯罪处罚制定了特别法律："定贵州土人断罪例：杂犯死罪，就彼役作终身；徒流迁徙

---

① 《明宣宗实录》卷 15。

② 《明宣宗实录》卷 105。

③ 《明太祖实录》卷 167。

④ 《明太祖实录》卷 126。洪武十七年（1384 年）十月"广东都指挥司械送蛮寇余党九十人至京，法司请治其罪，上曰：胁从之人，不必穷治，其宥之。又曰南人不耐寒，命悉给冬衣而遣之"（卷 166）。洪武二十三年（1390 年）闰四月"广东都司以所捕蛮僚一百二十九人械送京，有司论当官刑。上曰：此辈非首恶，为人迫胁至此，宥之。谪戍辽东"（卷 201）。洪武二十九年（1396 年）三月清水江中平等寨群蛮聚众为乱，"贵州守御官军捕之，获从乱蛮人五百，械至京师，俱宥死，给衣，谪戍三万卫"（卷 246）。

⑤ 《明英宗实录》卷 30。

者，依年限役之；应笞者，役五月；应杖者，役十月，毕日释放。"① 这里是用罚役代替其他刑罚。到明中后期《问刑条例》上有"云贵军职及文职五品以上官并各处大小土官犯该笞杖罪名不必奏提，有俸者照罪罚俸；无俸者罚米。其徒流以上情重者，仍旧奏提"②，这里对无俸者罚米，所谓"无俸者"就是云贵等南方民族地区的大小土司。宣德九年（1434 年）对贵州地区军民犯罪除犯死罪、强盗罪外，都可以通过纳米赎罪，当时中央规定"杂犯死罪三十石，流罪比死罪减五石，徒罪五等三年者二十石，笞罪五等五十者四石，以下四等递减五斗"。最后明宣宗认为"贵州边远。笞罪比今例减一石，余从所议"③。这使贵州地区的刑罚中赎刑成为主导。弘治二年（1489 年）十月"云南官员犯轻罪者，许罚俸罚米"④，这里"罚米"的对象就是土官。这种处罚方式在明代南方民族中可以说是普遍适用的。正德元年（1506 年）有四川行都司奏请建昌等六卫所辖地区犯笞杖罪者，"依云贵例贷问，止罚俸及米以赎"⑤。从这里可以看出罚俸是针对流官，罚米则是针对土官及土人。天顺年间，安顺土知州与所属宁谷寨长官司顾钟争地仇杀，在贵州巡抚审理时，"命各贡马赎罪"⑥。明朝嘉靖初梁材为官云南时，对云南土官间相互仇杀案提出："土官相仇杀累年，材召其酋曰：'汝罪当死。今贳汝，以牛羊赎。'"其实他是按云南各民族间此类案件的处罚方式进行审理。处理后达到了目的，"诸酋裹甲待变，闻无他仍止"⑦。从这些可以看出，明代国家往往根据南方民族地区各民族的实际情况在处罚上进行本土化处理。万历二十三年（1595 年）十月贵州督抚邢玠在审理播州杨应龙案时，提出"照昔年安国亨例，令其偿银赎罪，革职为民……其首恶黄元、阿羔等如律处决"⑧。这里采用变通方式，对杨应龙采用南方民族固有的方式处罚，对其下首恶适用国家法。

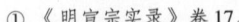

① 《明宣宗实录》卷 17。
② 《皇明制书》卷 13《问刑条例》。
③ 《明宣宗实录》卷 110。
④ 《明孝宗实录》卷 31。
⑤ 《明武宗实录》卷 15。
⑥ 《明史》卷 316《列传 204·贵州土司·安顺》。
⑦ 《明史》卷 194《列传 82·梁材传》。
⑧ 《明神宗实录》卷 290。

　　清朝在对南方民族刑事处罚上更多适用汉法，但也有一些本土化的处罚方式。如在徒、流、军遣刑罚上，对云、贵少数民族只要枷号一定的时间，就可以免于迁徙，"云南、贵州苗人。犯该徒、流、军遣，仍照旧例枷责完结"。而对于一般人，如汉族，清代徒刑要发充到一定距离的地方服刑，如云南徒刑就规定："发本省多罗、松林等十二驿摆站。罪重者迤东各府人犯，发诺邓等井煎盐；迤西各府人犯，发个旧等厂熬铅。"① 这是对汉族处以徒刑的规定。在军流上，清代有一定的里数规定。但对云南、贵州、两广则是另行处理，不拘里数，只要相互遣发就行。若情节严重、或累犯，在按律例枷号处罚后还要被迁徙安插。"凡土蛮、瑶、僮、苗人仇杀劫掳及聚众捉人讹禁者，所犯系死罪，将本犯正法，一应家口父母、兄弟、子侄俱令迁徙；如系军流等罪，将本犯照例枷责，仍同家口父母兄弟子侄一并迁徙；系流官所辖者，发六百里外之土司安插。系土司所辖者，发六百里外之营、县安插。其凶恶未甚者，初犯照例枷责，姑免迁徙。"② 从上面可以看出，对于南方民族犯罪，徒、流、军遣往往是通过枷号一定期限而免于执行。但若是严重犯罪，则不适用此处罚，而是要被迁徙。道光二年（1822 年）广西土民宁幅挟制土官，按例仅应判徒，但由于已是再犯，所以地方官员提出处以迁徙，到中央后，被改判，并提出：

　　　　查例载：土蛮、瑶、僮、苗人仇杀劫掳及聚众捉人讹禁者，所犯系死罪，将本犯正法，一应家口、父母、兄弟、子侄俱令迁徙。如系军流等罪，将本犯照例枷责，仍同家口、父母、兄弟、子侄一并迁徙，其凶恶未甚者，初犯照例枷责，姑免迁徙，若仍不改恶，将本人仍照原拟枷责，亲属家口亦迁徙别地安插等语。是土人犯罪同家口迁徙之例，系指仇杀劫掳及聚众捉人讹禁，所犯至死罪及犯至军流，凶恶最甚，并凶恶未甚，免其迁徙后仍不改恶复犯仇杀等项者而言。若所犯并非例载仇杀等项罪名，其前犯之罪亦未至军流，兹复犯罪，自不在迁徙之列。此案土民宁幅前因挟制土官犯徒枷责，

① 《钦定大清会典事例》卷 741《刑部 19·名例律二·徒流迁徙地方一》。
② 《皇朝政典类纂》卷 376《刑 8·名例律·徒流迁徙地方·条例》。

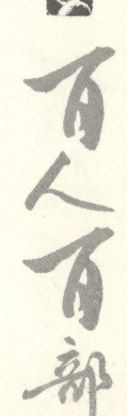

并未犯至军流，今复挟制土官犯徙，自应将本犯照例枷责，该省声明应同亲属家口一并迁徙，核与定例不符，该司改拟毋庸迁徙，洵属允协，应请照覆。①

从此案中可以看出，清代对南方民族的处罚是有相关法律为依据的，在判决时也是依法判决的。此外在同卷《徒流迁徙地方》中有：嘉庆二十四年（1819年）"土人犯遣病故妻子免其迁徙"、道光六年（1826）广西"土人行劫未得财迁徙后脱逃"、道光七年"瑶民夺犯杀差酌量迁徙家口"等案，在处理上也是按上面法律判处的。这说明此法律在南方民族中广泛适用。

由于南方民族可以通过枷号免刑，于是出现汉人冒充各民族百姓的现象。为此清廷特别立法，对谎称土苗希图析枷免刑的，事后被查出，不仅要按原刑罚处罚，还要在本地先枷号一个月，才发充到执行地执行原有徒刑②。乾隆十四年（1749年）贵州巡抚爱必达题奏黄平州役吏陈君德强奸苗妇阿乌，后又拒捕殴伤苗人阿乜案。当时爱必达提出按强奸未成，执持凶器拒捕，致伤旁人例，拟绞监候。上报到乾隆帝那里，乾隆帝认为"苗疆非内地可比，地方官平时不能尽心抚绥，乃纵容胥役入伊境内，倚势欺凌，发觉之后，即参处治罪，必经累月，苗民无由得知，转疑内地轻纵不为惩治，以致积忿日深"，最后出现起事，地方官又惶遽失措，所以提出吏民到"番苗"③境内滋事的，应从重拟罚，审明后应把罪犯押到所犯地正其罪名后执行处罚，以让"番苗"亲见内地执法之公正，以服各"番苗"之心。但要如何具体处罚则要求刑部进行新的立法，最后刑部提出："嗣后如内地吏民擅入苗地强奸、抢劫等项，查所犯情罪：如原应斩决、绞决者，审明速奏，命下日押赴犯事处正法；其例应斩候、绞候者，从改立斩、立绞，亦于审明题复日，押赴犯事处正法，仍张告示，将从重治罪情由通谕苗人知悉。并请敕各省督抚严饬地方官实力查禁，如纵差骚扰，即题参治罪；若止失察，交部分别议处。载入

---

① 《刑案汇览三编》（一）卷6《徒流迁徙地方》，北京古籍出版社2004年版，第206页。
② 《皇朝政典类纂》卷376《刑8·名例律·徒流迁徙地方·条例》。
③ 乾隆帝用"番苗"，其所指范围大于贵州一省，包括了南方民族地区及西北有土司的地区。

律例，行知苗疆各省。从之。"① 通过此案清朝中央重新对南方民族地区汉族吏民入各民族地区犯奸杀等重罪处罚进行了新的规定。雍正五年（1727 年）闰三月时刑部对改土归流地区的官弁兵役勒索各民族财物制定了相关的法律："苗蛮、黎、僮改土归流地方，官弁兵役有勒索财物者，应分别数目治罪，赃银追还原主。"对此，雍正下旨："此等应追入官银两，即限内完全亦不宽免其罪。永著为例。"② 在这里清廷加强了对南方民族地区官员勒索行为的处罚力度。

对待土司犯罪上，犯徒罪以下的可以照例折枷用银赎。若改土归流的土司犯罪被判斩绞的，就得在省内分别正法和监候，其家口属云南的则从云南迁往江宁（今南京）安置。对判军、流刑的则从云南迁往江西省城或提督驻地安置。并且规定有十口之家的土司可以带四名奴婢。安置地还应按每十口人拨给官房五间，官地五十亩。此事产生于雍正五年（1727 年）八月。当时云南镇源府土知府刁潮"奸占民妻，强夺田地，凶淫贪劣，应拟绞监候"③。为此雍正帝朱批将刁潮之家口迁往江宁省城，同时令九卿提出对此类犯罪处罚的法案。九卿遵旨提出："云南、贵州、四川、广西、湖广五省改土为流之土司，有犯斩绞重罪者，其家口迁于远省安插；犯军、流罪者，土司并家口应迁于近省安插。饬令该地方文武官稽查，不许生事疏纵。"④ 这适用于整个南方改土归流的土司地区。由于清代很多土司的官位都在州县下，造成很多地区都属于改流，所以这个法律在实践中适用于南方所有的土司。乾隆七年（1742 年）七月礼部议准江西巡抚陈宏谋的奏疏，"江西省现有高若瑶、刁光焕、杨大业、李绳，系滇、黔等省改土归流之土司，获罪迁发来江西安插，入籍为民"⑤。这说明清代此法律在司法实践中是广泛适用的。

三、司法实践中移植汉法

在南方民族地区，元代以来，国家把很多重要的刑事犯罪行为的诉讼管

① 《清高宗实录》卷 339。
② 《清世宗实录》卷 55。
③ 《清世宗实录》卷 60。
④ 《清世宗实录》卷 62。
⑤ 《清高宗实录》卷 170。

辖权收归中央，这样导致南方民族刑事法律发生新变化。因为不同的管辖，意味着不同的准据法，不同的准据法就有不同的实体法。这使南方民族的刑事法律中外来法成为主要的实体法。从元代起，对南方各民族群体间的相互仇杀案件，国家进行管辖，这与以前相比就出现了司法上的新变化。如明代正统年间被依法处斩刑的鹤庆府土知府高伦，此案在当时经过大理卫千户王蕙审理，后经黔国公沐晟、都督沐昂及云南三司巡按御使会审，他们上报中央，高伦所犯的罪有擅率军马、欲谋害亲母杨氏、其母告其不孝、私敛民财、多造兵器、杀戮军民、支解枭令等罪。但高伦逮送京城后，不承认这些被指控罪名，并且他母亲也撤回对他不孝罪的起诉，原审王蕙到京城后也不认可其原审报之罪。这样整个案件成为证据难以核实的疑案。最后明英宗在正统六年（1441 年）六月派都察院右佥都御史丁璿、严恭到云南来密察取证，明英宗在旨令中说："今特敕尔及御史严恭，宜潜自为计，或令严恭托以他事，亲诣鹤庆地方公干，设法密访乡村军民夷人，务得伦所犯及原保勘官，陷害实情，奏来区处……朕以尔二人廉能，故密命尔，尔须体朕至意，存心正大，毋有偏徇，以妨朝廷公道。"同年十一月二十四日，才确认所诉高伦之罪是成立的，于是同年闰十一月依法被判处斩刑①。从这个案件中可以看出，由于审理权收归国家管辖，所以整个审理过程都发生了变化，从实体法到程序法上都使用了汉法。此外，在明孝宗弘治二年（1489 年）有："云南向化蛮夷，有名无姓，及同名者甚多，每遇所司追捕盗贼，或提罪犯，及土官争袭官职，类多奸弊，拟将各夷赐姓，以凭稽考，不愿者听。"② 可以看出明代在云南地区已经大量把各民族间的刑事犯罪纳入了国家的管辖之中，促使南方民族法律从司法实践中大量移植汉法。

第二节　元明清时期南方民族内部
刑事方面的法律变迁

元代以后南方民族刑事法律的变迁不仅有外部途径，内部也开始出现了

① 参见《明英宗实录》卷 80《土官底簿》卷上《鹤庆府》。
② 《明孝宗实录》卷 31。

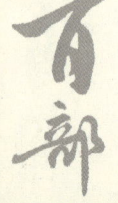

新变化，主要表现在南方各民族制定的规约中。从大量规约中可以发现，南方民族这个时期法律在内部变化上主要有两个方面：首先是各民族规约中新罪名的出现；其次是刑事处罚立法上发生了新变化。但是由于刑事方面的管辖很多时候只能到达国家权力所能达到的地区，且各民族地区在内部处理本民族出现的各种犯罪行为时，国家在未涉及社会安定时也不愿过多地干预，所以这方面的法律变化在元明清时期内部没有外部那么明显，主要特点是在刑事法律方面汉法强有力地冲击了南方各民族固有的相关法律。

一、各民族规约中新罪的出现

在南方民族没有接受汉文化影响时，很多民族没有"孝"观与"风水"观，这可以从《过山榜》中看出。"准令王瑶子孙永代所入各省布政府县见官，不准王瑶下跪。父母病逝，丁休三年，不当杀牲告判。"① 这里应是父母病逝不戴三年孝，杀牲不祭，而父母死后守孝三年，杀牲告祭是汉族的文化内核之一。在湖南江华县有"杀牛不告判，母死不顶忧"的习惯，这里的"不顶忧"当即"不丁忧"②。由于没有孝的观念，就没有不孝之罪，而在汉法中"不孝罪"是十恶重罪之一，"刑律三千，不孝为大"。不孝行为被列为十恶重罪之首。道光十八年（1838 年）广西龙胜县《潘内寨乡约碑》中有"不得忤逆不孝，冒犯尊长者，送上究治"，这里对不孝行为不再由地方处罚，而是要送官府。因为在序言中有"大则送官究治，小则贼游团公罚"③，说明不孝行为在当地瑶族中也被认为是重罪。在同一县泗水乡光绪元年（1875 年）立的《永远禁止碑》上有"忤逆不孝，违悖父母者，鸣族送官，照律究办，决不宽恕"④。这里说得更为清楚。光绪十三年（1887 年）广西龙胜县和平乡金坑大寨有"议顺逆母，忤逆不孝，地方以不孝之罪治究"⑤。从上面可以看出，到清朝中后期，龙胜地区的瑶族在规约中大量出现不孝罪，并多以

---

① 《粤江流域人民史》，上海书店影印本，第 326 页。
② 《瑶族〈过山榜〉选编》，湖南人民出版社 1984 年版，第 7 页。
③ 《瑶族石刻录》，第 69 页。
④ 同上书，第 102 页。
⑤ 同上书，第 124 页。

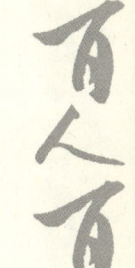

送官府处理为原则。这说明这种罪名在当地已被承认，且纳入重罪之中。

在侗族六面阴规中有破坏风水龙脉重罪。这在没有风水观时是不可能出现的。"砍鹅的脖子，穿龙的肚子（意为毁坏地气龙脉）。骑坟重葬，挖坟掘墓。弃遗骸，扔干骨。开棺看尸，揭板看骨"这些行为，被认为是"他罪大惊天，他恶深如海。这面罪厚，这条罪重。这面罪大到十，这条罪重到百"，所以对犯罪者是要"咱们拿红衣给他穿，拿短衣让他套……叫他三父子共一个老鼠洞，叫他五父子共一个下水口"①，这就是要活埋和沉塘。从中可以看出这一行为的严重性。道光十八年（1838年）在坡川乡毛南族中也有"禁上林连坡一带，不许挖土打石，损伤龙脉。犯者，亦罚安龙如数"。根据前面"犯者罚三十六牲安龙"，这里应是罚三十六牲，就是罚三十六只各种家畜，这是一个相当大的数额。光绪时立的《协众约款严禁正俗维护风水碑》中有"不得到龙脉地开荒损坏风水，违者罚鸡、鸭、猪等祭品，为全村安龙谢土"②。从这两则碑文来看，毛南族在清朝中期开始出现了风水思想，在法律上开始对龙脉、坟墓等地进行保护。在羌族社会中也有此类行为出现，光绪二十二年（1896年）七月初七日合心坝人户立的《永定章程碑文》第一款是："村中有等不孝之徒，不思父母养，反与父母抗敌，倘有此等定要投鸣村中知竟照男丁童等五□□众罚钱，□文存公，若不依章程，集众绳缚送官惩。"③ 可见羌族社会中不孝行为也成为一种严重的犯罪。这在南方民族各种各样的规约中并不少见，说明这方面开始受到汉法的影响。

此外，在乡约中还对一些过去采用的合法行为如自杀报复，进行禁止。在瑶族中有"凡有大小事，非情理说，当面论清，不得横行。吞烟悬梁诬提。那人不遵者，鸣众阻挡，公罚不容"④。这是清代同治二年（1863年）广西兴安、龙胜两县的瑶族共同制定的规约，其范围很广。这款规约的目的是禁止由于各种纠纷而出现自杀复仇的犯罪行为。"如有盗家父母吞烟、割颈、自

---

① 《侗款研究》，中国社会科学出版社1994年版，第70页。
② 《坡川乡协众约款严禁正俗护持风水碑》、《协众约款严禁正俗维护风水碑》，《广西仫佬族毛南族社会历史调查》，第93页、16页。
③ 俞荣根主编：《羌族习惯法·附6·碑文和契约》，重庆出版社2000年版，第620页。
④ 《瑶族石刻录》，第91页。

缢、自伤夺（毒）害，地方人不准。如在此者，众等将赃逐官究治。出罪无（入）罪，依律例办。"这里禁止有偷盗者家庭成员通过自杀方式来抵消应受到处罚或以此证明自己清白的行为。"禁不许娶讨妻媳贪奸心反不合，深更逃走出外，吞烟自缢、自伤、毒害，地方人不准"①。这是对出现婚姻纠纷时采用自杀方式报复对方行为的禁止。

从上面这些分析可以看出，南方民族群体这个时期在内部立法中往往出现把汉法价值和法律内容移植到本民族中，这样加快了各民族法律的发展。

二、刑事处罚立法上的变化

元朝以前南方各民族中对刑事处罚处以死刑的较多，此外罚金也较重。自元朝起，在与汉族相往来后，发生了很大的变化。这表现在：

（一）各民族规约中出现用罚金代替死刑

这在侗族中就非常明显。康熙十一年（1672年）《高增款碑》对偷牛马、挖墙拱壁、偷禾谷、偷鱼者，也只是罚钱二千文整。光绪元年（1875年）三江县马胖乡的苗侗族条规中规定：半路强劫，罚钱六十四千文；偷牛盗马，三十二千文；挖墙破壁，三十二千文；拐带人口，三十二千文；借势吓索、偷盗鱼塘、横行油火、私编账目，都罚八千八百文。这几类行为都是重罪，按侗族《约法款》中这些属于《六面阴规》，处罚上多处以死刑（活埋、沉塘等）和驱逐。在《六面阴规》二层二部、三层三部上就有"如若哪家孩子，胆大如葫芦，气大如雷吼，恶如虎，狡如龙，能拱天上粮仓，能挖地下金银，掘田埂，掀鱼窝，控墙拱壁"，犯这些罪的不仅本人要被处死，还要"抄家抄仓，翻屋倒晾……赶他的父亲到三天路程以远，撵他的儿子到四天路程以外"，也就是说他的家属要被赶出村寨。"如若哪家孩子，胆大如虎，气大如雷，狼心狗肺，拦路抢劫，夺人金银，林中捆人，路上杀人……让他木板一捆，让他石头一堆。要他的灵魂到阴间，要他的身躯钻土堆。"② 这是处以活埋之刑。从上面的比较可以看出，侗族在立规约时以重罚金和废除死刑

---

① 《瑶族石刻录》，第123页。
② 参见《侗款研究》，第70—71页。

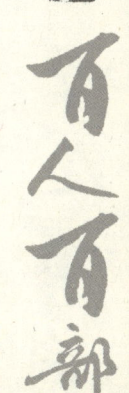

为主的处罚代替固有的处罚。不仅侗族，其他民族也一样。广西龙胜苗瑶理苗分府在道光三年（1823年）的禁约碑中有"偷鸡鸭鹅犬，拿获者，本村里处罚，惯盗送官"①。对惯盗，在苗瑶各民族固有法律上一般是处以死刑。在茶山瑶中就有一案，"距今（1956年）一百多年前，金秀苏公别，其妻巴瑞和两个儿子惯偷东西。后因窃盗苏道例在老山的香草，被物主查实，报告石牌。石牌便把他全家四口一齐绑到定浦河下杀掉，家产充公"②。两相比较可以发现，在立法中几乎没有对偷盗行为处以死刑的规定。这说明在社会发展中各民族开始接受汉法的一些处罚方式。在贵州苗族反排地方，乾隆中期组织议榔对偷盗等行为多以罚金为处罚方式，其中最重的偷牛和挖墙破壁分别罚三十三两和三十二两，这些行为在苗族习惯法中往往处以死刑③。如在调查中说70年前（清朝光绪年间）反排有唐老由因常偷本村人的粮食和土布，经反排"六方"张牛耶老、张老单、杨牛羊、杨丢羊四人组织审判后将唐老由用火烧死④。苗族的议榔词中有："议榔不准开人家，不准开人家的谷仓，不准开人家的门，也不准挖人的墙脚。谁要存心阴险，存意阴谋，漏人家田地的水口，开人家的谷仓，撬人家门户，挖人家墙脚，这事可大，罪恶不小，我们罚他二十四两银。"如果累犯，即"他手硬如石，脚硬如岩"，就得"加倍处罚，罚他四十八两银子"。只有对那些无视榔规的，才"整他像滤灰，捶他像舂药。抛在桥尾鱼滩里，投在桥头龙滩中"⑤，也就是处以死刑。上面所列的偷盗行为都是非常严重的。从这些可以看出在南方各民族中常出现在公开制定规约时处罚都减轻的情况，因为在各种规碑中很少能看到处以沉塘、活埋、火烧等死刑。当然，在现实中由于这些行为被处以死刑的也不少。这存在立法表述与实践差异的问题。但它反映出各民族群体在立法时有要求把这些犯罪行为处罚降低的趋势，同时也因这些公开的立法会受到地方官员审查，所以有把所立之法与国家法看齐才会被官方认可的因素。

---

① 《瑶族石刻录》，第62页。
② 《广西瑶族社会历史调查》（第一册），第75页。
③ 《苗族社会历史调查》（一），第166页。
④ 同上书，第394页。
⑤ 贵州《民间文学资料》（第14集），第157页。

（二）各民族规约中明文规定重罪由国家管辖

这就是各民族开始在规约中承认国家刑事管辖权，这样大大加快了各民族法律与汉法的趋同。从瑶族《过山榜》中可以看出，对于瑶族与汉族结婚，过去按本民族固有法来处罚，"准令王瑶子孙之女；不许嫁与百姓为婚。（违）者罚蚊子酢三瓮，开铅（元）铜钱三百贯，无节（竹）三百根，糠立（粒）金绳三百丈，鸡（屎）三斗"①。这些处罚物中有些是根本不可能实现的，现实中往往折成银来罚，总之，这个数字很大。但另一个明显的例子是明代才出现的《过山榜》文中就有"准令十二姓子孙自行嫁娶，不许与族内配婚成亲，倘若不遵，禀官依律施行"②。这里不仅说瑶族十二姓族内不能成亲，只能在十二姓间嫁娶，用汉法来说是"同姓不婚"，只能在不同姓之间成婚，同时对违法者不再由本民族自己处罚，而是送官依法究治。这样在这方面就把汉法当成准据法。此外，在同一榜文中还说到若地方官不遵守瑶族不上赋税的法律时，不是由瑶族处罚，而是要送官府处罚。"干免朝廷府县粮税，倘有军民，乡村里老，百姓头目，三千户，如有不遵律令之人，乱入科派夫役，强取物件，收税纳租，敕令瑶老瑶目……将强歹之人捆锁搏，扭解官究治，依律刑罚"③。这里明确规定此类犯罪行为须送交官府管辖。在瑶族中还有"索诈油火，私造田（契）约，越界霸占，借端生事之徒，地方出力，捆绑送官究治"④。这里就将诈骗犯罪行为让官府管辖。

广西河池地区罗城县有康熙五十八年（1719年）立的小长安《何家众立禁碑》，碑中有"自今以后，有犯者鸣众公罚，照物追偿，一则赔十，外行说从。倘或强硬不遵，会众宣官究治"⑤。这是较早在民间立法上对犯偷盗罪严重者送官究治的规约。在黎平县新堂寨于光绪十八年（1892年）立的《永世芳规碑》中有"半途盗窃，要齐团送官治罪；财博烂棍，罚钱十二千文，违

---

① 《瑶族〈过山榜〉选编》，第15页。
② 《粤江流域人民史》，上海书店影印本，第326页。
③ 同上书，第331页。
④ 《瑶族石刻录》，云南民族出版社1993年版，第125页。
⑤ 《广西少数民族地区碑文、契约资料集》，第242页。

者送官治罪"①，明确规定重罪送官管辖。这些加快了国家对民族地区的司法管辖。

在苗族议榔中有对藏盗、窝匪者的处罚办法："罪大恶极的，我们就杀他的身，要他的命；罪恶较小的，我们就送他进衙门，关他在牢里。"② 这是对重罪处以死刑，相对轻的送官府管辖。按整个南方民族的法律特点来说有点不太合理，因为一般是重罪者送官，轻者由自己内部处罚。但它反映出国家法在这些民族群体中得到了承认，成为他们处理这些犯罪行为的途径。

在司法实践中，自元朝以后，南方民族就有自己把刑事犯罪行为提交国家管辖的现象。这种由各民族群体内部承认外来法律的方式，加快了南方各民族在法律上移植汉法的进程。

---

① 吴江编录：《侗族部分地区碑文选辑》，第9页。
② 同上。

第九章　元明清时期南方民族民事法律的变迁

　　元朝以后，随着汉族移民的大量移入及国家对南方民族地区控制的加强，各民族群体社会生活发生了重大的变化。在民事生活方面的变化最为深刻，表现在南方民族地区民事法律方面变化特别大。一般来说，民事法律规范往往是一个民族群体中最有本质特征的内容。当民事法律规范发生变化时，一般将导致一个民族群体的生存范式发生结构性的变化，也就是说会导致一个民族出现新的文化特质。

　　由于中国古代社会的特殊性，在民事法律规范上也表现出了特殊性。这里对元明清时期南方民族地区的民事法律规范的分析，主要集中在这个时期内所发生的变化方面，而不是对南方民族地区的民事法律规范的事实进行描述，所以分析中所采用的方法与一般民事法律史的研究不完全一致。这是由研究对象与目的所决定的。

第一节　元明清时期南方民族以物权
为中心的法律变化

一、各种物权的出现

　　元代以前南方很多民族群体物权并不发达，财产多是社群公有，很多财产为某一特定的村寨所共有，财产私有的观念不发达。此外，由于很多民族群体的生活以农牧为主，所以财产中虽有所有制，但没有用很强的法律来调整。同时，在南方民族中，由于在一些有制度分化的民族群体中，财产往往由奴隶主所有，很多财产所有制表现出交易上的复杂性。自元代以来由于大量汉族进入南方民族地区，各民族社会开始发生变化，在物权方面出现了以

所有权、典权、佃权三大权利为核心的物权体系。这当中所有权最初表现在各民族群体与汉族移民之间，在此之下，出现了典权、佃权。清嘉庆二十三年（1818 年）凉山昭觉县有《昭觉开山碑》，此碑记载的事实可以说反映出南方很多民族及地区的物权发展史。

> 尝闻，碑以志铭示不朽。粤籍我滇南众姓等移居此土，计□百三十八股分，某股捐银三十两。令虽身居夷地，勿得视为私入夷巢。自嘉庆二年，有河东土司安世裔，因交脚、三湾、四块一带地方，荒坝未开，情愿立契，招我滇省开垦，每斗子种纳租三斗。我等上庄阴阳二宅，恁随迁莹建造，不得取价。当日土司百户花正昌等，得受佃银四千一百四十一两。我首人张照福、刁正明、陈国栋等自揣：若不禀请县主，虽有招契，未免私入夷巢，致干未便。复我首人等，同土司于嘉庆二年禀请县主邓，给开垦证一纸。日后成熟，例应升科纳粮，用去银八百两。因此于三年，该众等奉照各备工资，同土司至此开垦。不料，一则系阿什支夷贡马之地，一则系八昕莽粮之地，二支黑夷从中阻当，不容开垦。我等无奈，每个荒坝共捐银两、细缎、盐、布、酒等。顷又二支黑夷佃租开改，立有文约，阿什支夷得受银共合乙千三百乙十两零九钱，八昕支夷得受银六百七十三两五钱。所有租谷，二支黑夷各收，土司并未收升合……①

从这里可以看出，由于汉族移民的到来，不仅出现了佃权，同时也凸显了所有权，因为这些民族集体与汉族立契约时，在实质上重新认可了他们的所有权，同时在这当中佃权开始出现。在物权显现的同时，各种契约随之产生，最初是佃权契约。在现实交往中，又产生了买卖契约、出典契约、借贷契约等。嘉庆十九年（1814 年）四川总督常明在奏折中说，四川宁远府一带"初时汉界夷疆本有定址，自百数十年来夷地招佃汉民开垦，遂致汉夷杂处，疆界混淆"，并且这些汉民到夷地开垦后出现"住耕夷地之汉民，原佃既有荒

---

① 《四川彝族历史调查资料、档案资料选编》，第115 页。

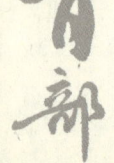

地、熟地之别，开垦成熟后，又有辗转顶佃，或当，或卖之不同"①，先是招佃，而后显现所有权与佃权，之后又出现了典卖、转佃、买卖等形式。这是南方民族民事法律产生、变迁的历程。很多民族群体都是先与汉族产生各种交易契约关系，这当中导致了各种物权的产生，这些民事关系开始逐渐在本民族群体中出现。台湾就是一个例子。乾隆十年（1745年）福建布政使高山在《陈台湾事宜疏》中有"查台属四邑民、番杂处，而番黎又有生、熟之不同。熟番与汉民交接往来，不谙耕种，每赁民作佃，仆租开垦"②。这说明高山族最先是与汉族立租佃契约，产生佃权。

元代以后，南方民族地区物权中最基本的有三大类：所有权、佃权、典权。这三类物权都是以田地产权为中心而产生和转移的。国家对南方民族物权的调整基本的就是这三类权利。在这三类物权中，典权和佃权在南方民族地区是最活跃的。由于佃权、典权的出现，导致南方民族地区所有权在个体家庭中出现。在与汉民交往中甚至出现了地役权，嘉庆十三年（1808年）、道光十八年（1838年）台湾地区有两份汉族与高山族的《合约字》，所约定的就是地役权。兹录一合约为证：

> 同立合约字噶玛兰东势歪仔社番土目立眉卯乃、踏玛兰，通事武列大理掘，同众番等，令因东势汉人粮坤主长庆源开筑水圳，欲由番地经过，爰是前来酌议，愿贴本社番圳底银三百三十大元正。众番俱已甘愿，随即踏明圳路，付圳主开筑。其银同中两相交收足讫；其水圳不论广狭，开筑足用，就在本社番旧圳透来相通，新凿水圳接引下流，灌溉田亩。凡在本社之田，此圳所能灌及者，亦一体灌溉足用，无纳水租，众番亦不敢拦截流余汗下之处。或遇天旱之时水细，本社足用，方许下流，亦不得恃强欺弱。此系二比甘愿，均无反悔，今欲有凭，同立合约字二纸，各执一纸，永远为照。
>
> 即日同中收过约字内银三百三十大元正完足，再照。

① 同治《会理州志》卷9《户口·题四川迷易等处改土归流疏》，《中国地方志集成·四川府县志辑》，第70册，第225－226页。
② 《清奏疏选汇》，台湾文献史料丛刊第四辑，第39页。

嘉庆十七年正月　日

同立合约字：土目　眉卯乃　踏玛兰①

这是一个让水沟通过番社田地的地役合同。这里对双方的权利、义务都有相当明确的约定，是个典型的民事合同。其中主要设定的是汉族有开水沟通过番地的权利，这是典型的地役权。由于汉族与本地民族各种经济上的往来，导致了不同物权的出现。这是最有表现性的例子。

元代由于有国不长，且当时移居南方民族地区的汉族不多，不构成对南方民族社会生活的基本冲突，国家对此也没有什么规范。这个时期南方民族地区虽然出现了以田地产权为中心的物权流转现象，但没有什么特别的法律规范。云南昆明地区有元代《盘龙庵诸人舍施常住记》，其中有："至正二十年十二月，用价真贝八三千五百索，买到禾地一双；至正二十九年，用价真贝八一千六百索，买到菱地一双一角，内大众田三角；至正二十年十月，用价真贝八二千卉，买到水田二角，每年税谷二斗五升纳仓……至正二十七年六月，用价真贝八六百五十卉，买到种子地一已。"② 这说明元代在南方民族地区各政治中心区开始出现了田产、地产所有权的交易。由于田产所有者——寺庵不可能亲自去耕种这些田地，所以出现了相关的租佃关系，于是就产生了佃权，且昆明地区在元代以前主要居民是各少数民族，所以这些田地多从各民族手中购买。元代在南方民族地区还建立了很多学校，这些学校拥有自己的田产、地产，同样导致佃权、所有权等物权的出现。元代这种物权的变化更多地出现在南方民族地区各个政治中心区，一般在各民族群体主要聚居的地区，对其社会中物权的变化产生了很明显的影响。

明代由于大量移民进入南方民族地区，各民族间相互交往增多，所以在物权方面各民族的变化更多一些。但由于明代在向南方民族地区移民时采用的是屯田，特别是军屯，这种方式其实是国家在南方民族地区中划出一些战略要地，将这些土地收归国家所有，来屯田的人往往不与当地民族发生太多的关系，对南方民族地区影响也就不是很深。此外一般移民也多是在军屯附

---

① 《台湾私法物权篇》（下册），台湾文献史料丛刊第九辑，第1142页。

② 《新纂云南通志》卷94《金石考14·盘龙庵诸人舍施常住记》。

近屯垦。所以以土地为中心的物权交易主要发生在汉族移民中间，在南方民族地区各民族与汉族移民在以田产为中心的物权上没有让国家进行干预的必要。当然在两湖、两广地区，汉族与各民族居住相互交错地带，以田产为中心的物权问题很明显，在法律上表现出国家开始关注物权对此地区各民族安定的影响，这从残存于瑶族的《过山榜》及相关石刻中可以发现。如瑶族与汉族不准相互典卖田产、地产，瑶族间相互买卖田产、地产不必上税、立契等法律。

清代，由于南方民族地区移民主要在民间自发进行，且移民到达的地区往往是各民族聚居的核心地区，移民只好通过租佃、典买等方式从各民族中获得土地使用权，这样导致清代南方民族地区物权上发生了质的变化，也就是说南方民族地区出现了三类物权：所有权、典权、佃权。与此相关的契约也发达起来，于是南方民族的民事法律开始产生了质的改变，国家对此也进行了积极的立法干预。

由于上述原因，元明清时期南方民族在物权法律制度上的变迁更多地表现出与这个时期南方民族地区社会变迁的不同特点。为了讨论方便，这一节以物权为中心对相关法律进行分析，把各种物权交易另分成契约法来分析。

二、元明清时期国家对南方民族以物权为中心的民事法律的特别规定

元代云南纳入中央统治后，地方交易主要不是用金属货币，而是采用贝币。云南成为一个行省后，对此现实，云南行省第一任行政长官赛典赤采取务实态度，奏请中央允许云南继续使用贝币。"云南民间以贝代钱，是时初行钞法，民不便之，赛典赤为闻于朝，许仍其俗"，最后中央同意此提议。这样成为元代对南方民族的民事立法中的特别法律，为此中央还制定了相关的法律，保证云南贝币的合理运行。首先，国家在赋税征收上在云南地区可以用贝币来交纳，"定云南税赋用金为则，以贝子折纳，每金一钱直贝子二十索"。[①] 其次，反对民间走私贝币入云南，防止造成云南地区货币贬值。至元十三年（1276 年）就出现过争论，因为当时云南行省有一名官员怯来上奏中

---

① 《元史》卷 12《本纪 12·世祖本纪九》。

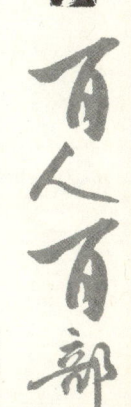

央提出禁止民间私运贝币入云南，而由国家从江南地区运贝币到云南兑换当地的金子或马匹。但后来地方官员又上奏说，大量的贝币输入将导致云南物价上涨。这两种不同的看法导致中央要求重新审查对云南贝币的政策。最后是"如今众人商量了说将来：将入来呵，不中。是甚么贵了，百姓每也生受有。百姓每将入来的，官司将入来的，禁断了，都不合教将入来"①。也就是说不管官方还是民间，都反对把其他地区的贝币输入云南，最后中央同意了此提议。《元史·刑法志》中有"诸云南行使贝法，官司商贾辄以他贝入境者，禁之"②。这里与《通制条格》中的规定是一致的。后来把走私贝币入云南类同于伪造钞币罪。在《元典章》上有"禁贩私贝"，大德五年（1301年）八月有"云南行使贝例同中原钞法，务依元数流转，平准物价，官民两便。近年为权势作弊，诸处偷贩私贝，已常禁治，其军民官府关防不严，或受贿脱放入界，以致私贝数广，官民受弊。仰顺元、大理、临安、曲靖、乌撒、罗罗斯诸处官司并各关津渡口把隘军民人员常切盘缉，禁治私贝，如有捉获，将犯人随即申解拘该上司依条断罪，私贝没官，告捉人依例给赏"③。在《元史》上就有"（大德九年）十一月丁未，以钞万锭给云南行省，命与贝参用，其贝非出本土者同伪钞论"④。这说明元代对走私贝币入云南是与伪造钞币同罪。此外，在元代，为官云南的一些官员还通过官方发给产权执照，确立云南各民族的各种所有权，其中最有名的有罗文节在大理洱海中给莳田产权证，确立所有权。"南诏海中积莳于淤，而浮游水上，夷僚耕稼之，号曰莳田。田如不系舟，西东无定，人交相为盗。君命纪字为号，疏其步亩及四畔所居上于官，官为给券，使有所凭，复植木于海岸，严其畛域，不相淆乱，或海潮漂荡，有借以为奸者，俾出券环证之，竞归其田，夷僚指示子孙曰：此罗椽所赐也，否则人盗之久矣。"⑤从此记载可知，其实是由官方给各民族莳田发放产权证。这样导致了新物权的出现。

---

① 《通制条格校注》卷18《关市·私》。

② 《元史》卷104《志第52·刑法志三·食货》。

③ 《元典章》卷20《户部之六·杂例·禁贩私贝》。

④ 《元史》卷21《本纪21·成宗本纪四》。

⑤ 《元故文林郎同知重庆路泸州事罗君墓志铭》，《宋文宪公全集》卷11。

明代对南方各民族财产所有权的保护就更进了一步，主要是禁止汉族典买南方民族的田产、地产，并且规定各民族间相互交易不必上税，而汉族，田产、房产交易要上税。在湖南永州有"明洪武年间粤匪扰害，招安各瑶把守粤隘，瑶田瑶粮免丈量，概免杂差，所有瑶买瑶田，历来未投税过割"① 的记载，这与《过山榜》上的记载是相同的。此外，据《免差碑》记载，此事始于洪武二年（1369 年），因为碑文中有"于明洪武二年退付我祖一十三姓、曰唐、曰石、曰张、曰何、曰蒋、曰莫、曰宋、曰首、曰周、曰翟、曰陈、曰黄各等开基，继续居垦，始号扶灵，分设五户，同乐斯土"②。这说明，明朝刚建立时就对南方民族物权中的田地所有权进行保护和特别立法。在云南大理地区有一通产权证碑：

> 云南分守金沧道参政王，为禁谕事。照得悉檀寺原系丽江府用价银贰百伍拾两买到僧人洪时山场，经今一十四年，业已奏准建寺，并敕赐藏经矣。乃奸僧普种、普祥计串周严、石书等，生端谋骗。批行宾川州究明，仍断归悉檀。除批行外，合行出示禁谕。为此示仰本寺僧人遵守，仍照管业焚献。普种、普祥此番姑示宽政，宜痛自改悔，不得如前垂涎谋骗。如再生端，定行从重究治不贷。须至示者。
> 崇祯三年七月初二日示。③

通过此碑，确认了该寺的产权。对于汉族军民强占南方各民族田地的，一般被诉到官府后，国家主要是退还各民族应有的土地，保护他们的合法所有权。天顺二年（1458 年）十二月，云南南甸发生了一起田产所有权诉讼案件，当地土官宣抚司刀落盖奏诉南宁伯毛胜、腾冲千户所千户蔺愈强占招八地方村寨田亩，分作庄户，导致当地少数民族失去田地而离散。为此，户部要求"请令云南都、布、按三司同巡按监察御史诣彼从公体勘，所占地方田

---

① 《安瑶印照碑》，《瑶族石刻录》，第 46 页。
② 《瑶族石刻录》，第 51 页。
③ 《大理丛书·金石篇》（十），第 131 页。

寨照数退还，干碍毛胜、蔺愈，径奏拿问"。上报后，明英宗同意此拟①。从这里可以看出中央对各民族的财产所有权是进行保护的。

清代由于南方民族地区改土归流和汉族大量移居各民族聚居区，同时南方民族地区各民族已没有可退居的地方，因而使南方民族地区以土地为中心的各种物权成为南方民族社会中的一大问题，由此导致清代对南方民族产权保护法规的大量出现，这表现在对南方民族地区与汉族的物权交易上。清朝《六部处分则例》中有"土苗田产"一目，专门对南方各民族的田产进行保护。清代对南方民族物权保护上主要是限制汉族对南方民族以田产为中心的各种物权的侵蚀。因为在清代对以南方民族田产为中心的物权的侵蚀中常造成各民族失去土地后因没有生存资源而起事。同时南方民族地区各民族间的土地交易已经非常普遍。自乾隆末年以来，南方各民族起事的原因都与土地问题有关。大量汉族移民进入后，一些不法之人通过各种方式掠取南方各民族的土地。这在吴大勋《滇南纪闻录·人部·汉奸》中有详细的记载："夷人最贪酒肉，昧于计算。江、楚奸民，平日以尺布寸丝，零星什物，频赊予之，遂置酒肉延之饮啖，乘其醉后欢呼，出账指算，一任愚弄，茫然不知；甚至串一黠夷写成田契，哄其指印，遂以田亩准折。夷人以平日之赊欠，临时之酒肉，尚感激信服而不知悔。更有一种桀黠之徒，佃种夷地，预惟零星钱米假贷于夷，届收租之时，以酒肉啖之，计算旧账，一二准作十百，除租之外，反应欠找。积之数年，重利叠算，此田遂为佃有矣！"② 这里刻画出很多汉族移民对南方各民族土地的蚕食。这样造成南方民族的土地很快被汉族移民占有。各民族群体失去了生活的必要资源后，往往出现各种掠人勒索的犯罪行为，严重时起事，最有力的例子就是乾隆末年湘黔苗族大起事和道光时云南永北地区的彝族起事，两次起事都是以夺回被掠去的土地为号召。其中道光时就有："云南永北厅土司属野夷，因该土司土目，将土地典卖与汉民耕种，生计艰难，各怀怨恨，首逆唐老大即唐贵，纠同逆目陈添培等，以驱逐汉民

---

① 《明英宗实录》卷298。
② （清）吴大勋著：《滇南纪闻录·人部·汉奸》。

为辞，煽惑夷众。"① 这里说到起义的原因，后来清政府对此地区进行了大规模的土地关系调整。

纵观清代对南方民族物权的保护主要有以下几个方面：

1. 禁止汉族移民典买各民族的田产

乾隆十一年（1746 年）禁止汉族购买移居地世居民族田产的法律在南方是通行的。湖南有《灌阳禁令碑》，此碑的内容是当时中央禁止汉族移民购买土苗的不动产。按《六部处分则例》，此法规最初是针对湖南苗疆各厅县的。"湖南永顺等处苗田仅许本处土苗互相买卖，自乾隆十一年定例以后，如有汉民希图粮轻，土苗贪得重价，私相买卖者，将不行查禁之州县官罚俸一年，府州罚俸六个月（俱公罪）。田亩勒令苗民赎回。其乾隆十一年以前汉民所买苗田免其查究。"② 在这个碑文中有："至民买瑶人田地，于乾隆十一年前，都堂准奏，瑶地只许本处土瑶互相买卖。其徒前居住年久，置产业，汉民仍听其相要外，以后汉民再买瑶田与土苗贪价卖给汉民，将民、瑶分别责惩，令苗瑶备价归赎。如有地方官不行查究，滥准买卖者，量减为罚俸一年，该管知府罚六个月。通行苗瑶疆各府厅州县，均照以例，一律办理在案。"这就说明此法规适用的对象是像苗疆地区一样的世居民族。此法规出台后，乾隆十二年（1747 年）要求居住在瑶、苗地区的汉族在一年内迁出，"定限一年内，尽令搬出，各归汉地"。对于典买到的土地，一律让苗瑶人等赎回。"所有买得苗瑶田地，无论统买活当，以及辗转易各胜业，概令瑶备价归赎。如原买（之）主人亡户后或贫难无力，尔听戚族里党，备价赎取。尚汉民除旧买田地外，新有田垦，则是手足胼胝，曾费工本，应令各苗瑶按田地多寡，酌量补给劳资，以偿辛工。"这里要求汉族向与苗瑶民购买的田产不管是绝卖还是典卖，都一律赎回，同时对汉族开垦的新田地，也由本地世居民族在补偿一定工本后收回，这样保证了各民族的物权。此外还要求汉族把祖先的坟茔迁出，贫困之家，可以不迁祖先坟墓，每年三次去扫墓，其目的是保证汉

① 《清宣宗实录》卷 18。
② 《钦定重修六部处分则例》卷 40《兵部·边防·土苗田产》，第 801 页。

族不以祖先坟茔在此地而再次迁回去①。

乾隆年间，爱必达所修《黔南识略·总叙》中有："奏请自此次编查之后，如再有勾引流民、擅入苗寨、续增户口、买当田土者，将流民递籍，并将勾引之客民立时驱逐出境，田产给还苗人，追价入官，仍照违制律治罪。"②这说明乾隆初年就在贵州禁止汉族不受限制地移入苗民区。这与上面所分析的湖南地区是一致的。嘉庆三年（1798年）有："贵州汉苗错处，自嘉庆三年清查田地以后，汉民不许典买苗田，苗人不得承卖汉地，如地方官不行查察，将该管之官罚俸一年。"这里禁止汉民与苗民相互典卖田产。道光七年（1827年）贵州巡抚嵩溥提出"禁续置苗产"③，也就是说禁止购买苗人田产。在湖南地区，道光十三年（1833年）江华县所刻关于瑶族的法律中有："查瑶人地亩山场，除从前售与民人者，其仍旧执业外，嗣业瑶人户业，只准瑶户互相买卖，不准与民人交产。"④道光十四年（1834年）云贵总督阮元在奏议流民佃种苗田章程中提出："外省流民佃苗田，应严明立禁；客户勾引流民续入苗寨，应严行究办；近苗客户，不得续行当买苗产。"⑤对此，道光帝要求南方地方大员严格执行。这些都是清代对南方民族地区通过禁止各民族与汉族移民间进行各种物权交易，来保护各民族的物权法律。

《六部处分则例》上还对广西专门规定："广西庆远等五府所属土目土民不准典买土官官庄田亩，有不遵者，将违禁典卖田地之土司降一级留任，田给原主，价追入官，该管知府失于查察，罚俸一年，若该上司有倚恃势力，抑勒土目土民承买情事，降一级调用，该管知府罚俸二年。"此外，还禁止壮族居住地区的生员强占壮族田地。"近僮居住生监，霸占僮地，州县官不行查出，罚俸一年，该教官知情不报者，革职，失察者降一级留任。"⑥

2. 南方各民族在田产交易时适用的特别法律

清代田产买卖不上税是违法的，且交易得不到国家法律的保护。"凡典买

---

① 《桂阳禁令碑》，《瑶族石刻录》，第17页。

② （清）爱必达修：《黔南识略》卷1《总叙》，第20页。

③ 《清宣宗实录》卷126。

④ 《治瑶胪列六条》，《瑶族石刻录》，第65页。

⑤ 《清宣宗实录》卷261。

⑥ 《钦定重修六部处分则例》卷40《兵部·边防·土苗田产》，第801页。

田宅，不税契者，笞五十，仍追，契内田宅价钱一半入官。不过割者，一至五亩笞四十，每五亩加一等，罪止杖一百，其不过割之田入官。"① 这是买卖不动产时应遵守的法律。但南方各族间田地产交易不受此法的约束。嘉庆十一年（1806 年）湖南永州府扶灵县县令要求瑶族交田产契税，此事引发瑶民张翼云上诉到湖南巡抚处，最后下令照旧例处理。这种旧例开始于明初洪武年间，具体是："嗣后瑶买瑶产，无论年月远近，优免投税。如瑶买民业，照例投税，以安瑶民，而示区别，须至照者遵。"② 这里承继了明代以来瑶族在本民族内部田产交易不上税的法律传统，同时还对瑶、汉民间的买卖进行了新规定，瑶族买汉族田产应按汉族一样适用相关法律。这个法令刻在石碑上，到咸丰年间衙署发生火灾，案卷被烧。同治十一年（1872 年）永明县扶灵瑶石成玉、清溪瑶田浚、古调瑶蒋国琳、勾兰瑶田嘉谷等瑶民提出要把此法律重新立碑，于是重新把相关法律刻立于上述瑶民区。在永明县清溪、古调、扶灵、勾兰等地都分别立有碑，当时的县令在碑中重申了先前的法规："嗣后尔等瑶买瑶田，仍循旧章，免其投税过割；各瑶买民业，应即遵例投税过粮，不得隐匿，致于责罚，各宜凛须至照者。此照随瑶长收存。"③ 可以看出对瑶族间田产交易不收契税的法律在整个清代都是有效的。

3. 对汉族移民典买各民族土地实行特别赎回法

在清代对南方各民族与汉族典卖产生的物权关系上，所适用的法律与其他地区有所不同，表现为各民族可以把卖、典、租出的财产不受年限地赎回。在赎回时赎金上也有特别规定。这可以从道光十三年（1833 年）湖广总督、湖南巡抚颁布给湖南地区的法令中看出。其中有一个法规规定，对于瑶族与汉族的交易，不适用一般汉族地区的法律。"有顶契、当契及永批之契，并非售卖可比，均准瑶人取赎"，这三种形式其实是典卖、当押、绝卖，因为"永批之契"当是绝卖契约，"绝卖"都可以回赎则和一般民事物权交易不符。此外对不同年限的回赎可以适当减价，"若瑶人无力取赎，准其按年月之远近，

① 《大清律例》卷 10《户部二·田宅·典买田宅》。
② 《瑶族石刻录》，第 46 页。
③ 同上书，第 55 页。

分定取赎之章程。凡契在十五年以外者，酌令减原价三分之一；二十年以外者，准其半价取赎。若原主实在赤贫无力，又无田可种者，令典主佃种，酌分一半与原主佃种分租。俟其有力时，再照现定章程取赎。至此之后，如有不遵令仍交产者，应请广东善后章程，将田继续归原主，不准追价"。这个规定对湖南各民族收回自己的物权是非常有利的，甚至在贫困无田时可以把物权中的典权关系转换成佃权关系。此类法规在广东地区也适用，因为在后面有照《广东善后章程》规定之语。《广东善后章程》是指乾隆十六年（1751年）及乾隆十九年（1754年）分别由廉州知府周硕勋和两广总督班第提出的对瑶族所典卖田产的处理办法。其中知府周硕勋在《规划俍瑶土兵议》提出对俍民（壮族的旧称）、瑶民典卖给汉族的田产按照民典旗地例处理。"请嗣复俍田、瑶田，如俍、瑶内有贫乏不能守业者，准令本族承买，如本族无力，准令俍田仍归俍户，瑶田仍归瑶户，不许民间私相典买，其有典当在民者，照民典旗地例，如在十年以内者，俱照原价取赎；十年以外者，每十年以次递减；如十年以外减一分，二十年以外减二分，三十年以外减三分，四十年以外者减四分，至五十年外，则概行减半取赎。"这里提出照民典旗地例，是属十分特殊的法规。这说明在清代对以南方民族田产为中心的所有权保护上往往与对旗人的待遇上是一致的。班第在《清理俍瑶军田折》中对具体回赎的规定与前一折是一样的，但有几点作了进一步规定。如"康熙、雍正年间，则每亩价不过数钱两许，皆系土人明知此田不许转售，欺其违例私典，轻价兼并"，说明康熙以来这些地区土地发生了很大变化，并且禁止汉族与世居民进行田产交易。最后他提出："自本年为始，如有民人向俍、瑶私典授受，照盗卖盗买官田例治罪；倘俍、瑶内贫乏不能守业者，田归本族，及本地俍、瑶，照例取赎，不能外售与民。"① 在同一法律中还有一条是针对汉族购买瑶族山场时，常在契约中作弊，写明到砍树时大树与小树都属购买者，造成大树砍后，小树还属于买者，到小树长成大树，砍后又有新的小树，在事实上把瑶族的山场永远占有，成为绝买山场的欺诈现象，规定："应令地方官出示晓谕，嗣后百姓承买瑶山树木，至远近之期，以二十五年为限，只准砍伐一

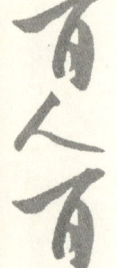

---

① 以上参见《规划俍瑶土兵议》、《清理俍瑶军田折》，道光《廉州府志》卷23。

次，即将契据涂销，山场付还原主，以免瑶累。"①

乾隆三十六年（1771 年）云贵总督德福提出把永昌、腾越士民典买潞江土司田地按照关外干崖、盏达、南甸、陇川、猛卯、遮放、芒市七处内地百姓典买摆夷田产例，要求永昌府将士民典折土夷田地逐一报来，"按照租息原价，酌定八年、十年为断。如收租已敷原本者，即将原业退还夷人。其年限未满，租息未足偿价，届期以次退归"。并禁止典押夷地，对不遵守法律的田价入官，承典者与出典之夷人都要受到法律处罚。当时乾隆批示："所奏甚是，如所议行。"说明这一地区早在乾隆三十六年以前就对土地所有权进行了调整②。道光十年（1830 年）永昌府腾越厅出现了一个土司与汉民的田土纠纷案件，具体是盏西、南甸出现土司将田土私授典卖与汉民，汉民开荒为隐粮税而向土司纳租规避法律的事件。这当中典卖者有契约，佃种者没有契约。因为自从乾隆三十五年（1770 年）把土司典卖田地概行还给土司后，就没有汉族敢再典买土司及傣族的田产。但在南甸地区，嘉庆时仍有南甸土司刀维周把蛮仑寨脚一处田产典卖给监生戈从周的父亲，立有契约，但不载具体亩数；另有生员萧振的祖父佃种南甸蛮仑、蛮布两处田地，且没有立契。到道光十年（1830 年）南甸土目掌猛秤弄等招干崖、盏达地区的无业傣民在两姓耕种地立寨，于是引起纠纷。土目等人以汉民典买土司田产属于违法为由，要求收回田产；戈、萧两姓以种田已久，若被夺走，没有生路为由不愿交还，双方争执不下。周澍说："卑职查汉民典买土司田亩本属违例，原应照例断还。"他认为这里是边地，与其他地区有所不同，"如永北汉民典买土司田亩即经奏明令土司备价取赎"，"今令萧姓人等写立租帖交与土司收执，土司仍给执照，以昭信守。永不准起佃、短租"。对戈姓典买的田地，"惟有将戈姓得典蛮仑寨脚田亩准土司照赎回"。最先双方都不同意，周澍提出汉民典买土司田土是违法的，若不依，将按例究治。最后双方都接受，土司把赎回田产

---

① 以上参见《治瑶胪列六条》，《瑶族石刻录》，第 65－66 页。
② 《清高宗实录》卷 885。在乾隆三十五年（1770 年）正月丁未经略大学士傅恒提出提案，中央同意按该提案对滇西地区各民族田产进行了调整。"永昌、腾越人所典干崖、盏达、南甸、陇川、猛卯、遮放、芒市各土司地，应如所请，派道、府官同地方官严查。示知该民夷，立将典押田产开报毋隐，照本利多寡，收过年租若干，定限八年、九年以次退出。嗣后永禁，犯者地入官，承典人治罪，并禁内地人在夷地开铺及与摆夷结婚。"（卷 851）

出佃给戈姓耕种。上报后，云南巡抚同意该拟判①。从这个案例中可以看出清代关于南方民族地区物权中土地权的保护情况。

道光元年（1821 年）云南永北厅出现彝族起义，镇压后，清政府在此地区进行了土地权的调整。当时钦差大臣呢玛善等提出："余具暂令照原典买之地土耕种糊口，饬令土司等将历年典卖折准地土分晰清查，造册呈送到官，遴派公正明干之员，会同该厅按寨确勘，分别等差，责令依定初限、二限、三限，设法取赎，以便汉民陆续归籍，如过期不能取赎，则将原地断归汉民执业。"同年六月，道光帝谕军机大臣按呢玛善等所提出的章程办理，可是彝族还是有不能赎回土地的，"兹据御史张圣愉奏，原议固属持平，但汉民重利盘剥夷民，折准田地，夷民穷苦，设不能依限取赎，夷地竟成汉业，必又积怨成仇。请将不能依限取赎之田亩，或割半均分，或给还十分之三，仍严禁嗣后汉典夷地，如违加等治罪"②。最后中央政府达成了一个妥协办法，对到呢玛善所提出的限期还不能取赎的，根据不同情况处理。"系盘剥折准有据者，无论杜卖典押，核计汉民所出本息，将应得田土分予执业，余田给还土司与夷民耕种；系平价交易者，除杜卖无庸议外，典押之田令该管流土各官，公同勘估，核计汉民原典价银，将应得田土分予执业，余田给还土司与夷民耕种，固不可使汉民剥削夷民，亦不可使夷民以焚掠为得计，长其构乱之心……此后汉民典押夷地，必当严行查禁……永昌、开化、广南等处流民盘剥局赌情事，该督等务当督饬地方官实心查禁，次第清理。"③ 这一次清政府对云南永昌、开化、广南等处清查了土地权并进行调整。道光十八年（1838 年）道光帝有谕要求南方官员注意保护各民族的田产。"除客民、流民已经置买田产不计外，倘有狡黠客民等侵占苗人地土及擅买土司田产，即将田地断还本人管业，追价入官，仍照例治罪。至田土案件，如有汉人霸占苗业及夷苗诬控平民，务当公平听断，治以应得之罪。"④

上面的分析证明，清朝政府对南方民族由于各种原因出典、出卖田产的，

① 参见《清代武定彝族那氏土司档案史料校编》，中央民族学院出版社 1993 年版，第 26–30 页。
② 以上参见《清宣宗实录》卷 18、卷 19。
③ 《皇朝政典类纂》卷 5《田赋五·田制》，第 149 页。
④ 《清宣宗实录》卷 316。

都在法律上给予相当的保护，让他们能有必需的生活资源。同时这种法律在整个南方民族中都存在，而不是某一个地区或民族的特殊情况。

4. 国家给各民族产权执照

在道光十三年（1833 年）四川总督鄂山等人在筹议凉山地区善后章程十条中有一条是"断明产业"，其实就是由国家认可凉山地区各族百姓的财产所有权。"应准查明汉买夷业，确有契据，验定四至，照旧管理，如系典当及以债抵押，夷人力不能赎者，亦照数酌断地土，另立卖契，以杜葛藤。至佃种纳租仍听其便，倘有抗欠不交，即照数折算，退佃逐出。"① 从中可看出就是要对与田产相关的物权进行确认。通过此工作，国家其实给各族百姓相关的产权证，认可了各民族产权的合法性。光绪十八年（1892 年）在台湾就有抚垦总局给番民所开垦田的所有权执照。

> 总、会料崁抚垦总局谢萧，为给谕垦单事。照得据狮里兴社土目丝大尾禀称：土目自归化以来，即督率合社番众学习耕作，迄今历有数年，所开出麻竹脚成田一段，东至南庄大圳为界，西至小崁直透为界，南至阴沟为界，北至横路石岸为界；四至界址分明，与邻垦毫无牵涉。特恐人心难测，日久暗占明争，有越界址，恳乞给发垦单，以便执业，而杜侵占等情到本总局。据此，查该土目归化有年，能谙耕作，督率番丁开有成田，深堪嘉尚，既据声称四至界址并无与邻垦牵涉，应准给垦单，以凭执业，俟后丈量，应一律定则升科，除立案存档外，合行给谕。为此谕，仰该土目丝大尾即便收执管业。此谕。
>
> 右谕仰土目丝大尾准此。
>
> 光绪十八年十月十一日谕。
>
> 开字第五四号②

这是一个产权证。国家通过此承认了开垦者对该田的所有权。这是没有

---

① 《清宣宗实录》卷246。
② 《台湾私法物权编（上册）》，台湾文献史料丛刊第九辑，第191页。

升科税的田产执照，到一定时期后，要换成另一种有税粮的执照。光绪十六年（1890 年）九月十九日有一个这样的执照："禀请换给印谕收执等情到本总局。据此，查该垦首既开成田，应准将旧谕调销，换给印谕，合行谕饬。为此，谕仰该垦首即行收执，此谕。"从中可看出这里是把没有税额的产权执照转变成有税额的田产所有权执照①。

5. 禁止汉族随便移入各民族聚居区

这一法律对保护少数民族的财产是有利的，因为它可以阻止汉族移民自行迁入少数民族地区中，导致以土地为中心的生存资源的紧缺。当然，此法律也有不利于各民族交往的因素。湖南兴宁县在康熙六十一年（1722 年）有："嗣后不许百姓擅入瑶峒，占伐官山，如有违禁入瑶峒者，此照。百姓擅入苗地，例杖一百，徒三年；占伐官山及盗葬者，照强占官民山场律，拟流。"这有保护苗瑶等民族财产的功用。在同一碑文中前面就已说明原因：因为大量汉族进入该地区，出现了"近被邑民以及恶棍盘踞蚁瑶地方，非籍户族，绅衿则视友世宦，刁唆播客，或造大厦，或茔冢墓，或伐树以生木耳，或斩木以方（繁）香菌，或砍山造纸，陷绝水源，强占官山，客瑶无资生之策。侵奇瑶产，致瑶受啼饥之者（苦）"②。清代法律中有禁止汉族擅入苗地的禁令，在台湾地区也有禁止汉族擅入番地的禁令。这些法律的目的是保护南方各民族不受汉族对他们以田产为中心的物权的侵蚀。

三、元明清时期南方民族内部以物权为中心的法律变化

元代以后，由于南方各民族与汉族相互交往，出现了各种佃权、典权。这也影响到各民族内部各种物权的关系。在苗族理词中有"为不准谁翻悔买田卖地而议椰。谁都不要为翻悔买田卖地而闹事……回头翻悔买田卖地，回头翻悔买田卖塘"③。这说明田产、地产、水塘所有权的出现，同时也开始出现了这些产权的交易，在土司法规中开始对物权承认并加以保护。在广西

---

① 《台湾私法物权编（上册）》，台湾文献史料丛刊第九辑，第 190 页。
② 《颁示严禁文告》，《瑶族石刻录》，第 12 页、10 页。
③ 贵州《民族文学资料》（第 14 集），第 148 页。

《太平土州五哨新旧蠲免条例碑记》中乾隆四十九年（1784 年）有"绝户继承执照免"之说，这是当出现绝户时对继承者所承继财产的认可。"典当田随民自"，这是承认了民间典权、当权。在嘉庆六年（1801 年）有"绝户弟家兄往承叔田业，不许索取钱文"，这也是对产权的一种认可。嘉庆七年（1802 年）有"官族田地卖过百姓，不许退田"，这是保护了购买者的合法产权。嘉庆十二年（1807 年）安平土州有"案查五处各村民等置买田产、鱼塘、地基及与承继入赘等项，均经当堂纳谢，永为尔等世代子孙恒业，悉有原呈执照在案，一一注明，何得重行反覆"①。这说明通过到土官衙门上税后，可以得到财产所有权执照，进而得到土司对此类权利的保护。

在各民族约规中制定出对田产交易后合法权利保护的法律。《兴安县大寨等村禁约碑》中有"禁买卖田土，不许（翻）悔，一卖一了，父卖子休，出入价钱高低，不与买主相干，如有悔者，众等公罚"，"禁不许重叠抵当，偷买偷卖，如有此者，众等公罚"，"索诈油火，私造田约，越界霸占，借端生事之徒，地方出力捆绑送官究治"②。这些法规都是对相关物权的保护。在侗族的相关规约中也有规定，如"翻田串一切等事，罚钱十二千文"。这是对合法所有权交易给予法律保护。在黔西南的布依族中也同样有规约保护田产等不动产交易合法者的利益。如道光二十八年（1848 年）立的《册亨者冲总路口石碑》规约中有："如有土地凭证，凭中典当或卖，不可妄害生讼，枉害受罚。"③ 这是立约规定合法买卖的效力。在黎平侗族于道光二十五年（1845 年）立的《禁革碑记》中规定："田产经买主过价耕种及已将银杜过粮买，勿得滋事翻悔，违者公罚银五两。"④ 这是对正常田产买卖者的权益进行保护。

广西地区安平州就有土官发给土民通过不同方式获得的各种相关产权执照。

---

① 《广西少数民族地区石刻碑文集》，第 32 - 36 页。
② 同上书，第 126 页、128 页。
③ 《黔西南布依族清代乡规民约碑文选》，第 35 页。
④ 《侗族部分地区碑文选辑》，第 23 页。

1. 通过购买获得田产所有权的执照

安平州正堂李为给发执照，以垂永久事。

本年六月□日，据五处农村赵有成呈称，切民永买得李松太老膳田那密一召，民曾备办谢纳减作下城田一子，给照供役无异。兹蒙令民加纳上城免番，共纹银六两正，缴堂请给印照，父殁子承，兄终弟接等情。据此，除批准外合给执照，为此照给赵有成遵照事理。嗣后上番一切，概行准免。所有田业，永为尔世代子孙管耕。倘日后无人，田即归公。田名列后，须至执照者。

计开：

北城那密一子，递年纳普丝银三钱五正。其钱粮盐饷婚丧礼，仍类众办纳毋违。

右照给北城农村赵有成、男赵兴收执。

乾隆五十二年六月初九日州给。

这是一个田产所有权证，通过此证，土司认可了土民财产所有权的合法性。

2. 无子招婿而申请把产权转给女婿的所有权执照

协理安平州正堂李为给发执照，以垂永久事。本年七月二十三日，据五处农村农风称：因民毙命，男女无育，取族中堂叔有珍之女宜康，抚养长大，经有数载以来无异，讵料赵延玺、延锦、赵良通族等，呈控冒认亲枝等情。蒙令拘齐两造到案，当堂讯断，仍准民承饬，各出具遵依。今民随呈据恩将民婿复名承谢，所有产业家资什物一切，归伊管守，但未呈鸣，不敢擅便。伏叩台前，垂怜批准给民，当遵备办复名谢案印色共纹银九两正，纳堂请给印照，俾民婿赖永远管业。于后稽查有据，咸感洪恩于无既矣。等情据此，除批准外合给执照，为此照给农风并其婿遵照事理。嗣后所有城田瓦屋、家资什物，以及竹木、畬地一切，永为尔等世代子孙管业。今将田名开列于后，须至执照者。

计开：

北城那密一子，递年纳普丝银三钱五分正。瓦屋一座，竹木、畲地一切。

右照给五处农村农风其婿共收执。

嘉庆十五年七月廿四日州给，遵照。

3. 购房而申请所有权执照

具呈民梁慎系北化林更甲上利村往。为恳乞恩作主，俯赐朱批，准给复名谢案，赖存后稽查有据事。情因民于本民二月内，有本村故梁金禄子玉龙，永卖与民屋地一所，价铜钱一千文，今伊故绝。因民忖未经堂复名谢纳，恐后稽查无凭，兹民只得遵例备办印色铜钱一千文，纳堂请给朱批屋地一所，俾民永为世代子孙管业，赖后稽查有据，以免滋扰。万不得已，伏乞台前，垂怜府赐朱批准给，俾民赖后有据，则万分感激鸿仁于无涯矣。为此具呈，投赴州主太老爷台前，伏乞作主施行。

准为尔业可也。

道光二十九年八月二十九日呈。

4. 赎回田产所有权执照

世袭安平州正堂李为发给执照，以垂永远事。照得下利村民梁延惠恩请，愿备本银价一十九元，当堂赎取农乐丰之田，伏乞俯准。等还据此，即准如所请，合给执照。为此，照给梁延惠遵照。嗣后年中田例粮钱，照例缴纳，上番夫役，概行准免，如遇兵戈扰攘，仍类众前往，婚丧二礼，类众办纳毋违。今将田名列后，须至执照者。

计开：

城田一子，名唤那旁，共二片，每年纳田例钱一百七十五文。

右照给利村梁廷惠，准此。

光绪二年五月十三日①

从上面可以看出各种形式下的物权在南方民族中开始出现，这种不同产权执照的出现，说明物权在南方民族中得到认可。

第二节　元明清时期南方民族债的变迁

元代以后，南方民族由于与汉族的经济交往越来越多，于是各种形式的契约开始出现。这一节主要讨论的是南方民族在这个时期契约上的变化，而不是对南方民族这个时期债的范围进行全方位的讨论。因为在南方民族中，债的产生和现代社会一样有四大类：契约之债、侵权之债、无因管理、不当得利。后两种在现实生活中也存在，但主要是前二种。侵权之债可以说是最为广泛的，因为很多现代被当做犯罪行为的，在南方民族中都可能被当做侵权行为。如人命案可以通过赔偿命金来解决，这样就产生了债。其他各种伤害行为都可以成为债的来源，但这里不对这些类型的债进行讨论，所讨论的是契约之债，也就是各类契约。这个时期南方各民族的各种契约最能反映出南方民族社会对汉法的移植，也就是汉法在南方各民族社会中的作用。这个时期南方民族在契约上出现了大量用汉文立的契约。同时由于最初各种物权交易是在汉族移民与南方民族间进行，所以南方民族地区的契约表现繁多。由于相互间的不同文化背景，进行物权交易时最可靠的方式就是通过契约。

一、买卖契约

依据买卖契约标的不同可以分为田地买卖契约、竹木买卖契约、林地买卖契约、水塘买卖契约、水圳买卖契约、人口买卖契约、牲畜买卖契约、房屋买卖契约、地基买卖契约、坟茔地买卖契约等。从留存下来的契约文书看，这个时期南方民族买卖契约使用十分广泛，成为社会中不动产所有权交易上的主要手段。同时也说明这个时期南方各民族经济生活被纳入更为广阔的社

---

① 以上所引执照出自《广西少数民族地区碑文、契约资料集》中《南宁地区大新县》之《赵有成田产执照》、《农凤田产执照》、《民屋执照》、《梁廷惠赎田执照》，第10页、15页、21页、24页。

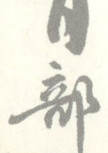

会中。不同地区的契约表现出不同的特征，如有些地区是与林业相关的契约、有些地区是与水田相关的契约、有些地区是与旱地相关的契约。

（一）田地买卖契约

这类契约自元代以来就广泛存在于南方各民族地区。如元代云南就有购买田地的记载，也就出现了相关契约。在《盘龙庵诸人舍施常住记》中有"一项中庆住人故大师善妻普贤贵阿满并男李善松等将李大师善生前买到……后伊婿赵寺等告争，有阿弥和劝本庵出备中统钞肆拾定（锭），连先买契据立契"，说明昆明地区土地买卖开始出现立契。在同碑中还有至正十五年（1355年）十二月初六日"晋宁州江头村寸白军户袁军主贤男袁宝等处"买到禾地的记载①，说明当时各民族间有不动产交易。这类契约的历史分布，反映出这个时期南方民族社会变化的特点，最先是那些与汉族居住地相邻的地区、坝区，慢慢的是山区、偏远地区。这方面的契约很多，不可能一一举例。兹抄几份以证明。

一份是清代宁远府冕宁县彝族买卖田产的契约，此契约虽然年代不算早，但在这个地区出现，却最能反映出当地社会在这时汉化程度之高。

> 立绝卖水田文约人丫卡、三呷同祖母嘶噜布。情因祖父亡故，缺少殡葬之资，无处调办，奶孙商议，情愿将祖遗水田约种九斗，大小二十一丘，坐落杀牛沟路上首，东至大石头及呷撒菔田埂交界，南西二至俱齐买主田交界，北至大沟，四至分明，并无包占旁人寸土在内。问过本家亲邻，无人承买。随带大粮一斗，自请凭中作证，踩踏分明，甘心绝卖与巫秀樟名下永远为业。比即三面议定，作卖价纹银四十两零五钱整，即日对众亲收入手，并未拖欠分厘，亦无货物折算。自绝卖之后，恁随买主子孙管业，再无反复异言。一卖永休，日后再无不（补）敷之说；斩断割绝，永远并无加找之论。一卖一买，实系二比甘心悦服，于中并无逼迫等情。倘日后有本支

---

① 方龄贵、王云选录，方龄贵考释：《大理五华楼新出元碑选录并考释》，云南大学出版社2000年版，第270-271页。

弟男子侄以及异姓人等前来妄生事端者，系有我奶孙三人一面承当，不甘（干）买主之事。今恐人以（心）不古，特立绝卖水田文约永远存据。

实计水田九斗，大小二十一丘，价银四十两零五钱，随带大粮一斗，坐落杀牛沟路上首。

孙世守　凭中门婿亲房　切加布　双保　魏开文

代口代字　姜遇文

立绝卖水田文约人　丫卡、三呷同祖母嘶噜布

道光十五年二月二十二日①

　　这份买卖水田契约是一份典型的中国古代汉法法定田产买卖契约。因为该契约明确了以下内容：①契约开头就说明本契约是绝卖契约，不是典卖契约或是活卖契约。因为在中国古代田产买卖中有活卖与绝卖之分。在绝卖上，还说明过后不准加价找补。②契约在开头说明了一个最重要的问题，那就是在这个彝族家庭中，祖母对此次出卖田产是有决定权的。因为在汉法中，祖父不在世时，家中尊者就是祖母，在法律上出卖各种不动产时要听从尊长的意旨。③对田产的四至进行了说明，以证明标的范围。④出卖田产时，先问亲，后及邻，再及其他，这里也有了说明。⑤说明此行为是双方自愿，不是折抵债务等因，在汉法中对因欠债用债务人的田产折抵的，过后若田产原所有者起诉．被告取得的所有权不受国家法律的保护。⑥明确说明价金数额，这在买卖契约中是基本要素之一。⑦出卖者对所卖田产所有权的合法性作了保证。

　　明万历十年（1582年）在大理地区有出卖山场的契约。

立永远实卖山场文约书契人王有仁户长，同前子玉、罗寄保、李举、杞妹、彭德等，同系赤石崖三甲人氏，为山荒箐觅（密），贼盗胜（甚）多，无人看守，只得合酌议，将甸尾山场四至开明，东至壹甲地方，五你喇、赶来阿倒爬呀、呵睹街，又到安奔摩底。南

---

① 《丫卡等卖约》，《四川彝族历史调查资料、档案资料选编》，第339－340页。

至姚安地方，五你喇曾路止，又至麻仪是睹敖夫享著，又到安奔摩底。西至四甲地方，至三台山顶。北至五甲地方，来埂尾你界牌止，又到安奔摩底止，享烹利摩箐，又到摩自奈者。西北至四甲地方，又至到使食摩箐头岭岗奔呵石阿奈滔套务睹下，又到石崖洞龙马箐止，又至（自）甸尾村起，至未姑者摩，至到阿麻仪是睹岭岗。四至开立明白，永远杜卖与古底甸尾杞妹子举李和同合村人等，以作哨地，修立哨房，设立哨兵，逐轮流看守，不得累连卖主。实接大骟羊三十支，作价三十一两整；毡衫一件，羊毛十斤，入手亲收，并无少欠。自实杜卖之后，户族人等不得异言争竞，如有此情，将杜契理论。恐后无凭，立永远杜卖山场存照。

　　万历十年正月十六日

　　立永远杜卖山场文契人　王有仁户长　子玉　李举　彭德　罗寄保

　　承首　子路保　杞大笨　李路生

　　永远杜契存照，以垂不朽。[1]

乾隆三十年（1765 年）台湾地区有一份卖园地契约。

　　立杜卖契约人大武垅二社番大理戏、妻立白等，有承番祖厝地一所，并竹、树木、果子，坐落虎头山脚，东至阿耽厝地；西至本宅；南至田边；北至林宅；四至明白为界。今因乏银别用，先问番亲兄弟不愿承受外，戏等自情愿将厝地一所，带竹、树木、果子托中引就，问与徐宅上出头承买，三面言议时价番银四两五钱正广。其银即日同中交讫，将厝地一所并竹、树木、果子随付银主，任从垦耕，起盖掌管，永为己业，戏不敢阻挡。保此厝地并竹并无交加来历不明；如有不明，戏自抵挡，不干银主之事。其厝地一卖终休，日后子孙不敢言贴言赎等语。此系两愿，各无反悔，恐口无凭，立杜卖契一纸，付执为照。

---

① 《甸尾山照碑》，《大理丛书·金石篇》（十），第 111 页。

即日收过契内番银四两五钱正广完足，再照。

乾隆十三年正月　日

为中立代书　双仔老

立杜卖契人　大武垅二社番大里戏加目　妻立白邦尉

女子龟勿　含密　婿大鹿陀①

此契约是一份同时出卖林木与土地的契约。在契约中就有先问番亲后再外卖的说明。在契约的出卖人上有妻子、女儿、女婿的签名，说明当时高山族社会中女儿和女婿的地位较高。此书所收的契约中，很多买卖契约都由妇女出面订立，这与史书上记载高山族妇女处于家庭中主导地位是相一致的。如乾隆十八年（1753 年）有"立杜卖契人蕃妇斗尉、阿吷、阿密等"；乾隆三十一年（1766 年）有"立杜卖契人番妇龟物老阿吷"；嘉庆八年（1803年）有"立典契字人卓猴社番妇地烈目加礼"；嘉庆十六年（1811 年）有"立杜卖尽根绝契人萧厘社番淡尾妇猫红"；道光十三年（1833 年）有"立卖杜绝尽根契人卓猴番妇卓沙议纳"；同治十二年（1873 年）有"立典契约人新港社番戴加礼（女子）"；光绪二十九年（1903 年）有"同立卖杜绝尽根契字卓猴社番买乌来（女）、买余和（男），有承祖妈自置业二宗三所"。从这些出卖各类标的物的典卖契约可以看出当时高山族社会中妇女是家庭的主宰，因为最主要的财产交易大都以妇女的名义订立。

（二）林木买卖契约

这种契约的代表在清代贵州清水江流域，现在已经有学者对这一地区的契约进行研究，其中日本出版了《贵州苗族林业契约文书汇编（1736—1950）》第一卷"史料编"一书，书中收集了 A 类契约 279 份，都是关于林木、林地的买卖契约。按书中介绍，此外还有："（B）含租佃关系的山林卖契 277 份，（C）山林租佃契约或租佃合同 87 份，（D）田契 55 份，（E）分山、分林、分银合同 90 份，（F）杂契（包含油山、荒山、菜园、池塘、屋

---

① 《台湾私法人事编》，台湾文献史料丛刊第九辑，第 86－87 页。

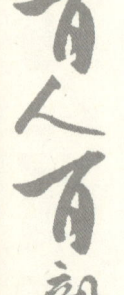

坪、墓地之卖及乡约民约、调解合同等）45 份。"① 从相关史料来看，明朝以来对清水江地区的木材开发，导致了本地社会发生根本性的变化，使这一地区的各民族在民事交往中很快进入了商品社会中。各种各样契约的出现，说明这一地区社会变化之快。其中林木和林地成为经济活动的中心。

乾隆五十年（1785 年）有一份契约就仅卖林木，不卖山场。

> 立断卖杉木字人姜举周，为因家中要银使用，无从出处，自愿将到祖遗杉木一块，坐落土名皆晚，出卖与族内姜佐周、侄姜朝瑾叔侄二人名下承买为业。当日议定价银二两五钱整，亲手领回；其杉木上凭田，下凭大冲，右凭冲，左凭老剪，四至分明。日后木植长大，发卖砍尽，地归原主，不得翻悔异言。如有来历不清，俱在卖主理落，不干买主之事。今欲有凭，立此卖契为样。
>
> 凭中　姜国珍　姜文启
>
> 依口代笔　姜朝佐
>
> 乾隆五十年十二月二十四日立。②

这是一份出卖林木的契约，此林木还不能当时就砍伐，说明出卖的是幼林。

广西大新县有乾隆四十年（1775 年）年和四十一年（1776 年）农文忠分别出卖筋竹与树木的契约。

> 立永远卖筋竹约人农文忠，系北化上利村住。今因急中无钱还债不已，夫妻商议，愿将祖父遗下之筋竹二座：坐落痕驮一座，科板一坐。先通族内无人承受，自身问到本村梁生理处永买，取□□价本铜钱八百五十文正，即日亲手领钱回家应诋。二面言定：其筋竹随约两交明白，永为世代子孙基业，父死子继，兄死弟承。此系明卖明买，并非折账等弊。倘后年深月久，同堂伯叔兄弟子侄不得

---

① 参见《贵州苗族林业契约文书汇编（1736—1950）》中《凡例》。
② 《侗族社会历史调查》，贵州民族出版社 1988 年版，第 13 页。

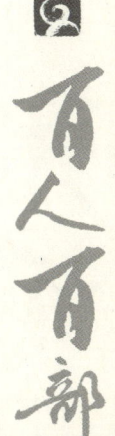

争占冒赎，或有何人悔心多端，违背约内之言，钱主任执立契赴上陈理论，甘罚无辞。其筋竹仍给归与买主，无异是实。今恐无凭，人心难信，为此，立永约交与存据。

立永远卖筋竹约人　农文忠

请人依口代笔。

乾隆四十年二月十七日①

另一份行文与此相同，仅是标的（其标的是林木）与价金不同，这里不再赘录。

（三）水塘买卖契约

由于南方民族地区很多地方种植水稻，所以水源、水塘成为重要的资源，同时因水塘还可以养鱼、鸭等，于是成为买卖的标的。嘉庆十五年（1810年）在广西大新县就有一份卖水塘的契约。

立约永远卖塘人梁富，系在西化新圩村居住。因为急需，无钱使用，父母商议，卖塘一个。先通族内，后通近邻，无人承领。凭中问到同村黎聪正，出本钱三千五百正，即日亲手领回家使用。两人当面商定，并无异言。钱主任从自耕自割。其塘在□凹地名。交钱即日交约与钱主，不论近远，不可忤心反言所退。若有忤心反言者，钱主任从执是文契上陈理论，甘罪无辞。恐后无凭，人心难信，所以立此文约交与钱主收执为据。

嘉庆十五年七月初五日立。②

这是一份绝卖契约，标的是水塘，在出卖时梁富虽是卖主，他实质上是经其父母同意，还先问亲，后及邻，最后才外卖。这是一份在出卖程序上完全符合传统中国汉区出卖不动产法律要求的契约。

（四）人口买卖契约

在南方有些民族中存在人口买卖的社会现实，这在彝族，特别是凉山地

---

① 《广西少数民族地区碑文、契约资料集》，第40－41页。
② 同上书，第46页。

区的彝族中最为通行。其他民族也有买卖人口的现实，但比较隐蔽，一般以招养继子等形式出现，这在台湾地区高山族中最为突出。这个时期在买卖人口时多写立契约。雍正二年（1724 年）就有余文进卖亲子文约一份。

> 立约出卖子人余文进。情因自身作孽，盗卖西番家奴，以致被蛮捆绑，报经营所二主，出差追回，缺少赎身之资。夫妻族亲商议，无从出办，当日凭公差营兵乡耆练总众亲，情愿将长子出卖与单家堡李上品为仆。当日三面得受价银二十四两整，银契两相交讫。自卖之后，任凭李宅呼唤，生平使事、教育、婚配。所买所卖，乃系二家情愿，并非谋买勒逼准折等情。余处日后不得反复异论，妄生情弊。如有本族及亲戚人等前来生事出笔（逼），本人一并承管背罪，不得干及李宅。今恐无凭，立此卖约存照。
>
> 实计价银二十四两整，酒食外。
>
> 雍正二年十一月初六日立约。
>
> 出卖子人　余文进
>
> 凭中　同族叔父余辉先
>
> 过钱人　许玉鳌　宋延试
>
> 凭众亲　许受卿　许相
>
> 乡耆　施殿臣[1]

这是一份出卖亲生儿子的契约。其本人由于盗卖他人奴隶，案发后被人捆绑，最后是通过本地习俗，出赎金赎回，为此需钱而出卖儿子。这里有当地营兵、公差、耆老、练总等出面作证。这些人在当地是代表国家的，而他们都出面作证，说明买卖人口在当地百姓生活中并非个例。

南方民族中有买卖房屋、地基等方面的契约。如在《广西少数民族地区碑文、契约资料集》一书中就有道光五年（1825 年）《黄暖、黄庄永卖房屋契约》，道光二十九年（1849 年）《梁二姑卖屋契约》，同治元年（1862 年）《黄何帝卖地屋契约》（其实是卖地基契约），同治六年（1867 年）《袁莅纪

---

[1] 《四川彝族历史调查资料、档案资料选编》，第 314 – 315 页。

卖地基契约》，同治十二年（1873 年）《高何包卖铺地契约》，光绪四年（1878 年）《姜盛荣卖地屋契约》等。这些契约说明买卖契约在南方各民族生活中使用十分广泛。

元代以后南方民族各种买卖契约的特点有：

第一，随着汉族移民的深入，南方民族被卷入各种物权交易中，于是买卖契约大量出现。

第二，这些契约绝大部分是用汉文写成的，契约的使用使南方各民族在社会生活中对汉文的依赖加强。

第三，由于大多数物权交易在不同民族群体间进行，所以各民族百姓对契约更加看重，契约也更为多样。

第四，多数契约都较为规范，同时深受汉法的影响，这是由上面因素所决定的。如契约中一般都有：父母在世需经父母同意；先问亲后及邻，之中无人买才能卖给外人。这当中也有本土化的内容，如在出卖不动产时采用先问本部落，再外卖到其他民族群体中。这在台湾地区表现为先问"番社"。从道光二十四年（1844 年）高山族的一份分家契约中可以看出在受汉法的影响后他们社会中所产生的变化。

> 同立阄书字人卓猴社番兄弟姊妹嗄于蚕、嗄阿期、嗄加礼、嗄三元、嗄安邦等，窃谓公毅九世同居，历朝旌表；管鲍分金，不拘多寡。期等乃同气连枝，岂宜一旦分析？但家事浩繁，生齿日盛，恐齐家未能，致伤和气。爰请公亲番耆李红哦出为秉公查算，将先父遗下之业抽出典过戴成功园一所，付与三元、安邦掌管收成，其余产业、厝地、竹木、果子、什物，付与阿期、于蚕、加礼等照配均分；拈阄为定，各宜照阄掌管。日后三元、安邦以及子孙不得异言生端，混争滋事。此系各愿，各无反悔，口恐无凭，今欲有凭，同公亲合立阄书一样五纸，各执一纸，永远存炤。
>
> 道光二十四年二月　日
>
> 公亲人　李红哦

　　知见人　姑加礼　母藩氏　娥吁哦①

　　这份分家契约所有参与者都是"番人"，从名字上就可以看出。但从行文中来看，他们对汉文化的接受很深，因为文中引了"管鲍分金"的典故，这要熟悉汉文化的人才知道其含意，从文中当事人对分家析产之事的矛盾、无奈心理中，体现出深受汉文化影响的现实。

　　第五，从各种契约来看，南方民族社会到清朝时，特别是清中后期明显被卷入全国的经济生活中，各民族的各种交易明显加快，从侧面说明各民族人民生活更加困难。这从《广西少数民族地区碑文、契约资料集》、《台湾私法人事编》和《四川彝族历史调查资料、档案资料选编》中关于宁远府下冕宁县档案中各种契约上能明显地体现出来。这个时期各种形式的不动产、动产、人口买卖加剧，人口买卖中由本亲属买卖的加剧更能说明当地百姓生活出现了大的问题。

二、租佃契约

　　元代以后，大量的汉族移民到达南方民族地区，在获得土地使用权上一般是通过租佃契约形式取得佃权。由于年代久远，元明两朝很少能见到这方面的文契，但到了清代，这方面的契约就很多，特别是一些新的开发地区，如台湾地区、西南彝族居住地区等。

　　在贵州毕节地区有清代土目给彝民租佃的七份契约，这是用彝文写成后被翻译过来的。兹录其中第四份为示：

　　　　燕翼堂安，立契约给阿勾巴。勃那意吐这一型地，原来是在阿姆谷的手下寨前寨后。前一段地一片扯给阿勾巴，阿勾巴出银五十两给官家，每年稻谷二大斗五升，旱地租一大斗。今后粮清粮款，作事夫役，大派小派，随唤随到，阿勾巴子孙永远管业。以后如粮租不清，大派小派，夫役不能随唤随到，由官家扯土另安他人，阿勾巴子孙并无异言，立此为据。

---

　　①《台湾私法人事编》（上册），台湾文献史料丛刊第九辑，第89页。

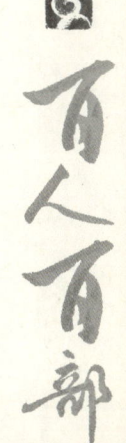

那一天的头人　抹拍阿几　五钱　初歇阿勾　五钱　潘土煞那

五钱　潘土你俄　五钱　鸡腊不勒　五钱

代笔人　六钱

嘉庆皇帝十五年庚午年二月初八日立。①

这是一份彝民与土目写立的永佃契约，阿勾巴获得此地的永佃权是通过用 50 两银买到的，在契约中写明了每年的租谷量。同时还要承担各种各样的差役，若不完成，就要收回佃权。这表明清代水西地区彝族社会虽然改土归流，出现了佃权，但佃农与土目——"官家"的人身依附关系还很紧密。当然，这种契约的出现，对维护佃农的权利是有效的，它可以防止官家不断地加租及不合理地收回佃权等。

立招佃耕字辛仔罕社番豆莱星仔星，有自置水田一段，址在本社界，东西南北四至各与番田为界，年纳剩稻谷四石。因从前日食难度，有借欠他人账项，将田付佃耕作扣抵利息，究难清款。奈何告贷无门，故将此田再招别佃重赎，加借银元赎田完账，望剩多少银元，以作粮食之资。先尽问番人等不欲承受，外愿托本社土目番耆同招赎佃黄春荣出首承赎，即日三面议定碛地银要多，田租愿少。明备足重碛地银七大元交收足讫，随同踏明田界，交付新佃前去管耕，每年应纳租三斗，年清年款，不得少欠。此田不拘年限，番若有力备足碛地银愿赎此田，务要先日通知，届冬至前将垦送还原佃，外赎他佃；如银元未足，不敢言及赎田之事；时逢春夏，亦不敢任意追赎，致防农物。此系人番仁义外关，中心甘愿，各无抑勒，口恐无凭，同立招佃耕指摹字一纸，付执为照。

即日亲收招佃耕字内碛地垦银七大元完足。

咸丰元年元月　日

代笔　番耆　知见通事

---

①　余宏模：《清代水西彝族土目和彝文田契试析》，《贵州民族研究》1979 年第 1 期，第 51 页。

立佃招耕字 （名不清）①

这是一份招佃契约，出佃人由于欠债无法偿还，于是通过重新招佃，以佃为抵押，借钱还债。同时规定了佃租及退佃的条件和限制。在这当中也说明招外族人佃耕的原因是因为本番社内没有人愿意承佃借款。

随着南方民族地区各种矿产的开发，出现了佃矿硐的契约。

> 立出佃礌硐文约人李洪贵、曾万兴二人，佃到谢长益、黄飞贵二人名下紫金、天仓二硐。即日三面议定，日后硙发连塘，谢、黄不得异言，仍抽硐分；李、曾二姓不得吞谋。倘有吞谋硐分，自甘认罪，仍将坑硐退还，外有账目不与李姓相涉，原有厢分任归邓国良名下经收五斗。恐后无凭，立佃约为据。
>
> 硙发连塘。
> 凭中人　周万寿　黄世学
> 同在代字　李朝喜笔
> 道光二十九年正月二十日立。②

这是一份出佃矿坑的契约，在契约中约定佃矿者李洪贵、曾万兴二人以部分所采之矿为佃租按约交给出佃者谢长益、黄飞贵。

在贵州清水江地区由于杉木成为商品，所以在此地形成了山主出佃，佃户栽种，与佃主分租的佃权契约。

> 立佃种山场合同人稿样寨龙文魁、龙文明，邦寨吴光才、吴光岳、吴光模、吴启白，蔡溪寨李富林、李忠林三寨人等，亲自问到文斗下房姜兴周、姜永凤、姜文襄得买乌养山一所、乌书山一所，今龙、吴、李三姓投山种地，以后栽杉修理长大发卖。乌书山二股平分，乌养山四六股分，栽手占四股，地主占六股；乌书山栽手占一股、地主占一股。其山有老木，各归地主，不得霸占。今恐无凭，

① 《台湾私法物权编》（中册），台湾文献史料丛刊第九辑，第680－681页。
② 《四川彝族历史调查资料、档案资料选编》，第359页。

立此投佃字存照。

凭中代书　姜梦熊　曹聚周　姜安海

佃种人　龙文魁　吴光才　李富林

党（倘）加众山佃约付与梦熊收存。

乾隆四十五年正月二十九日立。①

这是一份山主与栽户约定佃种杉木的契约。契约中双方当事人都在两人以上，出佃与租佃都以群体名义进行，也就是说，它是一个集体契约。在契约中约定了种成木材后的分租成分，两山的租额各不相同，一是五五分成，一是四六分成。这可能与山的土质有关，沃地易栽的佃租双方为四六分成，难的就五五分成。

乾隆十二年（1747 年）台湾地区有一份以整个番社名义出佃给汉族耕种土地的契约。

同立佃批后垅、新港二社土官乌牌妈妈既（暨）众番等，有草地一所，土名咖叭蛤、仔得斤，今有汉人张盛前来认佃，给出犁分四张，每张犁配饷地五甲，听其自备牛犁种子，前去垦耕，永远为佃。每甲水田首年纳租谷二石；次年纳租谷四石；三年纳租谷六石，永为定例，无论丰歉，不得增多减少。所纳租谷俱系庄中满斗。其溪中水头修筑水道，引入埤圳，乃土官、众番之事。至于开埤筑圳，工力浩大，水道行远，必籍匠人开筑，约付佃人自出资本，募匠开筑，灌溉成田，故于三年后，每甲定例纳租谷六石；两酌减台例二石者，以偿佃人开筑埤圳之工本故也。倘佃人有碍宪禁及窝匪滋扰等情，随即呈官究逐，其田底仍听本佃转佃，务必诚实之人顶耕，合批付执为照。

乾隆十二年八月　日

知见人　后垅等社通事钟启宗、白番右武乃君、右武乃、猫老尉、右武乃子、丁仔勿腊、椊格、猫六达盖末、南茅、丁仔尉其刘、

---

① 《侗族社会历史调查》，贵州民族出版社 1988 年版，第 17 页。

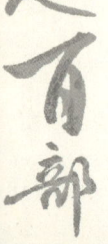

答礼、加远、搭药加连、妈妈、猫老尉、武葛打那、末仔未、南茅、加六夏、末仔未夏胜务、陈文、合番盖末、大人老尉、杂班、武葛狮鼻、加六喊

业主　土官乌牌①

这是一个番社成员以番社名义与汉人签订的租佃契约，并且是一个永佃契约，因为文中明确了佃者违法时不是收回佃权，而是让佃者转佃他人的约定。

通过以上分析可以发现，这个时期南方民族地区由于社会经济的发展，各种不同社会经济模式的出现，在租佃契约上标的呈现出多样性。佃权随之在南方民族地区表现出多样性，在契约当事人上也表现出多样性，有个体与个体之间的租佃契约，也有个体与群体间的契约，还有群体与群体间的租佃契约。

三、典卖契约

（一）出典契约

雍正十年（1732 年）在四川宁远府有彝族噜贺出典契约一份。

立当田文约人噜贺，情因手事空乏，情愿今将自己名下水田八斗出当与咱莫名下耕种。比即三面言定，当价银十三两六钱整。其田坐落漫水湾，不拘远近赎取之日，银到田回，二家不得习难。恐口无凭，立当约为据。

牯牛一条，作银十二两；大票布四件，作银一两六钱。

雍正十年冬月初十日

立约人　噜贺②

此称为"当"的契约，其实是一个出典契约，因为它有回赎约定。宁远

---

① 《台湾私法物权编》（上册），台湾文献史料丛刊第九辑，第 368 页。
② 《四川彝族历史调查资料、档案资料选编》，第 334－335 页。

府在凉山地区，属于彝族核心地带。此约说明此时当地社会开始出现了私有田产，并且出现典当关系。

广西壮族地区乾隆六十年（1795年）有一份典当契约。

> 立约典当田人王班，系西化埠美村居住。因为急中无钱使用，父子商议，不已，愿将本分役田，土名那都四片，坐落□□处，凭中问到中化那隆村黄干处，取出铜钱四千文正，即日亲手领钱回家应用。两面言定：其田随约两交明白，每年自耕自割，于作花利。不论近远，钱到田出，钱主不得阻留，亦不得盗卖。如有别卖者，钱主任执出文约投赴官陈告，甘罚无辞，仍旧将其田交与钱主是实。今恐无凭，人心难信，立约存照。天里（理）仁（人）心。
>
> 王班立约，请人依口代笔。
>
> 乾隆六十年三月十八日①

这是一份典型的典当契约，它有最为重要的约定："不论近远，钱到田出，钱主不得阻留。"这是典当行为的本质特征。

（二）转典契约

典权不仅出现在典当契约中，还出现在转典契约中。由于典权标的是不动产，主要是田产和房产，所以典权者在出现经济困难时往往会转让典权，先获得典价。

嘉庆十九年（1814年）台湾高山族中有一份转典契约。

> 立转典契字人埠头中街郑妈寿，有承父龟分明应得明典过郑家店地基一所，从坐落土名阿猴街，坐北向南，东至许家店，西至许家店，南至车路，北至江家宅，四至明白为界。年带纳业主租银二钱，经于十二年税与黄开北起盖店屋，每年纳基租银十二元。今因乏银别置，愿将此地基转典，先尽叔兄弟侄房亲人等不愿承受，外托中引就与许振源出头承典，三面言议，着下时价佛面银五十元。

---

① 《广西少数民族地区碑文、契约资料集》，第42页。

限至十年丰满，任徒转典主备足契面银收回原字；如原典主备足前契面银向取者，不在年限，亦听赎回。其银即日同中交讫，将此地基随付前去掌管，收税纳租。保此地基系寿承父应得之业，与房亲人等无干，无重张典挂他人，亦无来历交加不明；如有不明等情，寿自出头抵当，不干银主之事。此系二比甘愿，各无抑勒，自无反悔，不得异言生端。恐口无凭，立转典契一纸，并连上手印司单契共八纸，又合同字一纸，收地租字一纸，共十一纸，付执为照行。即日同中收过契面佛银五十元完足，再照。

嘉庆十九年十月　日

契内注司单印共合四字再照，为中人秦君送。

立转典契人　郑妈寿

知见人　曾永成

代笔人　曾永成①

　　这是一份标准的转典契约。在契约中说明了标的所在范围和四至，同时是先问亲邻，再找外人，转典价金、回赎年限都有约定。回赎年限为十年，这是转典者回赎时限，原典主若在这十年内回赎，前面期限对受典者无效。这是转典契约中必须约定的，因为原典者随时都可能回赎，若不约定，到时就会产生很大的问题。此外对转典者拥有典权的合法性进行保证，也就是说转典者出典的典权是正当合法的、没有瑕疵的。

　　下面是一份广西恩城的田产转典契约。

　　立转典田人赵必冠，系恩城分县东街居住。情因上年祖父典得□村赵龙祥祖父之城田□□，土名唤那定凌二片，那惠□□处，□□□□片，□当凭中问到安平五处陇美村农仕昌处实典，取出本铜钱五千文足，即日亲手领钱回家应用。当面言定，钱约两交明白。其田随约交与钱主，年中自耕自割，以禾把为利。钱无起利，田不计租。不论年月远近，钱到田出，钱主不得阻留文契。因上手原契

① 《台湾私法物权编》（中册），台湾文献史料丛刊第九辑，第774页。

并交与钱主，此乃明当明典，并非折债等弊。倘有年深月久，或有兄弟侄孙冒言生端者，系在约内有名人承当，不得异言是实。恐口无凭，人心不古，故立典约一张，交与钱主收执存据。

中保人　胞弟赵必冕

立约人、典田人　赵必冠

见证人　三祖婆

同治十二年五月廿四日①

与上一份转典契约相比，这份转典契约在内容上不如上一份完善，对回赎期限也没有约定，仅说是钱到田出，也就是随时都可以回赎，这也许是田产典当的通用方式。这说明实践中房产与田产的出典与转典上各有不同的习惯。

云南红河州金平县有一份光绪二十九年（1903 年）的转典契约：

立转当田契文约人刘世祥，有先祖典得水田一分（份），四至、水沟、粮银、座（坐）落载明老契。今因正用无从出办，特央凭中证，立约转当与堂弟世德名下管业实授。典价纹银一百二十三两，平秤整足，入手应用。此时银契授受分明，并无债利准折其田，亦非包典他人寸土在内。自当之后，任随堂弟易佃耕种纳粮管理。其有至内荒山，亦任由开挖培补，取田之日，向田还银。日后世祥子孙有力赎取，不拘年月远近，银归契还，彼此不肯勒。此系二家心甘，并无逼迫等情。恐口无凭，立此存照。

外有老契一张并附及执。

凭中人　吴二元（押）

　　　　蒋官有（押）

代字人　官用章法

光绪二九年腊月十四日

---

① 《广西少数民族地区碑文、契约资料集》，第87页。

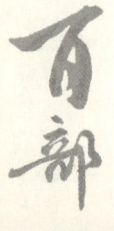

立转典田契文约人　刘世祥（押）①

这是一份由其先父典到的田产再转典的契约，在约中都有说明，其中还把原典权契约转交给现在的典权人保存。

（三）回赎契约

上面广西转典例中的赵必冠在同治四年（1865年）与同治十一年（1872年）都有退典行为，存在回赎契约。

> 立约退赎田人赵必冠，系恩城分县东街居住。因为乱世移居五处农村，急中无钱应需，不已，祖并侄孙兄弟商议，愿将三相公祖父自分遗下城田一子，土名唤那果楼，大小共有三片。凭中问到安平五处农村赵龙朱处，实退赎本铜钱四千文足，即日领回家应用。三面言定，钱约两交明白。其田随约交与，年中自耕自割，赎回世代基业子孙所接。因上手文契别田相共并交与，后日不敢反悔异言。此乃两相认愿，实钱实约，并非折债等弊。倘后年深月久，或有同堂子侄冒言滋端者，系在约内有名人承当，不敢异言是实。恐口无凭，人心不古，为此，立约一张交与钱主收执存据。
>
> 中保人　胞弟赵必冕
> 立约退赎田人　赵必冠
> 证见人祖婆的笔，不代。
> 同治十一年十一月十六日②

这是一份退典契约，典权人在收回典金后，把田退还给出典人。立约是为了防止以后出现纠纷。

四、借贷契约

（一）货币借贷契约

下面是一份四川彝族地区的钱币借贷契约。

---

① 笔者2002年10月到云南红河州金平县调查所得。
② 《广西少数民族地区碑文、契约资料集》，第85页。

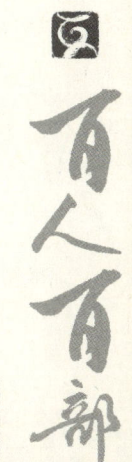

立出借银文约人兹果慕。今因一时不便，要钱使用，无处出办，情愿请凭中借到胡宽怀名下铜钱五千文整。比即凭中三面言定，每月行利三分，限至十月内本利一并相还，不得短少分文。若有短少，愿将自己祖遗山水田三丘，约种三斗，坐落龙厂侧边，任随钱主耕种，田主不得异言。恐后无凭，立借约为据，信行不误。

凭中、代字　王承贤

咸丰元年七月二十七日

立约　　（前名）①

这份钱币借贷契约约定每月的利息，归还期限，所借的数额。同时此契约还是一个有抵押的借贷契约，借贷人用自己的水田来抵押，五千文铜钱就用三斗种量的水田耕种权来抵押，这是一个非常不利于借贷人的契约，同时月利高达三分，是一个典型的高利贷。这个契约很明显对借贷人来说是一个陷阱，因为他的抵押过高。这类契约常常成为元明清时期无良汉族对南方少数民族田产掠取的方式。

（二）实物借贷契约

在借贷实践中，实物借贷一般不立契约，但对于一些生活较为贫困者，就得立借贷契约，以防止到期不能偿还而赖账。下面就是这样一份契约，此契约出借人与借贷人还是亲姐弟关系。

立借钱谷约人黎美，系西化圩新村（住）。今因男亡丧事，本家穷寒，无钱不谷殡葬夫，妻极心欲自身衰。将与本村胞弟黎葱处，实借取本钱二千足，又借谷六斗正，就六月廿三日亲手领钱、收谷卜葬使用。两人当面言讫：其钱谷共起利，其钱年中每月千二行利钱六十文，其谷年中每斗二拦利谷五补足。其本钱谷不问近远赔还，年中利息交清，不能拖欠，不待问矣。其本钱谷不敢负骗，两人对面言语是实。但人心难信，为此立约一张交与弟黎葱收执为凭。

---

① 《四川彝族历史调查资料、档案资料选编》，第366页。

立约借钱　谷黎美

道光十五年六月廿三日①

这是一份钱币及实物借贷契约，在契约中对谷的年利作出了约定。这是一对亲姐弟间的钱谷借贷契约，从这个契约中可以看出，这个时期南方民族的社会经济非常衰败，因为亲姐弟间都立有契约，并规定利息。从行文上看是一个约定非常强硬的借贷契约。

五、地役权契约

地役权作为物权的一个种类，主要是在事实中形成的。通过事实形成的地役权一般不必通过契约来约定，但也可以通过人为设定地役权，这是该权利产生的途径之一。在南方民族中，不仅存在着通过人为设定的地役权，而且还有通过契约把此权利约定下来的现象，使之成为契约中的标的。本章前面就引过台湾地区设定地役权的一份契约，另外还有一份是道光十八年（1838年）所立。

> 同立合约字人圳路地主谢玉荣，汉佃户谢玉荣（与地主同姓名，疑有误——引者注）、谢康隆、谢康安、林宽、张伯怡，猴猴社番佃户友八，三貂社番佃户老婆等。缘我民番人等前承垦马赛庄东西圻田业地段，原配大圳水通流灌溉耕种，不料自先年旧圳路一带概遭洪水冲失，无可引水灌田，以致该处田地抛荒，赔累课租。兹荣同众佃等民番各佃，公踏有水源，但碍无水路。爰是公同托中恳（恳）求谢玉荣官踏出溪干升科田地，付荣同众佃等开凿圳路，引水耕田。议定不论民番田地，每田官戈（划）一甲，递年应纳谢玉荣官圳路税谷二石，务尽早季收成，交纳早谷七分、晚谷三分清楚，不得以湿有抵谷搪塞，亦不得拖欠升合。并约：自兹立约开圳以后，各宜遵约永远完纳，日后该圳路主不得借端截圳刁难；而民番各业佃将来纵有便捷近地，堪凿圳路，亦不得另移水圳，抗纳圳谷情事。如

① 《广西少数民族地区碑文、契约资料集》，第62页。

有此等情，愿凭众佃公同呈官究治。此系二比甘愿，各无抑勒，不得反悔，口恐无凭，合同立合字三纸一样，圳路主执一纸，民佃同执一纸，番佃同执一纸，永远为照。

道光十八年二月　日

代笔人　张如海

为中人　廖水养

在场见佃首　金长裕

土目　那爻新抵

（谢）康隆　谢玉荣①

这是一个设定通过地主谢玉荣田里修水沟的地役权合同。汉佃与番佃为取得此地役权以每年交付一定的谷租为代价，成为一个有偿取得的合同。这个契约说明了立契约的原因，同时对双方权利、义务都进行了详细规定，是一个比较完整的地役权契约。

光绪二十九年（1903 年）在广西龙胜地区也有一个设定地役权的契约。

永架设枧槽契据

立承应架枧槽字人廖正喜，今创造新居，迁到喇犁田内，开砌宅场。因地窄难安，扇架所砌出塞，入正兴田之水圳。即日凭中廖仁华，三面言定，自今砌塞其水难来，任我正喜子孙永远做作此枧，以架其水，朽而易新，勿需催言，不得有悔。欲后有凭，故立承应架枧槽字一纸，以付执之永据。

凭中人廖仁华钱五十文。

代笔人廖正道钱五十文。

通道鸭一只，酒二斤。

光绪二十九年癸卯四月十五日立。②

---

① 《台湾私法物权编》（下册），台湾文献史料丛刊第九辑，第1143页。

② 《广西少数民族地区碑文、契约资料集》，第192页。

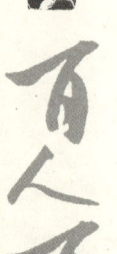

从上面的文字可以看出，这是一个设定架设枧槽的地役权契约。在契约中没有说明为此付出了多少钱。在前面台湾地区的地役权设定中，就付出了一定的金钱。但二者都明确设定了地役权的有效性，目的就是防止过后反悔。这些说明南方民族地区在民事行为上人们开始不再信任相互间的口头约定，而是大量依靠契约来保证相互间权利的有效性。这是社会发展的需要，也是为降低社会生活不确定因素对生活造成不必要影响的方法。

六、抵押契约

在南方民族中，这时在借贷上出现了抵押契约。这些契约多用田产等不动产来做抵押，当到期限借主还不了债时，债权人就获得抵押物的所有权。

> 立出当水田夷人窝出，今因官事逼迫，要银使用，无处出办，愿将自己名下水田一石，计大小十丘，坐落地名漫水湾门首。其田界（东）至本人田，南至李姓，西至齐坎，北至齐坎，四至分明。比日凭中出当与杨芝福先生名下承当，比即三面议定，当价银十两正。其田租回脚犁栽种，每年言明租米二石五斗，其米秋收一并粮足。倘有短少升合，其田任租别人栽种，窝出、脚犁二人不得异言。恐口无凭，立当字为据。
>
> 中证人李官保、罗把市同在。
>
> 嘉庆十三年四月二十日收本银十两，收利米三石七斗，下欠利三石三斗，限后五月内相还。如至期无米，照市价相还，每年每月每石加利米四斗。
>
> 嘉庆十年六月初六日立
>
> 当约人　窝出
>
> 代笔人　刘裕丰①

这是一个借贷抵押合同。窝出向杨芝福借银十两，用水田抵押，抵押的水田仍由原佃者脚犁耕种。嘉庆十三年（1808年）收回本银十两，利米三石

---

① 《四川彝族历史调查资料、档案资料选编》，第338页

七斗，还欠有利米三石三斗，限五月内还清，否则要以每年每月每石加利四斗计算。从整个契约上来看，此契约的目的是作为借贷时的抵押，而不典卖。

下面是清末云南红河州金平县的一份借贷抵押契约，由于文字不全，不能知道准确时间，但可以看出此契约的性质。

（前残缺）戴金元名下纹银一百二十两整。自借之后，将地方一脚作抵。地方四至：东至莳打冲脊两岔河为界止；南至麻子河为界止；西至土焉新寨梁子脊两岔河为界止；北至梁子分界止。四至分明。自借之后，每两每年加谷利六升，行利不得短少。外合倘若利息不清，凭随银主招管，借主不得异言。二者比心情愿，并无压逼等情。今恐人心不古，立出借约一纸为据。

凭中人　沈自云（押）

代字人　沈文开（押）

借人　王清（押）

有油单纸一张，戴姓收存。①

从中可以看出，此契约是一份用田产抵押借银的契约，其中有到期还不了借款及利息时，抵押田产就由债权人处置的约定。

第三节　元明清时期南方民族婚姻家庭法律的变迁

元朝以后，南方民族在婚姻家庭方面发生了很大的变化，这种变化来自两个方面，一是国家把汉法中相关法律制度推行到南方各民族群体中；二是南方各民族在与汉族交往后，对本民族婚姻家庭方面的法律主动进行改革。后一种有两类方式，一类是通过立法，如瑶族的石牌制、侗族的约款、苗族的议榔等方式；另一类是各民族在实践中改变本民族的固有习俗，这可以从同一地区不同年代的地方志中关于本民族群体的风俗记载上看出。

---

① 笔者 2002 年 10 月到云南红河州金平县调查所得。

一、国家对南方民族地区婚姻家庭及继承上的特别规定

元代最早对南方民族地区婚丧制度进行改革的是赛典赤，他在云南为官时，"（至元）十三年（1276年）……云南俗无礼仪，男女往往自相配偶，亲死则火之，不为丧祭……赛典赤教之拜跪之节，婚姻行媒，死者为之棺椁祭"①。赛典赤对云南地区各民族的婚姻、丧葬进行立法改造，移入汉法，成为云南婚姻法等方面的第一次国家移植。至元二十九年（1292年）七月乌古孙泽为广西两江道宣慰副使、金都元帅府事时，制定了一系列改革当地习俗的法律。"两江荒远瘴疠，与百夷接，不知礼法，泽作《司规》三十有二章，以渐为教，其民至今遵守之。"② 这《司规》当是相关的法律礼制。

元代在婚姻法上国家实行的是不禁止各民族间通婚，只规定不同民族间通婚时婚礼等方面适用的法律原则。元朝在至元八年（1271年）就规定了婚姻方面的基本法律原则："诸色人同类自相婚姻者，各从体俗法；递相婚姻者，以男为主。蒙古人不在此限。"③ 确立了元代婚姻法的内容是：各类人等中只要是自己本民族群体内有固有婚姻法律的人在同民族群体内相互通婚时，婚姻法律适用本民族的固有法律；在有不同固有法的群体间的通婚，以男性为主，适用男方的固有法律；还有一个例外，那就是蒙古人不受此法律的限制。从上可知，蒙古人的例外只能是在第二原则中，也就是蒙古女子与其他有固有婚姻法律的男子结婚时，婚姻法适用上不以男性固有法为准据法，而是以蒙古法为准据法。从上面还可以看出，元代对民族群体间是否可以通婚没有作出强制性规定，也就是各民族群体间可以自由选择通婚。在元代南方民族中，各民族在婚姻法适用上基本都是各民族自己的固有法律，因为一般百姓多是同族通婚，异族间通婚时，在法律上已经有规定，不成其为法律问题了。从大理地区的碑刻上看，当时蒙古族与大理地区的白族有通婚，同时大理地区不同民族群体的头人间也相互通婚。如元末大理总管段功与梁王女

---

① 《元史》卷125《列传12·赛典赤·赡思丁》。
② 《元史》卷163《列传50·乌古孙泽》。
③ 《通制条格校注》卷3《户令·婚姻礼制》，方龄贵校注，中华书局2001年版，第142页。

阿襁（蒙古族）结婚就是一例。

明代南方民族在婚姻法上开始出现了两个变化：一方面是国家移植汉法到南方民族中，另一方面是禁止汉族与南方各民族通婚。这是一个相互矛盾的婚姻制度。在移植汉法方面，明初张纮"在滇凡十七年，土地贡赋、法令条格皆所裁定。民间丧祭冠婚咸有定制，务变其俗。滇人遵用之"①。这里张纮对云南地区的民间婚姻、丧葬、衣冠等方面都进行了改制，其实就是把中原汉法中相关法律制度移植到云南各民族群体中来。明英宗正统初年贵州有"正统初，蛮夷长官司奏土官衙门婚姻，皆从土俗，乞颁恩命。帝以土司循袭旧俗，因亲结婚者，既累经赦宥不论，继今悉依朝廷礼法，违者罪之"②。《明英宗实录》中有明正统十一年（1446 年）五月戊寅"据贵州思南府蛮夷长官司所奏，贵州土官衙门男女婚姻，皆从土俗，或有循袭旧俗，因亲结婚者。帝曰：既累经赦宥，不究其罪，亦不许人因事讦告。继今悉令依朝廷礼法，如违不宥"③。这里可以看出贵州地区土官衙门中男女结婚按"土俗"，且有姻亲结婚的现象，此外也说明，明朝不允许土官间姻亲结婚。这次明朝中央正式规定土司衙门土司家结婚必须按朝廷礼法进行，这个法律适用于南方民族所有的土司家庭，因为有关内容在《大明会典》中已纳入土官法律中。这里主要针对的是南方民族地区土司家族，对一般平民并不适用。明代禁止汉族与南方民族通婚，这可以从瑶族《过山榜》中得到证明："准令汉民不许取瑶女为妻，民不许与百姓为婚，盘王之女，嫁国汉为妻者……倘若不遵律令……若有百姓成亲者，无此六件，定言入官究治，依律除之。"④ 从这里就能明确看出汉族不能娶瑶族妇女为妻，瑶族不能娶汉族妇女为妻，违者按瑶俗处罚，否则送官府。提到送官府处罚，说明这种行为在国家法中也有同样的规定，仅是处罚方式不同而已。

清代在南方民族婚姻方面的立法上，明显表现出南方各民族内部主动移

① 《明史》卷 151《列传 39·张纮传》。
② 《明史》卷 316《列传 204·贵州土司》。
③ 《明英宗实录》卷 141。
④ 这一份《过山榜》是明代的产物，因为文中有"十三布省政司，各省府州县军民"等字样。参见徐松石著《粤江流域人民史》，民国丛书第二编，第 16 册，上海书店影印本，第 325 页。

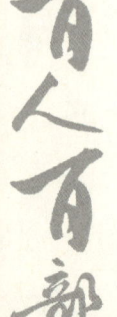

植汉法中的相关法律；在国家法层面上，在汉族与南方各民族通婚上相对是禁止结亲，但又不是绝对的，总的是在禁止中妥协。清初是禁止汉族与南方各民族通婚。在康熙四十七年（1708 年）有"覆准百姓擅入苗地，民苗结亲往来，该管各官失于觉察者，降一级调用；该管上司，罚俸一年"①。说明是禁止苗族与汉族结婚的。雍正九年（1731 年）以前禁止汉苗结亲是国家对南方民族与汉族在婚姻关系上的基本法律，在雍正五年（1727 年）湖广总督傅敏在《奏苗疆要务五款清折》中提出"请禁民苗结亲"，对已经结亲的，不必离异，也就是认可他们婚姻的有效性；对出聘定亲未娶者，不许再娶；自本年为始，不许再违例嫁娶，违者从重处罚；对南方民族地区的汉族士兵与驻地民族妇女婚姻者，移守他地。从这里可以看出，在此之前在法律上是禁止汉苗结亲的②。雍正十年（1732 年）以后，开始同意湖南永顺、永绥二府厅汉苗可以结亲。乾隆二十九年（1764 年）陈宏谋提出湖南汉苗结亲问题，清廷下令湖广总督常钧等奏议，最后提出：

> 应请嗣后未剃发之苗与民结亲，俱照民俗，以礼婚配，须凭媒约写立婚书，仍报明该管百户、寨长等，转报地方官立案稽查，如有奸拐贩卖、嫁妻逐婿之事，悉照民例治罪；其商贾客民未经入籍苗疆、踪迹无定者，一概不许与苗人结亲，以杜拐贩。至溪洞深居与民人奸商不同之苗瑶，即不禁其结亲，此时亦断无彼此结亲之事，但弛禁之后，村寨民苗姻婚洽比，愈久愈多，气类相感，亦可使溪峒瑶苗闻风向慕，因亲及亲，渐次与民联络，或有愿与百姓结亲者，亦应听从其便，悉照设立婚书报官之例办理。③

这个奏折成为清代乾隆时期对南方汉苗结亲问题上的新法律。在新法律

① 《钦定大清会典事例》卷 119《吏部 103·处分则例·边禁》。
② 参见《湖南苗防屯政考》卷 3《征服上》，第 547 页。
③ 《署湖广总督常钧等奏应准湖南民苗互相婚娅折》，《清代档案史料丛编》第 14 辑，中华书局 1990 年版。《钦定大清会典事例》中有"覆准凡苗疆地方，民苗结亲听从其便。如有商贾客民，未经入籍，踪迹无定者，不准与苗人结亲，以杜拐贩"（《钦定大清会典事例》卷 119《吏部 103·处分则例·边禁》）。

中，承认了汉苗可以在一定条件下通婚，具体就是在各民族地区有居所，不是流动人口。在这种情况下汉苗结亲时必须按汉法，不能依苗例，也就是说在此类婚姻形式中移植了汉法中的相关法律。从这时起清政府开始放松禁止南方民族与汉族结亲的法律。但到了乾嘉年间黔湘等地民族起事后，四川总督和琳在嘉庆元年《奏拟湖南苗疆善后章程六条折》中提出禁止汉苗结亲，因为"自乾隆二十九年弛苗民结亲之禁，客土二民均得与苗人互为婚娅，因之奸民出入，遂渐设计盘剥，将苗疆地亩侵占错处，是以苗众转致失业，贫难无度者日多"，这才让石三保、石柳邓等以"焚杀客民，夺回田地"为口号起事，穷人纷纷参与①，所以提出禁止汉苗通婚。此后，清朝中央政府对汉苗结亲开始有条件地禁止，这在整个南方民族地区都相同。"乾隆二十五年议准民苗结亲原系例禁，前经奏准永顺一府及永绥、绥宁各苗俱令与内地兵民结姻，其乾凤一厅并靖州通道等处，仍照例禁止。查苗峒僻处深山，服饰风俗究与民人有别，情愿婚姻者大率游手无赖之民，利其产业；而苗性贪得财礼，借其力作，久之情意不投，每滋讼狱，且恐奸民借口姻亲出入苗地，勾结成衅，应请概行禁止，其现在已婚已娶者，饬令娶回不许赘居苗寨。如奉禁后仍有违例结亲及无故擅入苗地者，按例治罪，失察之地方官照例参处"②。清代对南方民族与汉族结亲的法律变化是处于一种不太稳定的状态中，总的是在禁止汉民与其他南方民族通婚，同时又移植汉族婚姻法律到南方民族中去。

在台湾地区，有乾隆二年（1737年）巡台御史白起图等奏准禁止汉番结亲的法律：

> 嗣后汉民不得擅娶番妇，番妇亦不得牵手汉民。违者，即行离异。汉民照民苗结亲例，杖一百，离异；土官、通事照民苗结亲媒人减一等例，各杖九十；地方官照失察民苗结亲例，降一级调用。其从前已娶、生有子嗣者，即行安置为民，不许往来番社，以杜煽惑生事之端。③

---

① 参见《湖南苗防屯政考》卷3《征服上》，第580页。
② 《皇朝政典类纂》卷388《刑二十·兵律关津·私越冒度关津·事例》，第8495－8496页。
③ 《续修台湾府志》（中册），台湾文献史料丛刊第一辑，第583页。

从这里可以看出清代对汉苗结亲法律中的具体规定，各地方官员有失职的都要受处罚。这在清代《六部处分则例》上就有如何处罚民番违例结婚时主管官员的规定："台湾汉民不得擅取番妇，违者，土官、通事各杖九十，地方官降一级调用。"① 这与上面是一致的。这种法律一直到同治十三年（1874年）沈葆桢提出放开台湾各种禁令时才废除②。

通过上面的分析可以看出，清代南方民族与汉族结亲是属于违例的，不仅当事汉族要受处罚，相关官员也要受处罚。对于违例结亲者，婚姻无效，责其离异，汉民杖一百，媒人杖九十。在台湾番社土司、通事按其他地区的媒人类比，也杖九十；对相关官员也有处罚的规定。这在《六部处分则例·内地百姓私通苗疆》中有"苗疆世居百姓与苗民结亲，听从其便；如未经入籍之客民与苗私结姻亲，以致诱拐贩卖，将失察地方官降一级调用，上官罚俸一年"③。

在另一方面，清代在南方民族地区又积极推行移植汉法政策。雍正八年（1730年）永顺府改土归流时，第一任知府袁承宠在革除土司21条陋规时有"服饰宜分男女；公媳内外宜有分别"④，实质上是在家庭关系中推行汉法，改革本地民族固有的习俗。乾隆时期赵翼在镇安府为官时，对镇安府民族中存在婚后异居的习俗进行改革，但他很真实地说明此举效果不是很好："余在镇安欲革此俗，下令凡婚者不许异寝，镇民闻之皆笑，以为此事非太守所当与闻也，近城之民颇有遵者，远乡仍复如故云。"⑤ 清代在改土归流地区往往改革各民族婚姻家庭中的固有习惯，最明显的是在湘西、鄂西等地区，下面以此为例说明。

清政府在改土归流后对这一地区进行了全方位的婚姻家庭上的法律改革，

---

① 《钦定六部处分则例》卷20。
② 沈葆桢在《台地后山请开旧禁疏》中提到"台地民人不得与番民结亲，违者离异治罪，地方官参处；从前已娶者，毋许往来番社，违者治罪"，这是沈葆桢在提出废除关于台湾地区一些特别法律时说到的六条法律之一。盛康辑：《皇朝经世文编续编》卷91《兵政·台防》，近代中国史料丛刊第八十五辑，台湾文海出版社本。
③ 《钦定六部处分则例》卷40《边防·内地民人私赴苗疆》。
④ 谢华编著：《湘西土司辑略》，中华书局1959年版，第103页。
⑤ （清）赵翼著：《粤滇杂记三》，小方壶斋舆地丛钞，第七轶。

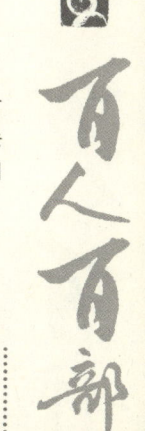

涉及方方面面。湘西土家族中有一种摆手舞，在各种庆典中常举行。改土归流后，当局者下令说："切思民间妇女均属赤子，乃以歌舞取乐，风化尚堪问乎？应请严禁以正风化。"

在服式上进行改革，具体是改穿汉装。这一地区的民族最先是男女服式均一式，头裹刺花巾帕，衣裙尽刺花边，不拘男女，都是系短衣打赤足。为此提出"服饰宜分男女也"，要求"尔民岁时伏腊，婚丧宴会之际，照汉人服色，男子戴红帽，穿袍褂，着鞋袜。妇女穿长衣、长裙，不许赤足，岂不有礼有仪，体统观瞻"①。

过去这一地区的各族百姓中男女在社会交往中没有什么严格的分别，都可以自由交往。"州属向来土俗，无论亲疏，即外来行客，一至其家，辄入内室，甚而坐近卧榻，男女交谈，毫无避忌。"流官认为这种社会习俗大伤风化，于是规定："男子十岁以上，不许擅入中门；女子十岁以上，不许擅出中门，载在典礼，所以严内外之别也。中门者，内庭住宅之门。若民居浅狭，即内室之门是也。"这是儒家经典《礼记》上所载的规范。为此提出："嗣后务其严肃内外，分别男女，即至亲内戚往来也，非主东所邀，不得擅入内。至其疏亲外戚，及客商行旅之辈，止许中堂交接。违者，宾主责俱难逃，凛遵毋忽。特示。"② 这是用汉法中关于男女交往的规范来改造各民族群体的固有规范。在男女交谈用语上，要求各民族群体家长对女儿语言进行规范。"凡一切不经之言，对女无轻出诸口，女子说不应说之话，即戒惩之，毋令与男子同坐，以礼约其身，久久习惯，自尔端庄矣"。

在分家异居上，由于当地过去生产水平不高，往往是孩子一结婚就分居，"容美旧俗，凡子孙分出另居，即名分火"。此与汉法中祖父母、父母在不可分财异居不相符，对此规定"嗣后，即兄弟各居，祖父母、父母衣食稍有不给，子弟当供奉之，富者勿吝，贫者竭力"。这是对于法令颁布以前已分家者的要求。对于颁布之后，若"敢有执分火之说，以路人相视，访知之，杖一百不贷"。也就是祖父母、父母在就分财异居者要受法律处罚，这样在当地民

---

① 乾隆《永顺府志·檄示》卷11。
② 参见乾隆《鹤峰州志·文告》卷首。

族中移植了汉法中的相关法律。

在家嗣承袭上移植汉法。旧时此地区各民族在家嗣承袭上是"旧日土民无子，无论异姓，即立为子"。这种行为在汉法看来是乱宗恶俗，是很大的社会、法律问题，"乱宗渎伦，莫此为甚"。法律对此类行为严格禁止，提出"敢有以异姓为子，及随母异姓之子为子者，事发定照律杖六十；以子与异姓人者问罪"。并要求按汉法继袭制度进行："嗣后有无子者，照律先立同胞子侄，次于嫡堂从堂，再从堂依序立侄为嗣。如无侄可立，方与远房及同姓中照世次择立，承奉宗祀，传授产业。"这就在当地民族中确立了汉法中的宗法继承制度。

禁止以婿为子，承袭家业。南方民族中普遍存在以婿为子的习俗，这在台湾高山族、云南地区各民族中都一样。清代嘉庆五年（1800 年）师范就在大理地区立有《永禁以婿作子约》，这说明此地区广泛存在着以婿为子的习俗，否则就不会由他去革此俗①。在湘西地区"旧日土民无子，即以婿为子"。这在汉法看来是以他姓乱自己宗姓的行为，为此清政府规定："个凡有招婿养老之家，如无子孙，仍按律于同宗应继者，立一人为嗣，家产均分，不得以有婿不必另立，绝其宗祀。违者，照乱宗律治罪。又律载，止有一子者，不许出赘，违者法究。"这是要求按汉法立嗣原则来改造各民族以婿为子的法律传统。

在婚姻方面，《鹤峰州志》上有："本州土俗，不知家礼，娶妻不论同姓；又异姓姑舅姊妹，罔顾服制，否则指云让亲；更有不凭媒妁，止以曾经一言议及，即称曰放话，执为左券者。"从这里可以看出当地婚姻有以下几个方面的习俗：首先不避同姓，不避服亲；其次盛行舅权婚；再次是婚姻上以自由相恋为主，没有媒妁之言。对于这些婚姻形式，传统汉法认为这不仅是违法的，还是一种破坏伦理纲常的行为。所以清政府在婚姻上提出了详细的改革措施。

第一，废除同姓通婚及异辈间通婚的习俗。"嗣后男女婚姻如属同姓，不许议及，即异姓虽无服制，而尊卑名分犹存者，亦不许议及。"要求不仅同姓

---

① 《大理丛书·金石篇》（十），第 242 页。

不能通婚，辈分不同者也不能通婚。

第二，推行婚姻须经媒妁议婚，订婚以男方下聘礼，女家回报婚书为准，革除"放话"定亲方式，革除舅家对外侄女的主婚权。"如有议婚者，请凭媒妁，两家通知明白，必各情愿，然后行聘。待女家受其聘礼回报婚书，女不得悔；否则男家不得借'放话'二字，辄以悔婚具告。至于主婚，女家自父母、祖父母外，伯叔兄姊有人，外姻远族不得干与，如有不遵，按律法究。""两姓男女年纪相当，又无亲属服制，而男女父母情愿结姻者，必先央媒妁将男女有无废疾及乞养过继，通知明白，然后行聘定礼，一有不愿，即止。"这里把主婚权转给结婚双方的父母，取消舅权婚中舅舅家对外甥女婚姻中的主婚权，同时只要不是同姓的亲戚，又没有服制，就可以相互通婚。虽然这里把舅权从婚姻中排除，但对结婚者来说还是没有自己的选择权，因为主婚权属于双方父母。

第三，改革过去年龄相差过大可以结婚的习俗，结婚者年龄应相当。"男女婚配，必须年纪相当。查此土有男子三十岁而女未及笄者，又或女子二十、三十岁，而男尚勾象者，年龄不配，伉俪必乖，为父母者是诚何心！嗣后务宜悛改，敢有故违，一经访闻，或被知发，罪坐立婚，男女离异。"这说明当地民族中存在男女年龄相差很大也通婚的习惯，这种婚姻现象的存在是由于舅权婚造成的。

第四，把主婚权收归祖父母、父母，取消子女对自己婚姻的决定权。"至于选婿，祖父母、父母主持之，不必问女子之愿否。或女子无耻，口称不愿，不妨依法决罚。一经聘定，终身莫改。"

第五，行聘礼作为婚姻法定成立的条件。在汉法中，婚姻成立是以下聘礼、给年庚书为准。"行聘之期，男家择定必先托媒妁通知女家。其行聘礼物随力制备，富者绢帛、簪环、果酒等物，贫者寸丝尺布或仅簪环亦可。"聘礼的多少不是关键，关键是双方要通过此交换子女的年庚书，也就是分别开给庚书，"惟庚书，女男二家俱不可少。今随地通变，庚书许各用红全一合，男家书写第几男，某年月日时生。全面写'庚书'二字"。女方家收到男方庚书、聘礼后，也用规定的庚书把女儿的年庚回报男方家。"女家收聘，亦用红全书写第几女，某年月日时生，面写'庚书'二字，再用红全于首页之前写姻眷弟某顿拜"。通过互换庚书，双方的婚姻在法律上就成立了，"此礼既成，终身莫悔"。也就是说下聘礼及相互交换庚书是婚姻成立的法定条件。

第六，达到法定婚年后，男方在娶前，应先请期，女方家同意后才娶。在娶时应以汉族的方式进行，"男子十六以上，女子十四以上，婚姻及时，男家先择日期，早托媒妁通知女家，如女家许约，男家量力制备衣饰、布帛、果饼等物……然后遣人同媒押送女家"。女家同意男方家提出的婚期并收下礼后，"此期一定，两家不得爽约"。到期就得迎亲，迎亲时应男者乘马，女者坐轿，不能用背的方式进行。把女子接到男家后，进男方家及见其父母的方式具体按各自本地礼俗，"至夫家，一切拜见礼文听从乡俗"。

第七，在各地民族中存在当夫妻双方不合时，妻子常逃回娘家，时间长了就改嫁的习俗，称为"背夫私逃"。"背夫私逃之风宜禁也。旧日土民妇女，以夫家贫寒，或以口角细故，背夫逃回。而女家父兄不加训诫，以女为是，收留经年累月，纵其所为，甚至背义毁盟，妄称改嫁，此种恶习，可耻可恨。"为此规定："嗣后妇女有背夫逃归者，事发除将妇女按律杖一百，听夫去留外，其纵容之父兄，定照不应重律，杖八十，并枷号示众。"这其实是反对自由离婚、改嫁。

第八，对寡妇再嫁的规定。对寡妇不是一律要求守节，而是同意改嫁，主要是对寡妇改嫁的主婚权及财礼的收受者进行法律规定。过去，在寡妇改嫁的主婚权与财礼收受上常常产生纠纷，焦点是原夫家与娘家对这两个权利的争夺，还有就是有人往往以"放话"为由，到改嫁时争诉。"有种不法之徒，捕风捉影。辄向孀妇家亲族或母家亲属求取，此言一出，即曰放话。倘后议婚不果，即以放话为词，以悔婚具控。又或女家父母兄弟已私将孀妇许人，而夫家亲族又将孀妇许人者，每遇再醮，告争多端，总由主婚受财无一定之人所致。"为此规定："今本州访照俗例，揆之情理，定为规模，嗣后孀妇再醮，许母家择婿，夫家受财，亦必彼此通知明白，然后聘娶。违者，一经告发，分别究处。"这里采用了务实态度，对本地寡妇再嫁不是一律禁止，而是对改嫁中易产生的纠纷进行规范。在立法上既参照本民族的习俗，又考

虑到汉法的价值取向，成为移植与本土化结合的产物①。

上面是以鹤峰州在改流后婚姻家庭中的法律改革为中心来考察湘西、鄂西南、渝东地区各民族婚姻家庭法律的变迁。从中可以看到清代在南方民族地区改土归流后常常是采取把汉法移植到这些民族地区去，同时也进行一些本土化改造。

清末时政府在对南方各民族与汉族通婚问题的态度上发生了根本性的变化。光绪元年（1875 年）沈葆桢提出改革台湾地区法律禁令的奏折中就提出废除禁止民番结婚的禁律；内地最有代表性的是大凉山彝族中心地区在清末赵尔巽等驻川大员提请建立昭觉县时，在《创定汉夷简明约章》和《新定居民约章》中提出汉夷可以自由通婚，只要到官府登记就行。如在《创定汉夷简明约章》中有"汉夷本属同种，同为皇上子民，有愿结婚者，尽可通行"，在《新定居民约章》中有"汉夷结婚、租房、佃地均准通行，但须禀官立案"②。这里把夷汉称为"同种"，说明清末在西方影响下，南方官员开始出现了主权—国家观下的民族观，不再用以前的"华夷观"来看待南方民族与汉族的关系。

在继承方面，本书在讨论土司承袭法律中已经讨论过。国家在南方民族中主要就是在继承中建立起嫡长子继承制度，这里不再重复。对于民间，国家一般不会过多地去干预具体的继承情况，也可以从前面所介绍关于立嗣的法律中看出。立嗣的变化，导致了继承权的变化。

二、南方民族内部婚姻家庭及继承法律的变化

元明清时期南方各民族在与汉族交往后，也在实践中引进了汉族婚姻家庭中的相关法律规范，这从不同时期的地方志所记载的各民族习俗中可以看出。

嘉庆二十二年（1817 年）贵州省镇远府有当地民族发起婚礼改革的立法，此立法通过官府认可后以官方法令形式颁布，并立《永定风规碑》，在立

---

① 以上引自乾隆《鹤峰州志·文告》卷首。
② 参见民国《昭觉县志稿·政教》卷 3，第 297－298 页。

碑时还把历次改革的内容都收入碑中，最后于光绪十四年（1888 年）再次立碑。在碑中有"各寨首人，约同共议，请示改装，恳换婚礼。伏蒙厅主谢准，给章程禁止"。具体是对礼金的规定：娘家九百六十文以作陪嫁之资，舅氏九百六十文以纳燕会之席。此外还对主婚权等进行规定：从改革以后，婚姻主权由父母收回，舅氏不得专权，同姓不准为婚，诱拐不准成婚配，男女不准同歌，朝夕不准聚会。在同碑中嘉庆二十二年（1817 年）镇远府正堂同意各寨头人婚姻改革的禁令中就有："嗣后男女婚娶，遵照定例，必由两家情愿，请凭媒妁，发庚过聘。不得效法苗俗唱歌聚会并舅家强娶，需索舅公礼娘头钱及强娶滋事。"这里主要是针对舅权婚和不经媒妁的婚姻形式进行改革。到同治年间，清江军民府同意的婚姻改革有："嗣后凡讨亲者，不拘舅家外姓，必须以礼相求，不得以还娘头。纵有两家情愿，其舅家江（红）钱只准取钱九百六十文，生身父母只准捡财礼九百六十文，以作陪嫁之资。"这里主要禁止娘头钱，即外甥女不嫁舅家时给舅家的财礼，因为在中国古代汉族中舅家儿子娶姑家女儿也很正常，但不像南方民族中是强制性规定。并由于舅权婚下娘头钱过重。"婚则专霸姑表，不需媒证。否则勒索多金，抗婚不许，故意要人以还娘头。不然，勒要江（红）钱三十、五十不等"。

从上面分析来看，这一地区的婚姻改革主要有五个方面：限制婚姻中聘金数额；主婚权收归父母，取消舅舅在外甥女婚姻中的特权；同姓不准为婚；男女婚姻必须通过媒妁之谋，不能自由婚配；对于舅权婚下的优先权取消，要求此类婚姻同其他婚姻一样进行①。

清代贵州江口县土家族省溪司副长官司代氏族规中有："同姓不婚，周礼也，古今未有易之者。至于兄收弟妇，弟转兄嫂，大干例禁。近日陋习，往往借口难割爱之说，公然收转，不顾伦常，与禽兽无异矣。故谱于此等人直书，转某兄嫂，收某弟妇，不稍隐护者，斥也。"这里主要是禁止同姓为婚、收继婚，从中可以看出当地有此类婚姻传统。在同地区正长官司《杨氏家训条例》中有："本族缔结姻盟务照伦，嫁女娶妇，亦当斟酌。总之，择婚宜贤，娶妇以德。若为门第，是选河睹居奇，宁止子女终身怨读（讟），抑亦宗

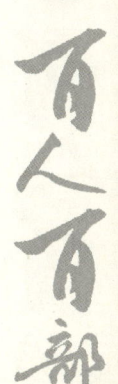

---

① 参见《贵州民族调查》（六），第 272 – 273 页。

祈体面攸关。"① 这里的婚姻标准完全是中国传统儒家的价值。从上面两个土家族土司家族的婚姻族规上看，价值上是儒家的，具体是反对同姓为婚、收继婚等本民族固有的婚姻形式。

广西隆林县德峨地区那地寨有光绪十四年（1888 年）婚姻改革碑："以定谟立，从今以后各份本人，每逢嫁娶，不准同姓为婚；无论姑父舅男，只要婚缘相对，两无抗拒，若讨闺女先付七千二百文，以鸡头作为婚据；定例头价礼金，钱准取一万文；母舅准食两千二百文，长房钱六百文，抬夫钱四百文，若下仆辈财礼皆可，上辈准食一千零三十文，于从完娶，不准往返娘家；若孀居岁二十上下者，准食六千，母舅钱四百文……男嫌妻者定银六十两，女嫌夫者一百二十两……"② 这里主要是对婚姻进行了新的规范，采用汉族同姓不婚，对婚姻聘礼规定数额即便是舅家也要付，禁止不从夫居婚姻的形式；对于寡妇改嫁的婚礼及舅家钱进行限定；离婚时，若是男弃妇赔偿女方银 60 两，妇弃男赔偿男方银 120 两。

同治年间广西有兴安、龙胜超过两个县的瑶族共同立的《兴安龙胜联合瑶团禁约碑》，这次立法中共有三条涉及婚姻问题，主要是对婚礼、妇女再婚聘礼数额、娶妾条件进行规范。在婚礼中规定"结发之亲，订上亲者，订礼八千，折干礼钱十四千文。不遵者公罚"。这其实是规定最高婚礼数额。规定娶妾条件是"以娶妇家，年已三十，若无生育，应从娶妾，外家不得异言，违者公罚无恕"。从这里可以看出当妻子年龄已达三十岁尚未生育，女方家应同意男方娶妾。此外，从文中也可以看出瑶族无子娶妾并非自身社会中通行的习俗。这可以从光绪十七年（1891 年）《滴水、容洞、六力、大进四村石碑》中得到佐证，碑文中有："招第二老婆，犯一百二十两。女人招外客，犯六十两。"女人外招客是指瑶族妇女招汉族入赘。在民国 2 年（1913 年）这四村立的另一碑上有："五料：过村招男女，有子不用，犯银五十大元正。招客犯银五十大元正。六料：在四村招第二老婆，犯银一百大元正；过村招第

---

① 参见《贵州民族调查》（六），第 370 页。
② 《四川广西云南彝族社会历史调查》，云南人民族出版社 1987 年版，第 263－264 页。

二老婆，犯银五十大元正。"① 从这里可以看出他们开始深受汉族宗法制影响，对招赘婿行为进行禁止，同时对娶第二妻的重婚行为也是禁止的，这说明瑶族本来没有多妻习俗。"再醮之亲，须宜相貌行聘，上亲者，礼钱二十千文，下定八百文，媒人钱每千二百文，表礼每千一百文，不准多取。如不遵者，罚不容。"② 这是对妇女再嫁的礼财及相关费用的规范，从中可以看出明显高于前面的婚礼，这说明虽然同意妇女再嫁，但在婚礼上是偏重的，实质是妇女再嫁的一种约束。

同治二年（1863 年）贵州荔波县就对舅权婚中赔偿金的九牛赔偿制和离婚改嫁婚中的"架菊木包"制③进行改革。具体是把九牛的赔偿金改为上户二十四千文，中户十八千文，下户十二千文。对"架菊木包"改成只准吃饱，不准带"丢"。此外在对寡妇改嫁上也规定，财礼最高是水牛二头，钱六百文；穷者只要钱三百文。这次婚姻改革受到当地青年的称赞，编成歌唱，在歌中对此评价道："年滴往地相隔二十里，来与银娜同商议，说出瑶民心里话，将'七牛'改用银毫抵，去掉'血统养育金'，'架菊木包'废除去。"④ 这里说出了此次婚姻立法改革上的主要内容及相关提议人。

贵州锦屏县内有清代康熙二十九年（1690 年）以来当地苗、侗等族的婚姻改革碑，其中康熙二十九年（1690 年）敦寨镇平江村"功德碑"中有两条，乾隆五十六年（1791 年）及嘉庆十二年（1807 年）文斗乡四里塘有"恩垂万古"、"千秋不朽"二碑，道光十一年（1831 年）有启蒙镇边沙村"八议碑"，同治五年（1866 年）黎平已得寨立有"严禁碑"（此碑共有 31 村

---

① 《广西瑶族社会历史调查》（一），第 57 页、60 页。

② 《瑶族石刻录》，第 92 页。

③ "架菊木包婚"又称为"十年赔育"，是当地瑶族中离婚者再婚时后夫对前夫所承担的一种财产上的补偿方式，具体是后夫招待前夫及其家族中全部男性成员一次酒肉餐，回时每人还要带走 5 斤糯米，称为"丢"，这才完事。否则以后每年前夫家人都去后夫家，直到得了所需数额后才止。这种方式与舅权婚相结合，维护了舅权婚的稳定。由于舅权婚姻，常常出现结婚后女方不愿相守而离婚改嫁的现象，此制度对改嫁妇女和与之结婚的男子都是一个沉重的负担。

④ 参见黄钰《荔波瑶山石牌》，《瑶族石刻录》，第 191 页；覃延生、项蔓《两块有关瑶族婚姻制度的石碑》，《贵州民族研究》1985 年第 3 期。黄钰认为《荔波瑶山石牌》的同一碑中是上户财礼二十四斤（猪肉），中户十八斤，下户十斤，笔者认为从此碑前后文来看，这里的"千"指一千文钱，即一"贯"，是正确的，不应是"斤"。

寨参加，其中黎平 18 寨，锦平 12 寨，剑河 1 寨），光绪二十四年（1898 年）同时立于彦洞和瑶白两村的"定俗碑"。这些碑中都有改革当地婚姻的立法内容，从碑文来看主要是改革舅权婚在婚姻中的不利作用。因为舅家索取舅公礼越来越重，在光绪年间的碑中有反映："康熙在位时用毛银，舅仪要九两，申扣纹银二两八钱以下；至嘉庆年间用色银，舅仪要银十二两，扣纹银六两……迨到光绪以来，得升平之世，普用宝银，女嫁男婚，不得六礼，舅仪勒要纹银数十余金。"舅公礼太重，对当地社会带来了很大的问题。道光碑中说出此类婚姻对当地社会造成的影响："姑表分财之规，不无陋弊，或借此而赖婚枉利，或因此而悬搁终身，以致内怨外旷，覆宗绝嗣，祸甚烈也。"这里说出这种婚姻对家庭的不利。同治碑中说："姑生女而舅有男，逼谐秦晋；冰未泮而漓已结，莫喻斧薪。甚或舅氏无子，竞索币以偿；否则甥女无家，遂终身不字。"说明舅权婚常常造成结婚后双方没有感情，出现未结婚就注定婚姻必然失败的现实①。同时由于舅家无子，姑家无钱，会造成甥女不得嫁的现象。舅权婚对家庭经济生活带来的影响，在光绪碑中有所反映："出室受贫，舅公反富。倘若郎家穷困并无积蓄，势必告贷，告贷不成，势必售产"，最后是"富者售尽家业得以为室，贫者绝灭香烟不得为家"。这种婚姻造成了人们生活的贫困。此外，按此类婚姻形式结婚也出现年龄不对称，男方或大十岁、二十岁不等，或是女方不喜欢而私奔，舅家为了要钱而大打官司等现象，出现"操戈于私室，产荡家倾，半由子女"的社会现实。为此，这些地区人们在实践中发现必须对此类婚姻进行禁止、限制。对此进行的改革立法主要是：对婚礼中礼金数额进行了限制，同时对舅公礼进行约束，后者是重点。在康熙碑中规定舅公礼为三两五钱；乾隆碑中为八两；嘉庆碑中接亲礼为五钱，定亲酒礼小则一两五钱，大则四两；道光碑中财礼六两；同治与光绪碑中分为上中下三类，前者为银十两、八两、五两，后者舅公礼为五两、四两、三

---

① 在清中后期，壮族著名女诗人达稳（1863—1884）就在 18 岁时迫于姑舅表婚习俗嫁给表兄覃某为妻。覃某是一个痴呆者，达稳再三要求离婚不果，后被迫出逃，后被捉归，遭夫家虐待，于 21 岁时自杀。达稳在死前作了《欢达稳》，此诗是有 18 节共 216 行的抒情诗。这是舅权婚对人性的摧残中著名的例子。见张声震主编《壮族通史》，第 1221 页。

两。乾隆碑中有"凡姑亲舅霸，舅吃财礼，揹阻婚姻一切陋俗，从今永远革除"①。这里想把舅公钱完全废止，但现实中还是没有消除。

从上面对南方各民族内部婚姻改革的立法来看，清代南方民族在婚姻方面的立法主要集中在以下几个方面：

第一，限制婚姻中的聘礼金额。这是婚姻改革中最主要的问题。南方民族在婚姻中往往由于聘礼过高，出现结婚难的现象，所以在很多有关婚姻改革的立法中都有限制聘礼数额的法律。从上面所分析的几个例子中都可以看到这一点。道光十七年（1837年）大理地区《长新乡乡规民约碑》中有"二婚财礼，准定十一二两之数，不得贪心倍取"②。

第二，限制和废除舅权婚。这种婚姻形式存在于南方很多民族中，又称为"还骨种"，"还骨钱"。从苗族的议榔、侗族侗款中都可以看到这种婚姻形式。在社会发展中，很多民族发现这种婚姻形式对婚姻的正常进行非常不利，所以往往采取立法禁止或限制的方式对其进行约束，使之不能破坏正常婚姻生活。从各种立法来看，主要是限制舅权婚，特别是"还骨钱"的数额。贵州台江县的反排地区在乾隆年间就有养应猫等人通过议榔方式对舅权婚中赔偿金进行了限制，具体金额为三两三钱③。在黎平侗族道光二十二年（1842年）《楠木山款碑》中，具体内容就有禁止舅权婚，碑中说"其姑所育之女，定为妻舅之媳，他姓不得过问。倘若舅氏无子，将女另配，舅氏索钱多金，稍有不遂，以致争讼伤和"。为此提出"嗣后，男女婚姻，必须由父母选择，凭媒妁过聘，不许舅霸姑婚，索诈土民等"。这实质上是废除舅权婚。在剑河县同治十二年（1873年）立的《永定风规碑》中也有"婚则专霸姑表，不需媒证，否则勒索多金，抗婚不许，故意要人以还娘头。不然，勒要江（红）钱三十五十不等。每每因此争竞，竟至酿成祸端"，以此提出"嗣后凡讨亲者，不拘舅家外姓，必须以礼相求，不得以还娘头。纵有两家情愿，其舅家江（红）钱只准取钱九百六十文"④。从中可以看出对舅权婚姻进行了改革。

① 参见姚炽昌《清人锦屏苗、侗族人民的婚俗改革》，《贵州民族研究》1991年第2期。
② 《大理丛书·金石篇》（十），第185页。
③ 《苗族社会历史调查》（一），贵州民族出版社1986年版，第167页。
④ 《侗族部分地区碑文选辑》，第20页、24－25页。

第三，废除收继婚。南方很多民族都存在收继婚，于是开始从立法或实践中禁止这种婚姻形式。因为这种婚姻形式违反了中国儒家价值核心原则。于是很多民族在汉法的影响下，纷纷禁止这种婚姻形式。光绪元年（1875年）在宁远府冕宁县有一案，这个案件的特别之处在于反诉者的理由。

> 为霸奸生子，首究乱伦事。情夷幼配唐哑吧（巴）血叔唐老五为婚，因夫病故，夷招马老三赘门。兹因夷子黎吗叱娶妻博杜乜，不料夷子身故，夷媳博杜乜陡被唐哑吧（巴）紊乱伦理，兄占弟媳，估霸夷媳通奸。突于今年二月，夷媳陡生一女，夷比投明张黑骨头等追问，夷媳已认系伊勾奸所生，伊估不承认。夷控在汛，沐刘汛弁讯问，伊反恶估遽，暗支人反将夷夫马老三等预控厅衙。似此乱伦奸孀，若不首恳（肯）作主，不惟目无法纪，且伦风奚存。为此首乞。①

这是一个堂兄通奸堂弟寡妻之案，在这个案件中彝妇叽耳吗提出的理由是兄占弟媳，属乱伦行为。但在彝族中兄收弟媳是固有法律传统，而这成为主要诉讼理由，说明当事人对汉法中的相关法律是很熟悉的。

第四，引进"同姓不婚"。这一点在很多民族中都很明显，其中最有代表性的是瑶族，瑶族一直坚持不与他族通婚，在清同治二年（1863年）荔波瑶山还有石牌规定："第四条：一议讨外（族）男女，罚牛八只，钱三千（文）。"② 但在明代以后，从《过山榜》中可以发现，在坚持仅与十二姓瑶人通婚的同时，开始出现新的禁止，那就是禁止同族内婚，这一点让很多人不解。为什么在《过山榜》中一方面禁止与他族通婚，另一方面又有不能族内为婚的条文？这里"族内"其实是指同一宗族内，不是指同一姓氏，也不是整个瑶族。这就是说禁止瑶族同宗为婚。这从民国 37 年（1948 年）荔波县立的一个案件审理判决碑中可以证明。此案是当地一个叫芦金贵的男子与一个覃姓女子结婚而引起的，在序言中有"盖闻我瑶族风俗习惯，自古以来，覃姓与芦姓同宗共族，不能通婚。乃有芦金贵，先暗与覃姓某女通奸，后又

---

① 《四川彝族历史调查资料、档案资料选编》，第 382 页。
② 《荔波瑶山石牌》，《瑶族石刻录》，第 191 页。

娶为妻室。查与地方规律，有坏伦纪"①。这里说明在瑶族中不是以姓氏来区别可以结婚与否，而是以是否同宗为标准的。苗族中也如此。石启贵在《湘西苗族实地调查报告》中关于苗族婚姻限制中就有系别相同不婚、异姓不婚之说②，其实是说苗族在移植汉族同姓不婚制时，主要是实行同宗不婚，因为在苗族移植汉族姓氏时往往出现同宗之人不同姓、同姓之人不同宗，如石、廖二姓是同宗而不同姓，所以禁止结婚。但在石、龙、张等姓氏中，往往又是同姓而不同宗。在民国元年（1912 年）五月湖南法制院编出的《湖南民情风俗报告书》之《婚姻》下"议婚"目中有"湘俗异姓同宗不为婚，保靖、宁远血统亦不婚。惟浏阳具有同姓不宗亦可婚之俗"③。在苗款中有："同宗鼓社的子女则兄妹，不能婚配……违者，罚以'自立牛'祭祖祭社，虽同宗同社，分社以后，可以开亲。"④ 这也证明这里采用的是同宗不婚制。

第五，采用媒妁制，改革通过各种公开方式订婚制。其中主要是禁止通过跳月等方式进行结识定亲。移植通过媒妁方式进行定亲，这种方式主要是把主婚权收归祖父母、父母，把汉法中的婚姻法引入各民族中。在前面讨论清代锦屏县改革婚姻立法碑中康熙碑上有"求聘定亲，止许庚帖为凭，革除酒席会亲"；乾隆碑中有"还问亲必欲请媒，有庚书斯为实据，若无庚书即为赖婚"；道光碑中有"姑表结亲，不得混赖，必要庚书婚贴为凭"；同治碑中有"致甥女长成而舅家有男，二比自愿结亲，先请媒妁向求，愿允，仍备聘金整备等件方准过门。亦无媒妁庚书，不准压逼结亲"；光绪碑中有"至于姑舅开亲，现虽在所不禁，然亦须年岁相当，两家愿意方准婚配，不得再行仍前估娶"⑤。从这里可以看出，在定亲上开始采用汉法，以庚书为准。对舅权婚下的婚姻，也必须比照其他婚姻形式进行，这也是对舅权婚进行约束的一种方式。此外，在清代，南方各民族中开始引入汉族地区的一些婚配原理，如五行克犯、六庚低昂等。而南方民族在婚姻上过去往往是杀鸡看卦。在黎

---

① 《荔波瑶族石牌律》，《瑶族石刻录》，第 246 页。
② 石启贵著：《湘西苗族实地调查报告》，湖南人民出版社 1986 年版，第 181－182 页。
③ 《湖南民情风俗报告书》，湖南法制院据湖南调查局访辑本印制，1912 年。
④ 李廷贵、酒素：《苗族习惯法概论》。
⑤ 参见姚炽昌《清代锦屏苗、侗族人民的婚俗改革》，《贵州民族研究》1991 年第 2 期。

咸丰四年（1854年）平侗族立的《永远遵照碑》中有："婚姻原配终身，倘有六庚低昂，五行克犯，照各俗处理。"①

　　由于在婚姻方面进行了各种形式的改革，婚姻的变化导致了南方民族家庭结构的变化。女性的地位在婚姻中下降也就是她们在家庭中地位下降的表现。反对招异姓为继子、招女婿为子时，也就是在对家庭结构进行变革。这些变化同时导致了继承权的相应变化。通过上面对婚姻法律变迁的分析，南方民族家庭、继承两个方面的法律内部变化也就反映出来了。当然，由于南方民族群体众多，不同群体所在的地理位置、社会发展水平不一样，因此各民族在婚姻方面移植汉法的程度也会不一样，表现出经济社会发展水平和地理上的差异性。

---

① 《侗族部分地区碑文选辑》，第8页。

第十章　元明清时期南方民族纠纷
解决机制的变迁

　　元明清时期由于国家政治权力深入到南方各民族群体的政治生活中，导致南方民族纠纷解决机制发生了质的变化，最突出的是各民族群体纠纷解决中出现了一个外来机制——国家司法解决机制。在实践中外来纠纷解决机制在政治权力上处于绝对优势，有取代乃至消融南方各民族群体固有纠纷解决机制的趋势。同时对于南方各民族的社会主体来说，由于有了两套纠纷解决机制可供选择，纠纷主体也有了选择机会，在实践中常常是在纠纷产生时先通过本民族群体固有方式进行解决，当当事一方不能达到预期目的时就会选择外在纠纷解决机制。这成为这个时期南方民族纠纷解决中的显著特点。

　　这里用纠纷解决机制而不用诉讼是因为在当时很多纠纷解决不仅有司法方式，还有其他方式，并且各民族固有纠纷解决机制也很难用诉讼来界定。另外，在以汉法为中心的国家纠纷解决机制中，也不全是通过诉讼方式来解决。纠纷解决机制要比诉讼广，它可以包括社会主体间产生的各种各样的社会性冲突解决机制。

第一节　元明清时期南方民族中外部
纠纷解决机制的变迁

一、元明清时期外来纠纷解决机制的移植

　　元代以后，中央政府在南方民族地区司法建设上就是要把南方民族中各种纠纷解决尽量纳入国家的管辖之中，但正如本书《理论篇》中所述，南方各民族都有自己解决纠纷的机制，于是国家虽然有这样的动机和目标，但在

司法实践中却不得不存在很多本土化的现象。同时由于这三个王朝对南方民族群体的控制程度也不一样，各自在统治策略上也有一定的差别，所以在移植汉法纠纷解决机制入南方民族的过程中也表现出不同的特点。这当中差异是很大的。

（一）元明清时期国家对南方民族司法管辖的变迁

由于资料不足，本书对元朝在南方民族地区的司法运作情况很难有详细的说明。从元代对全国的民族群体划分上看，南方民族被纳入了汉人（云南行省内的各民族群体）或南人（湖广行省大部分民族）。在法律适用上元代采用"各依本俗"的司法原则，所以南方民族在法律适用上如有自己固有法律的就适用自己的固有法律，对南方民族的法律适用国家不认为是一个特殊问题。这在至元十六年（1279 年）六月有"诏谕王相府及四川行中书省，四道宣慰司抚治播川、务川西南诸蛮夷，官吏军民各从其俗，无失常业"①。这里说到对南方民族的法律适用问题，可以看出与整个国家的原则是相一致的。这样，元代在法律实践中更多关注的是北方民族群体间法律的适用问题，而对南方民族群体却很少当做重点来关注。

在元代，统治者对南方民族并不像明清两朝那样把它们当做特殊群体来治理。从元朝在南方民族的行政制度设置上看，由于在各级行政机构中都设有达鲁花赤作为第一行政长官，同时在南方民族中大量使用本土民族首领作为相应行政级别的佐贰官。这种官制上的安排可以说在一定程度上保证了南方民族各社会主体的纠纷解决都有各民族参与。此外，在元代的纠纷解决制度之一"约会"制度上并没有对南方民族进行特别规定。从大理地区存留下来的元代碑文来看，元代对南方民族群体社会主体间的纠纷只要司法上被国家管辖，在法律适用上就适用汉法。因为在南方设有路、府、州、县的地区都设有负责狱诉的官员。至正二十八年（1368 年）云南大理《追为亡人杨昭宗神道碑》中有"儒林郎前大理路推官滇郡李敬仁撰"，在此前后的《追为亡人大师李珠庆神道碑》上也有"征事郎大理路军民总管府推官王荣书丹"，"推官"在元代的职能是专门负责司法审理的。《元史·百官志》中《推官》

①《元史》卷10《本纪10·世祖本纪七》。

史料，土官不能管辖奸、拐、命、盗及民事在三百两以上的财产诉讼案件，也就是说广西土官仅能管辖轻微的违法行为及案值在三百两银子以下的民事纠纷，如赌博、偷窃等轻案。雍正四年（1726年）十二月二十一日对南方民族的命盗重案进行划分，加强了土司对辖区内的重案责任，其实也是加强了国家对案件的管理。"流官固宜重其职守，土司尤宜严其处分，应分为三途：盗由苗寨，专责土司：盗起内地，责在文员；盗自外来，责在武职……嗣后除命盗案件照例处分，如有故纵苗、猓扰害土民者，该督、抚即将该官土司奏请革职……并行令云南、贵州、四川、广西、湖南五省一并遵行。从之"①。这里不仅把命盗重案收归国家管辖，同时土司还要对自己辖区内的案件负责。

其次，积极扩张国家对南方民族案件管辖的范围。这不仅包括改土归流，还通过立法把土司地区一定性质的案件纳入国家管辖之中。清代广西各土司的命盗重案都由附近州、县流官承审，也就是说由州、县的流官代为管辖，具体是：宜山县承审忻城土县及永定、永顺二长官司命盗案件；天河县承审永顺副长官司命盗案件；河池州承审南丹土州命盗案件；东兰州承审那地、东兰二土司命盗案件；武缘县承审白山、兴隆、那马、旧城、安定、古零六土司命盗案件；百色同知承审田州、阳万、上林、定罗、下旺、都阳六土司命盗案件；新宁州承审土忠州命盗案件；隆安县承审果化、归德二土司命盗案件；上思州承审迁隆岗土司命盗案件；崇善县承审土江州命盗案件；左州承审太平、安平二土州，罗白土县命盗案件；养利州承审万承、龙英、全茗、茗盈四土州命盗案件；永康州承审结安、佶伦、都结、镇远、罗阳五土司命盗案件；宁明州承审思州、下石、凭祥、思陵四土司命盗案件；龙州同知承审上龙、上下冻二土司命盗案件；奉议州承审都康土州命盗案件；天保县承审向武土州命盗案件；归顺州承审上映、下雷二土司命盗案件②。从这些可以看出，清代广西地区几乎所有土司辖区内的命盗重案都纳入了国家的管辖之中，再加上案值三百两以上的民事案件也收归流官体系管辖，这样可以说清代把南方民族地区的重大案件在法律上都纳入了国家管辖之中。广西地区土

---

① 《清世宗实录》卷51。
② 参见嘉庆《广西通志》卷177。

官在案件管辖上的最大变化出现在雍正十年（1732 年）高其倬《敬陈邓横善后等事疏》中，在疏中高其倬提出将原属太平府管辖的邓横等四寨六团之地归宁明州管辖，设知州一员，对太平府辖下的上下石西土州，凭祥、思陵土州"凡有相验承审案件，俱归该州办理"，思明土府下安马等村归宁明州管辖，其一切案件也归宁明州管辖①。清代还通过在民族地区设抚民官、理苗官等，把这些地区的案件纳入国家管辖之中，

康熙四十四年（1705 年）湖南巡抚赵申乔在《奏陈苗疆善后事宜九款疏》中，提出"苗民盗窃及抢夺杀伤等事，俱应照内地州县命盗之例"一款及"红苗捉人勒赎之例宜严"一款②，这两款其实就是提出把这一地区的这几类刑事案件收归流官管辖。道光二年（1822 年）十二月提出把"永顺府古丈坪同知（原先是督捕同知）改为抚民同知，该西英等四保地方一切命盗词讼案件概归该同知管理审办，应行添建监狱，专员经管"③。该同知只能审理军、流以下的案件，以上得转到永顺府审理。最后中央同意了该立法。通过这个制度上的改建，加强了对当地苗民纠纷的管辖。清代在很多地区通过改设尚未改流地区的吏目官职，以增加他们的职权，让他们对当地的诉讼进行管辖。

在贵州，康熙四年（1665 年）对水西改土归流时有"内比喇再设推官一员，承理三府刑名大案"④。这样把过去水西地区的重刑案件收归国家管辖。乾隆十年（1745 年）十二月贵州总督兼巡抚张广泗提出对黎平府属赤溪司旧上下衙管寨，镇远府属邛水司瓦寨，清江所属那磨等寨，"请就近改隶清江通判，其寨民应纳粮米及词讼等卷，俱归该通判征收管理"，乾隆帝"从之"⑤。这类改设实质是加强了国家对这些地区案件的管辖。

在乾隆十年（1745 年），四川巡抚纪山上奏提出四川宁远府冕山县原在瓦尾设有县丞一名，但与县城较近，当地"一切民傈事件，俱赴县控诉"，建

---

① 乾隆《广西通志》卷 113。
② 《湖南苗防屯政考》（二）卷 3《征服上》，第 540 页。
③ 《湖南苗防屯政考》（一）卷 2《建置》，第 510 页。
④ 《清圣祖实录》卷 15。
⑤ 《清高宗实录》卷 254。

议把该县承迁移到距县城一百零七里的冤山，对当地"遇命盗案件，即令验勘"，最后中央政府以"从之"同意①。这一改制有利于对当地彝族命盗重案的管辖。因为距离太远，民间往往会把案件内化掉。

清代还加强了对各民族跨省作案的管辖。因为南方很多民族跨省而居，常常有人到相邻省地作案，后又回到本省。由于管辖区不同，出现此种案件得不到有效处理，同时南方各省地方官对此类案件也不愿去管。雍正三年（1725年）三月雍正帝下谕说："从来两省交壤之地，其界址多有不清，云、贵、川、广等处为尤甚，间有一省之内，各州、县地界亦有不清者。每遇命盗等事，则互相推诿；矿厂、盐、茶等有利之事，则互相争竞，甚非息事宁民之意。"② 这里可以看出清代南方民族地区由于各省、府、州、县辖区不清，当遇到刑事重案时往往出现相互推诿的现象。雍正三年（1725年）云贵总督高其倬上奏提出"黔省与楚蜀滇粤接壤，多民苗互相仇杀抢劫之事。请嗣后定例，夷人越界未曾为非者，仍拿送本省。如系越界偷抢及助人仇杀者，即在拿获之省审明发落"，最后中央政府同意"均应如所请"③。在贵州与广西地区出现广西西隆州古障地方土目王尚义等与贵州普安州捧鲊地方苗目阿九等历年相互夺争歪染、乌舍、坝犁、鲁磉等寨，仇杀多年不能决案，对此雍正帝大为生气，雍正五年（1727年）要求两省大员出来解决，并要求刑部制定此类案件的审理期限④。

乾隆三年（1738年）云南广南府下新设宝宁县，由于该府设有土同知，这样在府所在地又设流官知县，形成土同知与知县同驻一城的现象。对此应如何处理二者的司法职能呢？云南巡抚张允随提出："凡命盗案件，请令宝宁县移会土同知一体查缉。限满无获，将知县与土同知一并揭参。至土富州与宝宁县分管命盗案件，亦令将移解承审之处，分别考成。"最后是"应如所请。从之"⑤。从这里可以看出其实是变相加强了对这一地区命盗案件的国家

---

① 《清高宗实录》卷 244。
② 《清世宗实录》卷 30。
③ 《清世宗实录》卷 31。
④ 《清世宗实录》卷 54。
⑤ 《清高宗实录》卷 74。

管辖。嘉庆二十四年（1819年）正月乙卯，嘉庆帝在批谕伯麟《筹办临安江外善后事宜条款》中有："（临安府江外）其土司、土舍案件改归附近州县办理一条，著照所请。纳更土司及稿吾卡土把总所属案件，改归蒙自县承办。左能、恩陀、落恐、瓦渣四土舍所属案件，改归石屏州承办。溪处土舍所属案件，改归建水县承办。一遇命盗案件，该土司、土舍一面报明临安府，一面即就近呈报该管州、县，前往查办，俾免稽迟。"① 说明这一地区土官辖区内出现命盗重案时改由流官管辖。咸丰二年（1852年），云南永北厅经历驻旧衙坪地方遇有抢劫盗案，令该管土司即时上报该经历，由该经历带仵作去勘察，限期缉拿②。这实质上是把这一地区的命盗重案管辖权从土司手中收归流官管辖。

通过以上分析，可以发现清代国家通过各种方式加大了对南方民族刑事案件的管辖力度，以使南方民族在刑事案件审理上有统一的解决机制。

最后，国家在加强对南方民族司法管辖的同时，在立法上对南方民族在法律适用上、审理程序上进行相对本土化。最主要的就是承认一些民族可以适用本民族的固有法。乾隆帝对古州等处的训谕中有："又以苗地风俗与内地百姓迥别，谕令苗众一切自相争讼之事，俱照苗例完结，不治以官法。"这个谕令在清代成为一个法律原则，这一法律原则在司法实践中有两种形式。

一种是南方民族发生案件时由国家审理，但在法律适用上采用各民族固有实体法。具体案例有康熙二十二年（1683年）贵州巡抚杨雍建审理张大统与张国权互相仇杀案和乾隆九年（1744年）张允随审理云南孟连河东、河西夷目相互仇杀案，这两个案例在法律适用上都采用南方民族固有法为实体法，具体地说，就是在处理上都通过赔命金结案。由于前面已经有说明，这里不再重复。雍正十年（1732年）贵州按察使方显在奏议中有："但查，久经归服熟苗，化导日久，有犯应与内地人民一体治罪，以昭惩戒。若新开苗疆，从古化外，不知法律。今虽投诚而渐摩未深，犹蹈仇杀故习，每有命案多不报官，或私请寨老人等理讲，用牛马赔偿，即或报官，又多于报后彼此仍照

---

① 《清仁宗实录》卷353。
② 参见《大清会典》卷125《吏部109·命案检验》。

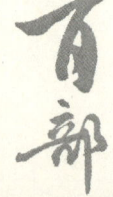

苗例讲息，将尸掩埋，相率拦捡，不愿官验。倘地方官径行准息，即违例干处。若必欲起验，而原、被等又往往抛弃田宅，举家逃匿，以致悬案难结，承缉承审诸员虽受参罚，实属冤抑。臣请归附已久熟苗，有劫盗仇杀等案，应照内地审结；至新开苗疆，如古州、清江、九股、丹江、八寨等地，除劫盗及伤毙汉人、情罪深重、难以宽纵者，仍照律究拟外。其各寨仇杀、斗殴、人命，凡具报到官，即准理。如受害之家，必欲究抵，亦应照律审断。或其中有情愿照苗例以牛马赔偿，不愿检验终讼者，似应念其归附日浅，准予息结，详明立案。"上报后，雍正帝批旨"伊论议甚是"①，采纳了此提议。从中可以看出，对于苗疆地区同意苗民按苗例审决的规定，实质是在具体案件审理中适用各民族的实体法，在管辖上仍由国家管辖。

另一种就是从程序法到实体法上都适用南方民族固有法。如在云南西双版纳地区，可以说绝大多数案件的审理从程序法到实体法上都适用傣族固有法。此外，上面论述到的国家承认由各民族土官头目管辖案件的整个处理过程都是依照本民族的固有法。如湖南巡抚蒋溥提出"苗人户婚田土、偷窃雀角等细事，各令具报到官，责令寨头、甲长照苗例理处明白，取具遵依存案"②。这是从程序到实体法上都适用"苗例"，即湖南各地各民族的固有法。

这方面清代还在国家对南方民族案件由流官管辖审理时对南方民族进行本土化。具体有两个方面，一是在实体法上，二是在程序法上。

在实体法中主要体现在处罚规定上，如在法律中有：

> 土苗夷保命盗等案，无论案之大小，皆照内地所定事件限期审结。承审案件，以获犯到官之日为始。盗案限十月，命案窃案限六月，杂案限四月，限满不结，照例咨参。接扣限期完结，如仍不审结，该督抚题参，照易结不结例议处。至苗夷有犯军流徒罪，折枷责之案，仍从外结，即抄招咨送刑部查核，其罪应论死并情关重大者，一概不准外结，亦不准牛马银抵偿，务按律定拟题结。如有不肖之员，或隐匿不报，或改捏情节，在外完结者，事发之日，将该

---

① 《雍正朝汉文朱批奏折汇编》，第22册。
② 中国第一历史档案馆：《朱批奏折·民族》，胶片编号71。

员照溺职例革职，其失察之该管各官，一并议处。①

从上可以看出清代国家对南方民族地区徒刑以上的案件都进行管辖，但在处罚上对南方民族有国家特别制定的处罚法。

此外还表现在对南方民族地区官员审理案件时法律责任的特别立法上。如南方民族地区各民族犯徒刑以上的罪可以通过折枷免于迁徙，于是出现南方地区汉族冒充少数民族以图折枷免迁徙的现象。为此朝廷制定了"土苗地方百姓有犯遣军徒流等罪，俱照例充发。如捏称土苗，希图折枷免徙，承审官失于查出，系军流遣罪，失出例罚俸一年，系徒罪照失出罚俸六个月"的规定。这方面规定的不仅有流官还有土官。按《六部处分则例》内容很广，土官在自己管辖的土民犯有命盗抢掠案时，在规定期间内没有捕到，就要受到处罚；土民发生械斗，失察土官也要受到处罚。在台湾，高山族出来焚杀，地方官疏于防范，要受处罚，汉族私越番境也要受到处罚。

在程序法上主要是对南方民族审理案件的时限进行特别立法。康熙四十三年（1704年）规定，福建省的台湾、广东省的海南岛，起解各项犯人于正限两个月外，再展限两个月；命案于六个月正限外，再展限两个月②。清代对各种案件的审理都有期限，正常的省份，一般命案期限是六个月，盗劫及情重命案、钦部事件并抢夺掘坟一切杂案俱定限四个月。其限六个月者，州县三月解府州，府州一月解司，司一月解督抚，督抚一月咨题。其限四个月者，州县两月解府州，府州二十日解司，司二十日解督抚，督抚二十日咨题。但对南方地区，规定两广总督、广东巡抚所属的琼州，按照隔替展二个月，因为两广总督驻广州，海南由于隔海所以加以展限，福建省的台湾限为十个月。湖广衡州等所属有苗民的26州、县和乾州、平溪等卫，凡命盗案件于定限外展限二个月③。此外对南方民族地区距省城远的地区，对遣军、流、徒等人犯及命案中拟判徒刑的人犯，不必解省。如"广西省泗城、镇安、太平三府所属者，解赴左江道；思恩府所属之百色、武缘两处，解赴右江道。云南省昭

---

① 《钦定大清会典事例》卷119《吏部103·处分则例·边禁》。
② 《钦定大清会典事例》卷90《吏部74·处分则例》。
③ 《钦定大清会典事例》卷842《刑部120·刑律断狱》。

通府所属者，解赴迤东道；大理、丽江、永昌、顺宁四府，及永北、景东、蒙化三厅并所属者，解赴迤西道；普洱府及镇沅、元江二州并所属，解赴迤南道。贵州省黎平府本属，及所管古州、下江、开泰、永从、锦屏各厅县，解贵东道"①。

在南方民族地区命盗案件在审理时往往根据法律规定适用各民族固有法律，这样就出现适用各民族固有实体法解决南方民族间案件时，在审理上不必像其他案件那样进行不同级别的审理，即所谓外结案。在《大清律例》中有雍正三年（1725 年）规定："凡苗彝有犯军、流、徒罪折枷责之案，仍从外结，抄招送部，查核其罪。"② 到雍正六年（1728 年）吏部就复议贵州巡抚沈延正的疏言："黔省命盗案件，向援苗例，实属外结；后经督臣鄂尔泰题准，民苗一切案件皆扣限完结。今据司详定番、普定等州、县土苗命盗各案，从前各官既不依限缉审，逾限又不查参，若将按任之员一例议处又属冤抑。请将所报各案疏防承缉之官，自雍正元年起，以题明准到部复之日为始，逐案分别按限查参。"最后由吏部提出"就如所请"③。这是由于南方民族地区，特别是以贵州为代表的地区，在处理民族间命盗案件时可以通过适用各民族固有法来解决，不必上报复审，所以一些官员不认真处理，导致案件审理迟延。

在涉及各民族的诉讼中，往往不是通过差役，而是通过本民族的地方头人传送传票。乾隆二十四年（1759 年）规定："苗瑶遇有讼事上告，看洞寨传齐两道人证，秉公审断。审毕仍交洞案带回，勿令当役。经手各缉拿逃犯、奸匪，带着地方稽查。拿捕逃犯，不许兵役擅入瑶山，扰乱地方，洞寨毋稍徇纵，致于查究。"④ 这一诉讼方法适用于整个南方民族地区涉诉时对各民族的传审。

（二）元明清时期国家对南方民族司法管辖的特点

通过上面分析，可以发现元明清三朝在南方民族司法建设上经历了五个

① 《钦定大清会典事例》卷 845《刑部 123·刑律断狱·有司决囚等第二》。
② 《大清律例》卷 37《断狱·断罪不当·条例》。
③ 《清世宗实录》卷 75。
④ 《瑶族石刻录》第 57 页。

阶段，那就是：

第一，把南方民族不同群体间的相互纠纷，其中主要是相互间的仇杀案件收归国家管辖，也就是说这类纠纷最先由国家进行司法管辖。当然，这类纠纷有一个前提，那就是不能造成破坏地方整个统治秩序的政治动乱，主要不能形成对中央的反叛。否则就不再通过司法手段，而要通过征伐来解决。元朝《招捕总录》中的记载就证明了这一点。明朝《职官志五·土官》中有"有相仇者，疏上，听命于天子"①。这里明确说出明代国家对南方土官的管理功能，成为南方土官相互间产生纠纷时的审理者，包括司法审理和调解两种形式。这还可以从《明史·土司传·麓川宣慰司》中看出。当时麓川扩张，被侵掠的土司上诉到朝廷，朝廷往往派人到当地调解，当危害到国家在当地统治时，中央政府就开始征伐。天启元年（1621 年）三月乌撒土知府安效良入侵沾益，同时土舍安官保、水西、镇雄土舍也参与掠夺。最后朝廷派云贵川三省大员会审，判决"官保依律正罪，其抢掳沾益军民屯寨人财，烧毁房屋，逐一赔偿。水西、乌撒、镇雄助兵恶目各数十名擒拿正法，及安氏、奢社辉等各加罚治"②。此案由于是土司间掠夺杀人案，被国家管辖，并适用中原汉法。这样的案例很多，如明英宗天顺三年（1459 年）六月广东泷水县瑶族凤光山等七人自称"总管"，焚毁衙门，劫杀乡村，杀虏人财，被擒后送到京城。法司依法凌迟处死③。当然，元明两朝对南方土司相互仇杀案，一般先采取抚谕的办法，也就是进行调解，若不听，就派兵征伐，抓住主犯进行审判。成化八年（1472 年）十月贵州总兵都指挥同知吴经奏说九姓长官司土官蒙存与族人蒙理互相仇杀，攻长官司所在，不听抚谕，要求征伐。兵部认为："蛮夷仇杀，恐因而煽惑为患，宜行镇守总兵、巡抚三司管官悉抚谕；如强犷不服，逮问如律。"最后皇帝同意了此方案④。这是最有代表性的案件，国家一般不愿在出现土司仇杀时就出兵，但若国家干预后，不顺从的就会出现国家强制管辖。

① 《明史》卷 76《志第 52·职官五·土官》。
② 《明熹宗实录》卷 3。
③ 《明英宗实录》卷 304。
④ 《明宪宗实录》卷 109。

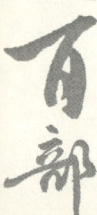

第二，把南方民族社会主体间的重大刑事犯罪和与汉族移民的纠纷收归国家管辖。这是元朝以来国家在司法管辖上关于一般社会主体案件管辖的重要一步。其中首先是各民族与汉族移民的互犯案件。嘉庆八年（1803年）永保疏陈威远、思茅等善后事时有："内地杂居夷人不法，按律惩治；土司夷境滋事，但遣兵防范，不使内审。"对此嘉庆帝大为赞赏，"诏嘉得大体，弭边衅，赏花翎"①。其次是对各民族群体杀掠其他民族群体的犯罪行为进行管辖。在对南方民族案件的管辖中，法律适用上主要有两类：一类是中原汉法，另一类是南方民族固有法。这在正统十四年（1449年）正月贵州所辖各长官司的奏文中有说明，"夷民性狠难驯，少有斗争辄相仇杀，近得左参议顾理或依土俗和解，或以公法惩治"②。这里的"依土俗"其实就是按南方民族固有法处理。

第三，重大民事案件收归国家管辖。这类案件主要是田产与房产纠纷案。随着汉族移民在南方民族地区的增加，出现了汉族百姓与南方各民族有关田产的纠纷，如汉族移民对南方民族田产的购买、典买所引起的纠纷。这类民事纠纷最先进入国家的司法管辖中。后来各民族间田产、房产纠纷也提到国家司法管辖中。正统十四年（1449年）十一月尚宝司司丞夏瑄就说湖广、贵州地区"又因生、熟苗互争田土，有司受其贿赂，判与不公"③。宣德八年（1433年）六月中央政府派行人章聪、侯琎与巡按御史及三司审理乌撒土知府禄昭与乌蒙土知府争地纠纷案，审理后确认所争之地原属乌蒙所有，但乌蒙同意把所争地十分之三让给乌撒。同年八月还派章聪到广西审理泗城致仕女土官卢氏与袭职土官岑豹的争讼案④。这说明南方民族开始把田产等重大不动产纠纷起诉到官府。

第四，一般纠纷收归国家司法管辖。最初是那些社会发展比较快，与汉族杂居的各民族中的一般纠纷。清末，在凉山地区的核心区昭觉县，地方官中开始出现把纠纷尽量纳入国家管辖中的努力。如在《创定汉夷简明约章》

① 《清史稿》卷345《列传132·永保传》。
② 《明英宗实录》卷174。
③ 《明英宗实录》卷185。
④ 以上两案参见《明宣宗实录》卷103、卷104。

中有"夷人如有仇怨，或被捆杀、偷窃，准其报官究办，不得私自兴兵"，这就是说产生这些纠纷时不能通过械斗来解决，只能通过官方来解决；"官兵、汉民如与夷人有衅，准由地方官处治，不得仍前私斗，以致犯法"；"每逢场期，无论何支夷人，均可来场买卖，不得捆打怨家"①。这些都是禁止民间通过彝族固有方式解决纠纷，表现出国家对南方民族间的纠纷管辖进一步扩张。

第五，禁止民间通过固有方式解决内部纠纷。这在清代中后期开始出现，是国家司法管辖深入的表现。道光二十八年（1848年）湖广总督裕泰与湖南巡抚陆费瑔《会奏苗疆善后事宜折》中有："嗣后苗民如有户姻田土口角斗殴等事，即赴该管厅县呈控，不准苗人私自议罚，如有苗人议款情事并即严拿究办。"② 这里是禁止苗族通过议款方式解决内部纠纷。在同治十二年（1873年）由贵州巡抚颁布，于光绪二十年（1894年）立石刻碑的《例定千秋碑》中有："黎平一带隔属联团谓之联款，嗣后小事不准开款。万一遇有成股贼匪四出窜扰，方准款众齐款抵御。其平日偷窃强抢案件，只由邻近之团料理，俱须送官，不准齐款去河烧杀致死。如再有犯以小事开款者，定即重罚。"③ 这是对黎平地区各民族通过开款处理内部民事、刑事纠纷进行禁止，仅同意出现流匪时开款，也就是对这一地区各民族固有纠纷解决机制适用范围进行了约束。光绪七年（1881年）云贵总督刘长佑提出对土司采取"拟禁刑钱专擅，以除土司之弊"④，实质上是限制和约束云贵两省土司的司法权和财政权。道光六年（1826年）贵州巡抚上报《土舍擅受民词致酿人命》一案，当时贵州巡抚在拟判中提出："小李王氏砍死土差张以道，复搦死伊子搪抵，案内之代办土舍张桎铭擅受民词，饬差提人，致酿人命，例无专条，将张桎铭比照违制律杖一百，折责发落。"⑤ 从这里可以看出，当时土舍受理案件在法律上是非法的。

---

① 《昭觉县志稿·政教》卷3。
② 《湖南苗防屯政考》卷9《均屯五·会奏苗疆善后事宜折》，第1534页。
③ 《贵州民族调查》（四），第443页。
④ 《清德宗实录》卷127。
⑤ 《刑案汇览三编（四）·续增刑案汇览》卷16《决罚不如法》，第504页。

二、元明清时期国家对南方民族固有纠纷解决机制的认可

元明清时期，在对南方民族纠纷解决机制上，国家不仅把南方民族的各类纠纷尽量纳入自己的管辖之中，而且通过各种方式承认南方民族固有纠纷解决方式。这可以分为两种方式，一种是通过立法，另一种是从事实上承认。

（一）国家在立法上认可南方民族固有纠纷解决机制

这种方式不同的朝代有所不同。元代主要是通过法律原则来承认，其表现为元朝对自身有固有法律的各民族群体通过"各依本俗法"方式来承认其固有的纠纷解决方式。具体在南方民族中，由于朝廷不能对南方很多民族的基层社会进行改制，而是大量任用土官，通过这些民族群体首领来间接治理南方民族，国家在建立土官制度时，其实是在法律上承认各民族土官通过本民族群体固有纠纷机制解决内部纠纷的权力。其实很多民族社会主体的纠纷解决都主要依靠本民族的固有方式。如罗氏国、罗殿国地区，元代主要通过本民族头人治理，国家不可能对此社会内部进行干预，所以造成同一民族群体一般社会主体间的纠纷只能通过固有方式来解决。此外，对那些没有公共权力机构的民族群体，如瑶族、苗族、黎族，当时国家把这些民族群体中的一些人任命为瑶首、瑶目、峒目等职。这样国家在任命这些人为本民族群体的管理者时，也就授予了他们通过本民族固有纠纷解决方式解决自己内部纠纷的权力。

明代在南方民族地区主要是承继元代的治理策略，建立了大大小小的各级土官。这种制度的建立，其实也是在法律上承认南方各民族间的纠纷通过固有方式解决的合法性。在那些没有公共机构的族群中设立各种"官"，如瑶人地区设立瑶首、瑶头、瑶目、瑶长、瑶老等。这些人往往具体治理各民族群体，国家对他们并不干预，这在纠纷解决上就承认了他们的合法性。明代在改土归流地区，如思明府，就把48甲中的40甲分别由土目依本俗治理。这其实是国家承认这些人有解决本民族纠纷的权力。如明代大理白族地区建立了里制后，在白族中选了很多有声誉的人为里老，这样国家在法律上就承认了这些人对本民族纠纷解决的合法性。在湖南江华县瑶族中，永乐年间

"归并四里，后嘉靖间又增二里，共旧编民瑶之里六"①。零陵县也于"顺治四年，恭顺王孔有德兵入永州，因明旧名编民瑶居户二十五里"②。在明代，这些里老有法定的纠纷解决权，在实践中他们往往是通过本民族固有法律来解决纠纷。这样国家在法律上承认了他们的合法性。在云南彝族地区明正统年间就编了 35 里，每里有里老。这些里老在处理各民族纠纷时也只能通过本民族的方式解决。在广西三江县，明万历时龚一清《善后六议》中有"分立土舍，以束诸瑶。怀远大瑶峒二，峒置六刀，付与各酋。每瑶犯法，请刀行诛"。在县志中解释道："县境瑶、壮、伶、侗，蟠据山谷，耐杀喜斗，向示羁縻，不习官法，为以彝治彝计，乃设六刀酋长，缘大瑶峒二峒，置六刀，付与各酋，每瑶犯法，请刀行诛。"③ 在湖南地区明万历三年（1575 年）地方官就有款令，其中有对侗族的固有纠纷解决方式的认可。"要听从款令，调唤踊跃，不许挨闪犯规"；"要大小事件听峒长、乡约公道排解，大事化小，小事化无，不许二比，诬行争斗。倘有不服者，峒长乡约即行禀究"④。国家在保证该民族群体中峒长、乡约的权力时，也在实质上承认了当地民族的纠纷解决方式。

清代由于国家对南方民族纠纷管辖发展很快，所以在法律上有明确立法。康熙四年（1665 年）七月十一日贵州总督杨茂勋在疏中提出对于贵州各民族间相互的纠纷，"止须照旧例令该管头目讲明曲直，或愿抵命，或愿赔偿牛羊、人口，处置输服，申报存案"⑤。"止须照旧例令该管头目讲明曲直"，就是按本民族的固有纠纷解决机制来解决。这样在法律上认可了各民族固有方式的合法性。乾隆时期云贵总督张允随在乾隆十四年（1749 年）回奏中说："至于各土司所辖及古州等处新辟苗疆，虽经向化，野性未驯，言语多不相通，嗜好亦复各别，向交该管土司头目等稽查约束，遇有犯案，轻者夷例完结，重者按律究治。"这里说轻微案件让各土司头目自己管辖，就是认可各民

---

① 同治《江华县志·赋役》卷 2。
② 光绪《零陵县志·瑶俗》卷 5。
③ 《广西侗族社会历史调查》，第 36 – 37 页。
④ 吴治德：《侗款初探》，《贵州民族研究》1983 年 1 期，第 125 页。
⑤ 《清圣祖实录》卷 16。

族固有的纠纷解决机制。乾隆七年（1742 年）湖广总督孙嘉淦提出对苗族的治理，通过认可各族头人来治理是最佳选择。"夫苗人散居而无统，故各服其头人，其势然也。凡作奸寓匪之处，兵役侦之而不知者，头人能知之；斗争劫杀之事，官法绳之而不解者，头人能调之。故治苗之道，治其头人而已。但头人甚众，不可无所统摄，应于各寨之中，用其头人立为寨长，一峒之中，取头人所信服者立为峒长，使各约束寨长而统于县令。众苗有事，则寨长处分而息之，寨长所不能息者告之峒长；峒长所不能息者告之县令。"① 孙嘉淦提出应通过认可各民族头人的合法地位，让他们用本民族的固有纠纷解决机制解决本民族内的纠纷。清代对川楚湘黔之地苗疆改土归流后，在其基层社会中设百户寨长控制各民族基层社会。"查川黔楚三省，如酉阳、铜仁、镇箪、永顺、保靖等处从前均系土司，嗣后各土司等陆续呈请归流，始改设州县营分统，归文武管辖，其苗寨内止设百户寨长，如内地之里正保甲而已。三厅原额三十六人，设立初原因苗人惧见官长，如偶犯细故，即令百户为之处分。"说明清代康熙以来的改土归流中，这些地区的基层社会管理者仍由各民族头人出任，同时国家认可他们在一定范围内的司法权。和琳在奏疏中认为百户寨长权力太小，又由汉人充任。"该百户等人微权轻，苗众既不甚听约束。且向例汉人亦准承充，更无非奸蠹无籍之徒无事则专意欺凌，有事则全无控驭"，② 所以提出加强这些地区百户的权力。此条法规在傅鼐时得到大力推行，在他死后为其立祠的奏疏中说他设立了苗守备、千把总、外委等 486 名③。在湖广总督、湖南巡抚、湖南提督三者联名发布的《苗弁札付》中列出苗弁的职责，其中有一项是规定苗弁的司法职能："添设官员原为绥靖苗疆起见，该外委时加训饬，俾得共晓大义。除苗民口角微嫌许尔就近调处外，倘遇斗格伤人以及抢夺偷窃等事立即拿解该管厅官衙门听候讯办。毋稍疏懈。"在序言中说"凡有口角细故，许尔秉公调处"④。在中国古代"细故"范围很广，包括有现在的民事纠纷、治安违法等行为。傅鼐在《治苗》中有

---

① 《清代档案史料丛刊》第十四辑，第 156 页。
② 和琳：《奏拟湖南苗疆善后章程六条折》，《湖南苗防屯政考》卷 3《征服上》，第 589 页。
③ 《附请祀名宦祠事实清册》，《湖南苗防屯政考》卷 15《勋绩》，第 2329 页。
④ 《附请祀名宦祠事实清册》，《湖南苗防屯政考》卷 12《弁勇》，第 2014、2016 页。

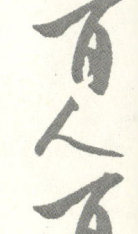

"至偷盗细事，责苗弁查拿"①。这些主要说明清代在苗疆地区法律上规定了苗弁有一定的司法职能。在南方其他地区也一样，因为在南方很多改土归流地区都设有各种土弁。清中期加强了这些地区土弁的权力，导致这些人的司法权力得到进一步扩大。"土官（土弁）……兼理诉讼案件，有夹棍、板子、铁锁、铁练（链）、拘留所等等刑具，威权颇大。苗人遇见土官时，必须屈膝跪下"②。以致凌纯声和芮逸夫在《湘西苗族调查报告》中说："苗官以一武官而兼理刑名钱粮，其权力实等于土司；所不同者不得世袭而已。"③ 这里说明清中期的改革反而让黔湘川楚地区各民族间的大量纠纷解决返回到自己固有的方式中。

清代在台湾地区通过设立社目来治理当地民族。乾隆十年（1745 年）高山在《陈台湾事宜疏》上有"熟番社目之宜设土司也"，其中具体提出"嗣后台地社目，援照川、广苗疆土司之例，令该地方官于众社土目中择其老成、诚实、才具明干者数人，呈报督、抚及巡台御史秉公验看，会奏请旨，颁土司职衔，量与顶戴；令其分管各社内番众，统辖生番。凡有番黎争夺戕杀等事，即移令土司分别惩治协拿"④。这里是在台湾高山族中创设土司，让他们用自己的固有方式解决彼此间的纠纷。在《安平县杂记》中有"其余各庄庄耆，则由各社番民自相推举，所办之事无乃庄中小可事故，若户婚田土口角，先由庄耆出与和解不成，再请通事或社总料理断论"⑤。就是说各番社百姓的纠纷主要是通过本身固有的方式来解决。清代对台湾高山族主要是通过国家设立各种番社土职，如社总、通事、庄耆、土官、土目、外委、外委把总、千总等，让他们在没有公共权力的社会中建立起相关的社会组织，并对自己社区内的社会进行"自治"，国家对其内部社会不进行过多干预。在海南岛黎族中也如此，国家设立各种黎目，让他们解决黎族社会纠纷。

通过以上分析可以看出，元明清时期南方民族中国家通过认可各民族头

---

① 傅鼎：《治苗》，《皇朝经世文编》卷88《兵政19·苗防·治苗》，第3146页。
② 石启贵著：《湘西苗族实地调查报告》，湖南人民出版社1986年版，第202页。
③ 凌纯声、芮逸夫著：《湘西苗族调查报告》，第107页。
④ 《清奏疏选汇》，台湾文献史料丛刊第一辑，第41页。
⑤ 《安平县杂记》，台湾文献史料丛刊第二辑，第69–70页。

人对自己社群治理的合法性，变相承认了南方各民族固有纠纷解决方式的有效性。

（二）国家在事实上认可南方民族固有纠纷解决机制

这是国家在法律上不明确规定认可南方民族的一些固有纠纷解决方式，只要这些方式的存在不会导致当地社会秩序的混乱，国家一般不出面干预。最明显的是那些流官统治的少数民族。一般情况下各民族社会主体是不能对本民族社会中其他社会主体处以死刑的，可是南方民族中就有很多群体常常通过本民族固有纠纷解决方式处死本民族中违犯固有法律的社会主体。对这种行为国家在法律上是不认可的，但在事实上一般不进行干预。此外还有神判。国家法进入后，国家一般不承认这种方式的合法性，但事实上也常得到国家的认可。同治三年（1864年）正月四川宁远府冕宁县彝族中就有一案。典吏李忠义、文生李宗颜兄弟于同治二年（1863年）雇百姓陈双福做佣工，在同治三年（1864年）正月初二李家丢失了一件衣服，怀疑陈双福偷，但没有证据证明，所以进行捞油锅神判。"安置油锅。李宗义望空祷告，伤者是贼，李宗颜下手先捞，已被油烫，次逼民子伸手下锅，将钱捞起，毫没损伤。伊等计谋不遂，甜言慰子，不准声张，将米三升折作挂红。民知投明头人地保，诓伊弟兄以强压弱，恶言横估。"事后，陈的父亲把此事上诉到知县那里，知县批道："捞油设誓系属乡愚恶俗，例应严禁。"① 这其实默认了这种纠纷解决方式。此外，在瑶族中有"瑶小争，则瑶管为之解剖，大争乃讼于官"②；"小争则峒长分解，大事难决乃讼于官，然亦罕有至者"③。说明在现实中存在着瑶族在内部小纠纷上由自己本民族群体内部处理的现实。在宁远府冕宁县光绪四年（1878年）六月有客长李启明等报官备案所调解的周顺伦与罗氏通奸一案：

> 实禀得周顺伦与唐文魁妇罗氏，在学堂苟合，被唐文魁双双拿获。将周顺伦毛盖子一根割下，鞋子一支，毡帽一顶。比时投客民，

---

① 《四川彝族历史调查资料、档案资料选编》，第384－385页。
② 同治《鄞县志·户口·瑶俗附》卷7。
③ 嘉庆《九疑山志·风俗·瑶峒》卷2。

即速送汛。有伊子周天德自知情虚，因请杨客长、王公定二人拦留，在头山说和，二比甘愿了息，周姓出银二十五两以唐文魁，与作羞脸之银。日后周唐二姓不敢妄言生端，出有和息为凭。二七未满，二比赴汛呈控生非，民是无私，中间不虚，照实禀明是实。

原禀民　李启明　王贵章

被禀民　周顺伦同子天才、天德　唐文魁①

这在事实上就是国家承认了由民间乡绅处理此类案件的合法性，进而是国家承认了以民间法处理此种纠纷的事实。在同一县中还有光绪二十六年（1900年）四月初一日《高兴田兄弟永杜后患约》一份。高兴田、高永增、高相臣兄弟三人因争家屋财产产生纠纷，相互争诉不休，为此通过用本地固有的方法对神发咒解决。"沐饶县主吩谕五省首人查街等至庙理剖，弟兄各捏各言，难以分理。弟兄甘愿凭神发咒，从此先前家屋账目，高兴田、高永增二人心甘愿意，永远再不向高相臣生事，倘若日后再借故向高相臣滋事，自愿认迭之罪。"由于三兄弟各说各理，最后是到当地神庙凭神发咒，以和解方式解决，由于怕过后无凭，所以"特立永敦和睦杜出后患文约合同与五省客会首人等庙内存据。倘后若言不复初，各来庙将合同揭出，照据治究禀办。恐口无凭，立合同为据"②。这个纠纷实质上通过本地民族中重发誓的方式来解决，同时是在县令的同意之下进行的，说明当地县令是认可此种方法的。

在清朝康熙年间，李来章在广东连山县为官时，"排中相争皆来赴县告理"，"于是，五排之瑶，有老人不能决者，皆赴县待理"③。这里说明国家在事实上承认了各民族内部纠纷解决机制的有效性。

---

① 《四川彝族历史调查资料、档案资料选编》，第382页。

② 同上书，第376页。

③ （清）李来章撰：《连阳八排风土记》之《五排记事》，第246页。

第二节　元明清时期南方民族中内部
纠纷解决机制的变迁

元朝以来，南方民族在与外来民族相互交往中，对自身固有纠纷解决机制也开始进行改革。这当中最明显的就是在各自的立法中承认外来纠纷解决机制，把内部纠纷解决机制当成所能够利用的方式之一；此外则表现在对固有纠纷解决机制进行新的规范。

一、南方民族在各自立法中对固有纠纷解决机制的变革

自元朝以后，随着与汉族交往的增加，南方各民族在继续保留自身固有纠纷解决机制的同时，也通过本民族的立法进一步规范自己固有的纠纷解决机制。这当中表现出对纠纷解决设置上更加精细，这说明在这个时期南方民族社会发生了激剧变化。这个时期南方民族自身固有纠纷解决机制在立法上的变革表现在两个方面：一是对固有纠纷解决机制的解决程序上进行规范，二是在立法中加强通过固有纠纷解决机制解决结果的效力。

（一）对本民族固有纠纷解决机制的规范

这个方面表现为对自身纠纷解决机制中一些程序上的立法，目的是使本民族固有纠纷解决机制更加有效，让本民族群体中社会纠纷出现后对整个社会的破坏尽量降低，同时也表现出对纠纷解决过程中成本效益的追求，也就是说让纠纷解决过程中成本尽量降低。这可以从清代广西很多土司在本辖区内颁布的各种禁约碑中看出。嘉庆年间广西《太平土州五哨新旧蠲免条例碑记》中有乾隆四十九年（1784 年）"审事通堂钱免"的规定，"乡民有窃盗争斗，报验秉公回复，毋得需票取钱"，此外，"告状系一月讯夺，不许过月"。这其实是降低了太平土州各少数民族在诉讼中的成本，前者是物质成本，后者是时间成本。嘉庆七年（1802 年）有"告状原告通堂鞋钱一切免"；"被告通堂钱四百文，鞋钱一百文"；"递送不论大小事，钱五十文"；"告状是非发乡封同乡保□人秉公"；"每遇案件，原系与民忧，乞望随到随断，□免两造

□困之苦。如不法之徒不在此例。革出门房书办差黄相、黄驷、黄才及册中所革"①。这是各土司通过立法规定诉讼中各种费用的收免情况，及对纠纷处理的要求。在碑中还有对土司衙门中办事衙役的处罚名单。虽然这里有些收费现在看起来仍不合理，但是文中除对一些费用免除外，还对收费项目规定了具体数额，实质上起到约束各种乱收费的作用，降低了土司管辖下土民在纠纷解决时的成本。光绪三十二年（1906 年）广西《安平土州批准五处向定规例碑》中有"遇大案，所有奉差委人等下乡，办应规例钱一千二百文"；"遇小案，所有奉差委人等下乡，办应规例二百文"②。这里明确规定安平土州五村中遇有大小案件时差役们可以收取的费用，虽不合理，但在当时还是有积极意义的，因为这是用石碑立起来的，土民遇到这些人乱收费时可以通过此法规来对抗差役。嘉庆十八年（1813 年）三都县烂土土司与辖区内十六水水族达成了一个榔约，在序言中有"准给各姓、埲、上下两屯地□□人及十六五百水地方头人等，各具遵照条约，凑数帮纳。兹承各姓、埲及十六五百水扶凑之后，自必照条约所列之项，施治安民，决不有负尔等地方相关之谊，以致列开所给信照约款，各姓、埲及十六五百水头人姓名列于后计录条约，为照准条约以及办公事照准本司"。从这个序言可以看出此约规是烂土土司与十六水地区各民族按本地区的传统立法形式——榔约达成相互间权利、义务关系的法规。因为在规约中还有："本司既承各姓、埲地方，屡如此一体相关，自必照条约所列之项施治安民，抚恤四境，不得违约肆虐，有负尔等地方相关之负，如不照条约施治，其众等所□之项，粮石署内如数退还，决不食言，尔等各尽其职，照例办理，上下相关，如或本司业已尽到，尔等倘持功玩乎于股掌之上，亦属非安分良民。兹因上下一体，官目合德理昭照为据特示。"从这些可以看出此约规的性质和目的，那就是烂土土司通过确立本地区的民族传统进行立法，把它与各地区的关系确定下来。这里虽然是以官家口气说的，但实质上却是官民二者处在相对平等的地位上来进行的。在这个约规中有很多条款是规定诉讼问题，全约规共 17 条，其中有 8 条是关于诉

① 《广西少数民族地区石刻、碑文集》，广西人民出版社 1982 年版，第 31－34 页。
② 同上书，第 78 页。

讼的法规。

> 民间诉讼入衙，必先□词，考核首告情理，是非虚实，是而实者，方准提讯，非而虚者，合当逐出。

> 提票人，只烦一目一差，坐守寨头家传唤，如有抗唤不前，寨头禀告后，方准提讯，加差拿究。

> 两造如有齐集入辕，即当审结不得延迟十日，如误农事，如或公出不急讯问，即批乡长寨头理论禀复准结。

> 婚姻田土及小□者，杖不列二十，打不得全套枷号、庄床脚、镣肘手，其余盗贼邪淫，任律施治。

> 官族亲友人等，不得擅入十六五百水各地地方，私理民情，擅点诛票混锁百姓。

> 衙内大目小目及头人役人等，无事不得擅入十六五百水各寨，唆人争讼买贫告富，包揽诉讼，一经查出，请官详办解州处治。

> 民间有事，不准官族亲友问取规矩，如有擅问取获者，地方人众请官详办解州。

> …………

> 凡审判诉狱之成，两旁侍役惟有照其言语禀传答，不得妄添一言，以致是非颠倒，如有添一言，使直为屈者，地方具禀革出。①

从上面可以看出，此约规主要是规定诉讼程序上的各个问题，通过这一规定，使诉讼程序更加规范有效。

上面讨论的都是南方民族土官衙门对诉讼程序上的立法。下面来看那些没有在土司控制下的民族群体的纠纷机制的内部变化情况。

清代顺治十一年（1654 年）广西金秀瑶《上秀二村石牌律》序言中有"合艺（议）到大事［化］作小事，又小事无"；在第八条中有"八料上秀歌敕村，何人大事小事，不用锁薄（缚），改［由］老人孙（审）断"②。从中

---

① 《贵州民族调查》（七），第 246 – 247 页。
② 《瑶族石刻录》，第 175 页。

可以得出清初南方民族就有通过本民族的立法形式对纠纷解决程序进行规范的社会现实。这里说到解决纠纷的方式是大事化小事，小事化无事，同时明确改变过去本民族中固有的一些方式，如产生纠纷时通过锁拿对方当事人及亲属进行报复等。对此规定任何纠纷出现都必须由各村寨老人审理解决，不能随便捆绑对方当事人及亲人。从这里可以推出，元朝以来南方民族在内部纠纷解决机制上发生了变化，但由于时代久远，现在没有存留下来有效证据。

同治二年（1863年）广西兴安龙胜《联合瑶团禁约碑》中有："议地方凡有大小事务者，必要报明瑶团头甲（甲头），□右曲直。如说未息，需经本瑶论之。不散头人，带告方准词颂"；"凡有大小事，非情理说，当面论清，不得横行、吞烟、悬梁、诬提。那人不遵者，鸣众阻挡，公罚不容"①。这里规定产生纠纷时应先由本民族头人进行处理，且先由小头人，再到大头人，最后再到官府。此外还规定产生纠纷时，取消过去采用的一些使对方不利的行为。可以看出对本民族中纠纷产生时解决程序进行了规范，让纠纷的解决更为有效。在广西龙胜县和平村有光绪四年（1878年）时立的《乡党禁约碑》，列举了清代道光二年（1822年）以来地方官的禁令，后面有本地百姓的约规，其中有："禁婚姻坟墓争端之事，宜村老解纷不息，经鸣头甲公断。如不遵者，宜头甲带告，送官究治"；"禁村中雀角之事，宜村老解释，以大化小，以小化无。如有不息，鸣头甲公断，不敢（得）主摆，暗唆生端"；"禁有事不从劝解，肆横冒控，不鸣理论当差排理。如有虚情，非理者，宜自了案"。这三条都是在当地百姓发生纠纷时解决程序的规范，可以看出加强了对头人解决纠纷时行为的规范，最后"以上各条，如有不遵，犯者宜头甲公罚，于众归修庙宇"。这样上面规定的纠纷解决法规成为有保证的法律，因为若违犯了此约，就要受到相应的处罚②。

在产生纠纷时，对当事人双方行为进行规范，如不能采取破坏行为等。道光十二年（1832年）广西金秀瑶区的《长二长滩二村共立石牌》有"十二料令二村不许何人大小事，不得锁入（人），庚（跟）山庚（跟）水□□乱

---

① 《瑶族石刻录》，第91页。
② 同上书，第112页。

锁□□，石牌（以下文字漫漶）"①。从以上各料看，规定了出现纠纷时不能捉人，否则要受处罚，这成为对过去产生纠纷时解决途径的新改革。这到清朝中后期就更普遍了，在广西《金秀沿河十村平免石牌》中详细规定了产生纠纷后应如何行为的法律（加"［ ］"者为脱文，为引者所加）：

一、立不论［何］人有事，经过老人，正（才）得锁人可也；

…………

三、立不论河（何）人有事，莫打禾苗田亩百勿（物）可也；

四、立不论河（何）人有事，不得那（拉）牛只畜勿（物）可也；

七、立不论河（何）人有事，阁下弟兄不得那（拿）者可也；

八、立不论河（何）人有事，不得放火烧屋，不得开禾仓可也；

九、条（立）不论河（何）人有事，请启（起）请老人言清，不得返（反）悔可也。②

这里对产生纠纷时过去允许的行为进行重新规范，可以看出其目的是要对纠纷产生后双方当事人的行为进行约束，同时要求本民族中瑶老通过固有纠纷解决机制来解决各种纠纷。光绪十七年（1891 年）广西地区有《金秀白沙两村石牌》约规，此约规应在这年以前就制定了，因为碑上说"事因辛卯年六月初九，不知是谁打烂石"，而于同年孟秋七月初八重立，这说明此法规在以前就存在。此法规绝大多数条款都是规范产生纠纷时双方当事人的行为，共有 10 条，前 9 条都是此类法律。

一料：二村齐意位（会），何人争山场，不得锁人。请老人降（讲）道理，不得锁先，犯二村法律。

二料：二村齐［会］，何人争田地，不得锁人。请老人分断。何人乱锁先，犯众二村法律。

---

① 《瑶族石刻录》，第 180 页。
② 同上书，第 193 页。

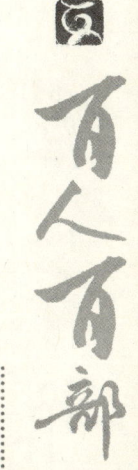

三料：二村齐会，何人争口，不得作事。何人作，同锁人，犯二村法律。

四料：二村齐位（会），何人有事，不得打屋。何人打屋，犯二村法律。

五料：二村齐意位（会），何人有事，不得打大炮，不得打屋，打人亦不得。犯二村法律。

六料：二会齐位（会），何人有事，要请老人，分断不明，□十年八年，同听老人分断，不得乱打乱作，犯二村法律。

七料：二村齐位（会），何人有大事小事，二村老人分断不明白，何人不得上下老人来作，上下犯二村法律。

八料：二村齐位（会），何人有事，何人兄弟不得包酌（捉）。何人乱锁，二村齐齐脱放。二村不准犯律。

九料：二村齐［会］，何人有事，何人不得包事结事，亦不得何人锁何人，亦不得乱锁，犯二村律。①

从上面可以看出这里主要是对产生纠纷后双方当事人的行为进行约束，同时对纠纷解决者进行规范。对纠纷解决程序上的大量立法，说明当地社会发生了重大变化。

在广西龙胜县《章程永固碑》中有："地方团长头人通事，必秉公理劝慕，以无颂（讼）为贵，不得挟嫌唆使，致酿讼为。如有此蔽（弊），查出公罚"；"地方如有雀角事故，发经团理剖曲者公罚，不得恃横抢控。如有串棍伙差妄控者，究同禀处"；"办盗，轻则罚，重则送。凡一切罚款，必鸣团充公，不得私受。如查出，加倍重罚"②。这里主要是对解决纠纷者——头人进行立法规范，那些在处理纠纷中不公正者，要受到相关的处罚。这在一定程度上加强了纠纷解决的有效性。

南方民族中存在着产生纠纷时通过械斗来解决的传统。清代末年，广西地区通过石牌对此行为进行约束。广西金秀地区有《罗香七村石牌》，收集时

---

① 《瑶族石刻录》，第 198 – 199 页。
② 同上书，第 115 页。

有老人说在 1908 年他任头人时就存在，也就是说此牌律在此之前就制定了。其中有"如村中田地山场界限不分明，争斗打架，即由父老调处。若不能解决，再请邻村父老调处。若不［能］解决，邻村父老同本村父老负责担保，不准斗争，和平解决"。这里规定了产生纠纷时不能械斗。在罗香乡六合村中有民国 7 年（1918 年）所留的《罗香七村石牌》，其中的规定则是："第六条，无论何人争执田土山场，先请父老调解不下，又请小石牌调解不下，再请大石牌调解，不得擅自开武。"这条与前所引 1908 年之前的规定相同，但在第七条中却规定"无论何人争执，父老大小石牌调解不下，断老三朝七日，方准打架"。这里的规定发生了变化，也就是说在一定条件下是可以械斗的。从两石牌中来看，其实是承认在一定程序下可以械斗，因为在 1908 年石牌中也有"若系械斗，误会打伤打死人命，男命赔偿填命三百六十两，女命二百四十两"。这里规定械斗时误伤人命的赔偿金数额，说明械斗的存在。后面还规定械斗过程中应遵守的行为，"若械斗即请村上父老并外村父老调处，若不解决，不准拿捉。男未满十六岁，女人不准拿捉。若犯此约，罚银一百二十两，民众大分公用"；"如若邻村械斗，村上父老担负，不准掘圳，踏坏禾苗"。这是对械斗中双方行为进行的限制，在捉绑人时有年龄和性别的限制，同时不能损坏田地里的庄稼。这出现在 1908 年之前的罗香村的石牌律中。1918 年石牌中有更为详细的规范。

"调解不下打架，不准捉女人。男人十六岁以下，六十岁以上不准捉。"这一条比前面规定还细，不仅规定了不准捉女人，同时还规定了可捉的男人年龄上限六十岁，下限十六岁。"调处不下，捉人到家，要请父老调处，不得擅自杀人"；"调处不下捉人，限定三朝七日，要请父老调处明白；过了三朝七日不请父老，作为勒索办法"。这两条规定，对械斗中捉到人，首先禁止处死，同时必须在捉到人后请老人调解，超过三朝七日不请老人调解，就要以绑架勒索处理。"请父老石牌人等调处捉人，不得两头开枪。错手打死人命，赔银男人三百六十两，女人二百四十两，作为赔命斋烛使款。"这里规定在械斗中当有老人调处时，双方不能开枪，同时对械斗中误伤人命金赔偿数额作出规范。此外还详细规定了械斗中不能破坏对方财产。"无论有争论打架，不准放火烧屋，烧禾仓，挖田，挖水坝，牵牛"；"无论何人争执械斗，所有种

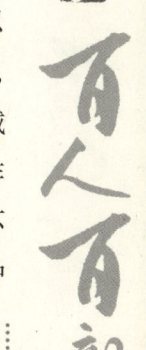

395

植秧苗、谷苗、禾苗、杂粮，不得毁坏"。这是对械斗中双方的财产进行保护。在最后一条中规定对违反者处以严厉处罚："无论何人不遵规条，合众石牌将他全家抵罪，田地充入石牌，作另项使用。"① 这种以众人名义来执行的法律，具有强有力的执行力。这两个规约存在延续性和变迁性，从中可以看出南方民族在长期实践中开始对本民族的固有纠纷解决机制进行了相当精细的立法，其目的就是让本民族的生存范式成本更低，更加有效。这种变化在清代南方民族中是很突出的，不仅在广西地区，其他地区也一样。这里不再一一分析。

在侗族的侗款中有对理老断案时的规定："破伞遮日头，半晴半阴；理老断事，不偏听偏信。评理像杆秤，平平拿稳，四两就是四两，半斤就是半斤，凉风不用扇，细心调解内部纠纷。"② 这里规定理老在评理时应保持中立，不偏听偏信，实事求是，审理时应有耐心。在侗款中规范款首的立法不少，具体有《理堂老人》、《头人不好烂地方》、《头人要正直》、《头人理事要公正》等相关款约来规范本民族群体中纠纷解决者的行为。在南方民族中都有对纠纷解决者的显性和隐性规范。如彝族中德古的行为不公，轻则导致失去德古地位，重则被处罚。瑶族中也一样，石牌头人办事不公，轻则受罚，重则会被石牌内群众处死，这在历史上是有案例的。

（二）加强通过固有纠纷解决机制调解的效力

在这个时期，南方民族纠纷解决机制变迁中还有一个方面，就是各民族群体通过立法来加强对通过本民族纠纷解决机制所得解决结果的效力。贵州三都水族地区在道光二十七年（1847 年）立的榔约中有一条是"本寨大小事件，俱听头人理落，如有不遵，横行恣控，革出"③。这样实质上是加强了本民族内部纠纷解决结果的效力。广西桂田《桂田等十八村石牌》下有"议何人有事不听石牌公办，乱投百姓，强过石牌，一会（概）众划不容情"④。这

① 以上参见《瑶族石刻录》第 210－212 页、第 225－227 页。所引两石牌律虽然年代相差不远，但可以反映出南方民族经过长期的发展，在自身立法上的进步。

② 《侗垒》，杨锡光、张家桢注校，岳麓书社 1989 年版，第 27－28 页。

③ 《贵州民族调查》（之七），第 248 页。

④ 《瑶族石刻录》，第 240 页。

里明确规定，石牌中有纠纷时，必须由石牌头人来处理，不能由其他人来处理，在加强石牌头人在纠纷解决中的地位时，也就加强了他们纠纷处理结果的效力。在道光二年（1822 年）广西《门头下灵黄桑三村石牌》中有"三村立石牌，大事收为小事，小事收为全无……有事用请里（理）者，事无（完）就莫播（翻）……请老不许食银，不得杀人"①。这里明确规定对于请理老处理后的纠纷不能再反控。这样通过立法加强了本民族中固有纠纷解决机制的有效性。"不论河（何）人有事，请启（起）请老人言清，不得返（反）悔可也"②，规定纠纷解决后不能反悔，也就加强了本民族纠纷解决机制的有效性。咸丰七年（1857 年）贵州布依族地区立的《者骂者六等寨齐团合同碑》中有"又有各寨人等，一切田土婚姻之事者，最要投明寨老里长人等，宽容理论了息，倘有不遵此者，二比一切再禀明团内，望祈里老人等施仁慈，分明了事，一体同仁"③。这里规定当地这些纠纷必须由各寨老人解决，加强了本民族的固有纠纷解决机制。

二、南方民族对外来纠纷解决机制的认可

元明清时期南方民族纠纷解决机制上的一个变化是各民族群体通过认可外来纠纷解决机制，把自己的纠纷提到官府衙门解决；另外一种方式是各民族在内部立法时明确规定哪些行为或纠纷应提交官府管辖。这两种方式在一定程度上加快了南方民族地区各民族群体纠纷解决机制的变革。

（一）通过立法认可外来纠纷解决机制

这种方式主要是各民族在内部立法时规定哪些纠纷应提交到官府管辖，实质上也就是各民族从内部承认了外在纠纷解决机制的有效性，同时也改变了南方各民族纠纷的解决方式。清嘉庆十九年（1814 年）在湖南新宁县麻林洞《治瑶洞律碑记》中有"如有违禁者，大则鸣官重处，小则公罚"④。这里规定对大的纠纷上诉到官，由官府管辖。在广西龙胜县道光时《番内寨乡约

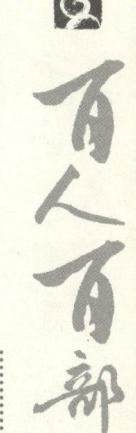

---

① 《瑶族石刻录》，第 178 页。
② 同上书，第 193 页。
③ 《黔西南布依族清代乡规民约碑文选》，第 88 – 89 页。
④ 《瑶族石刻录》，第 59 页。

碑》序言中有"大则送官究治，小则贼游团公罚"，在后面的条款中有"禁大小事务，地方头人理论不清，方（可）上控为处（诉）"①，这两处同样规定了国家纠纷解决机制对本民族群体的有效性。"办盗，轻则罚，重则送"②，规定重者就送官府管辖，其实是对外来纠纷解决机制的认可，通过此立法可改变本民族中纠纷解决的途径。乾隆四年（1739年）贵州锦平县四里塘改革婚姻碑上有"凡二婚者，共银二两，公婆叔伯不得揸勒、阻拦、逼压生事，如违，送官治罪。若有嫌贫爱富，弃丑贪花，无媒证而强夺人妻者，送官治罪"③。苗族、侗族把因舅权婚姻引起的纠纷的最终审理权从立法上规定为国家管辖。

（二）实践中利用外来纠纷解决机制

自元代以后，在现实中南方各民族群体的社会主体就存在两套不同的纠纷解决机制。对纠纷者来说，选择不同的解决机制可能会导致不同的救济成本和结果。于是在实践中出现当纠纷者在通过一种纠纷解决机制达不到预期结果时，又把纠纷提到另一种解决机制中寻求新的解决可能。在实践中纠纷当事人往往首先选择本民族固有机制来解决，若达不到预期结果时，再把纠纷提到外来机制中去寻求救济，也就是国家的救济途径。这种成本比较后的选择同时也反映出南方民族对外来纠纷解决机制的认可。乾隆二十八年（1763年）四川宁远府冕宁县有彝人老牛掠卖脚姑一案。老牛于乾隆十一年（1746年）把彝人存日家奴隶脚姑绑掠走，卖给彝人募啰，募啰买去后将脚姑转卖到阿都土司地区。存日家放口信查案，花银20两，历经18年后终于查明此案的真相。此案在解决时，首先是按彝族固有方式解决，募啰认赔骗马一匹，充抵报信银10两。老牛为此杀猪一头，泡大瓮酒一坛，请彝族头人调解，同意再认赔剩下10两报信银，同时取还被掠卖之人，"稍期完结，凭中木刻炳据"。但后来老牛不认先前同意赔偿的金额，于是存日家在得不到应有的赔偿，也就是说通过彝族固有解决方式达不到预期结果后，起诉到官，

----

① 《瑶族石刻录》，第 69－70 页。
② 同上书，第 115 页。
③ 姚炽昌：《清代锦屏苗、侗族人民的婚俗改革》，《贵州民族研究》1991 年第 2 期，第 107 页。

通过国家审理来达到自己的目的①。此案例是一个典型的通过内部纠纷解决机制达不到目的而转向通过国家方式来解决的案例。同一出处的还有乾隆四十年（1775年）十月一案。彝民噜租的仆人结呢于乾隆三十八年（1773年）被哈列串诱靖远彝人阿西绑去，于是他花了30两报信银，查出实情。阿西同意按彝族固有方式解决，用母子二人充抵结呢还给噜租，并还30两报信银，用马一匹抵银10两，还欠20两。过后阿西赖账不还，并对噜租进行恐吓。为此噜租向官府起诉，要求将哈列按掠人罪处罚。这方面的案例在明清时期还有不少。

这些案例说明，在南方民族中纠纷双方在用本民族固有方式解决纠纷时具有不稳定性，造成这种不稳定性的原因除当事人缺乏诚信外主要是因为有另外一套纠纷解决机制可供选择。这说明由于外来纠纷解决机制的出现，导致当事人会在成本选择下规避对自己不利的法律。这样也推动了各民族群体对外来纠纷解决机制的认可进程。

---

① 《四川彝族历史调查资料、档案资料选编》，四川省社会科学院出版社1987年版，第304页。

结　　语

元明清时期随着国家的统一及各民族政治、经济、文化诸方面交流的加强，各少数民族法律发展深受中央王朝的影响。在这个时期南方民族的法律发展从内外两个途径进行了移植，进而导致南方民族融入传统华夏文化和法律中。

元明清时期由于中央政府在政治、经济、文化上把南方民族纳入国家体系之内，导致各民族群体的法律制度发生了根本性的转变。同时，南方各民族群体法律制度上的这种转变反过来又促进了南方民族的社会文化体制等各方面的发展，从而加快了各民族融入中华文明的进程。当然，从国家和各民族群体本身来看，由于这个时期南方各民族在法律建设上总体是既向国家法靠拢，又保留各民族固有的法律传统，所以直到清末，中国南方民族在法律文化方面与汉族相比，仍既有相似，又有区别。通过对南方民族这个时期在法律方面变迁的分析，可以对以下几方面进行总结。

一、元明清时期中央对南方民族治理的特征

元明清时期国家对南方民族的治理从司法角度来看，有以下几个方面的特征。

首先，元朝至明朝前期，国家对南方民族的治理，主要是把南方民族纳入国家行政体制内。具体措施是在南方地区广设土司制，将南方各民族纳入国家行政管辖之中，但在司法、社会组织、经济、文化等方面主要是承认各民族群体固有的传统。总的原则可以称为"依俗而治"，这里的"俗"不是习俗，习惯，而是一个综合体，有制度、法律、文化、经济等方面的内容，也就是生存范式。这个政策虽然始于元朝，但在明初并未因改朝换代而断裂，反而得以继承。因为明初对南方各民族的政策是"迨有明踵元故事"，具体是

"尝考洪武初，西南夷来归者，即用原官授之"①，这些政策使元朝对南方民族的治理政策得以延续。

其次，明朝中期到清朝乾隆时期，国家对南方民族主要是实行改土归流政策，其实质是把中央流官体制向各民族地区层层推进，进而把南方民族地区纳入正统的汉法治理中。具体在改土归流上有程度的区分，一般是先废除大土司，保留小土司，这种形式的改土归流对改流地区的各民族群体来说并不必然导致他们在司法上进入国家法中。其代表是明初对贵州的播州、思州宣慰司，明中期对广西的思恩府等改土归流。在改流后，这些地区的社会仍由土州、县及众多长官司控制。明朝的改土归流多属于此类。明万历时人王士性所著的《广志绎》中说，明代贵州地区"其开设初只有卫所，后虽渐渐改流，置立郡邑，皆建于卫所之中……卫所治军，郡邑治民，军即尺藉来役戍者也。故卫所所治皆中国人，民即苗也，土无他民，止苗夷，然非一种，亦各异俗……郡邑中但征赋税，不讼斗争。所治之民，即此而已矣"②。这说明明代贵州地区改流后的社会现实。在清代改土归流中，改流后多完成国家层次上的改制，也就是在行政设置上完成对南方民族地区的重构。当然其中也有不同。有的在改流中，县以下的基层社会组织发生了重构，有的仍然由原有的社会组织来控制各民族的基层社会，只是在这类改土归流上，不管基层社会组织是否被重构，都导致国家法律制度在改流地区占据主导地位。当然各民族社会要从政治、法律、经济、文化等方面进入中国传统制度文化中，这些民族地区的社会组织必须从国家行政与基层社会这两个层次上完成重构才有可能。

最后，从清代嘉庆朝到清王朝结束，这个时期南方民族发展主要可以称为内地化运动，因为这个时期南方民族在法律制度上随着政治、经济、文化的发展，越来越从文化心理上与中原地区趋同。这个时期国家对南方民族地区虽然在政治上看有一些是为了加强对各民族社会的控制，实质上各民族在这个时期主要是从经济、文化、法律等方面更进一步移植汉文化、法律。这

---

① 《明史》卷310《列传198·土司传》。
② （明）王士性著：《广志绎》卷5《西南诸省·贵州》。

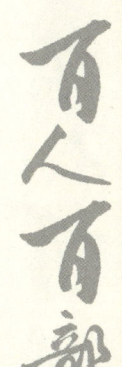

是国家对各民族总体上的工作中心。通过这个时期的发展，南方民族在社会文化制度上形成了一体化下的多样性。因为在南方民族中，具体到每个民族群体上，往往体现出地理、文化、社会发展程度上的差异性。

二、元明清时期南方民族法律变迁的特征

元明清时期南方民族法律变迁从总体上来看表现出以下几个方面的特征，这些特征是在把南方民族当成一个整体看待的前提下归纳出来的。

第一，中央政府把地方行政组织、官员铨选、考核等方面的行政法律向南方民族地区移植。自元朝起，从国家角度上看，最先是努力在南方民族地区建立起中原传统官僚行政体制。在地方行政建制上，自元朝起，国家就在南方民族地区建立起与中原划一的行政建制，如行省、路、府、州、县，明清两朝的省、府、州、县。不管在南方民族地区发生了什么样的本土化，但这些地方都是国家的行政建制辖区，国家的目的是将其纳入与中原地区划一的行政建制中。在官制设置上，不管是流官体制还是土官体制，自元朝以后，这两种行政官制都是国家的官僚体制，两类官员的权力都来源于皇权的认可，都受国家铨选、考核等方面的行政法律约束。如在土官承袭上国家制定了相关法律，土官的行政行为若违反了国家法律，将受到追究。明代成化二年（1466年）闰三月都察院制定法令："其言禁治土官，宜移文云南、贵州、湖广、四川、两广巡抚、巡按、按察司官：今后土官有犯，除投降归附、随军征进得授土官及纳米等项武职并文职五品以上者，仍照旧例奏请提问；其纳米等项，除授文职六品以下官员，有犯，照流官六品以下文职律例提问，则律意不背，土官知警。"最后上报到皇帝那里，"上皆允之"①，同意了此法令。从这里可以看出明代对土官犯罪是进行管辖的，仅是在审理程序和法律适用上有所不同而已。嘉靖八年（1529年）三月刑部上报御史沈教时提出对南方土官有"杀人及盗"行为的，就按汉法适用的议案，对此嘉靖帝批复说："然。肆赦恩命，皆谓颁诏之前，非著令也，今后土官有犯，仍照律例科断，

---

① 《明宣宗实录》卷28。

但宜亟为谳决，毋得留狱，以失夷情。"① 要求地方官迅决此类案件。清代《六部处分则例》上对土官行政违法开始区分公罪、私罪，不同的犯罪会受到国家不同的法律追究。虽然实际上土官犯罪常"罚而不废"，或可以通过用银粮赎罪，但这仅是出于皇恩，在法律上土官是有罪的。从司法管辖和法律适用上看，这个时期在南方民族中，行政犯罪是最先被国家管辖的，国家法最先适用于土官犯法、犯罪中。总之，在南方民族中各土官在行政法律适用上最早被适用国家法。成化八年（1472 年）七月广西镇安府土知府岑永寿侄岑宗绍，纠集土兵，攻破府城，杀伤嫡母、兄侄，抢掠乡村，当地巡按等官员抚谕不服，最后被都指挥岑瑛擒获，按《大明律》处以斩刑②。此案中岑宗绍就被适用国家法。嘉靖十一年（1532 年）十月贵州都匀府丰宁长官司杨桓贪图本司土官杨宽地，招募盗贼杀害了杨宽。杨宽子杨添禄为父复仇杀盗贼。于是杨桓于其妻舅广西南丹土官莫振亨处借兵，攻破杨添禄寨，杀杨添禄族属及旁寨数百人，掠夺 18 寨。并割近南丹州地 22 寨给莫振亨，相互为倚作乱。后中央派军征伐，斩杀杨桓，获其妻莫氏及头目普志。最后"诏以普志等论如律……添禄为父报私仇，特贳其擅杀之罪。为获莫振亨等，下兵部议处"③。此案在处理上，是按国家法审理，特别是杨添禄擅杀盗人罪因系其为父报仇而免予处罚，便是中原汉法的特质。

第二，国家在这个时期对南方各民族的案件从司法管辖、法律适用上看，对一般违法犯罪最先是把各民族的命盗等重案司法管辖权收归国家，在民事纠纷案件上最先是把重大民事案件收归国家管辖。当然在刑事与民事两者的司法管辖与法律适用上，国家先是把刑事重案收归国家管辖，到一定程度后才对南方民族民事案件进行管辖。

对刑事犯罪方面，在具体的司法行为中，对一般刑事案件的管辖权和法律适用等方面，从国家角度看，最先是把命盗重案收归国家管辖，在法律适

---

① 《明世宗实录》卷 99。

② 《明宪宗实录》卷 106。成化十八年（1482 年）七月广西思明府所辖思明州土官黄义家人被族人黄绍所杀一案，就被国家管辖（卷 229）；成化十九年（1483 年）八月广西思州府土官知府岑溥与叔父岑钦仇杀案，最后也由国家管辖（卷 243）。

③ 《明世宗实录》卷 143。

用方面也是最先适用国家法。永乐十四年（1416 年）三月贵州普安安抚慈长先是谋占营长黄暹、阿赛地方，私置金鼓、旗帜、火器，聚众杀掠，强占民人罗罗妻为妾，未遂时，逐其夫，阉其子。被告发后，布政使孟骥去审理时领兵围困，最后将其捕送京城，处以死刑。但未行刑而死于狱中①。此案中由于慈长所犯罪行十分严重，就被国家管辖。当然在国家对南方民族一些案件进行管辖后，仍存在管辖权和法律适用分开的现实，这样存在把南方民族中重罪案件的管辖权收归国家后，并不必然导致国家所管辖案件都适用国家法——汉法其中部分案件在实体法的适用上国家会适用南方各民族的固有法，如苗例、夷例等。这在雍正十年（1732 年）六月贵州按察使方显的奏折中就有证明："臣请归附已久熟苗，有劫盗仇杀等案，应照内地审结，至新开苗疆，如古州、清江、九股、丹江、八寨等地，除劫盗及伤毙汉人，情罪深得难以宽纵者，仍照律究拟外，其各寨仇杀、斗殴、人命，凡具报到官，即准理。如受害之家必欲究抵，亦应照律审断。或其中有情愿照苗例以牛马赔偿，不愿检验终讼者，似应念其归附日浅，准予息结，详明立案。"② 当然这有一个进程，也就是说，在实际中国家常常是先把南方各民族群体的重大刑事案件管辖权收于己，其次才慢慢在法律适用上适用汉法——国家法。

在民事纠纷方面，国家先是把关系重大的民事案件管辖权收于己。这里的重大民事纠纷案件有性质、案值等方面的因素。在对民事案件的管辖、法律适用上，最先是那些案值数额大、与民众生活攸关的田产纠纷、屋房纠纷等案件。在清代，广西省就规定民事纠纷案值在 300 两白银以上的案件不能由本地土官衙门管辖、审理，得收归国家管辖。其实，在现实中各民族社会主体也是先把那些重大的不动产民事纠纷提到国家司法机制中寻求解决，对一般轻微民事纠纷，各民族群体的社会主体即使是按规定要由国家司法管辖的，他们也不会提交国家司法机关去解决。

这个时期，民事案件被国家管辖经历了以下的进程：

第一，不同村寨、不同民族群体间田地产、水源等重大民事纠纷被国家

---

① 《明太宗实录》卷 100。
② 《雍正朝汉朱批奏折汇编》，第 22 册。

管辖，这可以从这个时期南方地区存留下来的各种民事判决碑刻的数量、分布中得以证明。在明弘治十四年（1501 年）六月有"严责成云贵、两广、湖广、四川土官土人有争地、争官者，巡抚、巡按等官督委巡守等官亲临勘报，如延至一年以上者，住俸"。对此皇帝认为"卿等所言，皆切时务……俱准行"①。这里就是对南方民族地区的土地纠纷案件要求地方大员按时审理，说明国家对此类纠纷进行了管辖。这方面最典型的案例是贯穿整个明代的四川盐井卫左、前二所与云南永宁府、丽江府的争地纠纷，此纠纷始于洪武朝，在永乐、正统、嘉靖、弘治、万历朝都有两省地方大员会审过，其中嘉靖十四年（1535 年）由四川、云南布、按二司，分守金沧道左参政黄祺、建昌兵备副使俞夔、澜沧兵备佥事辛东山等进行会审，审后立判决书四份，双方当事人各执一份，云南、四川地方政府各收一份。从判决书来看这次审理是典型的民事纠纷，具体是对争议的村寨、土地采取"其各该村寨，应退还者，责令退还，应拆毁者，责令拆毁"，在判决书（当时称为断过合同）上有具体规定：

> 立合同地方剌马仁，系四川盐井卫左所土官千户，嘉靖七等年内，有云南丽、永二府土官舍木公、阿和与本所互相奏讦，节经二省委官抚勘未结，至今嘉靖十四年正月，内蒙二省三司各道公同先后各该委官亲临地方，蒙将各奏村寨分断明白，各家情愿退领管业，不致异词，除将分拨村寨并各项事情开列于后，各家自今已往，永远不许争竞及互相仇杀，倘有不行遵守，听守法之家将此合同告官，查照断拨项下，治以重罪，仍罚白米五千石，运赴口外边仓上纳。恐后无凭，立此合同为照。

在另一份盐井卫前所土官舍阿查同其子阿他的合约中前言与上面相同，但在具体村寨等事项上略有不同。由于原文太长，这里不再引出。但在约文中有"木公、阿和、剌马仁等各奏杀人命，仍查照嘉靖十三年元月内各家和讲合同内各执对，勿论外"，说明国家认可了他们对相互仇杀人命案的处理结

---

① 《明孝宗实录》卷167。

果，由于是按本民族固有法处理，这样国家也就承认了他们的法律①。这种民族群体间争土地的纠纷在元明清时期是国家对民事纠纷案件最先管辖的内容。

第二，南方各民族群体的社会主体与汉族移民产生的民事纠纷会被国家管辖，因为这类纠纷会导致民族群体间发生严重的冲突。跨民族间的民事纠纷案件是国家对南方民族民事纠纷管辖中最早的部分之一。在《广志绎》中有：

> 滇云地旷人稀，非江右商贾侨居之则不成其地，然为土人累亦非鲜也。余谳囚阅一牍，甲老而流落，乙同乡壮年，怜而收之，与同行贾，甲喜得所。一日，乙侦土人丙富，欲赚之，与甲以杂货入其家，妇女争售之，乙故争端，与丙竞相推殴，归则致甲死而送其家，吓以二百金则焚之以灭迹，不则讼之官。土僰人性畏官，倾家得百五十金遗之，是夜报将焚矣，一亲知稍慧，为击鼓而讼之，得大辟，视其籍，抚人也。及侦之，其事同，其骗同、其籍贯同，但发与未发、结与未结、或无幸而死，或幸而脱，亡虑数十家。盖客人讼土人如百足虫，不胜不休。故借贷求息者，常子大于母，不则亦本息等，无锱铢敢逋也。独余官澜沧两年，稔知其弊，于抚州客状，一词不理。②

这说明在明代一般民事、刑事案件上最先被诉到官的是汉族与各民族群体间的纠纷案件。首先是汉族把案件提到官府，当然由于在这当中，南方民族发现通过此可以达到更好的解决效果，慢慢也会把此类纠纷提到官府中。明正统十二年（1447年）二月云南金齿军民指挥司永平县土官马震就上奏说当地"诸种夷民"受当地官舍、旗军倚势骚扰，还受永平千户所官舍、旗军"放债取利，准折子女田产"，为此明英宗下旨都察院"出榜通行云南土官衙门禁约，及行巡按御史并按察司察其扰害者，擒治如律"③，说明对此类案件

---

① 以上参见《金声玉振集》卷12。
② （明）王士性著：《广志绎》卷5《西南诸省》。
③ 《明英宗实录》卷150。

进行了管辖。天顺二年（1458 年）十二月，云南南甸土官宣抚刀落盖奏诉南宁伯毛胜、腾冲千户所千户蔺愈强占招捌地方村寨田亩，分做庄户，导致当地少数民族由于没有田地而离散，为此户部要求"请令云南都、布、按三司同巡按监察御史诣彼从公体勘，所占地方田寨照数退还，干碍毛胜、蔺愈，径奏拿问"①。这里中央对由汉族军官侵占少数民族的田产民事案件进行了管辖。

国家对南方民族内部一般民事纠纷案件进行管辖。从国家的角度上看，最先是对重大民事纠纷案件进行管辖，特别是南方土司间的争地纠纷和继承纠纷。因为这两类纠纷如处理不当，常导致土司间相互仇杀，危害国家在这些地区的统治。

第三，元明清时期，国家对南方民族群体的固有法承认经历了从普遍认可到特别认可的过程。最初，国家对各民族群体的固有法认可的是南方民族的法律主体，具体是各民族群体对自身社会中一般社会纠纷的管辖权及法律适用上由本民族管辖并适用本民族固有法是一般的，适用国家法是特别的。到一定时期后，对国家法的适用及国家对南方民族案件的管辖成为一般的，各民族对本民族群体的案件管辖及固有法的适用成为特别的。在元代，由于国家对南方民族与全国一样，在法律上采用"各依本俗"的司法原则，所以这时对南方民族内部社会主体来说在司法管辖及法律适用上主要是本民族的固有法，适用国家法是特殊的。这在明初也一样，因为明初广设土司，在具体的法律适用上是以各民族自己固有法为主。明中期以后，随着南方民族改土归流的推进，国家开始在南方民族的司法管辖及法律适用上取得了主导权，国家承认南方各民族群体对本民族案件的司法管辖及在纠纷解决中适用各民族自己固有法成为特殊。到清代雍乾两朝改土归流后这成为主流。

第四，元明清时期南方民族在法律移植与本土化过程中不同民族群体在具体上表现出很大的差异性。南方民族由于存在不同民族、不同群体，在现实中所处的社会发展程度、地理位置各不相同，各自对外来法律的反应也不一样。这个时期，在南方各民族群体对外来法律的移植上，不同群体有不同强度。在移植后的本土化方面也有不同的表现。这些差异性表现在：从地域

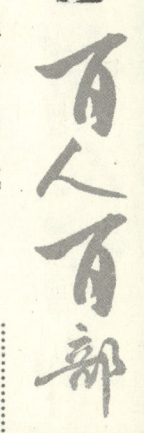

① 《明英宗实录》卷298。

上看，在这个时期法律变迁上，南方各民族群体中首先是那些与汉族相毗邻的民族群体最先走向与汉法趋同；其次是坝区，南方民族地区政治经济中心区，然后再到山区，最后到偏远地区。从各民族固有法上来看，那些有较为复杂的固有法律制度的民族群体对外来法律制度有较强的抗拒力，在本土化方面也更为复杂一些。这样南方民族在这个时期法律发展中表现出了地域性与本民族固有文化特性的不同差异性。

第五，元明清时期，从国家的角度上看，当时中央政府对南方民族法律建设上追求得更多的是实效，而不是形式。为什么这样说呢？研究发现，这个时期国家对南方民族从制度建设到司法管辖、法律适用上，并不追求一次性完成，而是根据各民族群体社会和国家对这一地区的控制情况有不同程度之别。在制度建设上，元代虽然在南方民族地区建立起行省级的地方行政机构，同时在此之下设有路、府、州、县等正式地方行政制度，但还设有宣慰司、安抚司、长官司等，以适应不同地区、不同民族群体的社会需要。在官员的设置上，自元朝起就有流、土之分。明清时期，在改土归流上也有层次之分，不是一改流就一定要在改流地区完全建立起与中原地区一样的行政体制，而是有层次之分，常常是先去大土官，后去小土官。即使到清代雍乾两朝改流时，对南方民族基层社会控制上也不是一刀切。在司法管辖上，国家对南方民族进行司法管辖时，也有程度之分，首先是努力把南方民族的社会纠纷尽力纳入国家司法管辖中，但国家的司法管辖并不必然导致国家法在司法审理中的适用。如在国家司法管辖中存在着对南方民族固有实体法的认可。清朝对南方民族规定的"外结案"，在法律适用上就是适用各民族的固有法，并区分不同性质的社会纠纷。最初是对那些重大的、对社会安定有重大影响的刑事案件，再到重大民事纠纷上，最后到一般民刑案件上，逐步扩大国家法的适用范围。明朝万历十九年（1591年）二月东兰州土目陈蒙等囚主夺印，拥兵拒捕。后被国家派军队征伐，并对参加这次行动的人，实行不同处罚，具体是："黄琳据寨助恶，着即处决，与已故陈星，同枭示众。韦琏乘危离心，虽称胁从，而同谋共获，着监候处决。"① 这里就在重大刑事案件中适

---

① 《明神宗实录》卷232。

用了中原汉法。这些不同层次、不同程度的划分和采取的不同措施，充分体现了国家对南方民族法律建设上的目标和态度，那就是追求实际效用，而不是形式上的统一。

三、元明清时期南方民族法律变迁对其社会的影响和意义

元明清时期南方民族法律制度的发展对南方各民族群体、中国多民族国家的形成、边疆的开发都有重大影响及重要意义。这种影响和意义对南方各民族群体和对国家同样重要。

首先，元明清时期南方民族法律制度的转变，既是南方民族政治、经济、文化发展后导致制度文化发展的一个结果，同时也反过来促进南方民族其他方面的发展。法律虽然是一个社会中制度层面上的事物，但其中也蕴涵着一个民族、一个社会中的文化价值。如在婚姻家庭等方面的制度安排上，这有对家庭中不同人的价值的不同认可。如在宗法制下，家庭中妇女的地位会下降。在这个时期，南方民族本身在移植外来法律时，自身社会开始发生了重大的变化。所以可以说这个时期南方民族的法律发展加快了各民族社会的发展，同时法律制度的发展也成为这个时期南方民族得以发展的表现。

其次，元明清时期南方民族法律的建设，是这个时期南方边疆开发中法律制度方面的一个重要工作和成果。在这个时期，国家通过在南方民族地区设立国家层面上的行政制度，到基层社会制度的改建，构成了南方民族边疆开发中的一项工作。国家在这个时期的具体制度建设上，表现为把南方民族纳入国家行政管理中，同时根据不同时期、不同阶段的社会发展，从广设土司到改土归流，这些都成为开发边疆的措施。

最后，南方民族法律在这个时期的发展，促进了南方各民族对中华民族共同体的认同。因为在南方民族法律中汉法的大量移植，导致传统汉文化的价值向南方各民族渗透，促使南方民族在社会文化制度等方面与传统华夏文化融合，进而促使南方民族融入中华民族之中。由于南方民族法律发展中主要是移植中原汉法。各民族在移植汉法后，导致其文化心理逐渐与中原汉族趋同，相互有了认同感，这对多元一体的中华民族的形成产生了重要影响。

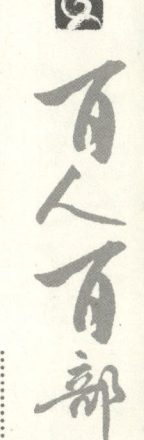

参考文献

一、历史文献

1. （汉）司马迁撰：《史记》，中华书局点校本。

2. （汉）班固撰：《汉书》，中华书局点校本。

3. （南朝）范晔撰：《后汉书》，中华书局点校本。

4. （唐）李延寿撰：《北史》，中华书局点校本。

5. （后晋）刘昫等撰：《旧唐书》，中华书局点校本。

6. （宋）欧阳修撰：《新唐书》，中华书局点校本。

7. （元）脱脱等修：《宋史》，中华书局点校本。

8. （元）脱脱等修：《辽史》，中华书局点校本。

9. （元）脱脱等修：《金史》，中华书局点校本。

10. （明）宋濂等修：《元史》，中华书局点校本。

11. （清）张廷玉等修：《明史》，中华书局点校本。

12. （民国）赵尔巽等修：《清史稿》，中华书局点校本。

13. （宋）司马光撰：《资治通鉴》，浙江古籍出版社1956年版。

14. （元）马端临撰：《文献通考》，浙江古籍出版社1988年版。

15. 《续通志》，浙江古籍出版社1988年版。

16. 《清朝文献通考》，浙江古籍出版社1988年版。

17. （唐）长孙无忌等著：《唐律疏议》，中华书局1985年版。

18. （清）徐松撰：《宋会要辑稿》，中华书局1957年版。

19. （明）解缙等撰：《永乐大典》，九州图书出版社1998年版。

20. 《经世大典》（《永乐大典》辑本），九州图书出版社1998年版。

21. 《大元圣政国朝典章》，影印元刻本，中国广播电视出版社1998年版。

22.《招捕总录》，宛委别藏本，台湾商务印书馆影印。

23.《明实录》，台湾"中央研究院"历史语言研究所校印本。

24.《大明律》，怀效锋点校，辽沈书社1990年版。

25.（明）李东阳纂，申时行重修：《大明会典》，明万历刊本，台湾文海出版社影印。

26.（明）李贤等修：《大明一统志》，明归仁斋杨氏刻本影印。

27.（明）陈子龙选辑：《明经世文编》，中华书局1962年影印本。

28.《苍梧总督军门志》，全国图书馆文献缩微复制中心1991年版。

29.《皇明制书、宪章类编》，史部·政书类，北京图书馆古籍珍本丛刊影印本。

30.（清）龙文彬撰：《明会要》，中华书局1956年版。

31.《土官底簿》，四库全书文渊阁本。

32.《国朝名公经济文钞》，集部·总集类，北京图书馆古籍珍本丛刊影印本。

33.《清实录》，中华书局影印本。

34.（清）陈梦雷编：《古今图书集成》，上海中华书局影印本。

35.《大清律例》，田涛、郑秦点校，法律出版社1999年版。

36. 光绪《钦定大清会典事例》，中华书局1991年影印本。

37. 文孚纂修：光绪《钦定重修六部处分则例》，吏部重修颁行，第332册，近代中国史料丛刊第三十四辑，台湾文海出版社影印本。

38.《清理藩院则例》，蒙藏委员会1942年编印。

39.《蒙古律例》，清刻本4册，北京图书馆馆藏。

40.（清）席裕福、沈师徐辑：《皇朝典类纂》，台湾文海出版社影印本。

二、前人研究成果

1. 费孝通著：《乡土中国》，生活·读书·新知三联书店1985年版。

2. 江士杰著：《里甲制度考略》，民国丛书第四编，上海书店影印本。

3. 闻钧天著：《中国保甲制度》，民国丛书第四编，上海书店影印本。

4. 辛法春著：《明沐氏与中国云南之开发》，文史哲学集成，台湾文史哲

出版社 1985 年版。

5. 刘义棠著：《中国边疆民族史》，台湾中华书局 1978 年版。

6. 佘贻泽著：《明代土司制度》，台湾学生书局 1968 年版。

7. 龚荫著：《中国土司制度》，云南民族出版社 1992 年版。

8. 尤中著：《中国西南民族史》，云南人民出版社 1985 年版。

9. 江应樑著：《傣族史》，四川民族出版社 1983 年版。

10. 江应樑著：《明代云南境内的土官与土司》，云南人民出版社 1958 年版。

11. 林惠祥著：《中国民族史》，商务印书馆 1939 年版，1996 年重印。

12. 白寿彝总主编，陈得芝主编：《中国通史》第八卷。

13. 尤中著：《云南民族史》，云南大学出版社 2001 年版。

14. 方慧著：《大理总管段氏世次年历及其与蒙元政权关系研究》云南教育出版社 2001 年版。

15. 方铁、方慧著：《中国西南边疆开发史》，云南人民出版社 1997 年版。

16. 方铁主编：《西南通史》，中州古籍出版社 2003 年版。

17. 杨德华著：《云南民族关系简史》，云南大学出版社 1998 年版。

18. 李寿、苏培明编著：《云南历史人文地理》，云南大学出版社 1996 年版。

19. 吕名中主编：《南方民族古史书录》，四川民族出版社 1989 年版。

20. 吴永章著：《瑶族史》，四川民族出版社 1993 年版。

21. 吴永章著：《中国南方民族文化源流史》，广西教育出版社 1991 年版。

22. 吴永章著：《中国土司制度渊源与发展史》，四川民族出版社 1988 年版。

23. 伍新福、龙伯亚著：《苗族史》，四川民族出版社 1992 年版。

24.《贵州通史》（第 1－3 卷），当代中国出版社 2003 年版。

25. 侯绍庄、史继忠、翁家烈著：《贵州古代民族关系史》，贵州民族出版社 1991 年版。

26. 周元春等编：《贵州古代史》，贵州人民出版社 1982 年版。

27. 何耀华著：《武定凤氏本末笺证》，云南民族出版社 1986 年版。

28. 谢本书、郭大烈、牛鸿宾著：《云南民族政治制度史》，云南人民出版社 1996 年版。

29. 张声震著：《壮族通史》（上、中、下册），民族出版社 1997 年版。

30. 钟文典主编：《广西通史》，广西人民出版社 1999 年版。

31. 费成康主编：《中国的家法族规》，上海社会科学出版社 1998 年版。

32. 何成轩著：《儒学南传史》，北京大学出版社 2000 年版。

33. 木芹、木霁弘著：《儒学与云南政治经济的发展及文化转型》，云南大学出版社 1999 年版。

34. 吴吉远著：《清代地方政府的司法职能研究》，中国社会科学出版社 1988 年版。

35. 杨国桢著：《明清土地契约文书研究》，人民出版社 1988 年版。

36. 胡庆钧著：《明清彝族社会史论丛》，上海人民出版社 1981 年版。

37. 张建华著：《彝族社会的政治与军事》，云南民族出版社 1998 年版。

38. 彭兆荣著：《西南舅权论》，云南教育出版社 1997 年版。

39. 葛洪义著：《法与实践理性》，中国政法大学出版社 2002 年版。

40. 方慧等著：《云南少数民族传统文化的法律保护》，民族出版社 2002 年版。

三、译　著

1. 《汉穆拉比法典》，法律出版社 2000 年版。

2. 《摩奴法典》，商务印书馆 1996 年版。

3. 《赫梯法典》，法律出版社 2000 年版。

4. 《十二铜表法》，法律出版社 2000 年版。

5. 《萨利克法典》，法律出版社 2000 年版。

6. ［古希腊］柏拉图著：《理想国》，商务印书馆 1986 年版。

7. ［古希腊］亚里士多德著：《政治学》、《伦理学》，中国人民大学出版社 1999 年版。

8. ［古罗马］西赛罗著：《法律篇》、《国家篇》，沈叔平、苏力译，商务印书馆 2003 年版。

9. ［古罗马］塔西佗著：《日耳曼尼亚志》，商务印书馆，1997 年版。

10. ［古罗马］查士丁尼著：《法学总论》，张企泰译，商务印书馆 1997 年版。

11. 麦考密克、魏因贝格尔著：《制度法论》，周叶谦译，中国政法大学出版社 1994 年版。

12. ［英］M. E. 泰格、M. R. 利维著：《法律与资本主义的兴起》，纪琨译，上海学林出版社 1996 年版。

13. ［法］卢梭著：《社会契约论》，何兆武译，商务印书馆 2002 年版。

14. ［法］孟德斯鸠著：《论法的精神》，张雁深译，商务印书馆 1997 年版。

15. ［法］伏尔泰著：《风俗论》，商务印书馆 1997 年版。

16. ［法］让－马克·夸克著：《合法性与政治》，佟心平、王远飞译，中央编译出版社 2002 年版。

17. ［法］安德烈·比尔基埃等著：《家庭史》（上、下卷），生活·读书·新知三联书店 1995 年版。

18. ［法］涂尔干、马塞尔著：《原始分类》，上海人民出版社 2000 年版。

19. ［德］马克斯·韦伯著：《经济·社会·宗教——马克斯·韦伯文选》，郑乐平编译，上海社会科学出版社 1997 年版。

20. ［美］罗斯·庞德著：《法律史解释》，邓正来译，法律出版社 2002 年版。

四、调查报告及其他

1. 中国少数民族社会历史调查资料丛刊：《云南巍山彝族社会历史调查》，云南省编辑组，云南人民出版社 1986 年版。

2. 中国少数民族社会历史调查资料丛刊：《独龙族社会历史调查》（一、二），"民族问题五种丛书"云南省编辑委员会，云南民族出版社 1981 年、1985 年版。

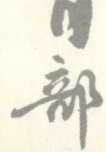

3. 中国少数民族社会历史调查资料丛刊：《阿昌族社会历史调查》，"民族问题五种丛书"云南省编辑委员会，云南民族出版社 1983 年版。

4. 中国少数民族社会历史调查资料丛刊：《云南苗族瑶族社会历史调查》，"民族问题五种丛书"云南省编辑委员会，云南民族出版社 1982 年版。

5. 中国少数民族社会历史调查资料丛刊：《云南民族民俗和宗教调查》，云南省编辑组，云南民族出版社 1985 年版。

6. 中国少数民族社会历史调查资料丛刊：《昆明民族民俗和宗教调查》，云南省编辑组，云南民族出版社 1985 年版。

7. 中国少数民族社会历史调查资料丛刊：《中央访问团第二分团云南民族情况汇集》（上、下），云南省编辑组，云南民族出版社 1986 年版。

8. 中国少数民族社会历史调查资料丛刊：《拉祜族社会历史调查》（一、二），"民族问题五种丛书"云南省编辑委员会，云南人民出版社 1982 年版。

9. 中国少数民族社会历史调查资料丛刊：《布朗族社会历史调查》（一至三），云南省编辑组，云南人民出版社 1981 年至 1986 年版。

10. 中国少数民族社会历史调查资料丛刊：《云南民族文物调查》，云南省编辑组，云南人民出版社 1988 年版。

11. 中国少数民族社会历史调查资料丛刊：《四川贵州彝族社会历史调查》，云南省编辑组，云南人民出版社 1987 年版。

12. 中国少数民族社会历史调查资料丛刊：《四川广西云南彝族社会历史调查》，云南省编辑组，云南人民出版社 1987 年版。

13. 中国少数民族社会历史调查资料丛刊：《云南少数民族社会历史调查资料汇编》（一至五），云南省编辑组，云南人民出版社 1986 年至 1991 年版。

14. 中国少数民族社会历史调查资料丛刊：《白族社会历史调查》（一至四），"民族问题五种丛书"云南省编辑委员会，云南人民出版社 1983 年至 1991 年版。

15. 中国少数民族社会历史调查资料丛刊：《德宏傣族社会历史调查》（一至三），"民族问题五种丛书"云南省编辑委员会，云南人民出版社 1984 年至 1987 年版。

16. 中国少数民族社会历史调查资料丛刊：《傣族社会历史调查》（西双

版纳之一至十），"民族问题五种丛书"云南省编辑委员会，云南民族出版社1983年至1987年版。

17. 中国少数民族社会历史调查资料丛刊：《广西少数民族地区碑文、契约资料集》，广西壮族自治区编辑组，广西民族出版社1987年版。

18. 中国少数民族社会历史调查资料丛刊：《广西壮族社会历史调查》（一至三），广西壮族自治区编辑组，广西民族出版社1984年版。

19. 中国少数民族社会历史调查资料丛刊：《广西瑶族社会历史调查》（一至九），广西壮族自治区编辑组，广西民族出版社1984年至1987年版。

20. 中国少数民族社会历史调查资料丛刊：《广西彝族仡佬族水族社会历史调查》，广西壮族自治区编辑组，广西民族出版社1987年版。

21. 中国少数民族社会历史调查资料丛刊：《广西京族社会历史调查》，广西壮族自治区编辑组，广西民族出版社1987年版。

22. 中国少数民族社会历史调查资料丛刊：《广西侗族社会历史调查》，广西壮族自治区编辑组，广西民族出版社1987年版。

23. 中国少数民族社会历史调查资料丛刊：《广西仫佬族毛南族社会历史调查》，广西壮族自治区编辑组，广西民族出版社1987年版。

24. 中国少数民族社会历史调查资料丛刊：《畲族社会历史调查》，福建省编辑组，福建人民出版社1986年版。

25. 《过山榜》编辑组：《瑶族〈过山榜〉选编》，湖南人民出版社1984年版。

26. 中国少数民族社会历史调查资料丛刊：《苗族社会历史调查》（一至三），贵州省编辑组，贵州民族出版社1986年、1987年版。

27. 中国少数民族社会历史调查资料丛刊：《黔西北苗族彝族社会历史综合调查》，贵州省编辑组，贵州民族出版社1986年版。

28. 中国少数民族社会历史调查资料丛刊：《布依族社会历史调查》，贵州省编辑组，贵州民族出版社1986年版。

29. 中国少数民族社会历史调查资料丛刊：《侗族社会历史调查》，贵州省编辑组，贵州民族出版社1988年版。

30. 中国少数民族社会历史调查资料丛刊：《四川彝族历史调查资料、档

案资料选编》，四川省编辑组，四川省社会科学院出版社 1987 年版。

31. 中国少数民族社会历史调查资料丛刊：《四川省苗族、傈僳族、傣族、白族、满族社会历史调查》，四川省编辑组，四川省社会科学院出版社 1986 年版。

32. 中国少数民族社会历史调查资料丛刊：《羌族社会历史调查》，四川省编辑组，四川省社会科学院出版社 1986 年版。

33.《贵州民族调查》（之一至之七），贵州省民族研究学会、贵州省民族研究所 1986 年编印。

34. 前南京国民政府司法行政部编：《民事习惯调查报告录》（上、下册），胡旭晟、夏新华、李交发点校，中国政法大学出版社 2000 年版。

35. 黄钰辑点：《瑶族石刻录》，云南民族出版社 1993 年版。

36. 陈重为著：《西康问题》，亚洲民族考古丛书第四辑，台湾南天书局本。

37. 赵孝纯著：《摆夷边民研究》，亚洲民族考古丛书第四辑，台湾南天书局本。

38. 任国荣著：《广西瑶山两月观察记》，亚洲民族考古丛书第四辑，台湾南天书局本。

39. 俞湘文著：《西北游牧藏边社会调查》，亚洲民族考古丛书第四辑，台湾南天书局本。

40. 凌纯声、芮逸夫著：《湘西苗族调查报告》（上、下册），亚洲民族考古丛书第二辑，台湾南天书局本。

41. 方树梅编：《滇南碑传集》，云南民族出版社 2003 年版。

42.《中国西南地区历代石刻汇编》，云南省博物馆卷，重庆卷，四川卷，广西区博物馆卷，广西桂林卷，云南大理卷，贵州卷，共 20 册。天津古籍出版社 1998 年版。

43.《台湾私法物权编》（上、下册），台湾文献史料丛刊第九辑，台湾大通书局本。

44.《台湾中部碑文集成、台湾教育碑记》（合订本），台湾文献史料丛刊第九辑，台湾大通书局本。

45.《台湾南部碑文集成》（上、下册）（合订本），台湾文献史料丛刊第九辑，台湾大通书局本。

五、地方史志类

1.（明）陈文等纂：景泰《云南图经志》，云南省图书馆藏抄本。

2.（明）李元阳纂：万历《云南通志》，云南大学图书馆藏本。

3.（明）刘文征撰：天启《滇志》，古永继校点，云南教育出版社 1991 年版。

4.（清）鄂尔泰修，靖道谟纂：雍正《云南通志》，江苏文陵古籍刻印本。

5.（清）阮元等修：道光《云南通志》，道光十五年刊本。

6.（清）师范撰：《滇系》，云南省图书馆藏本。

7.（明）谢肇淛撰：《滇略》，四库全书文渊阁本。

8.（清）王崧著：《云南志钞》，刘景毛点校，云南省社会科学院文献研究所 1995 年印行。

9.（清）岑毓英修，陈燮纂：光绪《云南通志》，光绪二十年刻本。

10. 周钟岳等纂：《新纂云南通志》，1949 年铅印本。

11.（清）方桂修，胡蔚纂：乾隆《东川府志》，光绪重印本。

12.（清）鄂尔泰等监修，靖道谟等编纂：乾隆《贵州通志》。

13.（明）万历《贵州通志》，日本藏中国罕见地方志丛刊影印本，书目文献出版社 1991 年版。

14.（清）乾隆《广西通志》，四库全书文渊阁本影印。

15.（清）谢启昆监修：嘉庆《广西通志》，中国边疆丛书第二辑，台湾文海出版社本。

16.（清）阮元修：道光《广东通志》，上海商务印书馆影印本。

17.《续修台湾府志》（上、中、下册），台湾文献史料丛刊第一辑，台湾大通书局本。

18.《噶玛兰志略》，台湾文献史料丛刊第二辑，台湾大通书局本。

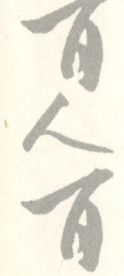

后 记

　　岁月如梭，本书从思考至今已有十年，初版至今也已有七年。静思往昔，反观今日，书虽依旧，然世事却让人难以平静。本书的撰写、出版时间与自己在某一特定环境的学习工作是一致的。此段时间让自己从学术门外汉看到了学术的特质，体会到学界各色人等的尊卑与世态的炎凉。十年一梦猛回头，身却早陷无奈境。欲归山林何处是，原来已成迷途人。于是，只好自勉"功崇惟志，业广惟勤，惟克果断，乃罔后艰"矣！

　　作为处女作，本书出版后获得的承认，使自己对学术有了更深的依恋和执著。初版以来细思之，书中还存在很多问题，既无《左氏》之艳而富，亦无《穀梁》之清而婉，更缺《公羊》之辩而裁，于是想进行修改后再版。当然，这本书是我现在所有著作中没有完成的产品，它只是我最初研究计划中的半成品，并不是我想要的成果，而是我著作中言不能达意的成果。因为最初研究计划是一个法理学中法律发展模式实证下的理论考察。想想十年之中，一开始就陷入了一个境：当初写作未能所欲，后来工作未能所达。现在终于有机会再版，但由于各种原因，无法进行大的修改以完成该课题研究的原初计划，真是"有不足才是真实，欲完善须待来日"。为此，我禁不住想再写一个后记，以给自己的过去一个交代。然而，对本书原自序中的表白，我仍然坚持，因为它充分体现了那时我的学术理解和心态，它的存在对我来说是一种记念，一种自己学术思想演进的路标。下面就将初版中的原序摘录于下：

　　当每个人都在极力塑造自己的权威却也在极力解构他人的权威，都在用"圣人"的眼光看待世界却又在"实利"中为自己的行为辩护时，我们不必，也不应该担心自己的观点会受到他人的非难，只要有足够的勇气，那就让自己的思想传播于世吧！

　　作为一种文明价值的社会秩序的制度性安排，法律永远无法脱离社会利

益交织的网。它拥有价值，同时也是工具；它是目的，同时也是手段。但在社会各种因素的作用下，作为一种"实利"的安排，它会被强势者扭曲，同时也会让人神圣化。我们不必用什么超世的言语来遮盖社会的现实，同时也不必用社会的现实来消除人类应有的价值。

在本书中，想要说明的不是南方民族法律变迁的历史，而是法律作为一种生存范式，社会主体在社会实践中，会在生存成本的选择下改造自己的法律制度，特别是在和他人交往后，不同生存范式的法律体系在生存成本的比较中会显得更加难以用所谓的传统来抵制实利的选择。在长期和平发展中，必须有一个能够在一定范围内自我调适的制度体系，否则所有非实利的东西都将在成本比较下变得微不足道，甚至导致社会秩序的完全解构。

当然，对于法律的发展，必须注意的是，它作为一种具有价值的东西，同时也是一种生存范式的安排，它不能仅在文本上完善就行。因为无论如何，法律规范的产生并不等于法律的适用，这就是法律的真谛。因为法律的发展只有经过不断的司法适用，才能具体化，才能获得最后清晰的形象，进而才让法律规范的条文成为现行法的一部分。而这个过程中借助的是每个社会中原有的东西，现有的社会政治、文化和经济等因素，这些因素会在合力下改变文本上的表达。当然，文本上的法律也会改造原有社会的结构。也许法律人要做的就是调适这两个互为影响的东西，以达成每个时代的需要。

以上观点也许是弱小而不堪一击的，但社会永远不会长期存在于理想的网中，因为芸芸众生关注的是其短暂一生中所体验到的"好处"。

若本书中的观点能让他人进行思考、讨论，哪怕是加以激烈的批判、否定，也是著者所乐于见到的。没有争议、批判（只要不是"批斗"就行）的和谐永远不是一个法治社会应有的特征。让我们先学会对自己观点的坚持、对他人批判的倾听、对别人误解的宽容吧！

陈著者五味之情，补正文所未能表达之志，于是有了以上文字。

胡兴东

2012 年 1 月 10 日

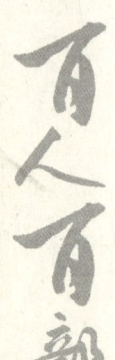